B.C.Info

인벤터를 사용한 3D 모델링과
KS 규격에 따른 2D 도면출력까지

인벤터로 3D 모델링 혼자하기

추원철 · 권대규 · 황철웅 공저

머 리 말

기계로 제품을 만들 때 도면이 중요하다는 말은 자주 듣는 이야기지만 그만큼 매우 당연한 말입니다. 생산 현장에 CAD(캐드)와 함께 CAM(캠)도 도입이 보편화되어서 2D(2차원) 캐드 도면을 3D로 변환하거나 3D 도면을 2D 도면으로 바꾸어 인쇄하여 도면을 현장에 배포하는 일은 더 이상 보기 드문 일이 아니게 되었습니다.

3D 도면을 생성하고 2D로 변환할 때는 오토데스크사의 인벤터를 사용하는 것이 좋다고 많은 사람이 말합니다. 특히 2D로의 변환이 가장 유명한 2D 캐드 프로그램인 AutoCAD를 만든 회사의 제품이기 때문에 그 성능은 탁월합니다.

캐드 분야 국가기술자격 시험을 준비하려면 KS의 기계제도(KS B 0001) 및 각종 기계요소의 제도에 관한 KS 규격의 이해가 우선 필요합니다. 다음으로 CAD를 사용하여 각종 부품을 KS 규격에 맞게 그리게 되는데, 한꺼번에 기계제도 전체를 다 이해하기는 어렵기 때문에 보통 이 둘을 같이 보고 그리면서 배우게 됩니다.

이 책은 그러한 과정을 처음 시작하는 분들을 위한 교재입니다. 어디서부터 시작해야 할지 모르거나 어느 정도 학습했지만 다음에 어떻게 해야 할지 스스로 해결할 수 없을 때 이 책은 해결의 실마리를 여러분에게 줄 것입니다.

필자는 이 책을 펴내면서 지면에 너무 많은 내용을 넣어서 읽기 어려운 기존의 교재들보다 훨씬 읽기 쉽고 이해하기도 쉬운 교재를 만들기 위해 최선을 다하였습니다. 또한 인벤터로 3D 모형 및 2D 도면 작업을 사용하면서 궁금할 수 있는 기능들에 관해 자세한 설명을 곁들었습니다. 특히 국가기술자격 시험을 준비하는 데 꼭 필요하고 잘 알아야 하는 명령을 중심으로 구성했습니다. 그리고 학습 과정에서 흥미를 잃지 않도록 해당 작업을 수행할 때 꼭 알아야 하는 기능의 사용방법을 처음 배우는 분들에게 필요한 내용만 넣고, 설명으로만 한 챕터를 채우는 방식을 피했습니다. 또한 도면 작업을 위해 오토캐드로 국가기술자격(KS 규격)에 맞추어 작성하는 방법도 설명하였습니다.

누구에게나 처음은 어렵습니다. 그러니 너무 부담을 갖지 말고 마음 편하게 교재의 내용을 하나하나 따라 하다 보면, 어느 순간부터는 이전에는 그릴 수 없었던 도면과 모델을 만들 수 있을 것입니다. 그 첫 걸음을 독자 분들과 함께 하게 되어 저희들도 영광으로 생각하며, 추후에 부족한 내용과 부연설명이 필요한 곳이 보이면 계속 보완하여 개정할 것을 약속드립니다.

2024년 1월

저자 일동 씀

목 차

01장 인벤터의 기초

02장 인벤터로 3D 모델링하기

03장 2D 도면 생성하기

04장 부록

01장
인벤터의 기초

STEP 01 | 인벤터의 소개

1. 인벤터란 무엇인가?

Autodesk Inventor(이하 인벤터)는 1999년 오토데스크사에서 개발하여 출시한 3차원 기계 설계, 시뮬레이션, 시각화 및 문서화 프로그램이다. 3차원 기계설계 모델링(모형화) 프로그램은 여러 종류가 있으나 그중에서 가장 빠르고 작업이 쉽다는 장점이 있다. 또한 2차원 도면문서 작업을 수행할 때 같은 회사에서 만든 AutoCAD가 업계의 주류이므로 내가 원하고자 하는 대로 정확히 2차원 도면을 제작할 수 있다.

2. 인벤터의 시작

바탕화면의 아래와 같은 아이콘을 더블클릭하면 인벤터가 시작되고 다음과 같은 창이 생성된다. 인벤터의 버전이 올라갈 때마다 성능이 조금씩 향상되지만 한 번의 버전 업그레이드에 엄청난 변화가 생기지는 않는다. 윈도우(Windows) 10 이상의 운영체제에서는 2015 SP2 이상의 버전에서 인벤터가 정상작동하는데 이 이상의 버전이면 책의 내용을 따라하는 데 문제없다.

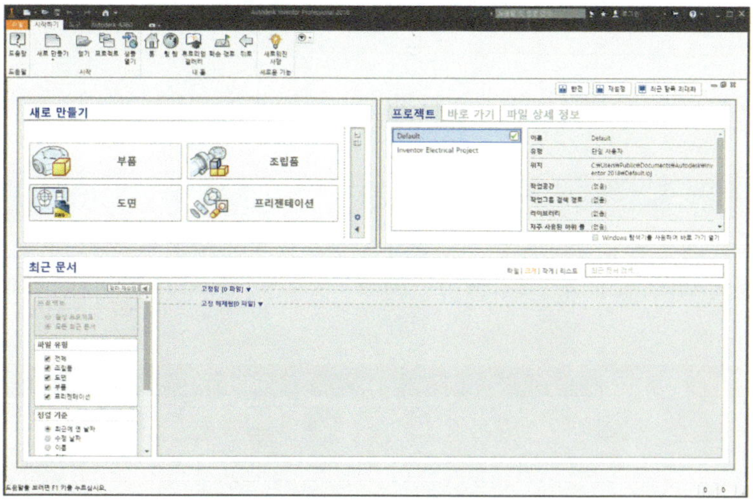

여기서 왼쪽의 **새로 만들기**에 **부품**을 클릭하면 아래와 같이 화면이 나온다. 이 책에서 별다른 표현이 없으면 마우스 버튼 클릭은 왼쪽 마우스 버튼 클릭을 의미한다.

3. 인벤터의 구성

프로그램 화면 맨 위의 왼쪽에 있는 아래의 그림 부분을 신속 접근 도구막대라고 한다.

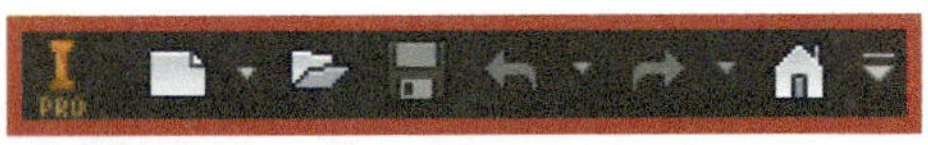

부품, 조립품 등의 작업에 들어가면 아이콘의 개수가 늘어난다.

프로그램 화면 윗부분에 있는 아래의 그림 부분을 리본(Ribbon)이라고 한다.

리본에서 아래 그림에 해당하는 부분을 탭(Tab)이라고 한다.

리본에서 아래 그림에 해당하는 부분을 패널(Panel)이라고 한다.

리본에서 아래 그램에 해당하는 아이콘들을 명령(command)이라고 한다.

신속 접근 도구막대나 리본에 있는 아이콘에 붙어있는 역삼각형 기호(▼)를 드롭다운 화살표라고 한다.

지금까지 아주 기초적인 내용만 설명하였다. 아직 알아야 할 것이 많지만 이렇게 나열하기만 하면 읽는 데 싫증날 것이므로 기초 예제를 몇 개 풀어보면서 몇 가지 기능도 같이 익혀보고자 한다.

4. 인벤터 키보드 바로 가기

리본에서 시작하기 탭의 내 홈 패널에 있는 튜토리얼 갤러리 명령(이후 리본 〉 시작하기 〉 내 홈 〉 튜토리얼 갤러리로 표시함)의 내용을 한 번 살펴볼 것을 권장한다. 오토데스크에서 제공하는 인벤터 프로그램의 매뉴얼(F1 키)에서 시작하기 필수 비디오와 튜토리얼도 읽어보면 아주 세세한 기초지식을 얻을 수 있다. 다만 이 책을 어느 정도 읽고 난 뒤에 살펴봐야 이해가 더 잘 되어 보기 쉬울 것이다.

키	F1(F1)	**이름**	도움말	**범주**	전역
기능	활성 명령 또는 대화상자에 대한 도움말(매뉴얼)				

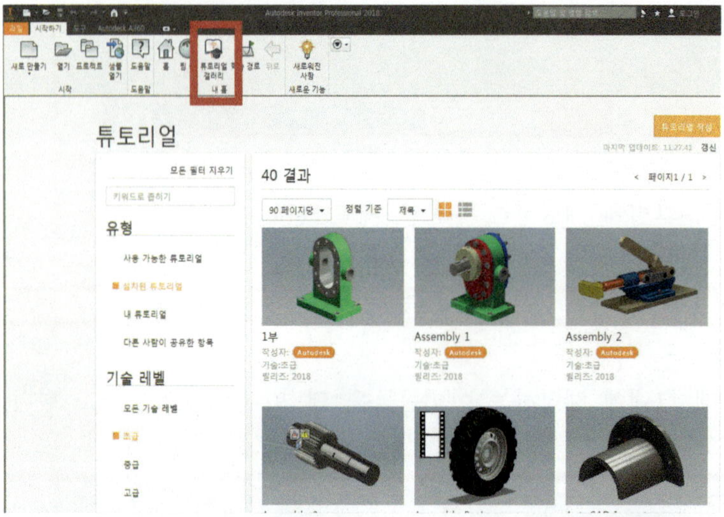

그 밖의 기본적으로 알아야 할 바로 가기 참조(명령)에 대해 알아보자.

키	F2(F2)	이름	초점이동	범주	전역
기능	그래픽 창을 초점이동(마우스의 가운데 버튼을 누르는 것과 같음)				

키	F3(F3)	이름	줌	범주	전역
기능	그래픽 창에서 줌 확대 또는 축소				

키	F4(F4)	이름	회전	범주	전역
기능	그래픽 창에서 객체 회전				

키	F6(F6)	이름	등각투영 뷰	범주	전역
기능	모형의 등각투영 뷰 표시				

키	F7(F7)	이름	그래픽 슬라이스	범주	스케치
기능	모형을 부분적으로 슬라이스하여 스케치 평면을 표시				

키	F8(F8)	이름	전체 구속조건 표시	범주	스케치
기능	구속조건을 모두 표시				

키	F9(F9)	이름	전체 구속조건 숨기기	범주	스케치
기능	구속조건을 모두 숨기기				

키	Ctrl+Shift+C (Ctrl+Shift+C)	이름	중심점 원	범주	스케치/도면
기능	원 그리기				

리본에 있는 아래의 명령과 같다.

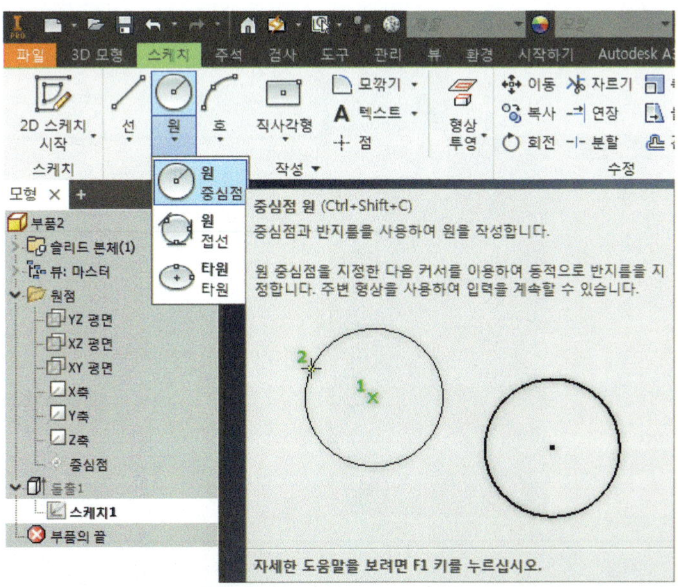

키	A(A)	이름	중심점 호	범주	스케치/도면
기능	호 그리기				

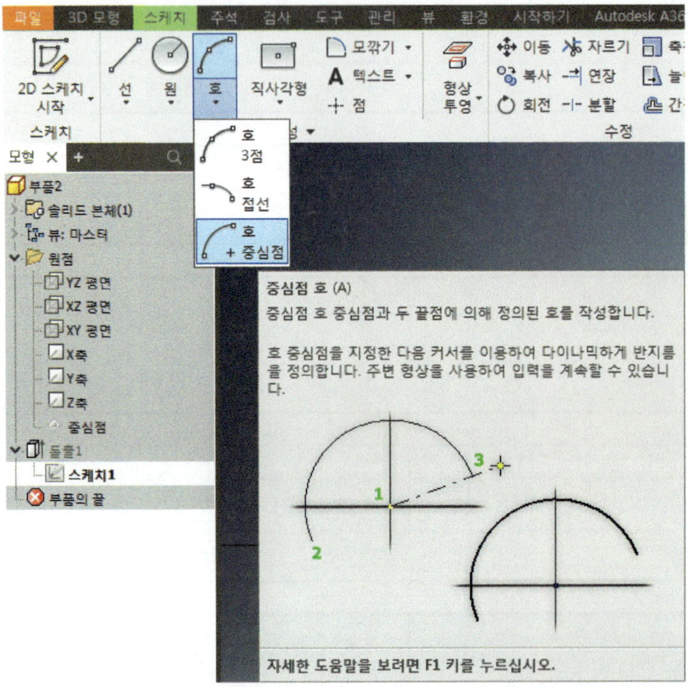

키	T(T)	이름	텍스트	범주	스케치/도면
기능	텍스트 명령 활성화				

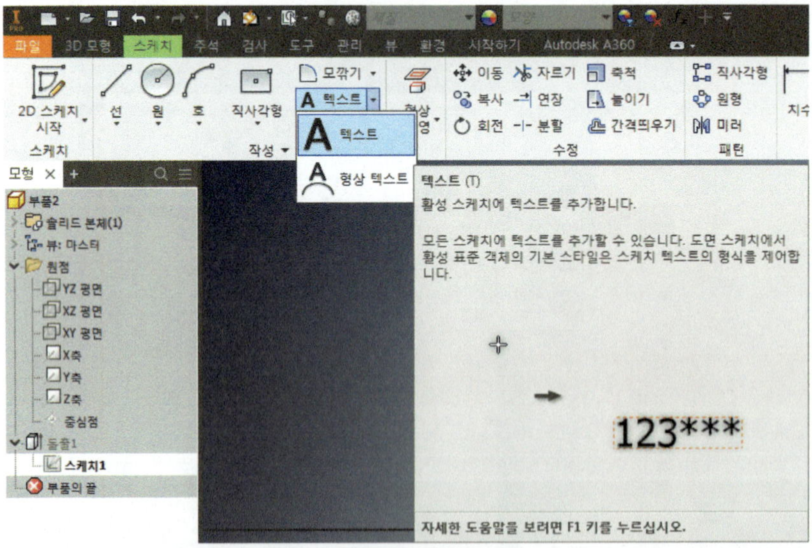

키	X(X)	이름	자르기	범주	스케치
기능	자르기 명령 활성화				

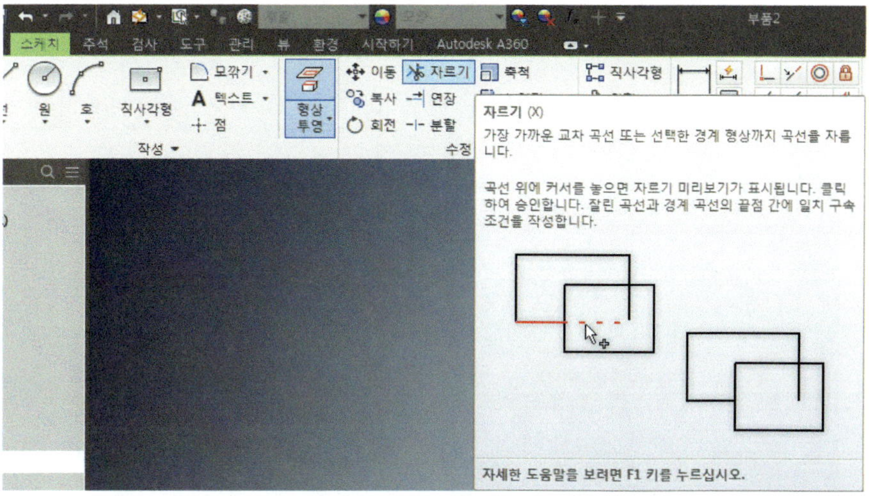

키	O(O)	이름	간격띄우기	범주	스케치
기능	간격띄우기 명령 활성화				

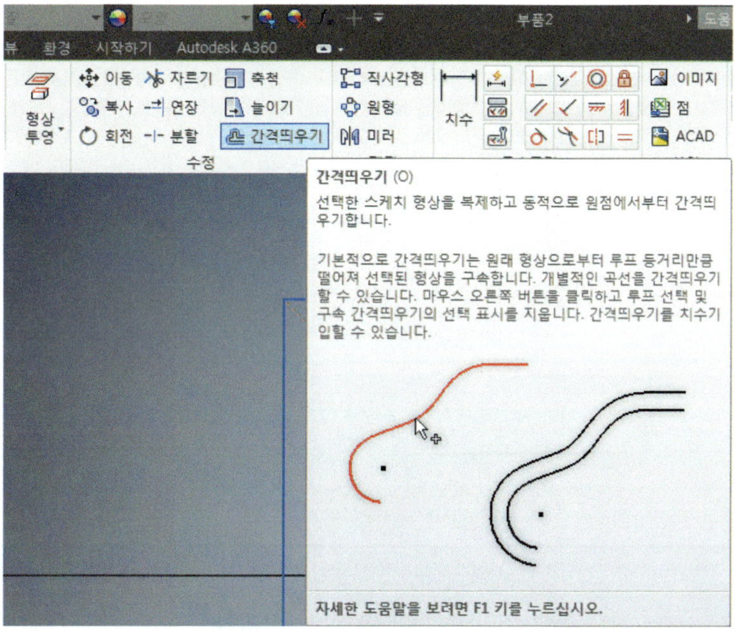

키	D(D)	이름	일반 치수	범주	스케치/도면
기능	일반 치수 명령 활성화				

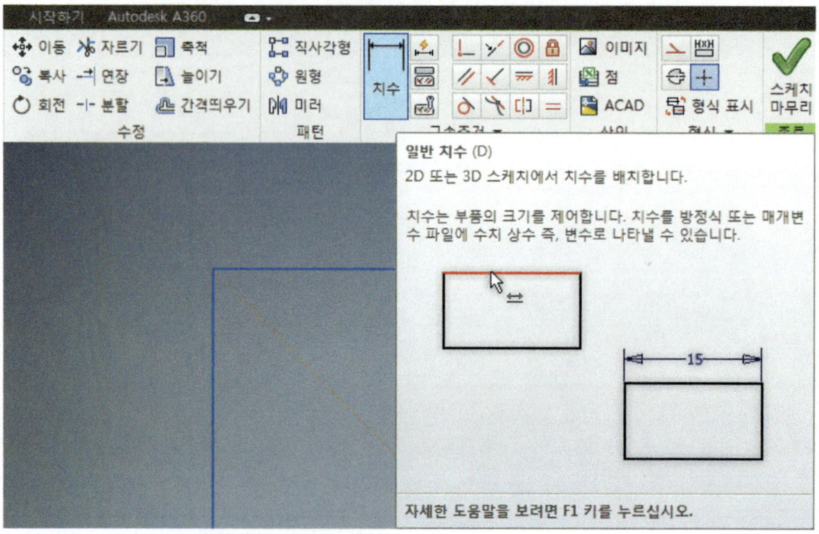

키	I	이름	수직 구속조건	범주	스케치/도면
기능	수직 구속조건 명령 활성화				

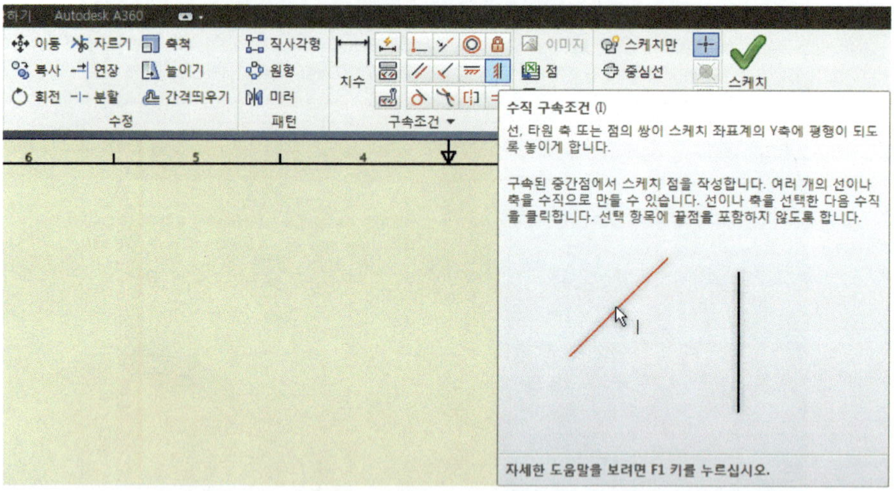

키	=	이름	동일	범주	스케치/도면
기능	동일 명령 활성화				

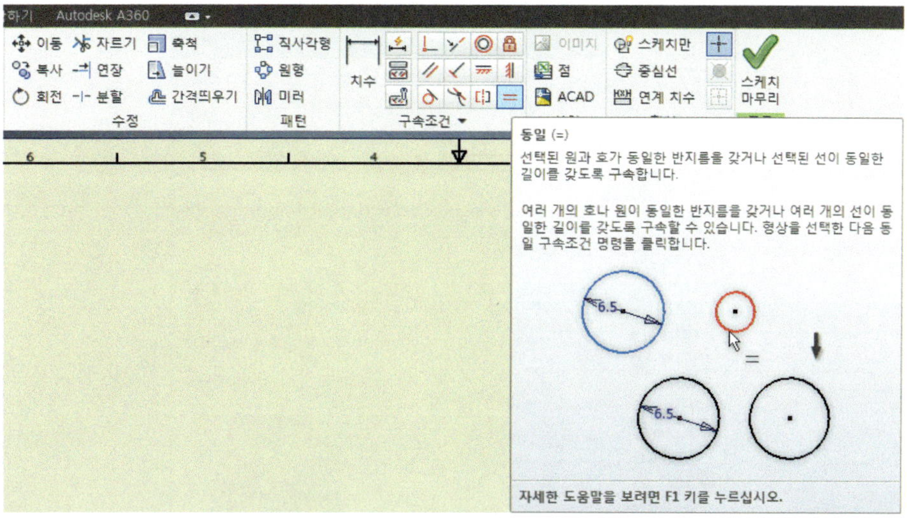

키	S(Ⓢ)	이름	2D 스케치	범주	2D 스케치/부품/조립품
기능	2D 스케치 명령 활성화				

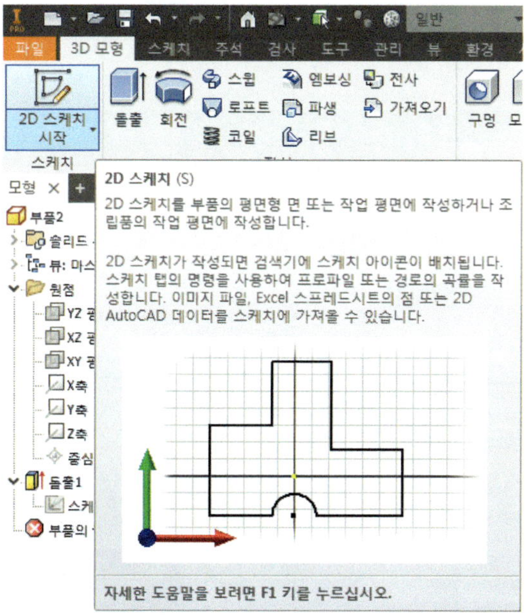

키	E(Ⓔ)	이름	돌출	범주	부품/조립품
기능	돌출 명령 활성화				

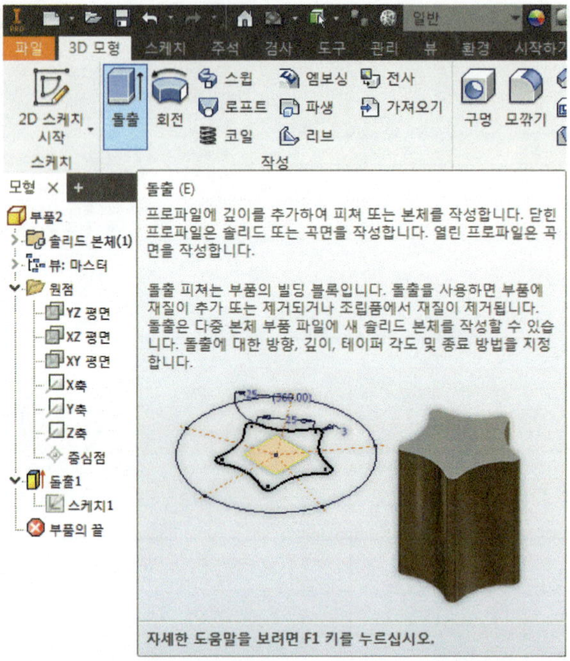

키	R(R)	이름	회전	범주	부품/조립품
기능	회전 명령 활성화				

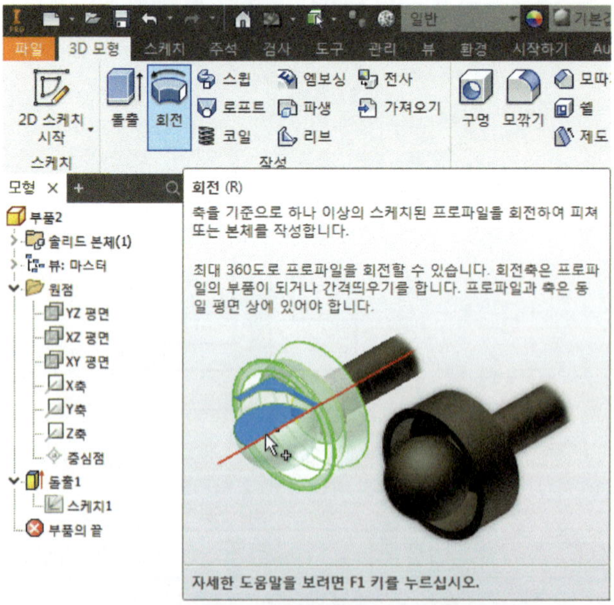

키	Ctrl+Shift+S (Ctrl+Shift+S)	이름	스윕	범주	부품/조립품
기능	스윕 피쳐 작성				

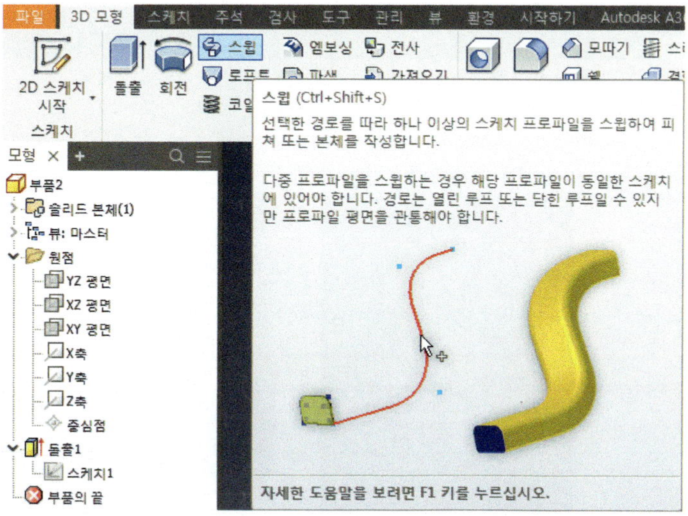

키	Ctrl+Shift+L (Ctrl+Shift+L)	이름	로프트	범주	부품
기능	로프트 피쳐 작성				

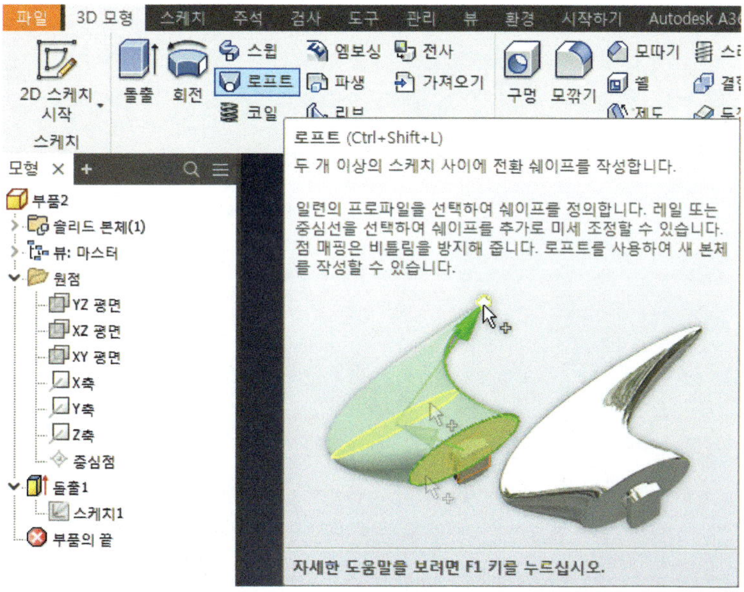

키	H(H)	이름	구멍	범주	부품/조립품
기능	구멍 명령 활성화				

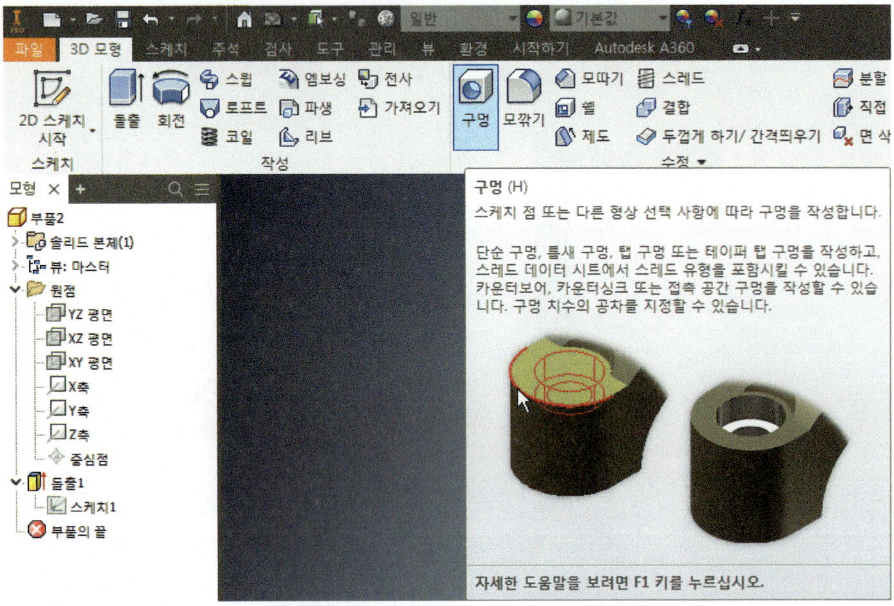

키	F(F)	이름	모깎기	범주	부품/조립품
기능	모깎기 작성				

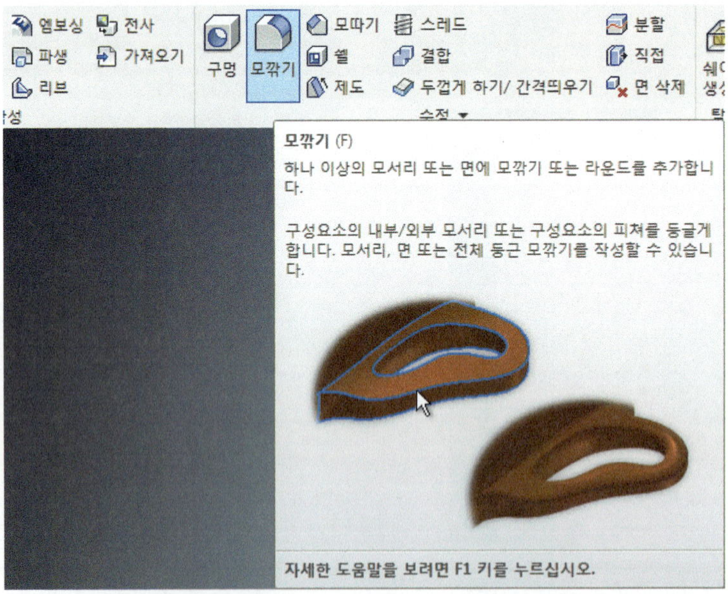

키	Ctrl+Shift+K (Ctrl+Shift+K)	이름	모따기	범주	부품/조립품
기능	모따기 작성				

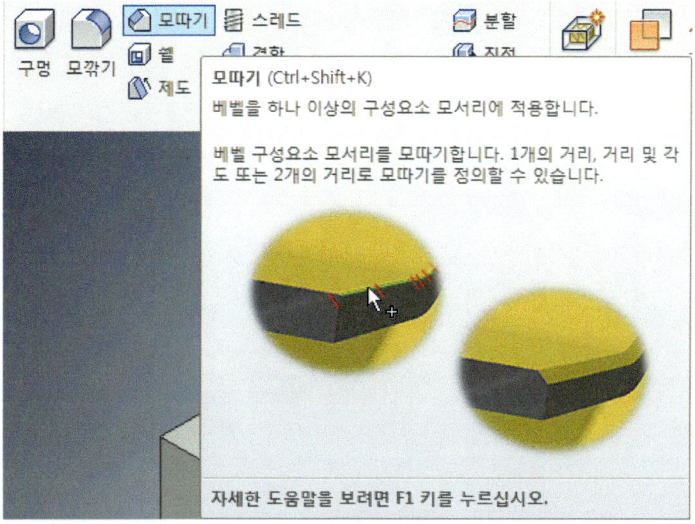

키	](}])	이름	작업 평면	범주	전역
기능	작업 평면 작성				

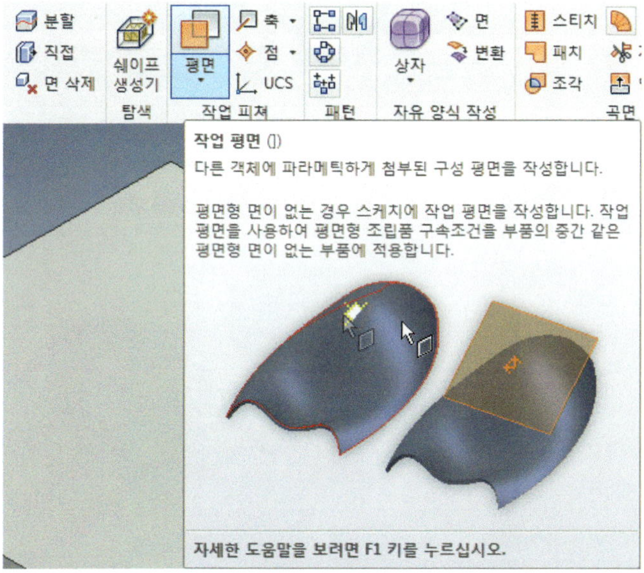

키	/(?/)	이름	작업축	범주	전역
기능	작업축 작성				

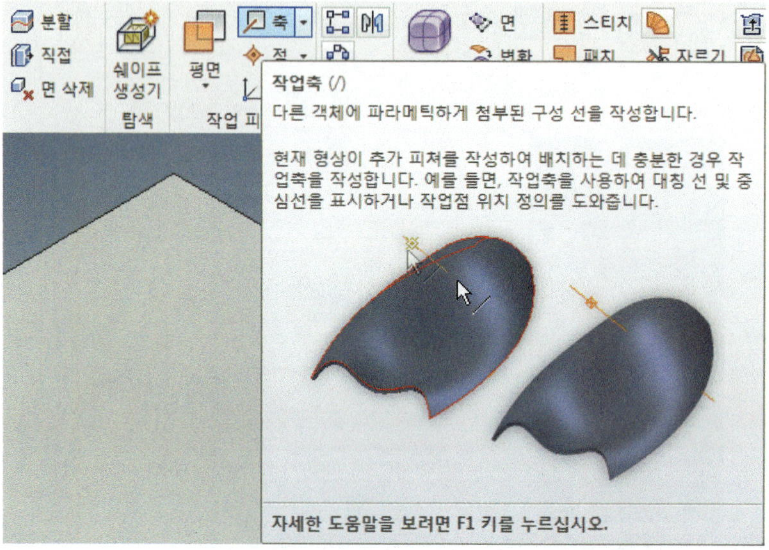

키	.	이름	작업점	범주	전역
기능	작업점 작성				

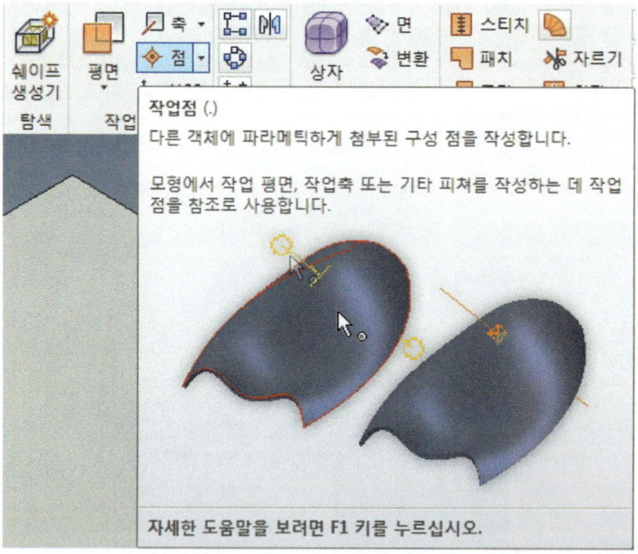

키	;	이름	고정 작업점	범주	전역
기능	고정 작업점 작성				

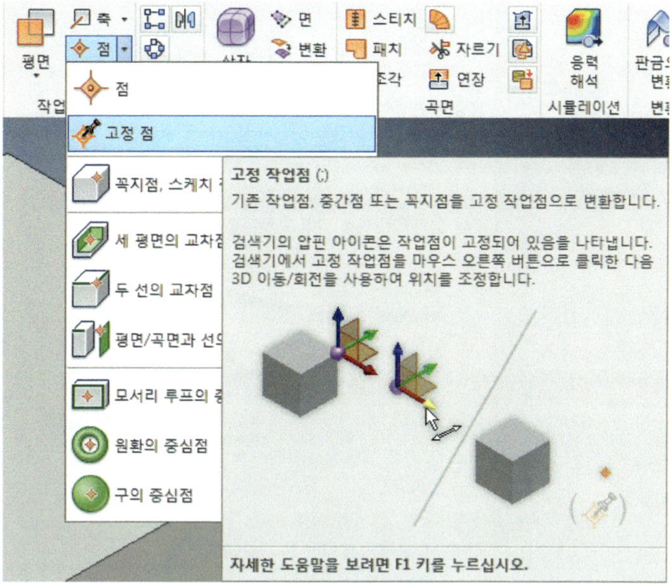

키	Ctrl+Shift+R (Ctrl+Shift+R)	이름	직사각형 패턴	범주	부품/조립품
기능	형상의 직사각형 패턴 작성 (참고 : 스케치에서 패턴 패널의 명령들은 바로 가기 참조가 없음)				

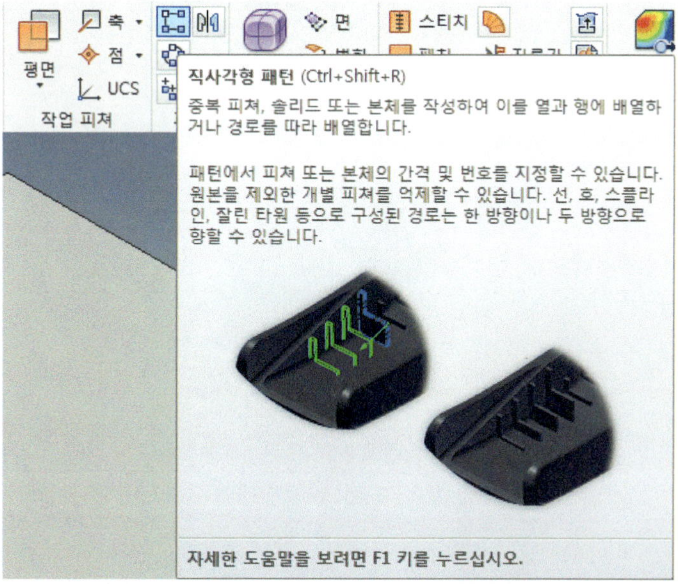

키	Ctrl+Shift+R (Ctrl+Shift+R)	이름	원형 패턴	범주	부품/조립품
기능	형상의 원형 패턴 작성				

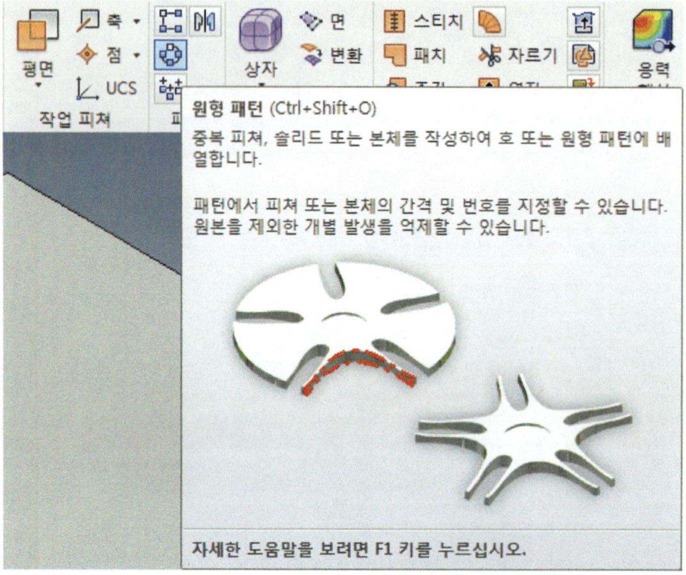

<table>
<tr><td>키</td><td>Ctrl+Shift+M
(Ctrl+Shift+R)</td><td>이름</td><td>미러</td><td>범주</td><td>부품/조립품</td></tr>
<tr><td>기능</td><td colspan="5">미러 피쳐 작성</td></tr>
</table>

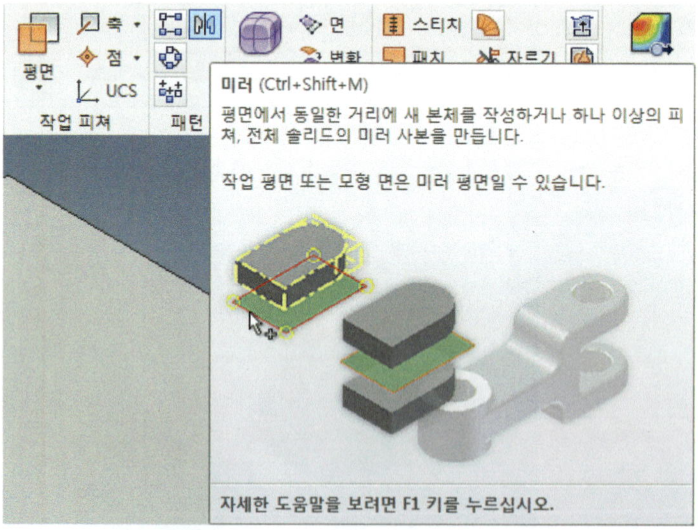

5. 스케치 예제

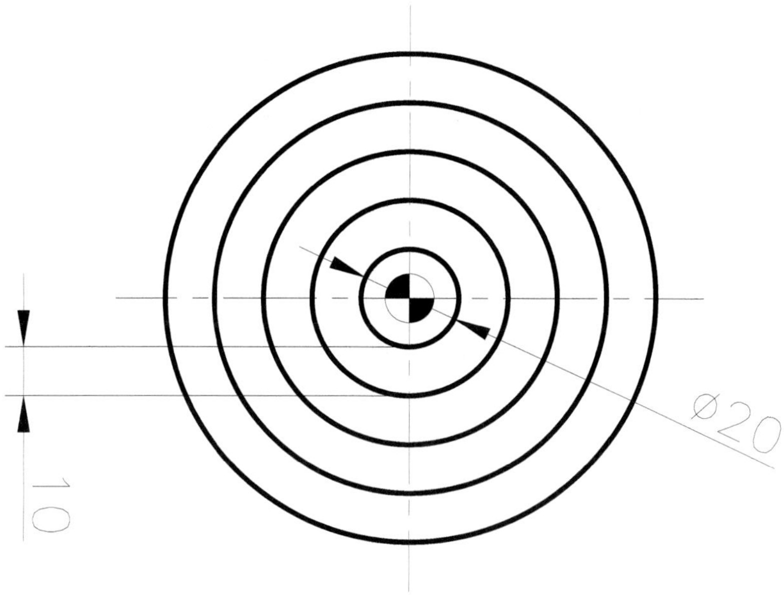

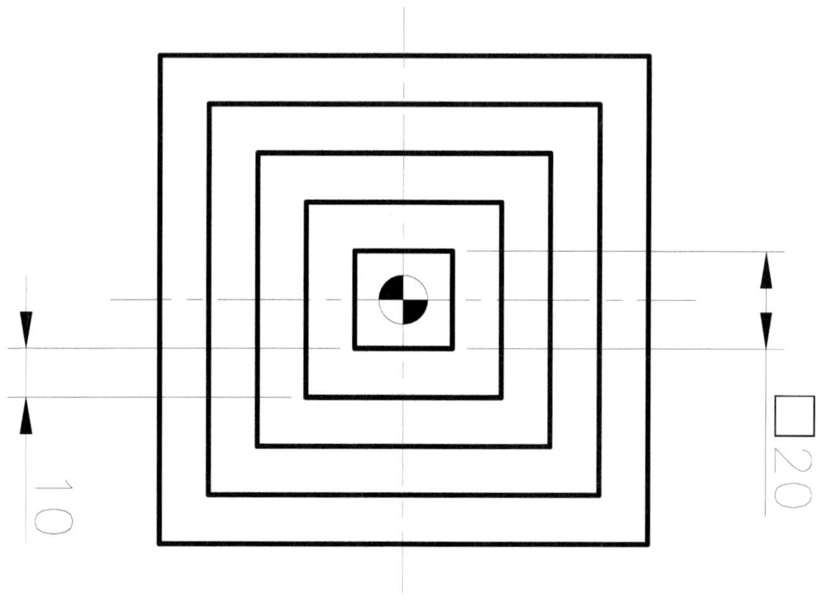

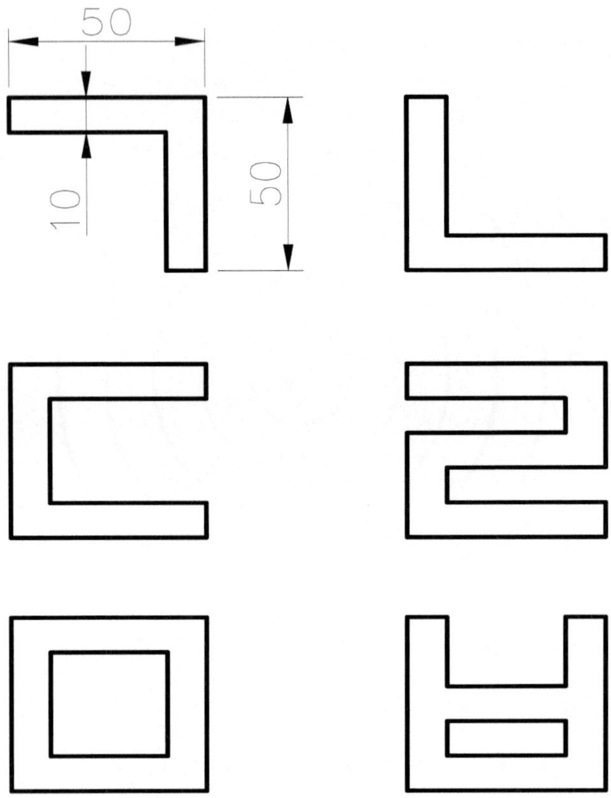
50
10
50

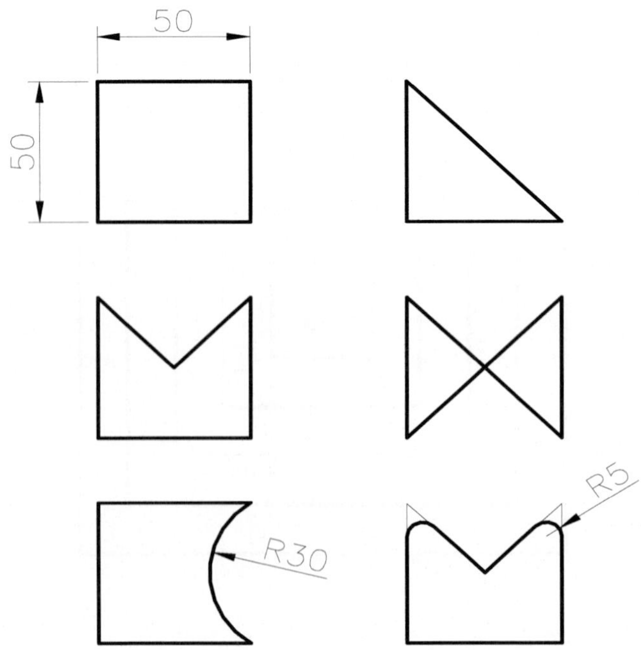
50
50
R30
R5

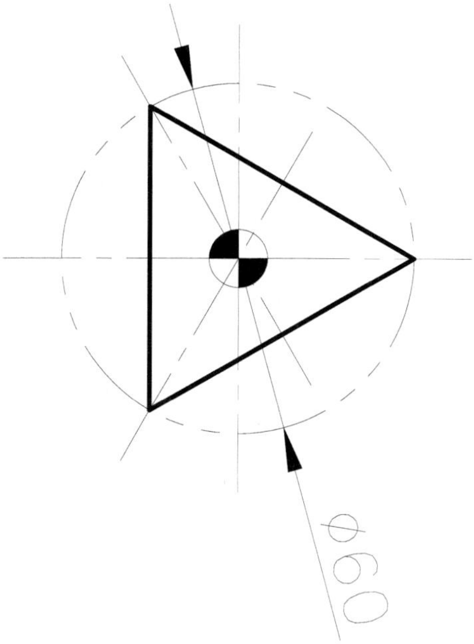
ϕ60

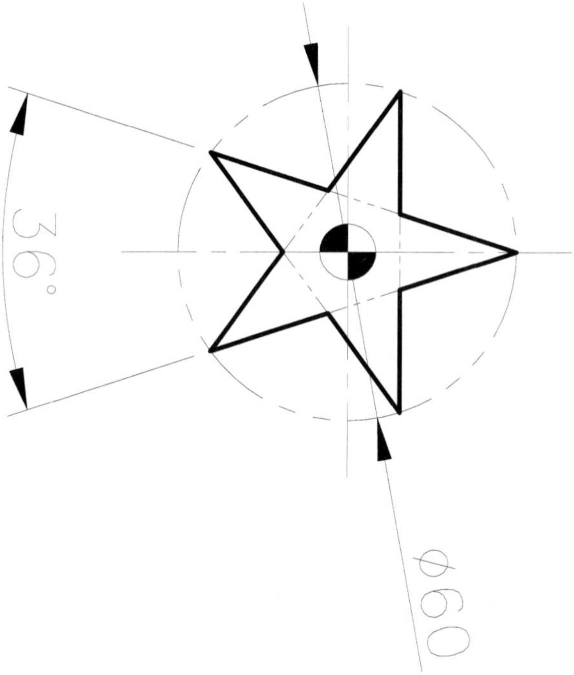
36°
ϕ60

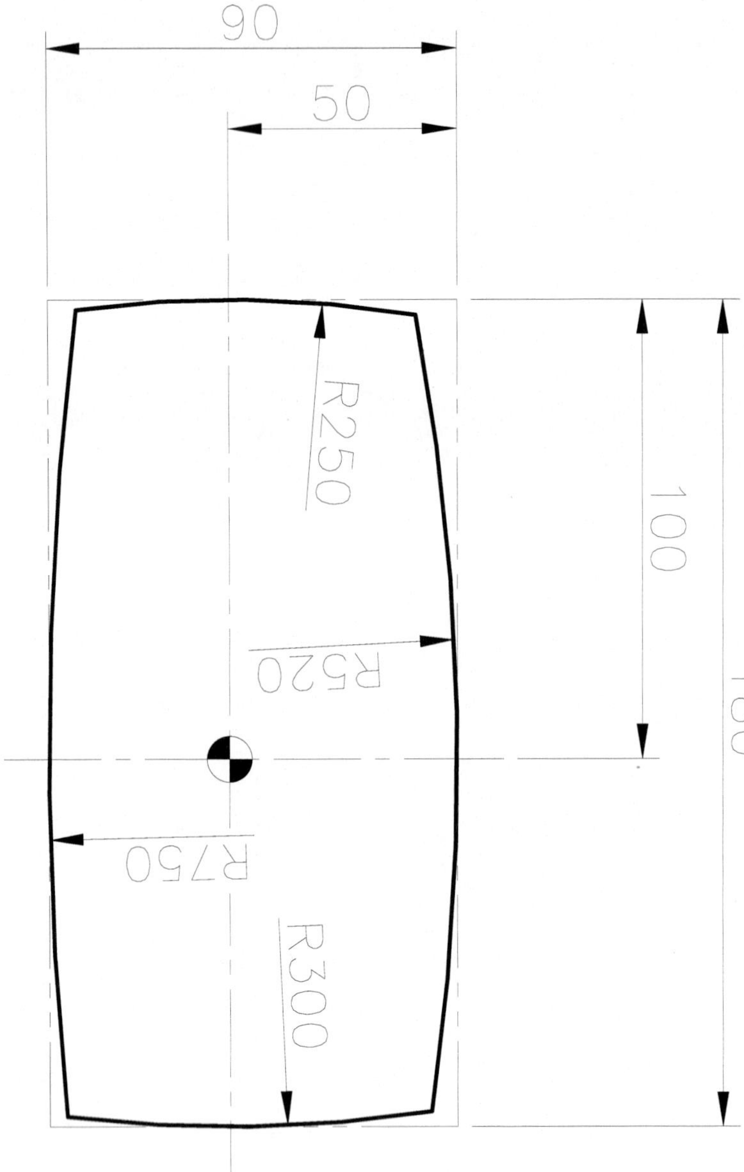
90
50
R250
100
R520
180
R750
R300

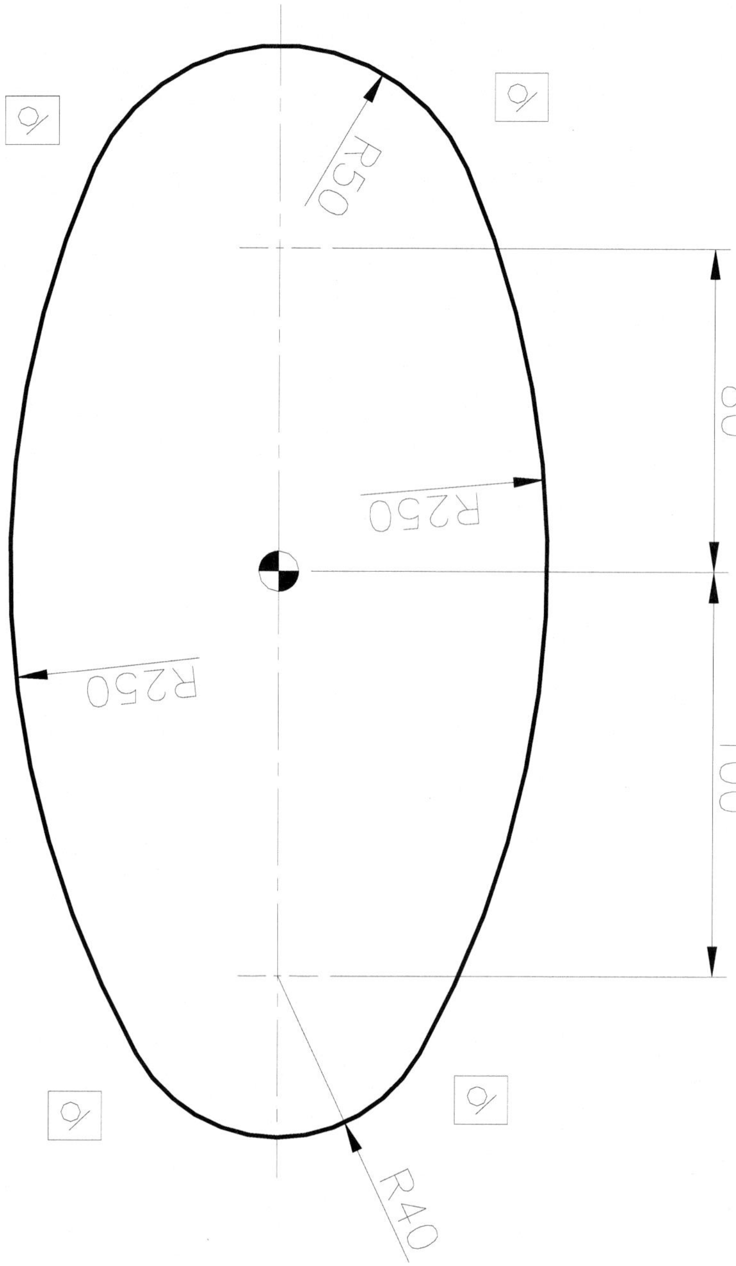
R50
80
R250
R250
100
R40

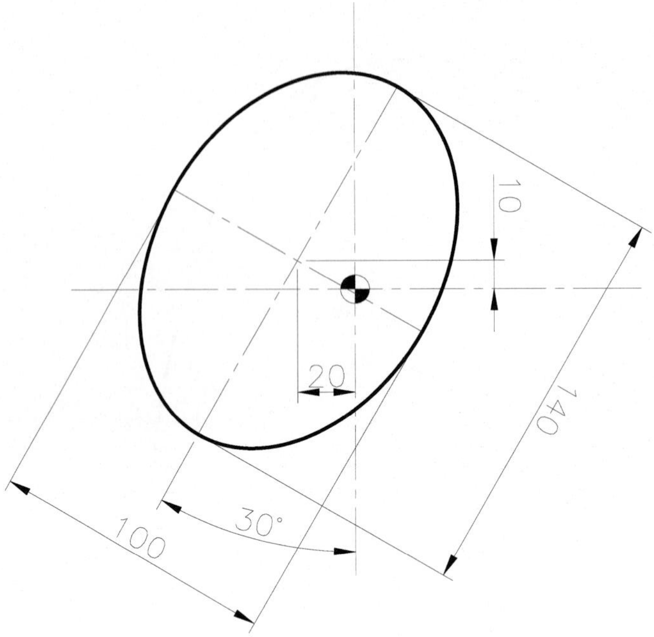

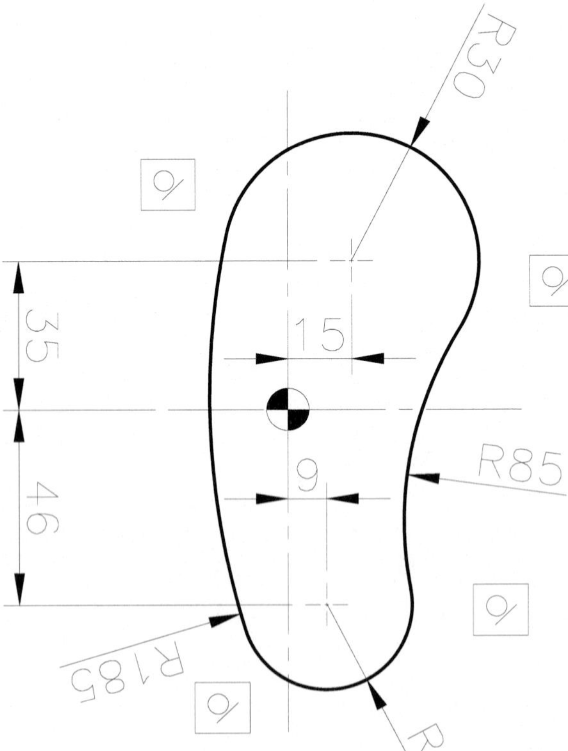

이제 실제로 인벤터를 사용하여 피처를 만들어보기 위해 다음으로 넘어가자.

STEP 02 | 인벤터 기초 예제 1

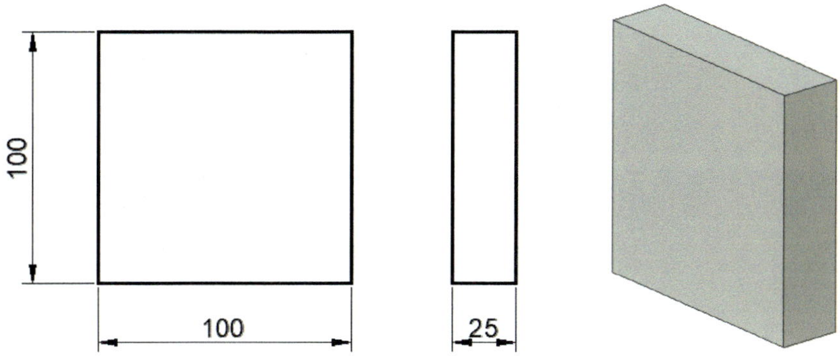

인벤터의 버전에 따라 기본으로 왼쪽에 있는 탐색기(browser)가 보이지 않는 경우가 있다. 리본의 뷰 탭에서 창 패널에 있는 사용자 인터페이스 명령을 클릭하고 드롭다운된 창에서 모형을 클릭하여 체크하면 좌측에 생성된다(리본 〉 뷰 〉 창 〉 사용자 인터페이스 〉〉 모형).

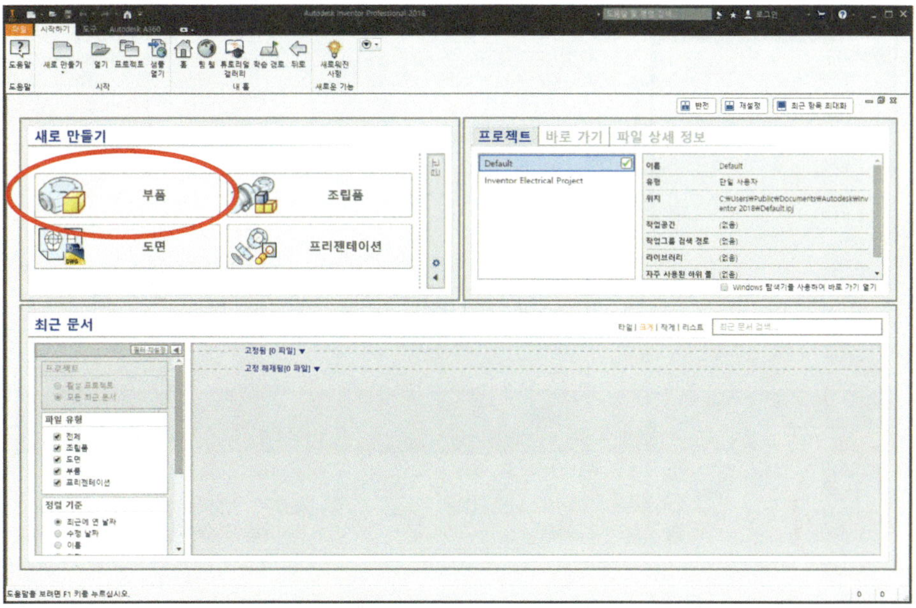

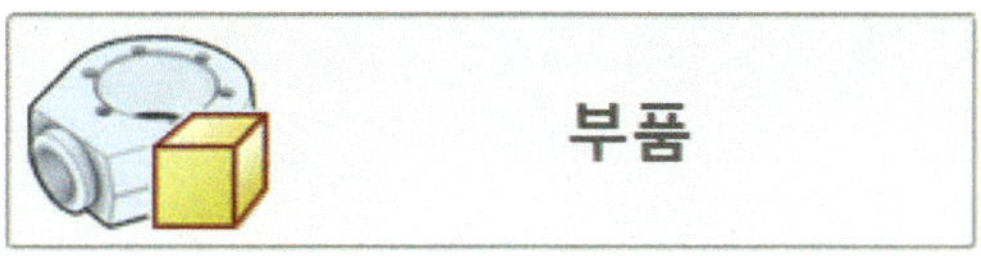

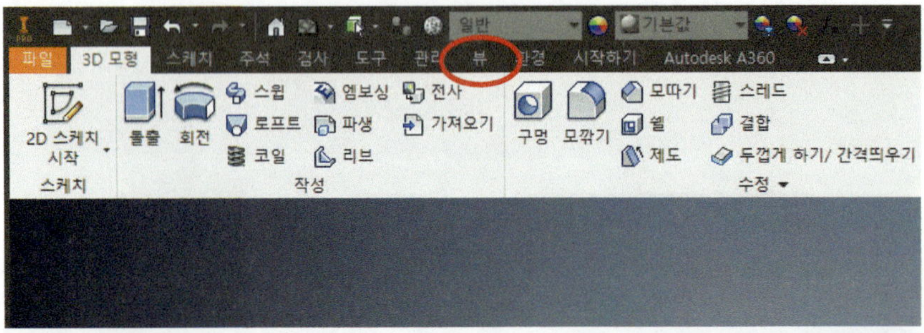

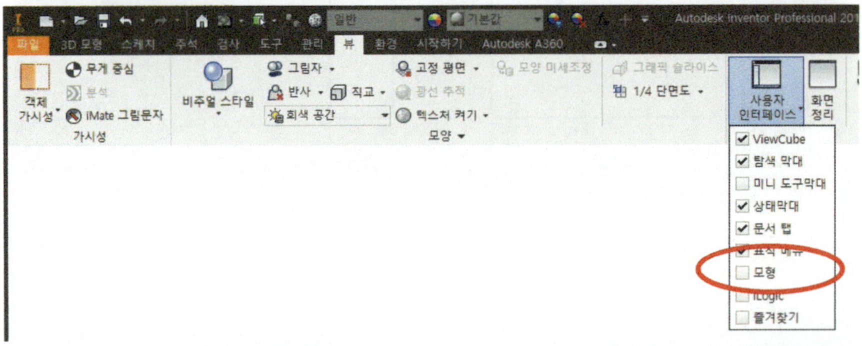

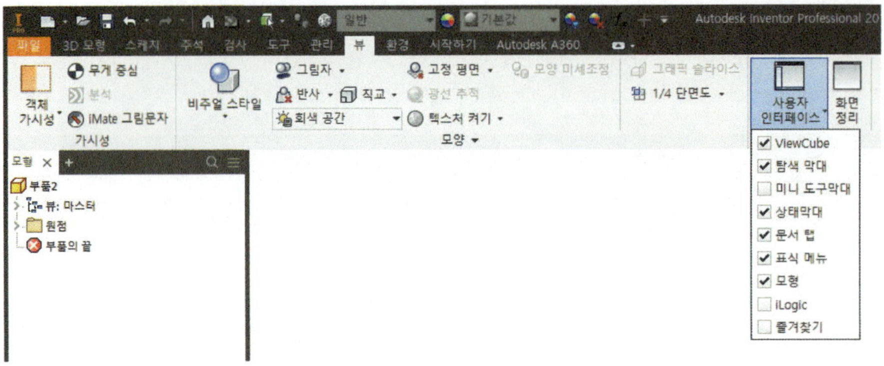

리본 〉 3D 모형 〉 스케치 〉 **2D 스케치 시작** 명령을 클릭한다.

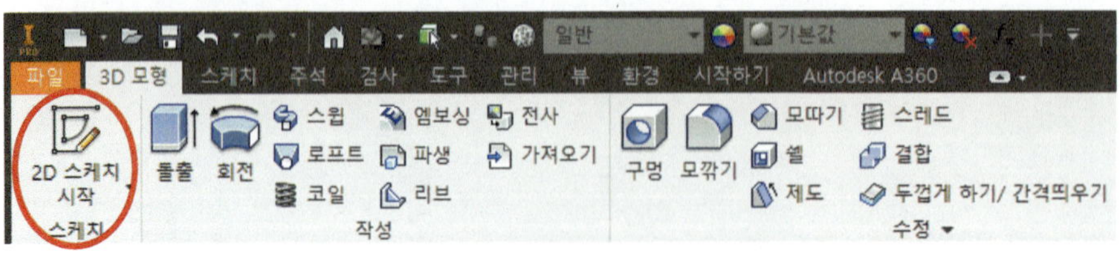

XY 평면(XY Plane)을 클릭한다.

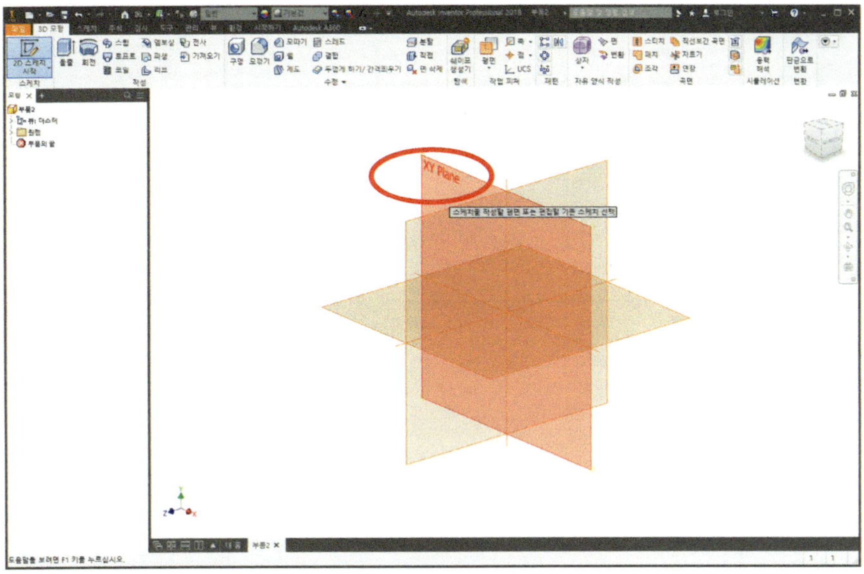

리본 〉 스케치 〉 작성 〉 직사각형 명령의 아래 드롭다운 화살표를 클릭하여 **직사각형-두 점 중심**을 선택한다(리본 〉 스케치 〉 작성 〉 직사각형 〉〉 직사각형-두 점 중심).

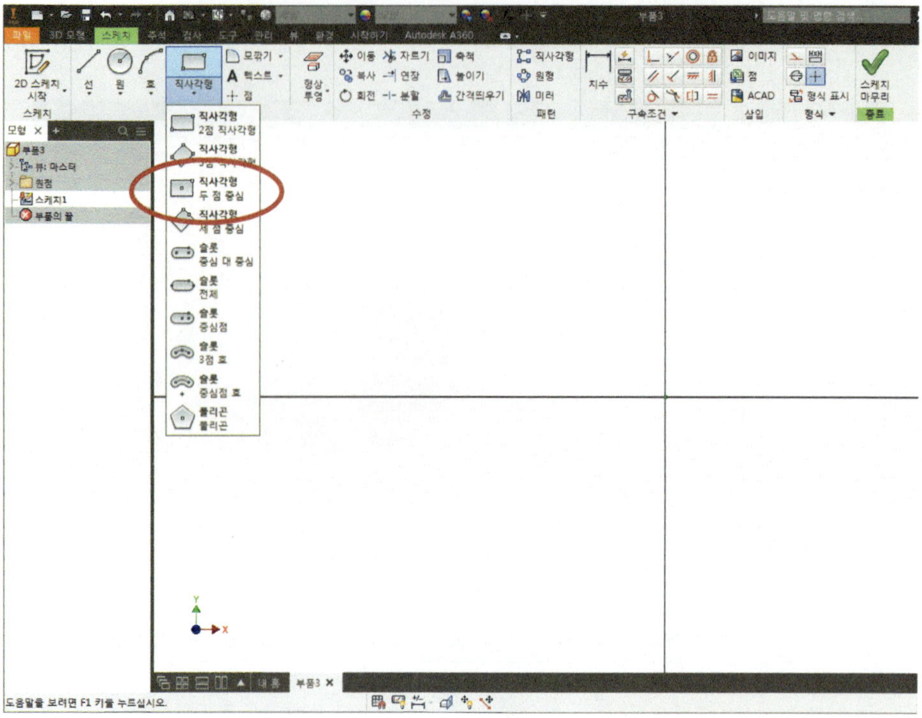

두 번을 클릭하는데 첫 번째는 그래픽 창의 가로선(X축)과 세로선(Y축)이 만나는 원점에 클릭하고(점이 녹색으로 변함), 두 번째는 우측의 임의의 공간을 클릭하여 아래 그림과 같이 만든다.

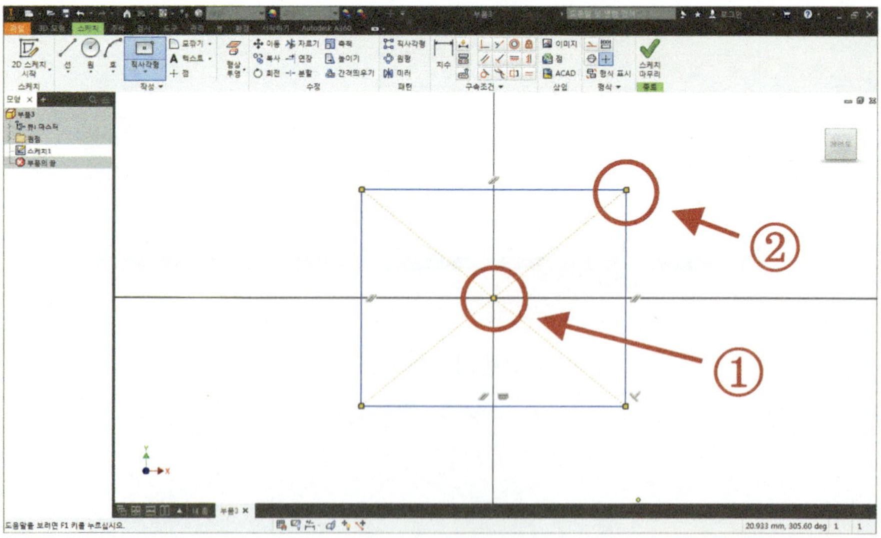

리본 〉 스케치 〉 구속조건 〉 치수 명령을 사용하여 사각형의 윗선을 클릭하고 화면과 같이 어느 정도 떨어진 위치에 한 번 더 클릭하여 치수가 표시될 곳을 정한다. 그 다음 치수를 넣어야 하는데 키보드로 **100**을 입력한 다음 엔터(Enter↵)키를 누른다. 잘못 입력하여 수정이 필요할 경우 치수의 숫자를 연속으로 빨리 두 번 클릭(더블 클릭)하면 다시 수정할 수 있다.

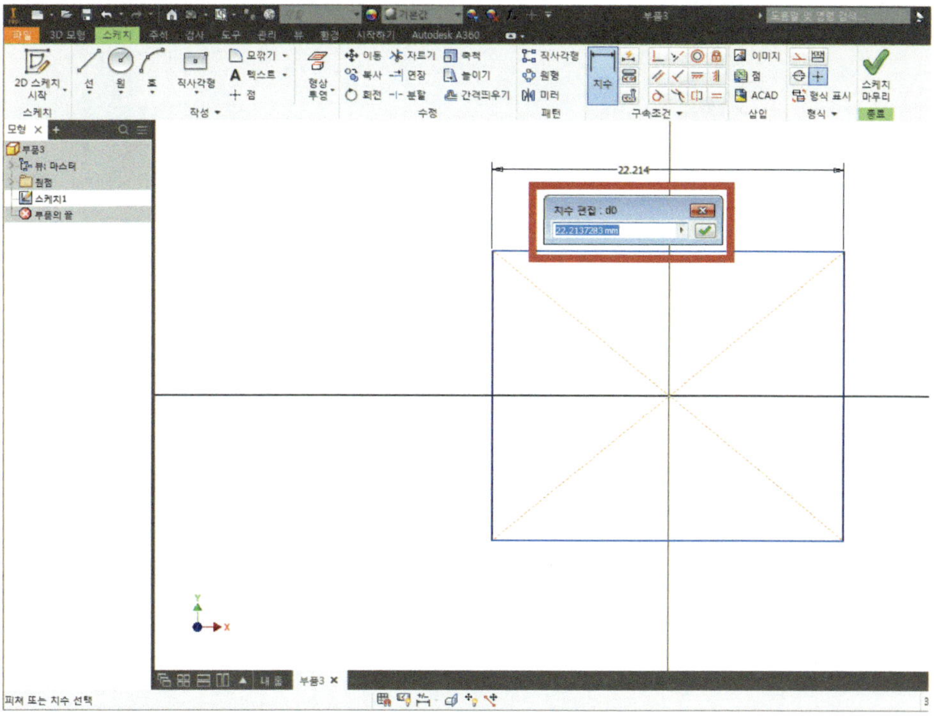

값을 입력한 후 원래의 값보다 상당히 크거나 작으면 그래픽 창에 잘 안 보이는 경우가 있다. 우측의 탐색 막대(Navigation Bar)에서 돋보기 아이콘(전체 줌)을 클릭하면 스케치 전체를 그래픽 창에 맞추어 보여준다. 돋보기 아이콘을 클릭하였을 때 스케치 전체가 들어오지 않으면 돋보기 아이콘 아래의 드롭다운 화살표(▼)를 클릭하여 **전체 줌**을 선택한다.

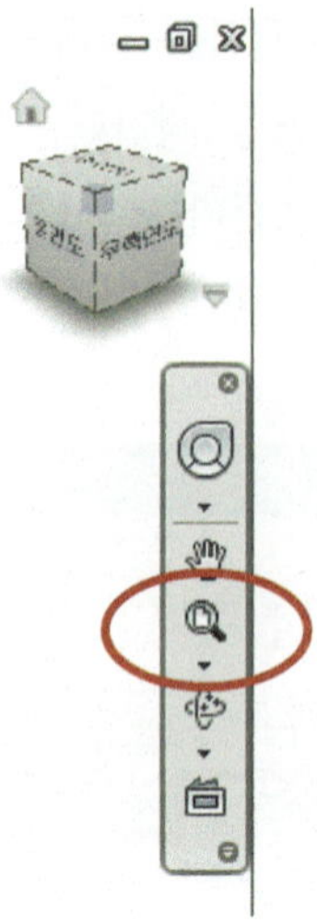 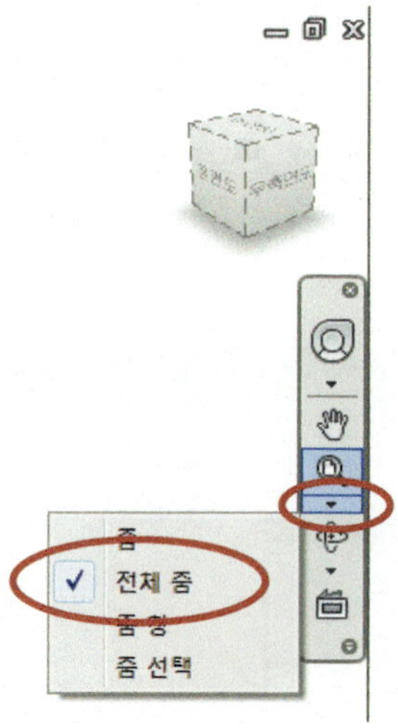

같은 방법으로 사각형의 우측 선에 치수 **100**을 입력한다. 사용하는 명령을 더 이상 쓰지 않으려면 다른 명령을 클릭하거나 키보드의 ESC키(Esc)를 눌러 해제하면 된다.

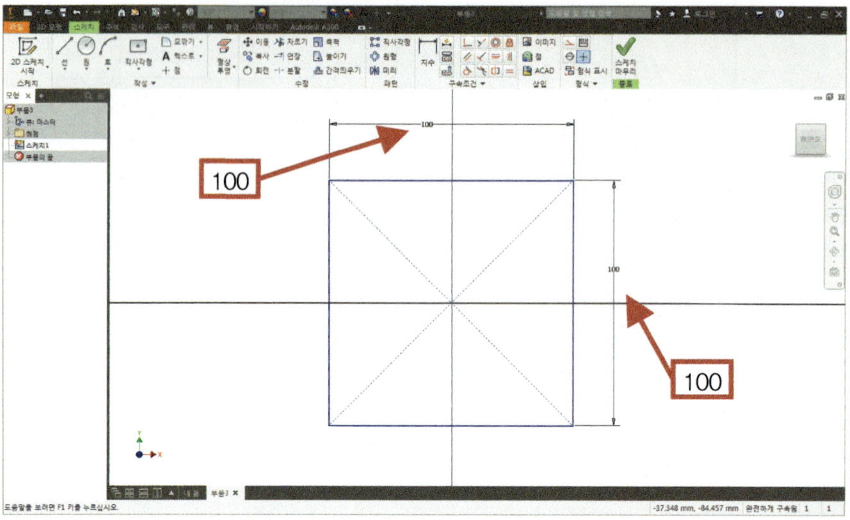

여기에 표시되는 치수는 제작사에서 고민해서 만든 크기이겠지만 좀 작게 느껴질 수도 있다. 치수문자를 키우고 싶으면 리본 〉 도구 〉 옵션 〉 **응용프로그램 옵션** 명령을 클릭한다.

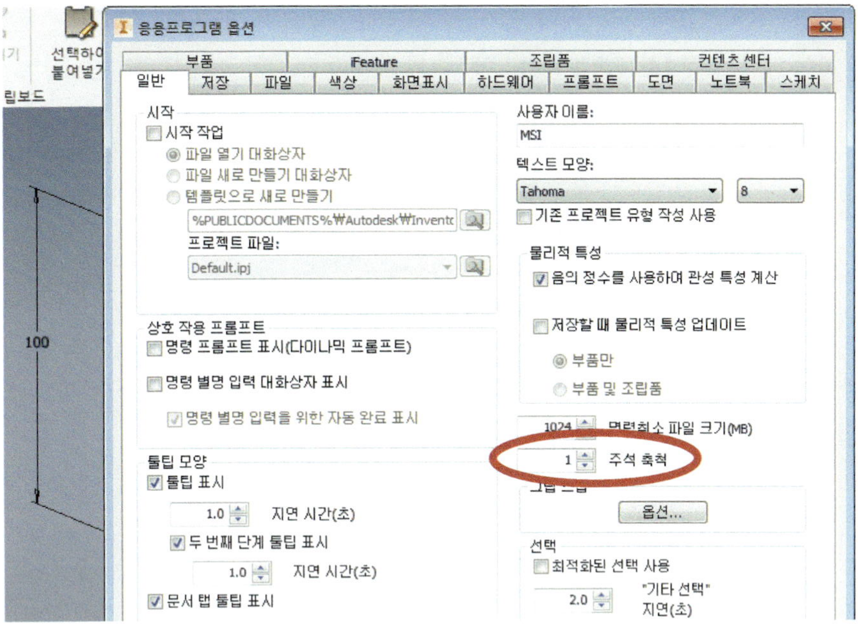

일반 탭에서 주석 축척의 숫자를 조절하면 지금 보고 있는 치수와 차수 문자의 크기가 이 숫자만큼 크거나 작아지는데, 치수 값(여기서는 100) 자체가 작거나 크게 표시되는 것이 아니다. 적절한 숫자로 변경해 보자. 여기서는 예시를 위해 세 배 크게 만들었다. 수치를 변경하고 **적용** 버튼을 누르면 변경된다.

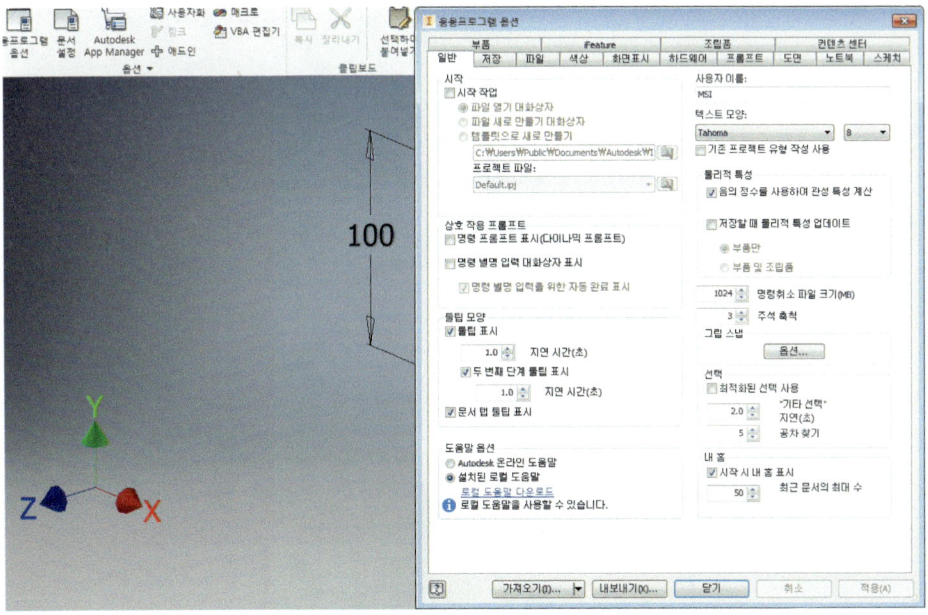

최근 버전은 기본 세팅이 잘 되어 있어 굳이 바꿀 필요가 없지만, 이 치수 축적과 함께 자주 변경하는 값으로 색상 탭의 색상 체계가 있다.

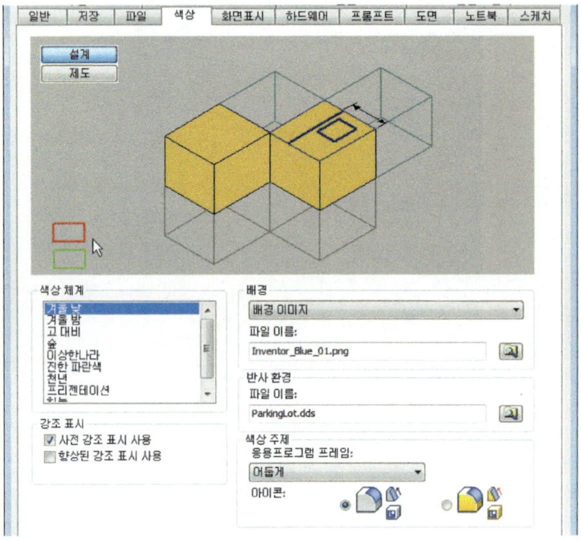

색상 체계는 여러 색이 눈에 잘 띄는 겨울 낮을 대부분 많이 선택한다. 배경에는 1색상, 그러데이션, 배경 이미지 등이 있으므로 여러 옵션을 선택해보고 자신이 원하는 배경 설정을 찾아보자. 설정을 마쳤으면 그 외는 기본 값으로 사용하는 데 아무런 문제가 없으므로 아래에 있는 **닫기** 버튼을 누른다.

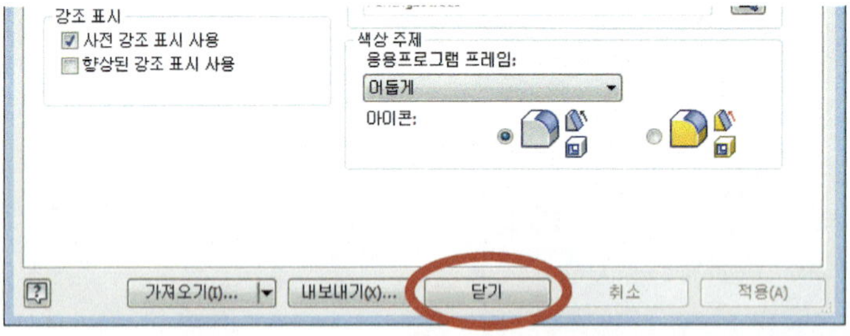

스케치 마무리 명령을 클릭하여 스케치를 종료한다.

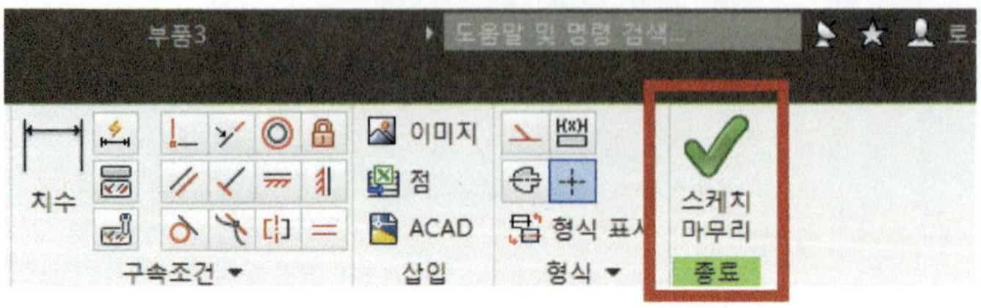

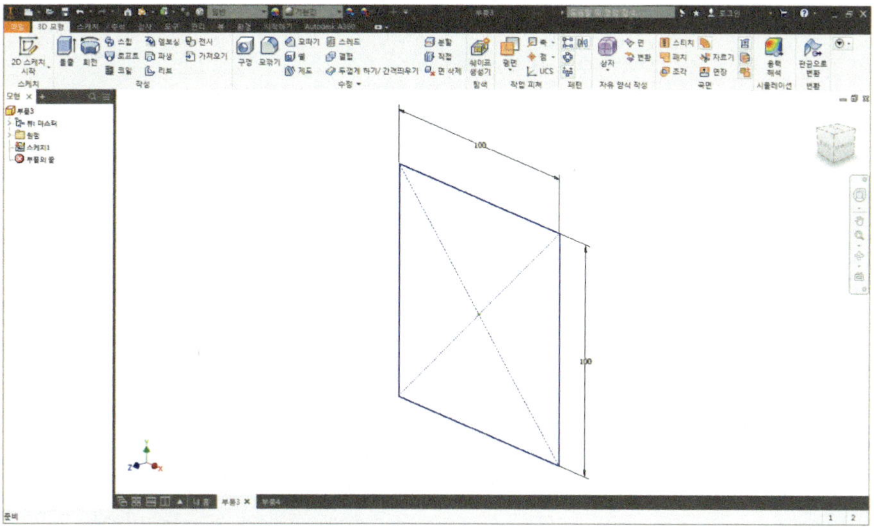

리본 〉 3D 모형 〉 작성 〉 **돌출** 명령을 클릭한다.

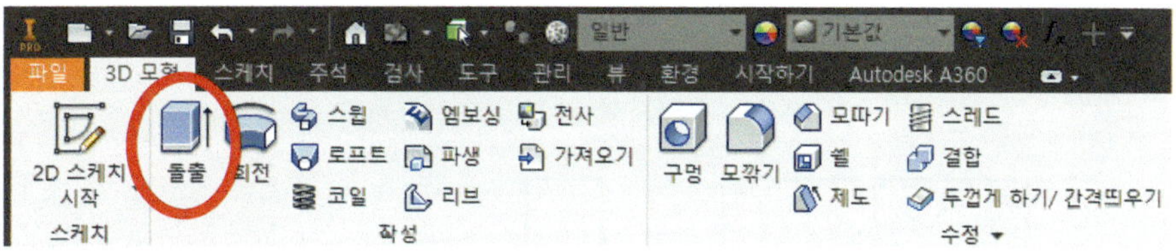

범위는 **거리**로 선택하고 값을 **25**로 입력한 다음, **확인** 버튼을 클릭한다.

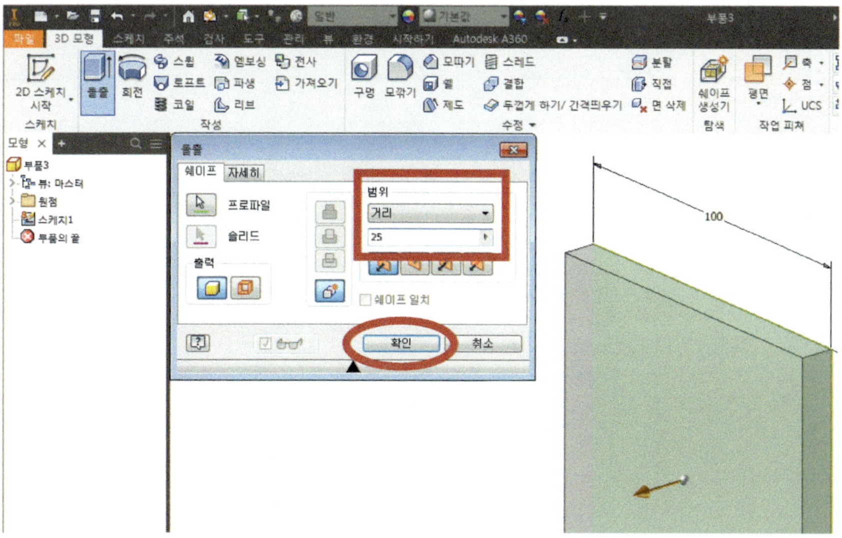

작업이 모두 끝났다. 작업을 마무리 지은 파일을 저장하기 위해 파일 〉 **저장** 버튼을 클릭하여 원하는 위치에 파일명을 부여하여 저장한다.

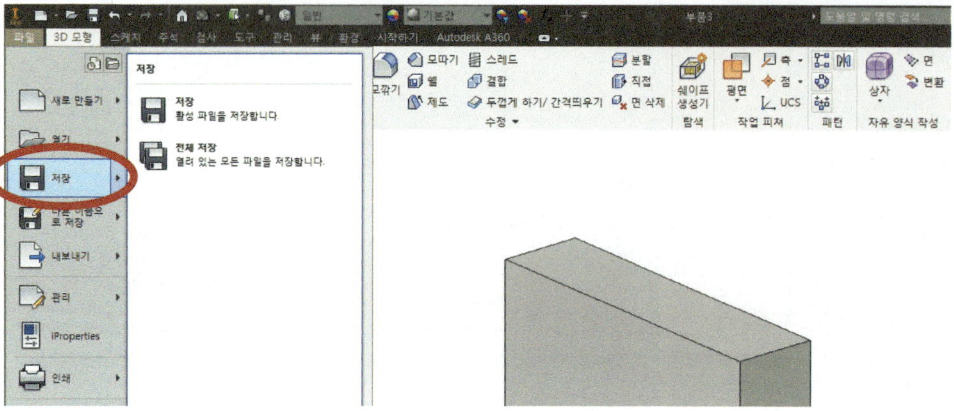

STEP 03 | 인벤터 기초 예제 2

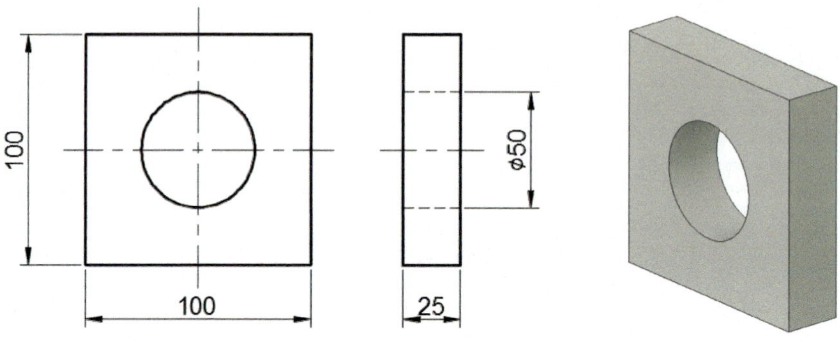

앞에서와 다른 방법으로 새 부품을 생성하고자 한다. 리본 〉 시작하기 〉 시작 〉 **새로 만들기** 명령을 클릭한다.

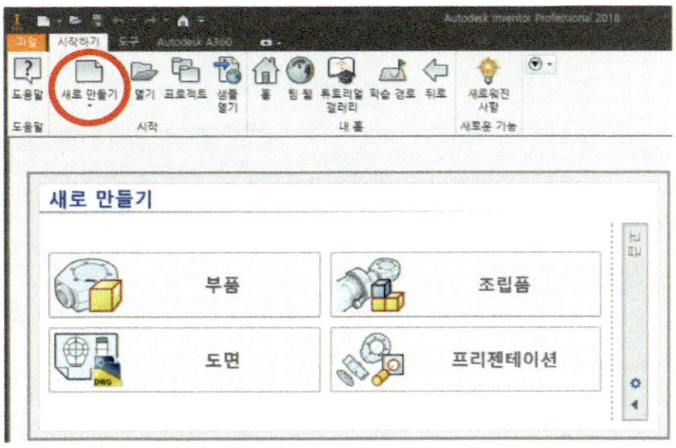

Standard.ipt를 선택하고 단위가 밀리미터가 맞는지 확인한 다음, 작성 버튼을 클릭한다.

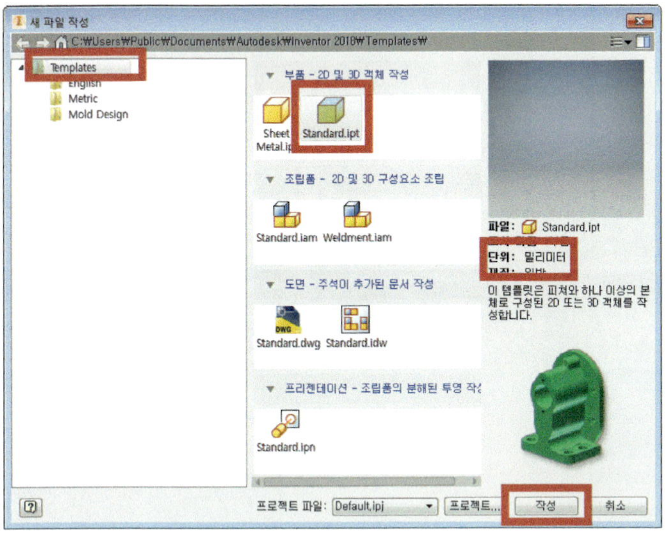

STEP 02의 인벤터 기초 예제 1을 참고하여 직육면체를 생성한다.

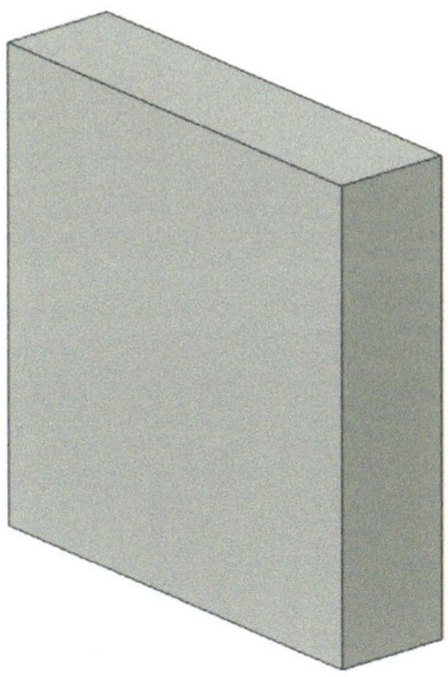

가운데 구멍을 내기 위해 평면에 스케치를 한다.

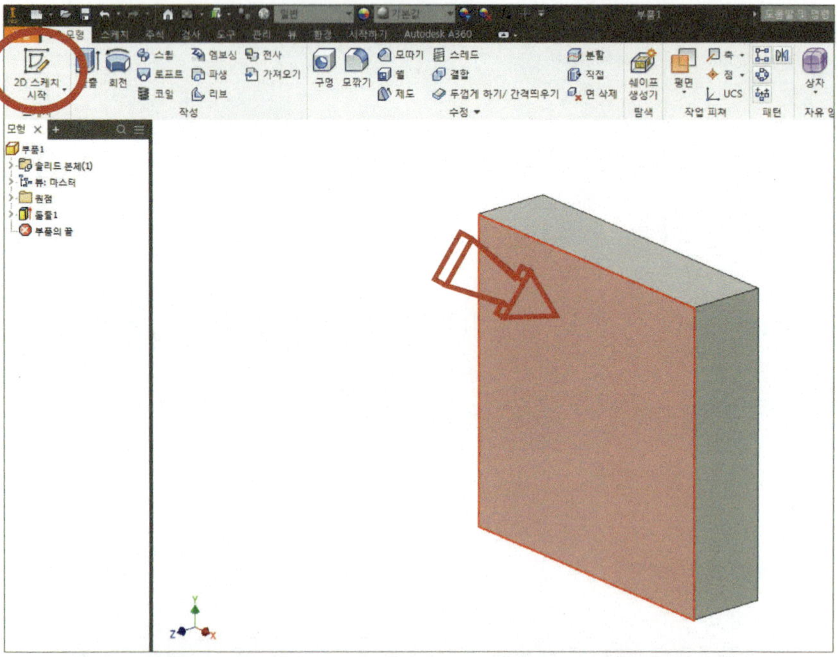

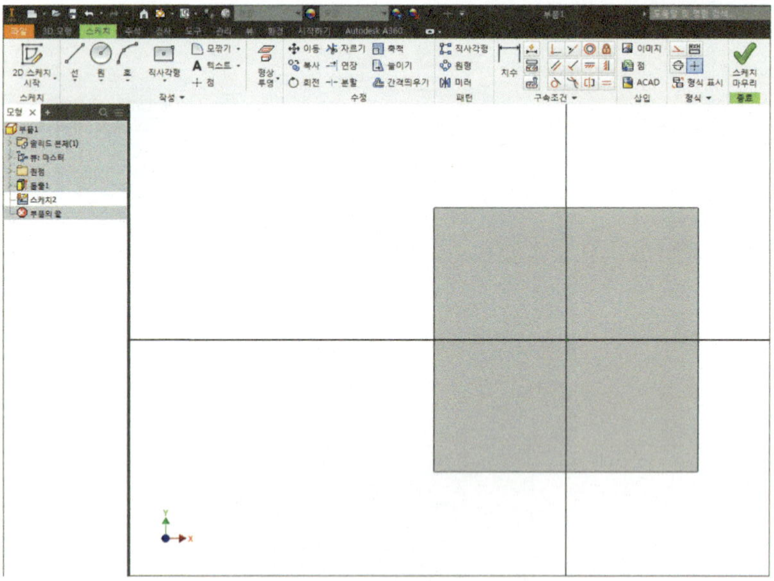

원(중심점 원) 명령을 클릭하고 그래픽 창의 원점을 클릭한다.

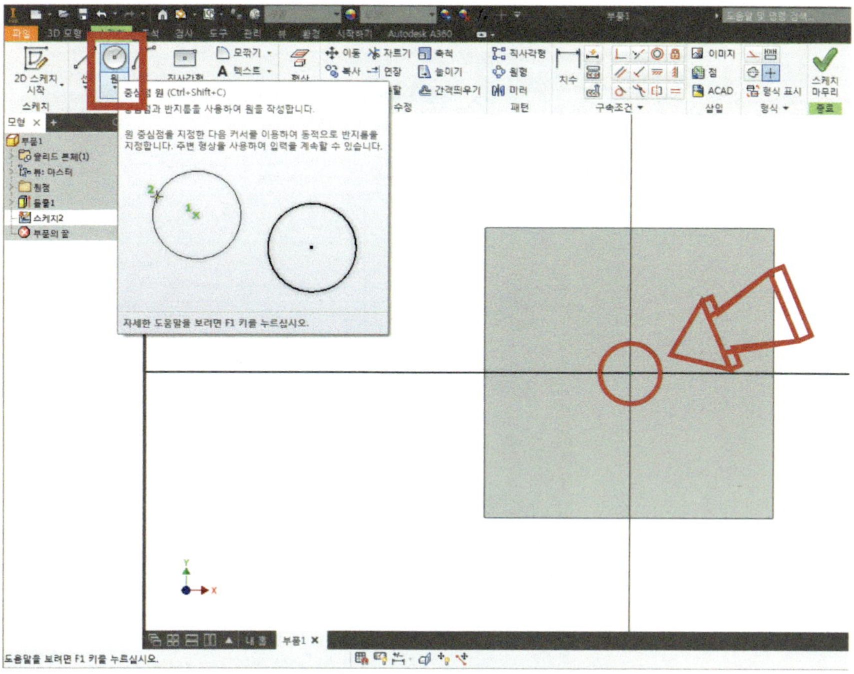

STEP 02의 인벤터 기초 예제 1에서와 같이 적절한 위치에 한 번 더 클릭하여 원을 생성한다.

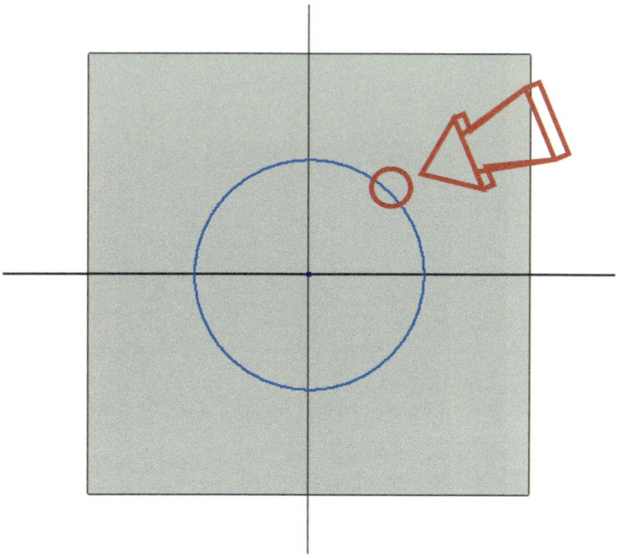

치수 명령을 클릭하고 원을 클릭한 다음 적절한 위치에 한 번 더 클릭하여 치수를 생성한다. 이때 치수 값을 정해주어야 하는데 50을 입력하고 엔터키(Enter↵)를 누른다.

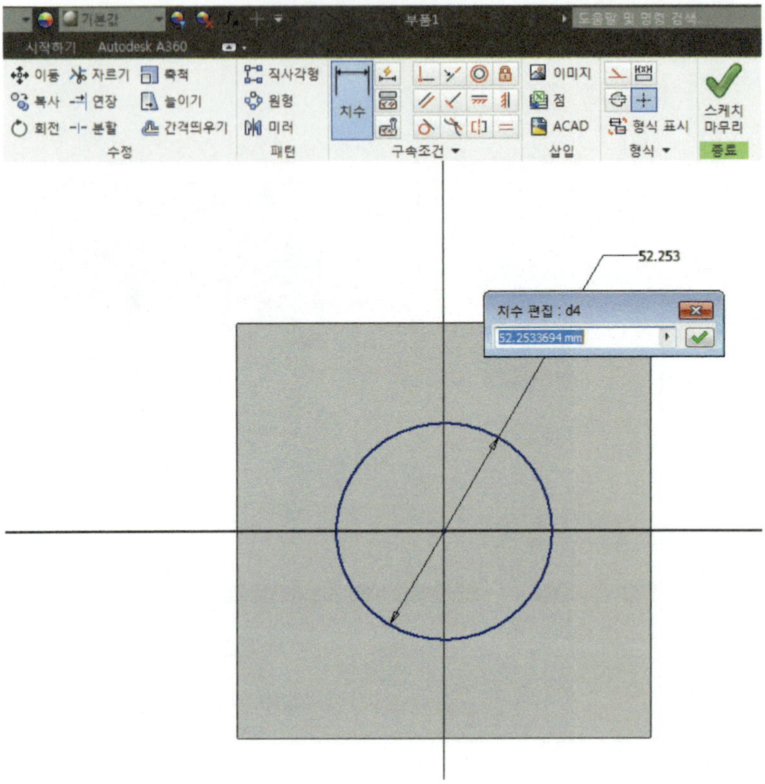

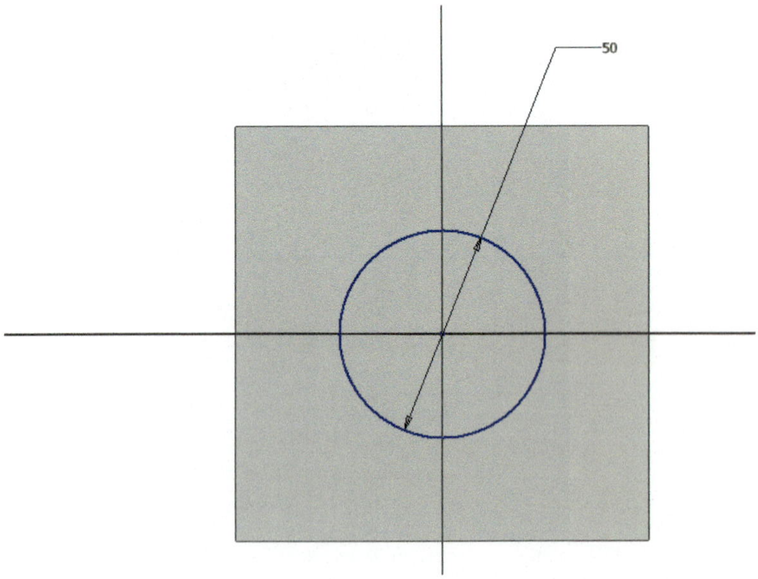

스케치 마무리 명령을 눌러 스케치를 종료하고 **돌출** 명령을 클릭한다.

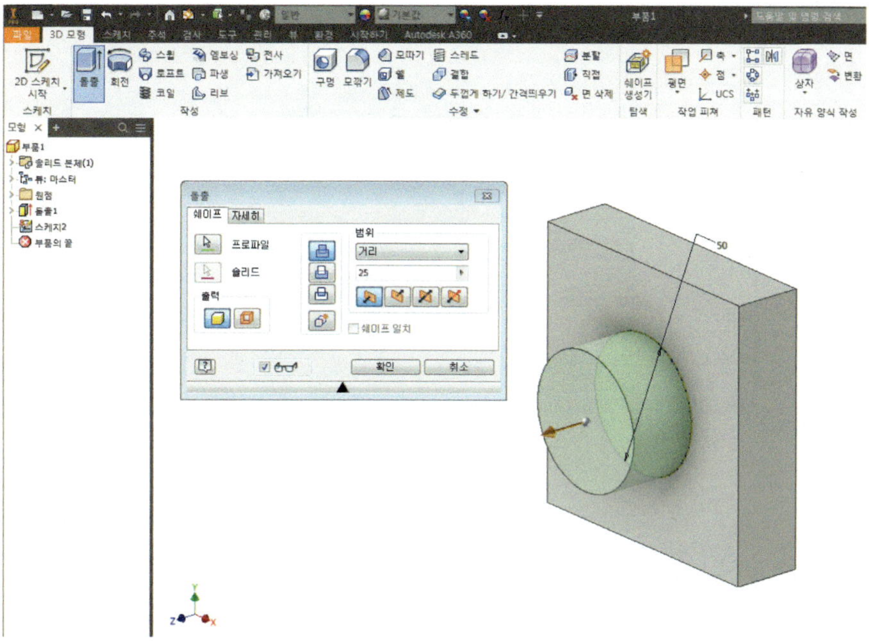

차집합(절단)을 선택하고 **확인** 버튼을 클릭한다.

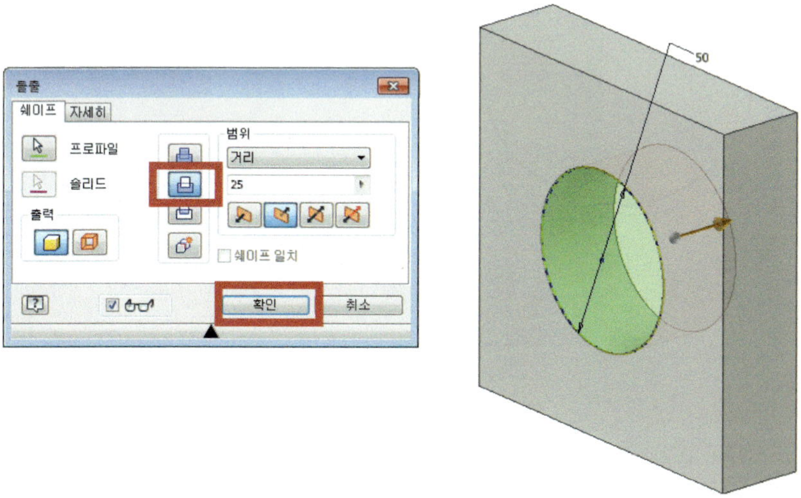

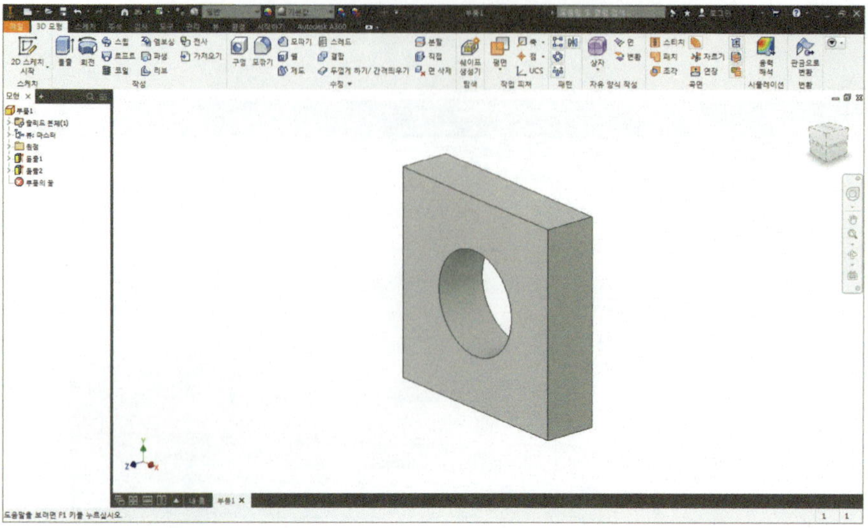

STEP 04 | 인벤터 기초 예제 3

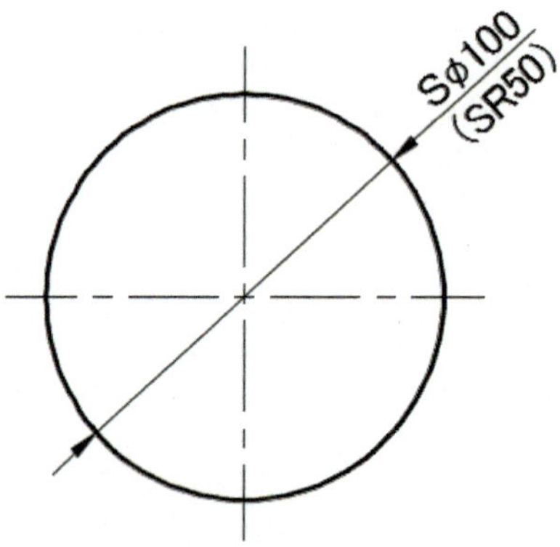

새 부품을 생성하고 **스케치 시작** 명령을 누른 다음 **XY 평면**을 클릭한다.

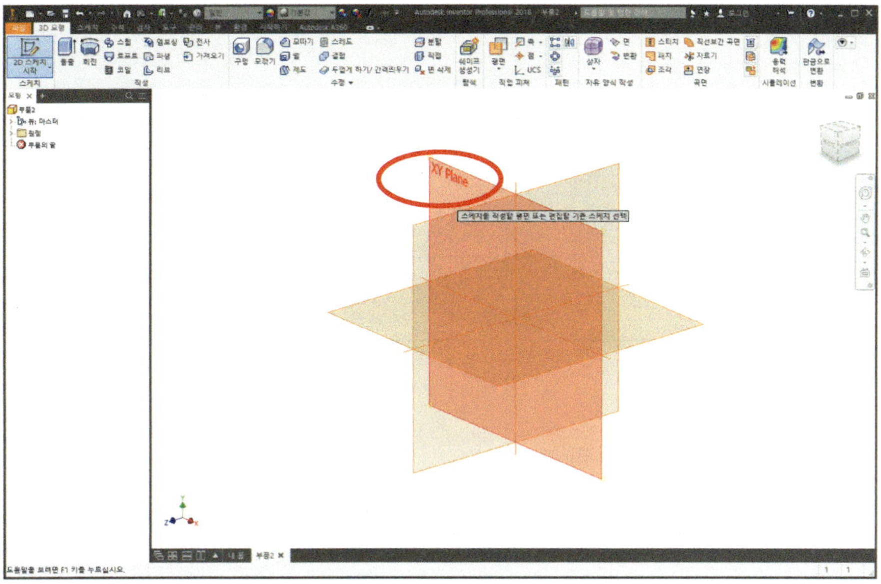

원 명령을 클릭하고 그래픽 창의 원점을 중심점으로 하는 적절한 크기의 원을 그린다.

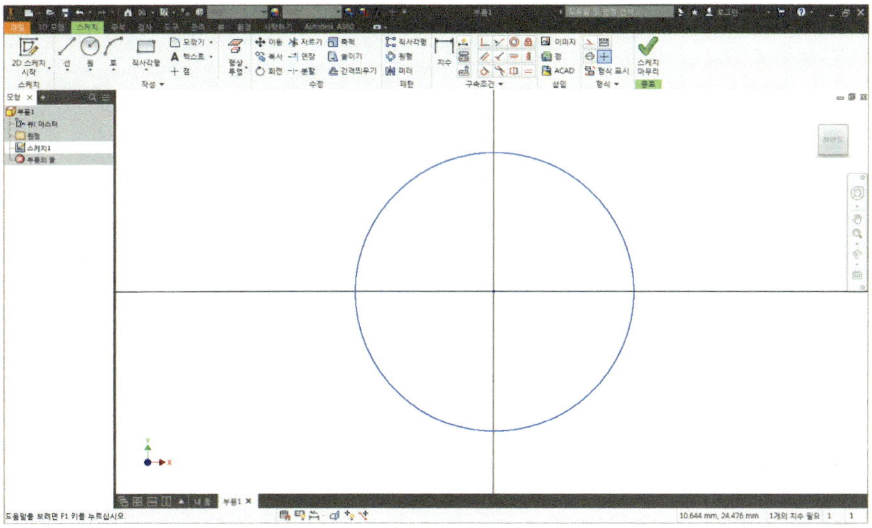

선 명령을 클릭하여 아래 그림과 같이 가로로 임의의 선을 그리는데 선의 길이가 원의 좌우보다 큰 위치에서 선의 시작과 끝을 클릭해야 하며, 수평 구속조건()이 표시되는지 확인한 후 두 번째 클릭을 한다.

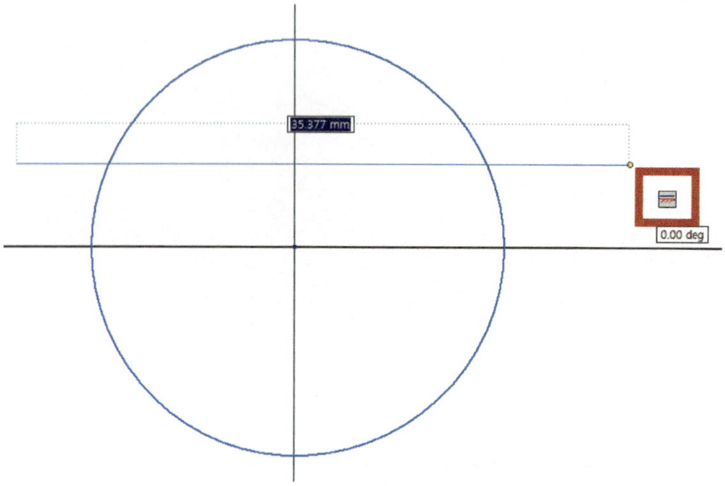

구속조건이 제대로 들어갔으면 선의 중간에 수평 구속조건이 걸려있음()이 표시된다.

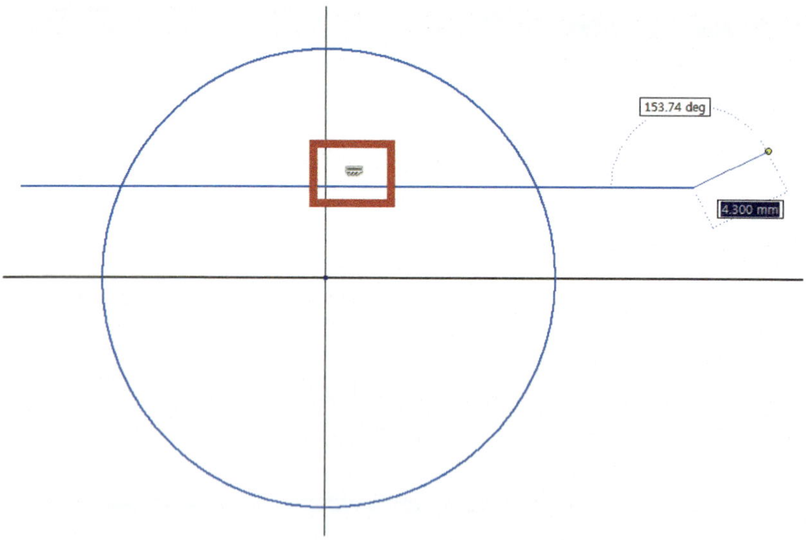

선 명령을 종료하려면 ESC키(Esc)를 누른다.

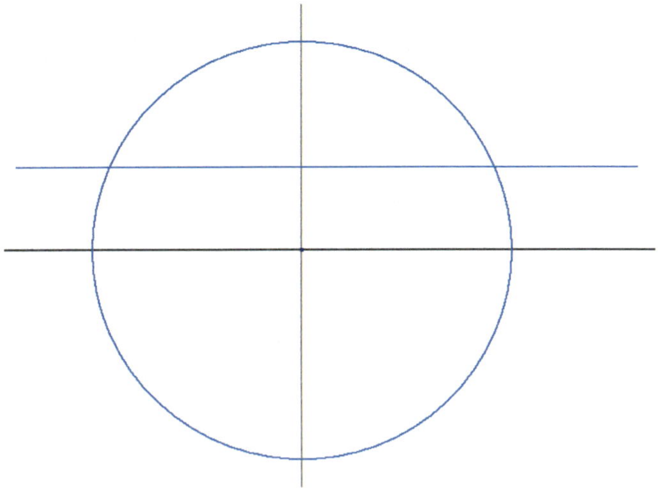

SHIFT키(Shift)를 누른 상태로 원점과 가로선을 클릭한다. 두 선을 같이 선택한 상태이며 원점과 가로선의 색깔이 바뀐다.

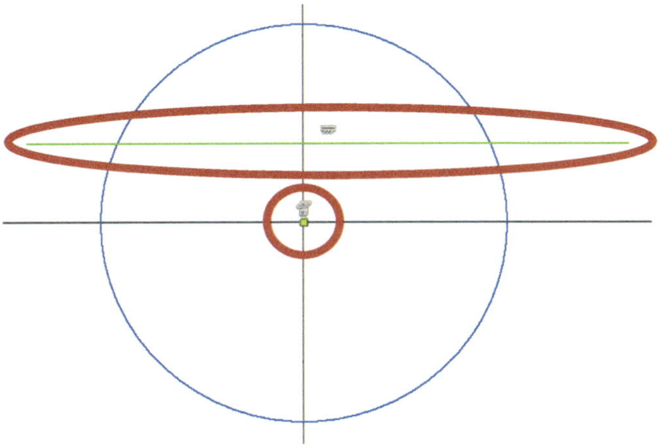

일치 구속조건(![icon])을 클릭하여 가로선을 원점과 일치시킨다. 리본에서 명령 아이콘에 커서를 가져놓고 일정시간이 지나면 아래의 그림과 같이 각 명령에 대한 간결한 설명이 나타나는데, 이것을 툴팁(Tooltips)이라고 한다. 이 툴팁에 있는 설명으로 부족하면 이 상태에서 F1키(F1)를 누르면 해당 명령의 도움말로 간다. 인벤터의 도움말 체계는 상당히 잘 되어 있으며 한국어도 잘 지원하기 때문에 이를 통해 사용방법을 쉽게 익힐 수 있다. 따라서 이 책에서는 꼭 필요한 경우가 아니면 각 명령에 대한 자세한 설명은 피하고자 한다.

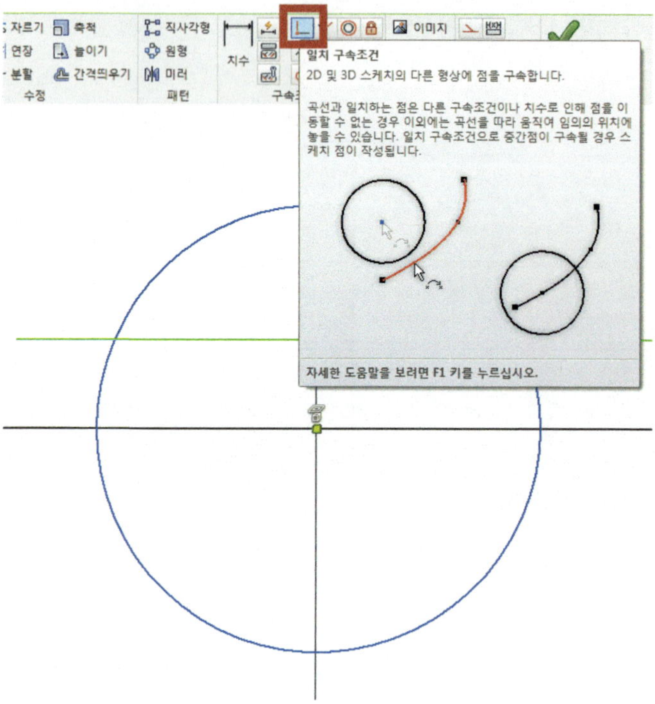

구속이 제대로 되면 아래의 그림과 같이 된다. 그림을 보고 이해하기 편하도록 X선과 Y선을 숨기고 설명을 계속하고자 한다.

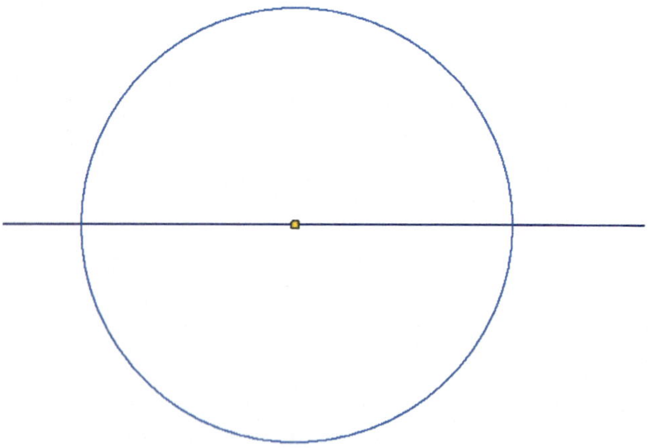

자르기 명령(리본 〉 스케치 〉 수정 〉 자르기)을 클릭하고 아래의 세 부분을 클릭하여 삭제한다.

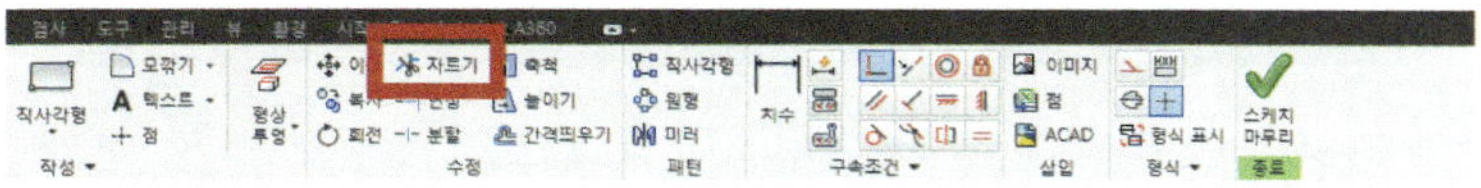

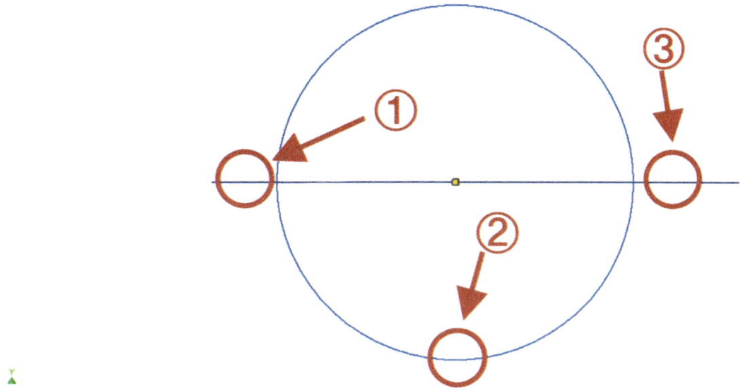

수평선(가로선)을 클릭하여 선택하고 중심선 명령(⊖)을 눌러 중심선으로 변경한다.

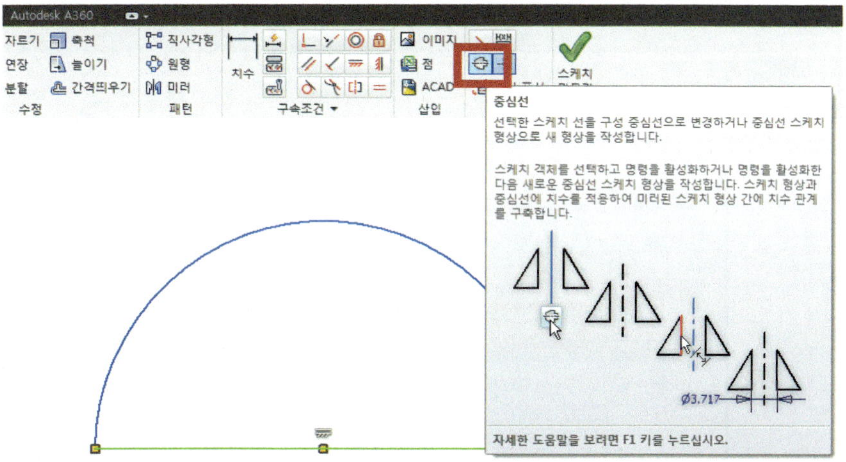

스케치 마무리 명령을 클릭하고 스케치를 종료한다.

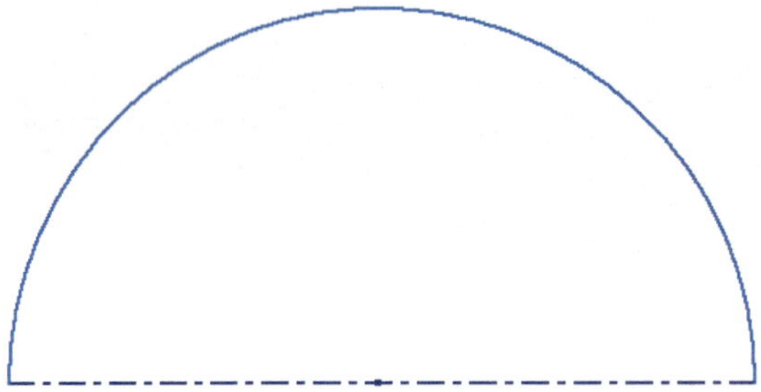

회전 명령을 누르고 **확인** 버튼을 클릭한다.

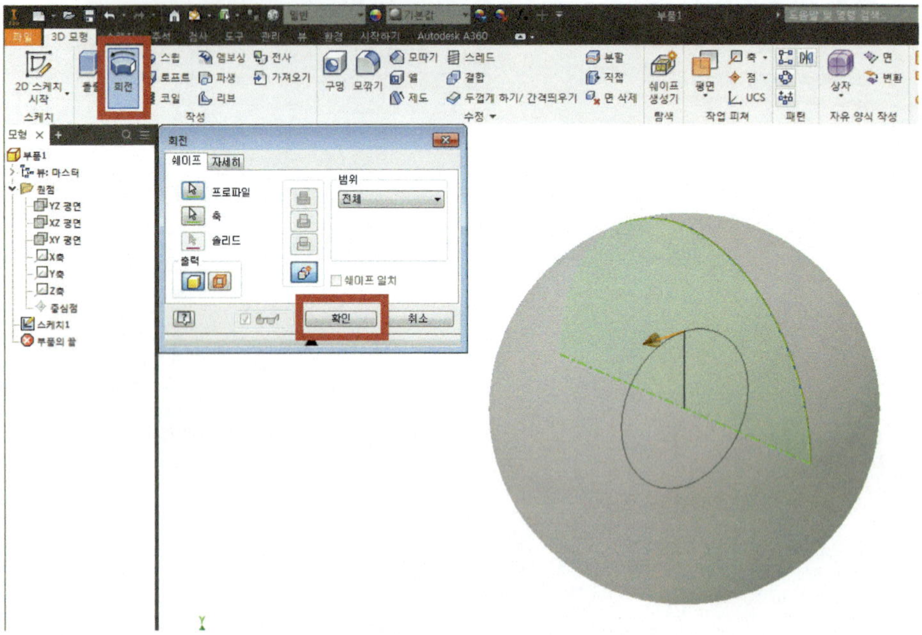

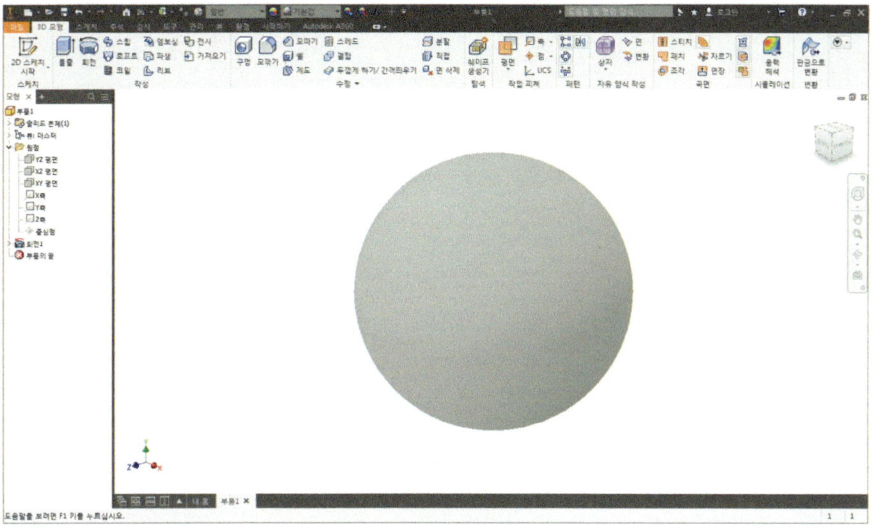

STEP 05 | 인벤터 기초 예제 4-1

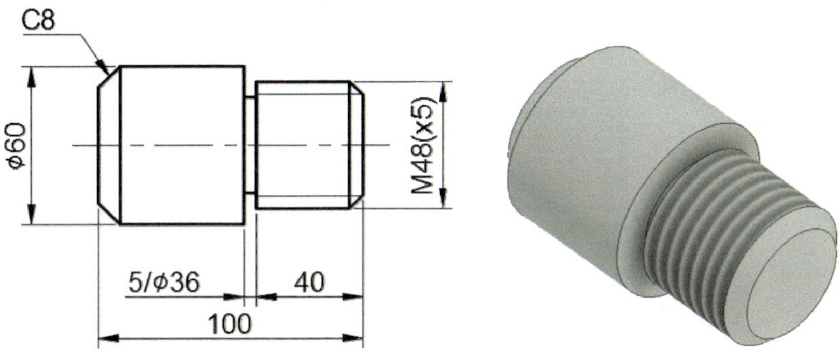

위의 예제를 2가지 방법(4-1과 4-2)으로 작성하고자 한다. 참고로 도면의 M48은 미터나사에 호칭지름이 48mm임을 의미한다.

새 부품을 생성하고 2D 스케치 시작 명령을 누른 다음 XZ 평면을 클릭한다.

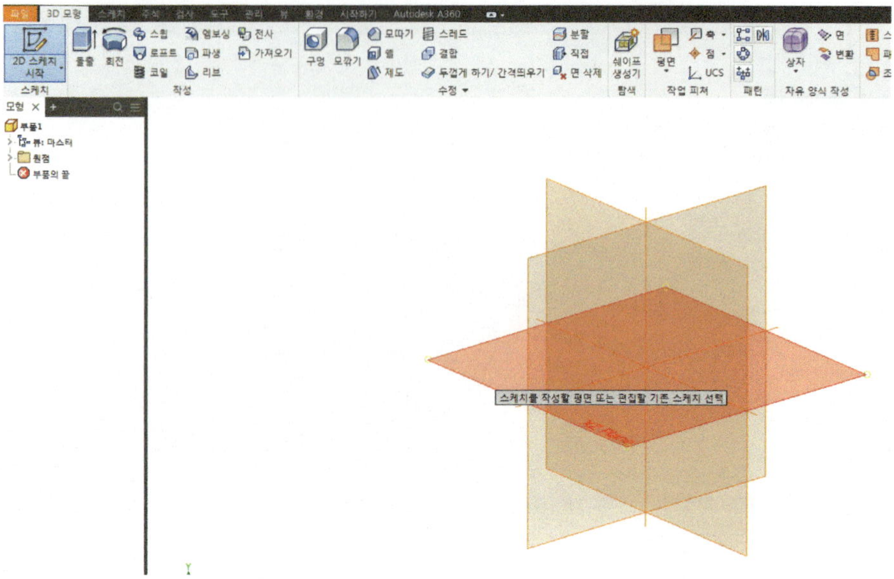

좌측 아래의 붉은색 원이 있는 곳을 보면 X+ 방향이 아래로 Z+ 방향이 왼쪽으로 되어 있다. 이 방향을 Z+ 방향이 오른쪽, X+ 방향이 위쪽으로 위치하도록 뷰큐브(우측 위에 붉은 화살표)의 오른쪽 위에 있는 면 뷰 롤 화살표 버튼을 사용하여 시계방향이나 반시계방향 버튼 어느 쪽이든 상관없이 같은 방향으로 두 번 누른다.

뷰큐브(ViewCube)는 현재 모형을 미리 정의된 세 그룹(구석, 모서리, 면)의 영역을 클릭해 다양한 위치에서 모형을 살펴볼 수 있게 해 준다. 뷰큐브의 면에 위치하려면 해당 면을 클릭한다. 면에 위치하면 뷰큐브 근처에 마우스를 움직여 커서를 가져가면 면 뷰 롤 화살표 버튼이 생기며 그래픽 창에 표시되는 면을 90도로 시계방향 또는 반시계방향으로 회전할 수 있게 된다. 또한 면에 위치하면 인접 면 뷰 버튼(뷰큐브 주위의 4개의 삼각형)이 나타난다. 뷰큐브 바로 밑에는 탐색 막대(Navigation Bar)가 있으며 이 둘이 그래픽 창을 살펴보는 데 있어 가장 중요하다. 탐색 막대는 뒤에서 살펴보도록 하겠다.

다음과 같이 구속조건을 주의하며 선 명령을 사용하여 대략적인 형상을 그린다. 원점에서 시작하여 원점에서 마무리하면 쉽다. 모든 선에 수직, 수평 또는 직교 구속조건이 걸려있어야 정상적으로 스케치한 것이다. 직교 구속조건은 두 선 사이에 생기기 때문에 두 선이 만나는 점에 표시된다.

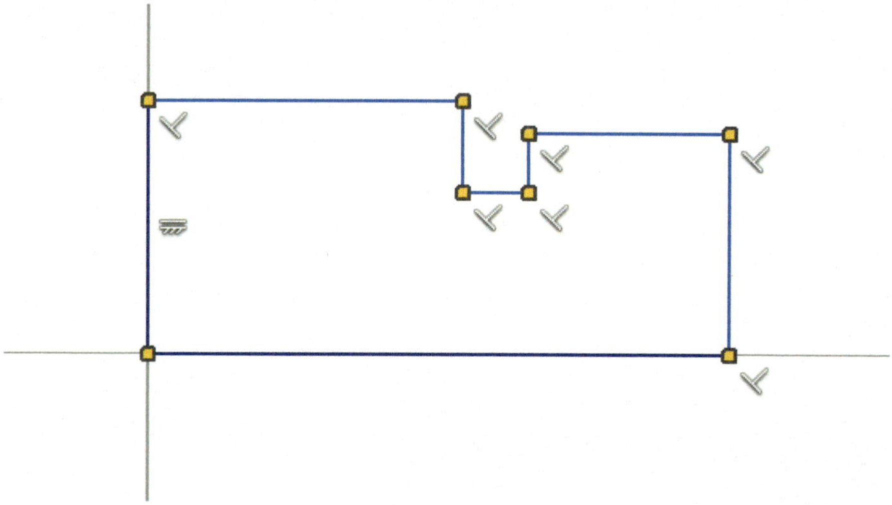

아래의 선을 중심선으로 바꾼다.

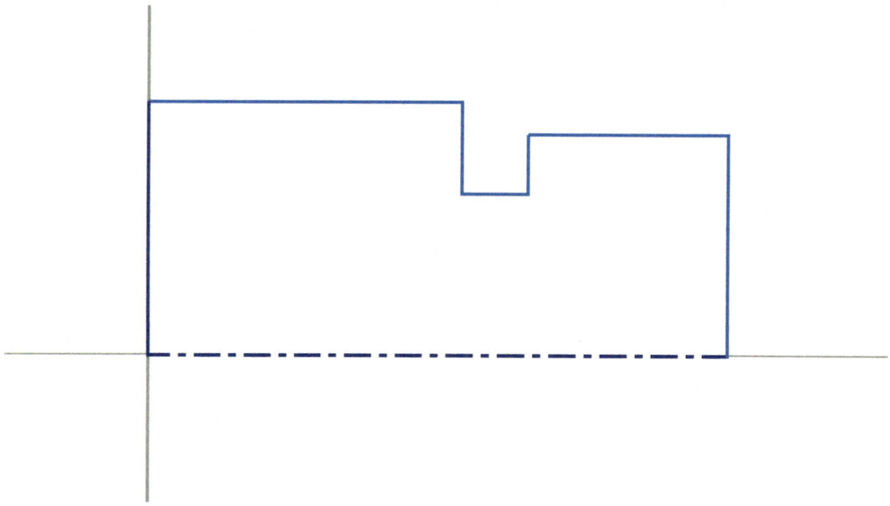

다음과 같이 치수조건을 준다. 치수 값은 보통 작은 치수에서 큰 치수로 값을 주며 치수가 부여되고 난 뒤에 형상이 틀어지는 경우가 있는데 틀어진 선을 클릭하여 원래의 형상으로 옮겨 주거나 명령취소 키(Ctrl+Z)를 사용하여 치수 부여 전으로 돌리고 영향을 주지 않는 다른 값을 찾아 먼저 주어야 한다. 구속조건 및 치수가 들어가서 구속이 되면 선의 색깔이 바뀌는 것에 유의하며 작업한다. 극히 몇몇 경우를 제외하고는 구속이 안 된 선이 있는지 확인해 보고, 만일 있다면 구속조건을 주어 임의의 변화가 발생하지 않도록 해야 한다.

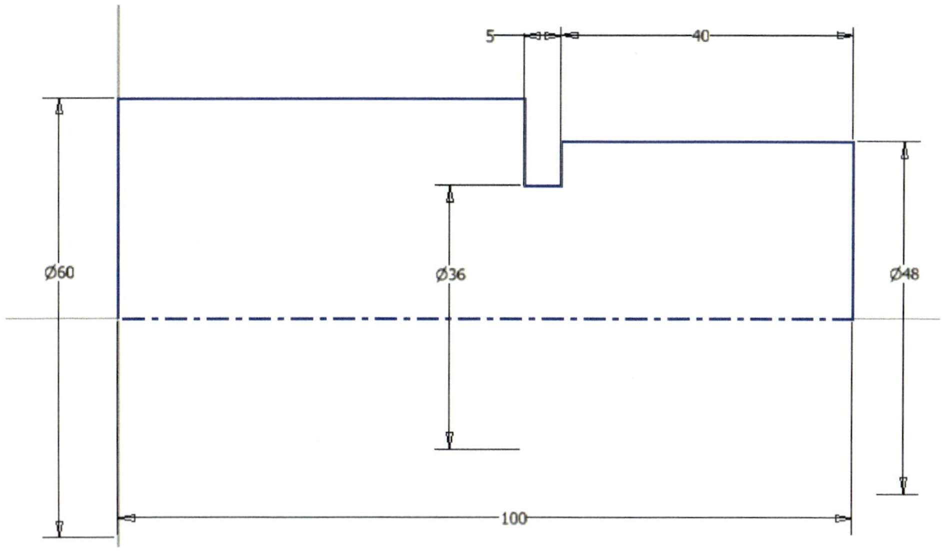

중심선이 있는 경우 치수 부여를 할 때 조심해야 할 것이 있다. 다음 두 경우에 표시되는 치수가 같은 크기에 대해 다르게 표시되는 것에 유의한다. 중심선이 없으면 회전 명령을 수행할 때 어느 선을 기준으로 회전할 것인지 사용자가 직접 선택해 줘야 한다.

① 중심선과 다른 한 선을 클릭하여 치수를 생성하는 경우

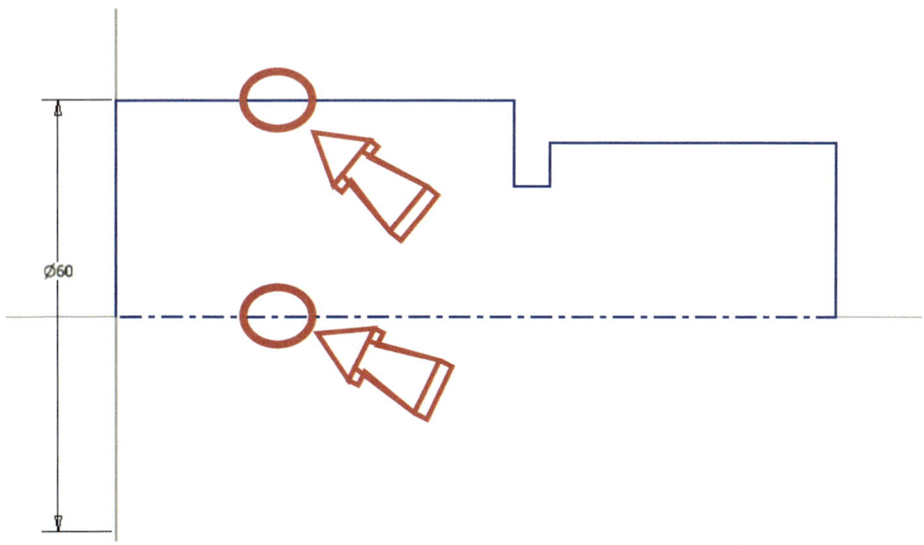

② 한 선만 클릭해서 치수를 생성하는 경우

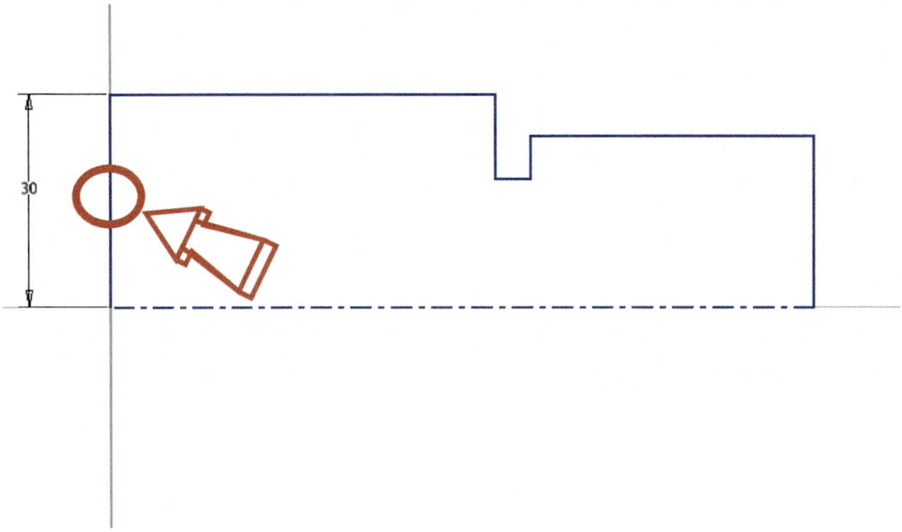

스케치 마무리 명령을 클릭하고 스케치를 종료한다. **회전** 명령을 누르고 **확인** 버튼을 클릭한다.

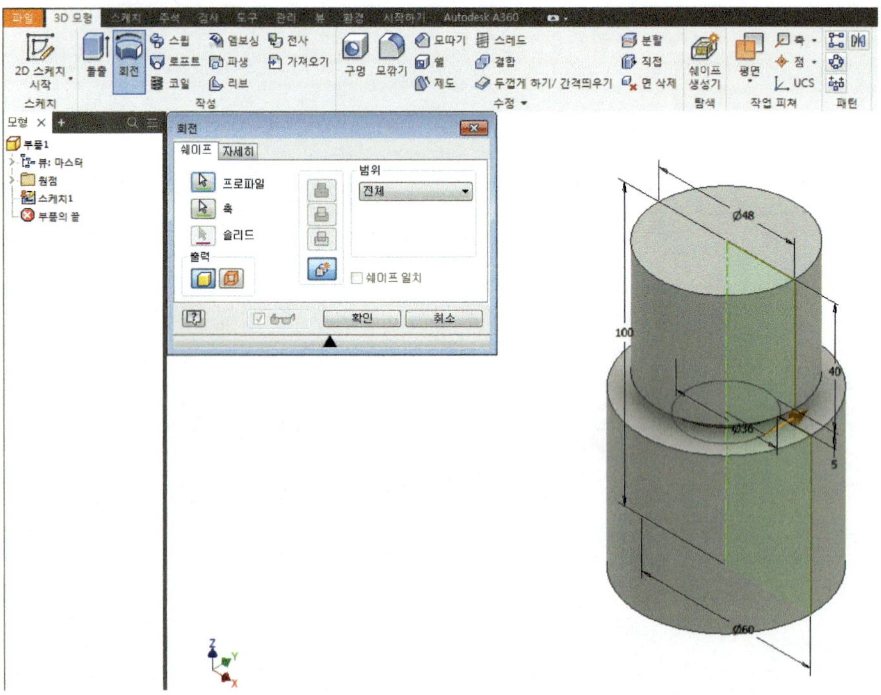

모따기 명령(리본 〉 3D 모형 〉 수정 〉 모따기)을 두 번 사용하여 위 아래에 모따기를 한다.

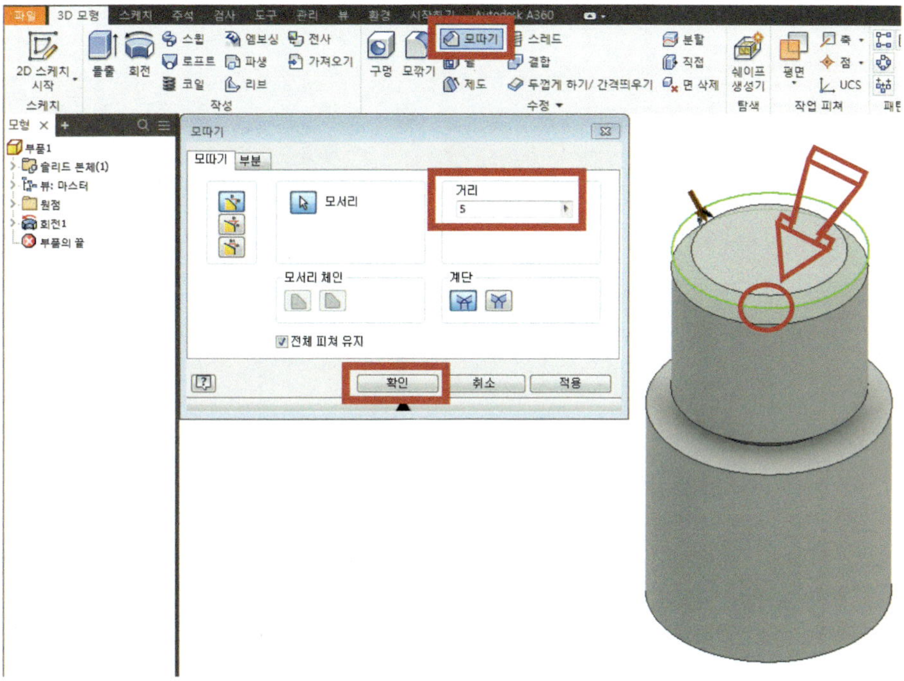

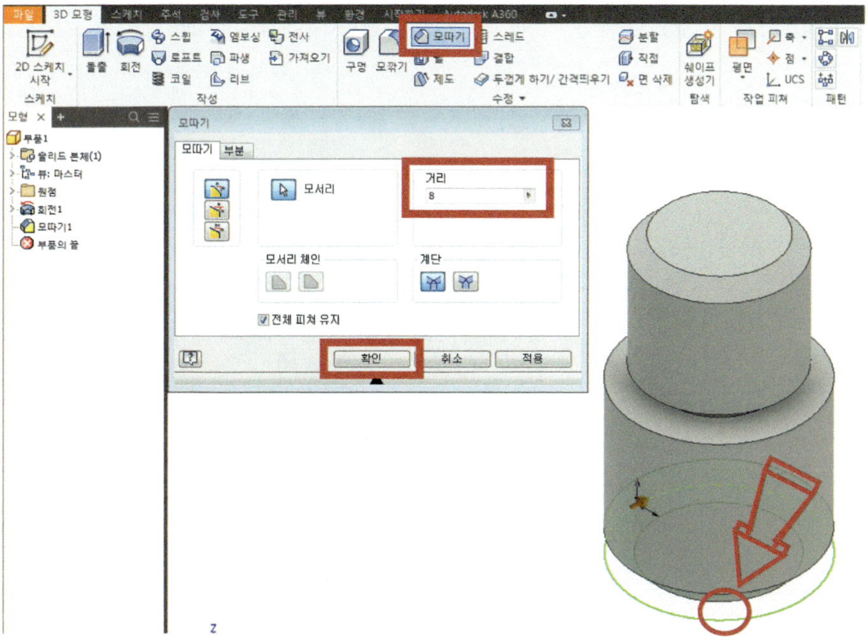

이제 보기 좋은 방향으로 부품을 회전시킨다. 여기에서는 뷰큐브를 사용해보기로 한다. 뷰큐브는 구석(꼭지점), 모서리, 면을 클릭하여 정해진 위치들 중에 원하는 위치를 잡으면 된다. 부품이 원하는 방향이 아니면 면에서 면 뷰 롤 화살표 버튼을 사용하여 회전시키면 된다.

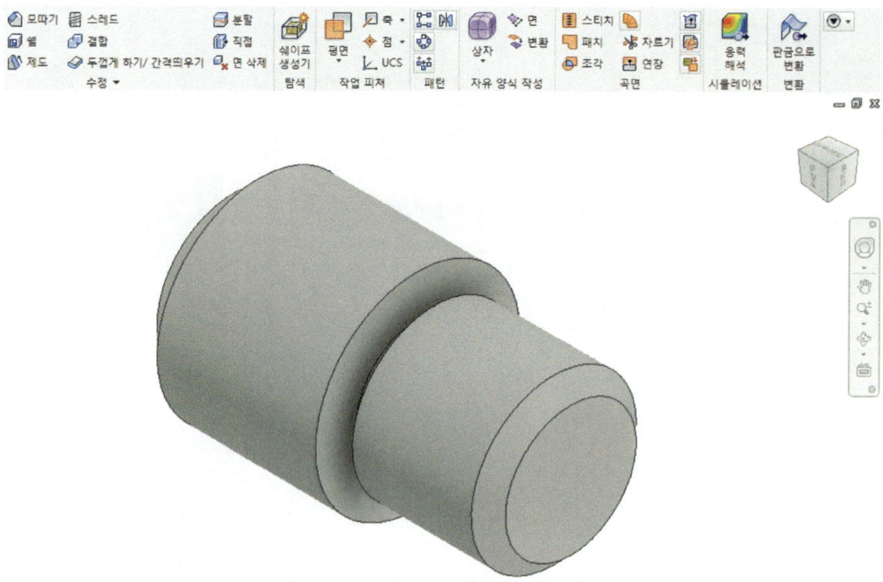

스레드 명령(리본 〉 3D 모형 〉 수정 〉 스레드)을 사용하여 아래 그림과 같이 작업한다.

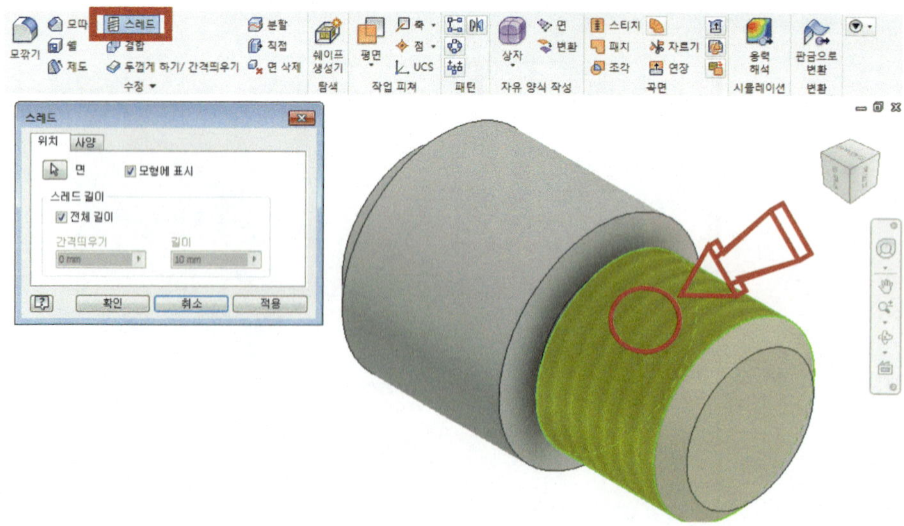

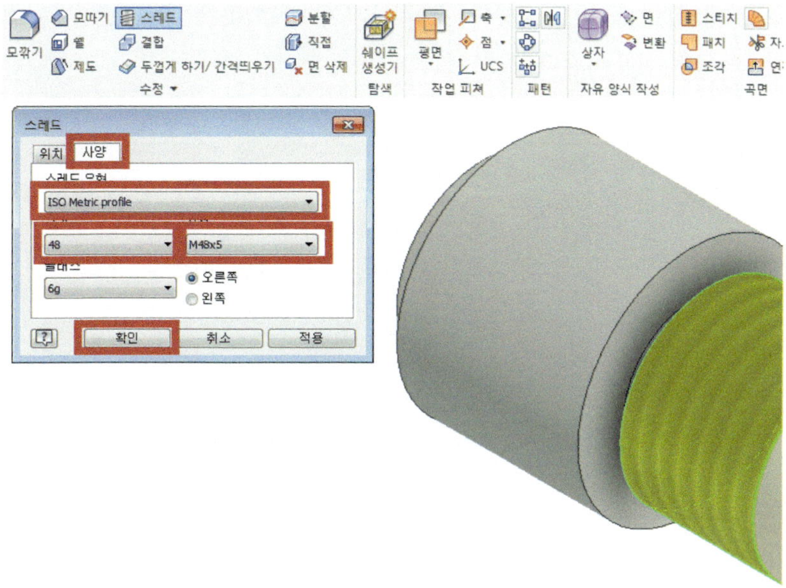

이제 모형 생성이 마무리되었다. 모형의 이동(인벤터의 매뉴얼에서는 초점이동이라고 한다)과 확대축소 및 임의 회전을 마우스 중간 버튼으로 하는 방법을 알아보자. 마우스의 가운데 버튼만 누르면 모형이 이동한다.

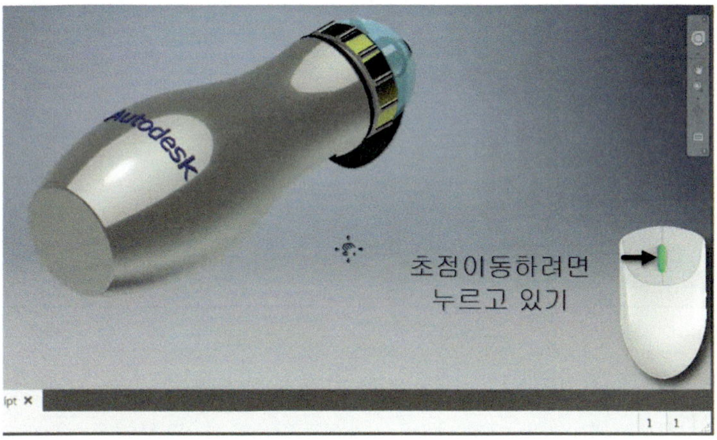

마우스의 가운데 휠을 돌리면 그래픽 창의 커서가 있는 곳을 기준으로, 즉 그곳이 초점이 되어 확대 및 축소가 이루어진다.

마우스의 가운데 버튼을 두 번 누르면 STEP 02. 인벤터 기초 예제 1에서 탐색 막대의 전체 줌을 클릭한 것과 같다.

키보드의 SHIFT키(Shift)와 같이 마우스의 가운데 버튼을 누르면 모형이 회전한다. 이는 탐색 막대의 회전 명령에서 원 안에서 마우스를 클릭하고 움직였을 때와 같다.

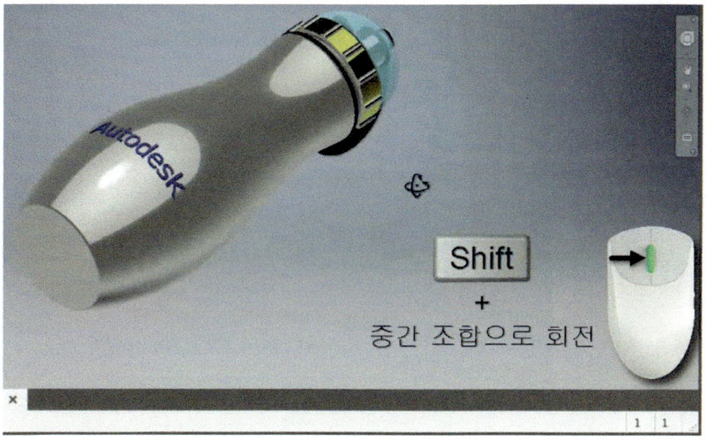

뷰큐브의 홈 명령과 탐색 막대의 명령들은 뷰 탭의 탐색 패널에도 동일하게 있다.

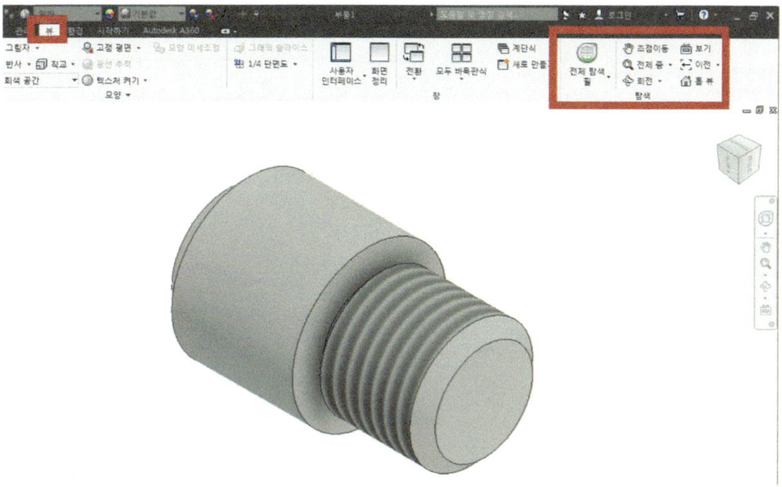

키보드의 F4키(F4)가 그래픽 창에서 객체회전 명령인데 F4키를 누른 상태에서 (왼쪽) 마우스 버튼을 클릭하면 탐색 막대나 탐색 패널에 있는 회전 명령과 같이 작동하는데, 누른 상태에서만 회전 명령이 유지된다.

이상으로 인벤터의 필수 기술 비디오의 뷰 탐색을 기반으로 모형을 보는 방법을 설명하였다. 살펴본 바와 같이 인벤터의 도움말은 매우 직관적으로 이해하기 쉬운 설명으로 되어 있어 반드시 명령을 사용하기 전에 잠시 멈추어 툴팁(Tooltips)을 읽어보기 바란다. 그래도 이해가 잘 안 되면 F1키(F1)를 눌러 도움말을 읽어보는 것이 작업을 수행하는 데 편리할 것이다.

〈참 고〉

나사를 표현할 때 실제 나사부를 모델링하는 내용을 담은 교재들이 많이 있다. 여기서는 책의 페이지 관계상 수록하지 못했으나, 실제로 부품을 모아 조립품을 생성하는 데 적절한 방법이 되지 못하기 때문에 이 책의 방향과도 맞지 않아 수록하지 않았다.

인벤터를 제작한 오토데스크사에서도 이에 대해 언급하고 있으며 관심이 있으면 아래의 내용을 구글 등의 검색엔진에서 찾아 들어가 보자. 오토데스크의 입장과 예제파일을 가지고 직접 살펴볼 수 있다.

- https://www.autodesk.co.kr/support/technical/article/caas/sfdcarticles/sfdcarticles/KOR/Modeled-Threads-can-significantly-slow-Inventor.html
- 모델링된 스레드는 Inventor의 속도를 크게 저하시킬 수 있다.

STEP 06 | 인벤터 기초 예제 4-2

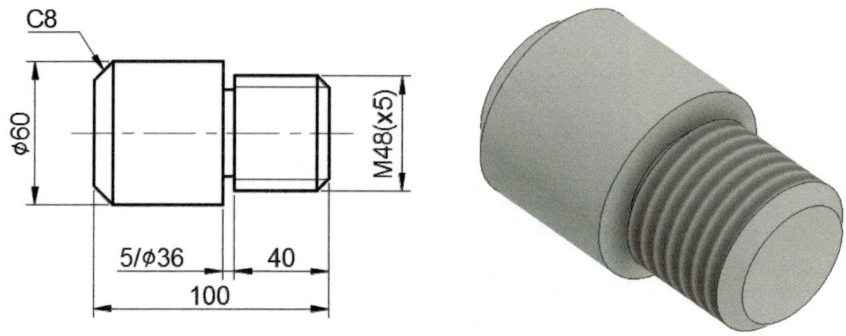

새 부품을 생성하고 **2D 스케치 시작** 명령을 누른 다음 XZ 평면을 클릭한 직사각형 명령을 사용하여 다음 아래와 같이 스케치한다.

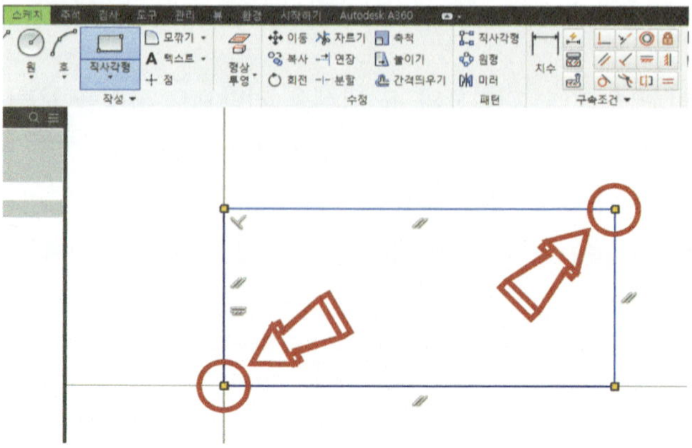

아래의 선을 중심선으로 바꾸고 다음과 같이 치수를 부여한다.

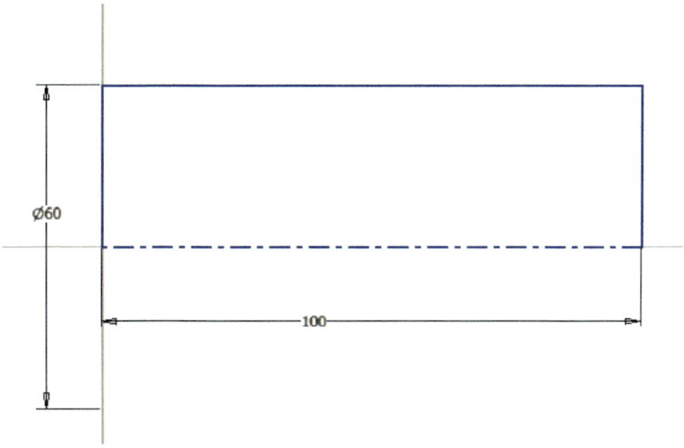

스케치를 마무리하고 회전 명령으로 부품을 생성한다.

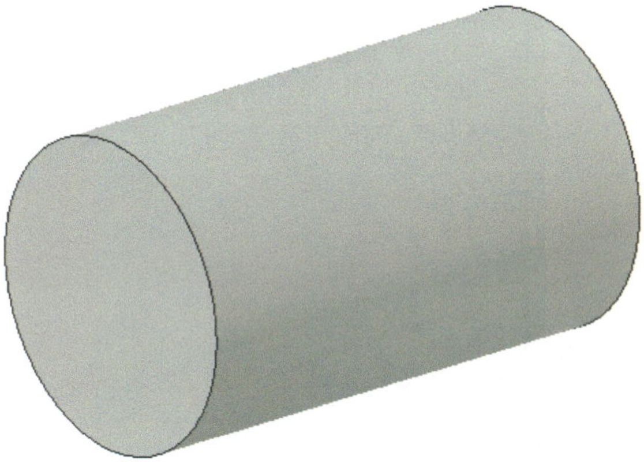

2D 스케치 시작 명령을 누른 다음 XZ 평면을 다시 클릭한다. 다만 이때는 처음처럼 XZ 평면이 보이지 않는다. 좌측 모형에서 원점의 좌측 〉 기호를 클릭하면 XZ 평면이 나온다. 여기를 클릭한다.

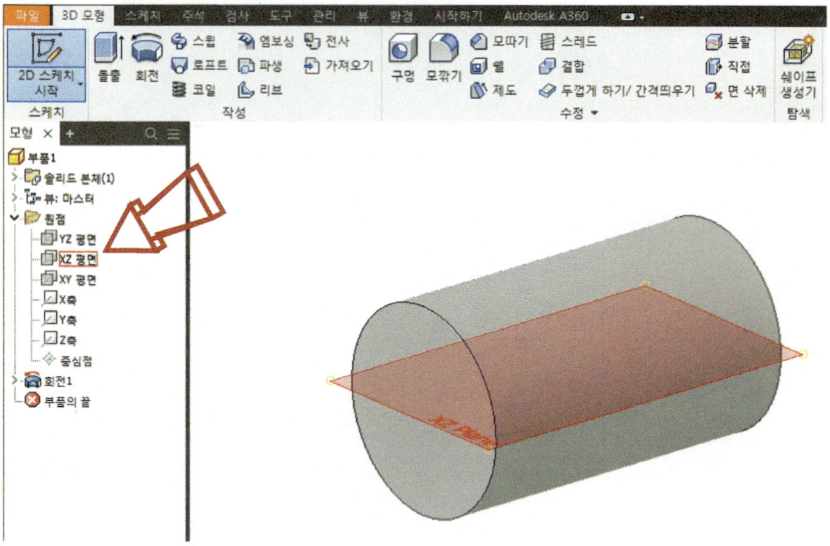

이 상태에서 스케치를 하면 모형에 가려 볼 수 없으므로 그래픽 슬라이스 명령을 사용하여 스케치 평면을 가리는 구성요소를 임시로 슬라이스 한다. 쉽게 말해서 스케치 평면에 윗부분에 있는 것을 잠시 눈에 안 보이게 하는 것이다. 사용하는 방법은 키보드의 F7키(F7)를 누르거나 프로그램 맨 아래 있는 아이콘을 클릭하면 된다. 원래대로 돌아오는 방법은 한 번 더 실행하면 된다.

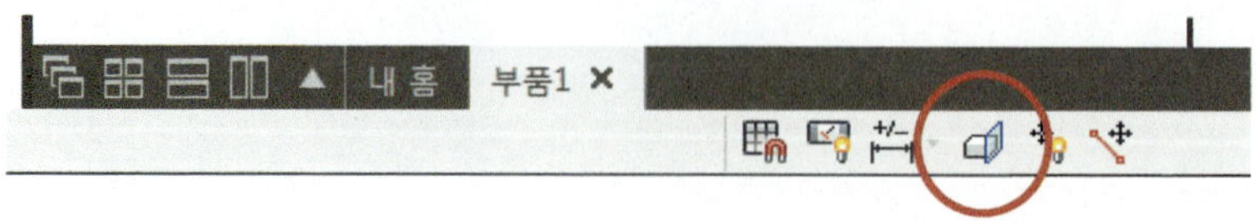

선 명령을 사용하여 다음과 같이 스케치를 한다. 모든 선에 수평, 수직 또는 직교 구속조건이 걸려있는지 확인한다.

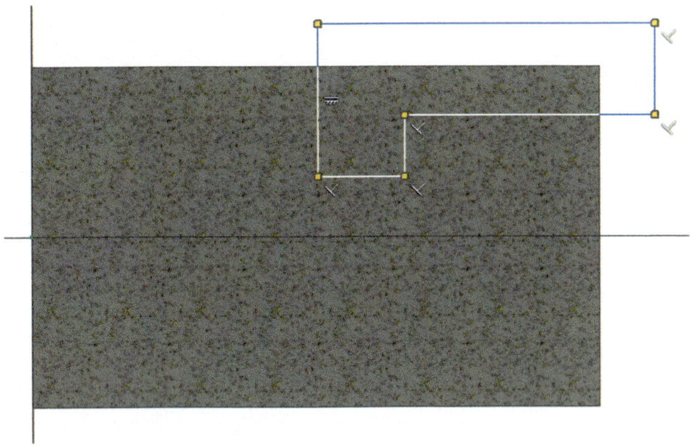

다음과 같이 치수조건을 부여한다.

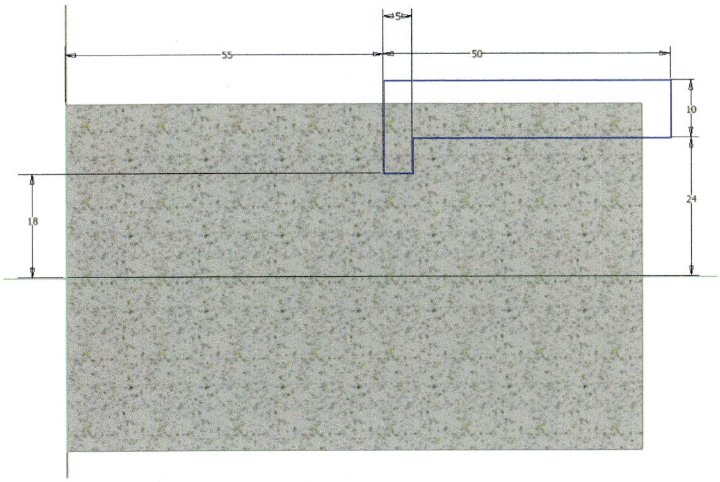

스케치를 마무리하고 **회전** 명령을 클릭한 다음 대화창에서 **차집합**( )을 선택하고 회전을 할 축을 정하지 않았기 때문에 축에 붉은색 버튼( )을 누르고 좌측 모형에서 원점의 좌측 〉 기호를 아래 Z축(Z축)이 있다. 여기를 클릭하고 **확인** 버튼을 누른다.

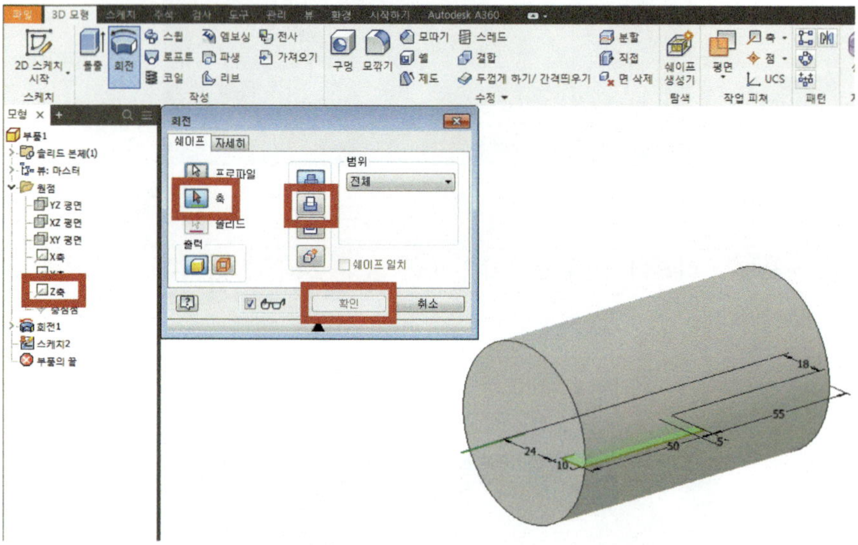

여기까지 해서 기본적인 모형이 완성되었다. 이후 모따기와 스레드 작업은 앞(STEP 05. 인벤터 기초 예제 4-1)과 동일하다.

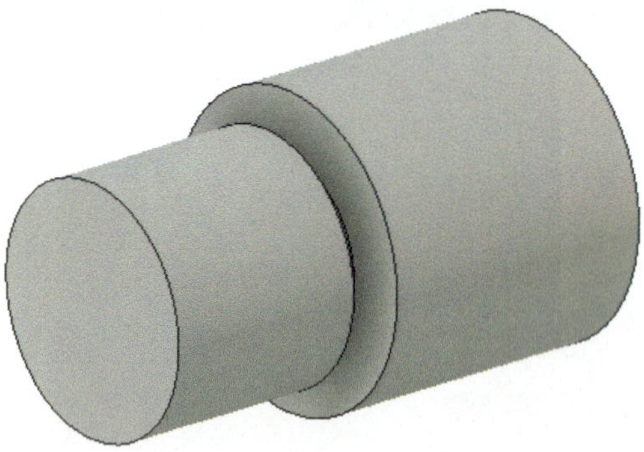

STEP 07 | 인벤터 기초 예제 5

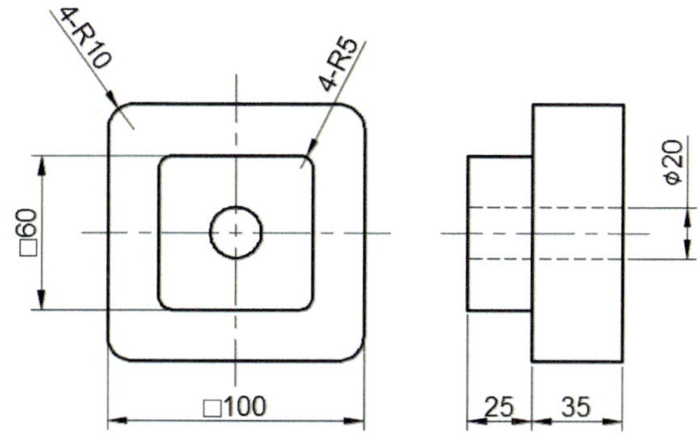

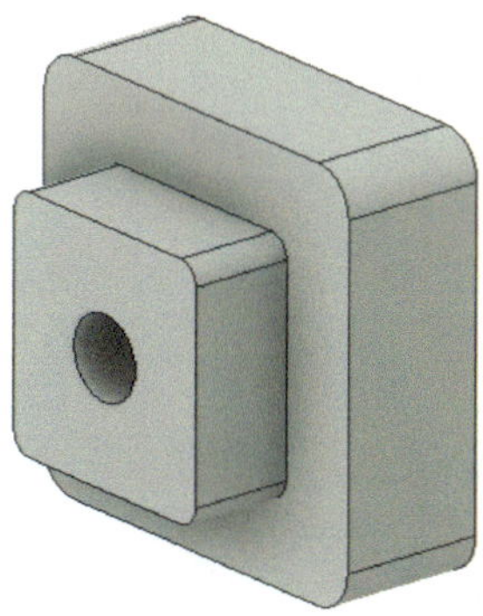

새 부품을 생성하고 **2D 스케치 시작** 명령을 누른 다음 **XY 평면**을 선택하고 직사각형-두 점 중심 명령을 사용하여 다음 아래와 같이 스케치한다.

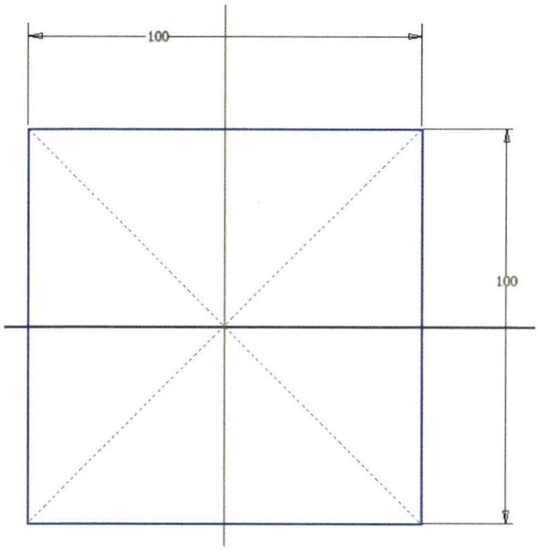

돌출 명령을 사용하여 35만큼 돌출시킨다.

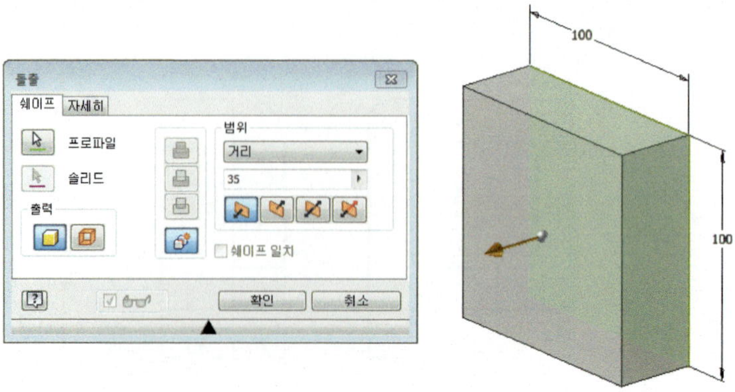

돌출한 모형의 윗면에 스케치를 다음과 같이 한다.

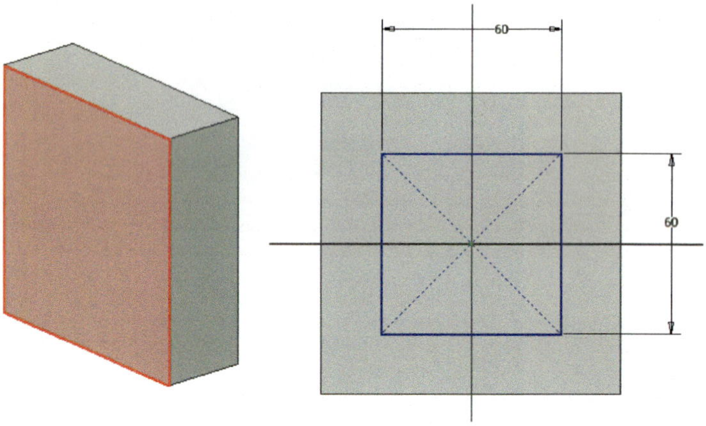

돌출 명령을 사용하여 25만큼 돌출시킨다.

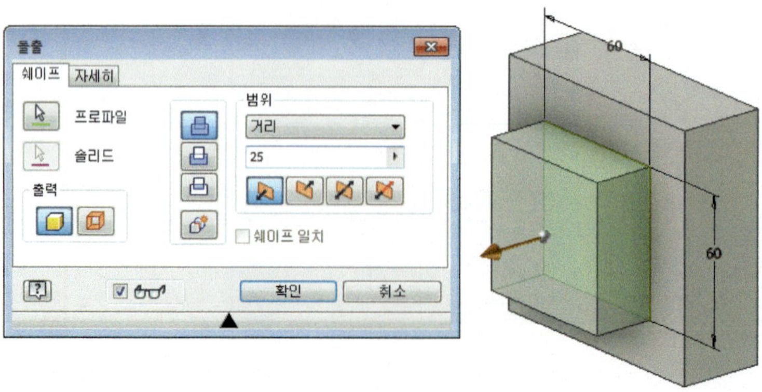

돌출한 모형의 윗면에 스케치를 다음과 같이 한다.

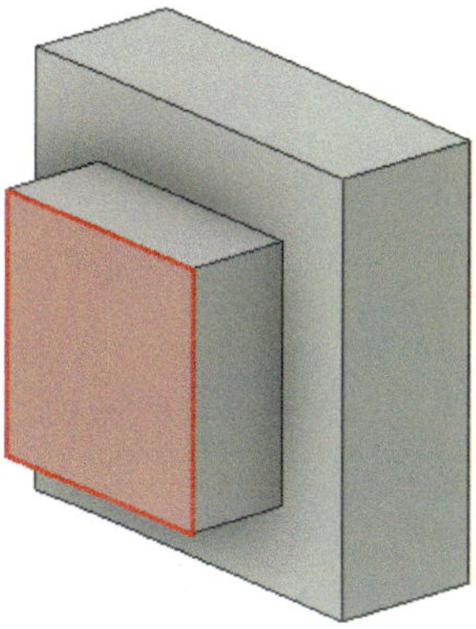

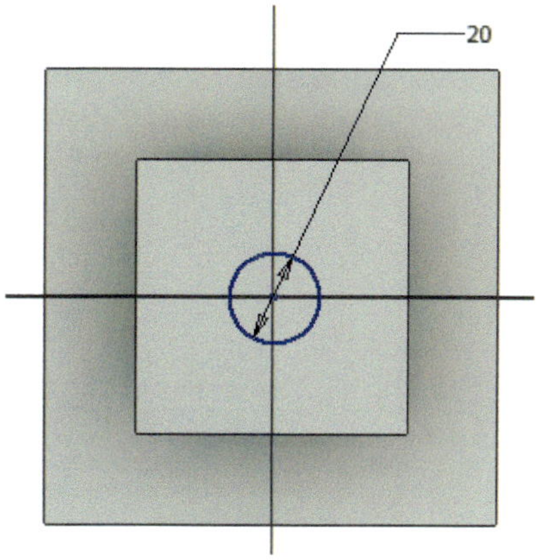

돌출 명령을 클릭한 다음 대화창에서 **차집합**( )을 선택하고 범위를 **전체**로 선택한다.

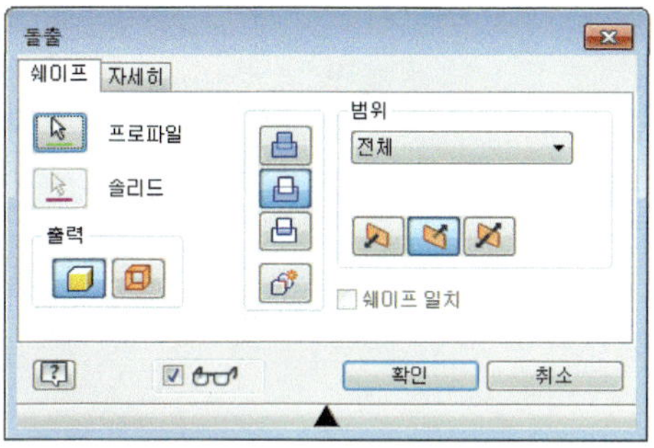

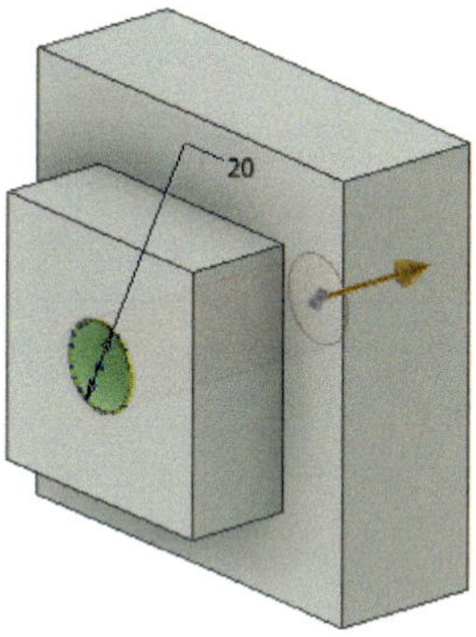

모깎기 명령을 실행하여 모서리에 라운드(R) 값을 준다. 한 번에 실행하여 두 가지 라운드 값을 다 줄 수 있으나 여기서는 처음 쉽게 작업하기 위해 두 번으로 나누어 설명한다.

우선 윗부분의 반지름 5(R5)부터 수행한다. 모깎기 명령 대화창의 반지름을 **5**로 설정하고 4군데의 모서리를 클릭하면 되는데, 모형에 보이지 않는 선이라도 근처에 가면 빨간 선으로 표시된다. 잘 안 되는 경우에는 그래픽 창을 회전시켜 보이는 상태에서 선택한다.

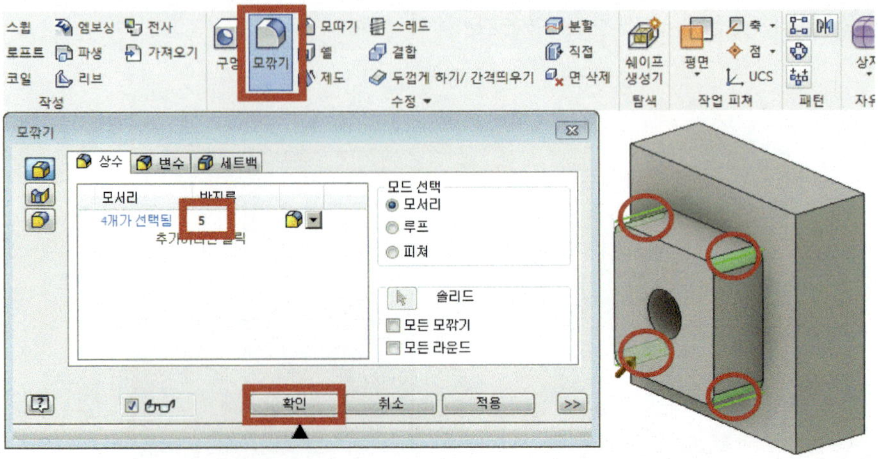

다음 아랫부분의 반지름 10(R10)을 앞과 동일한 방법으로 수행한다.

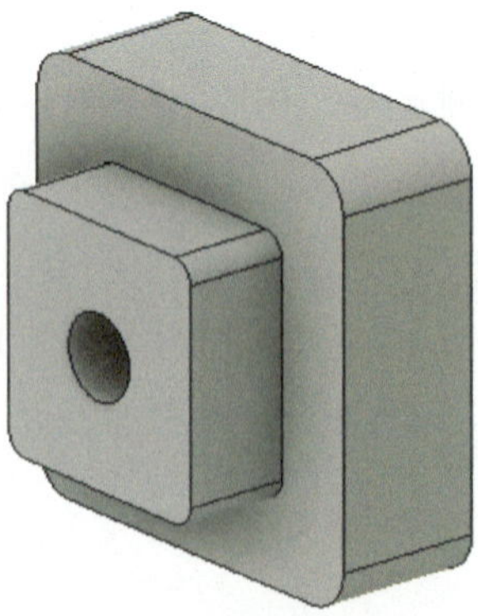

STEP 08 | 인벤터 기초 예제 6

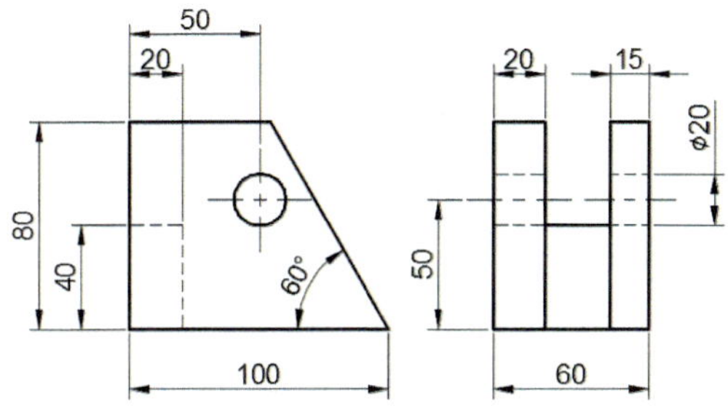

새 부품을 생성하고 **2D 스케치 시작** 명령을 누른 다음 **XY 평면**을 선택하고 직사각형(-두 점 직사각형)을 사용하여 다음 아래와 같이 스케치한다.

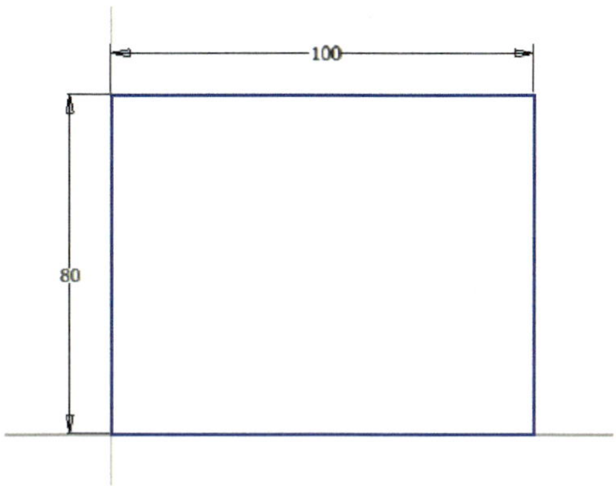

돌출 명령을 클릭한 다음 대화창에서 범위에 **60**을 입력하고 대칭() 아이콘을 선택한다.

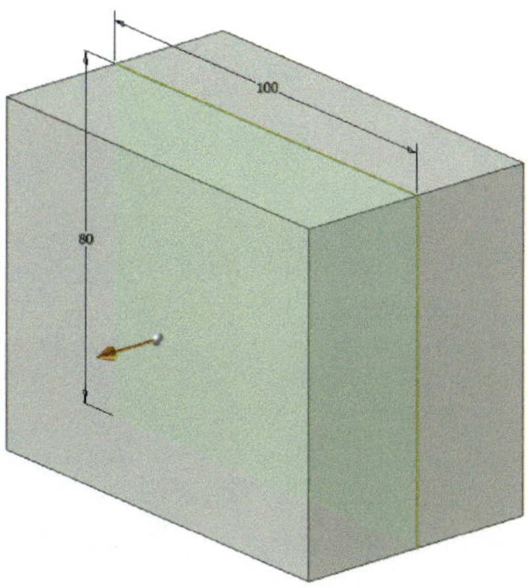

2D 스케치 시작 명령을 누른 다음 **XY 평면**을 다시 선택하고(모형에서 원점 아래서 찾아 클릭) 선 명령을 사용하여 아래와 같이 스케치한다. 그래픽 슬라이스로 작업하면 편하다.

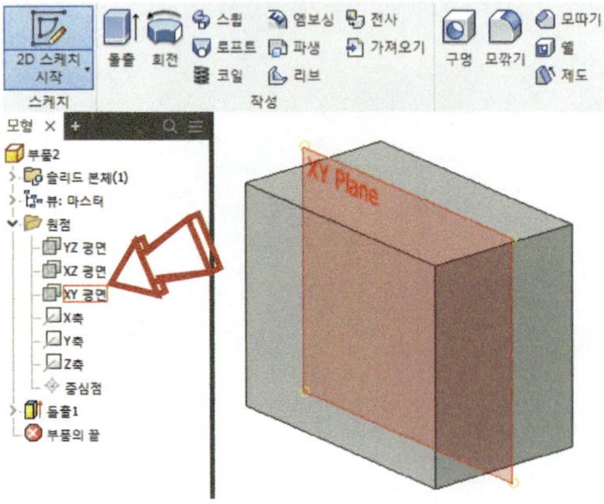

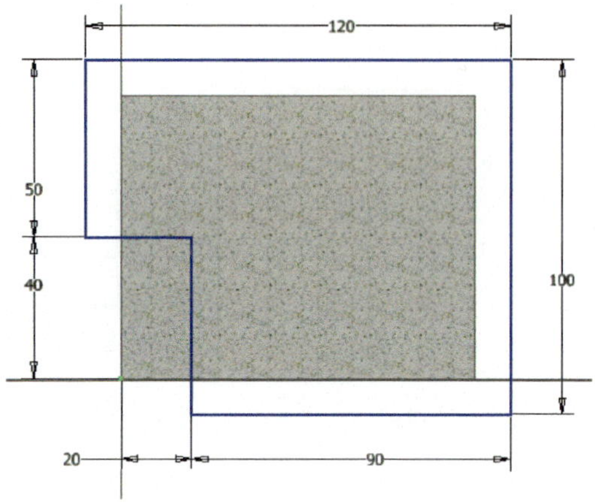

돌출 명령을 클릭한 다음 대화창에서 **차집합**( )을 선택하고 범위에서 **비대칭**을 선택한 다음 왼쪽에 **10**, 오른쪽에 **15**를 입력한다.

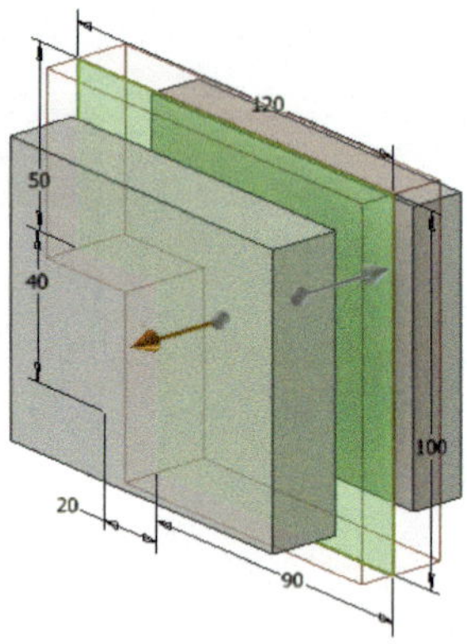

아래 붉게 표시된 면에 스케치를 다음과 같이 한다.

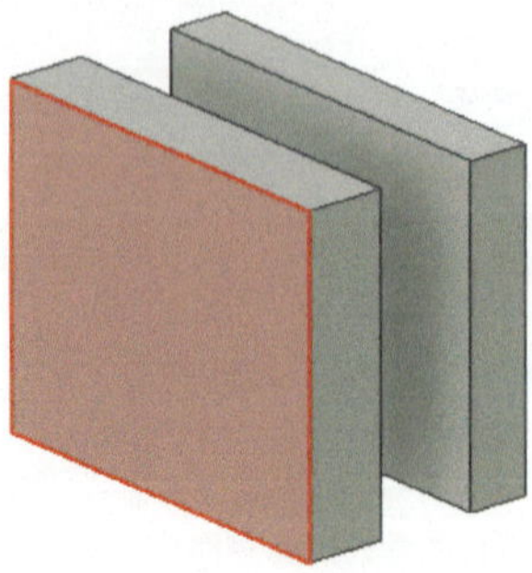

앞서 생성한 모형의 모서리에서 시작한다. 꼭짓점에 정확히 맞으면 녹색 점이 생긴다.

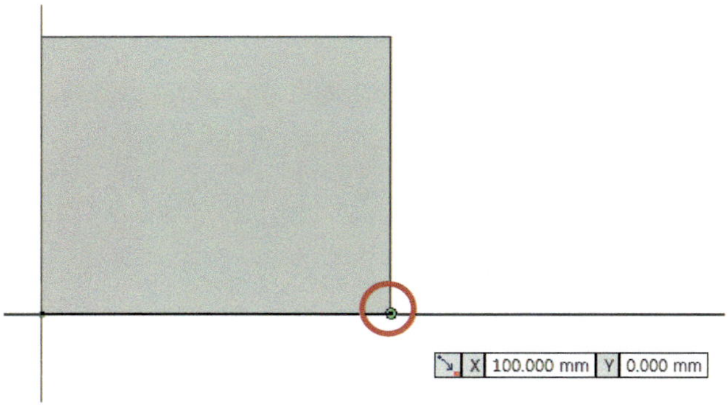

수직 구속조건이 부여되는지 확인한다.

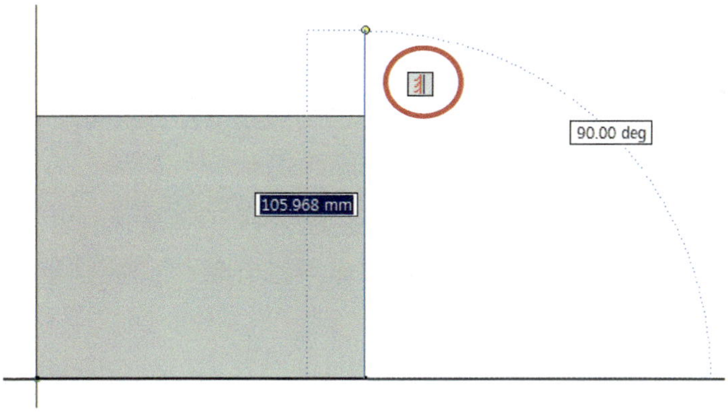

마지막으로 처음 시작한 점을 클릭하며 마무리한다.

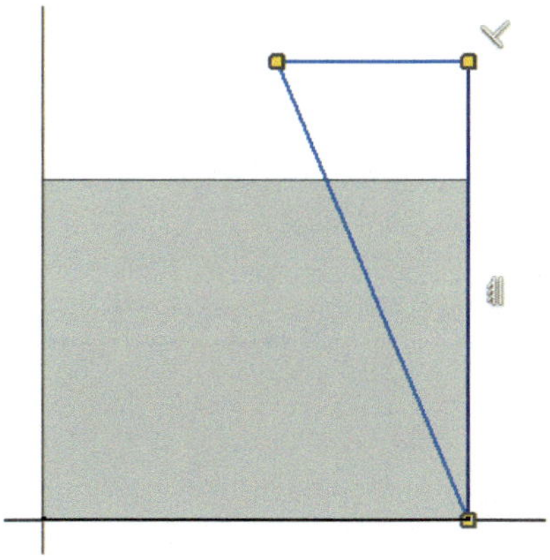

구속조건에 제대로 들어가지 않았거나 스케치 후에 부여해야 할 경우에는 스케치 탭의 구속조건 패널을 이용한다.

각 선을 클릭해서 선택이 되면 각 선의 구속조건이 나오는데 이를 클릭해서 키보드의 DEL키(Del)로 지우면 된다. F8키(F8)를 누르면 스케치에 있는 모든 구속조건을 보여주는데 프로그램 아래에도 아이콘이 있다. 이를 사용하면 한 번에 모든 구속조건을 보면서 삭제나 추가가 가능하고, 다시 숨기고 싶으면 F9(F9)키나 아이콘을 한 번 더 누른다.

구속조건을 부여하는 방법은 해당 선이나 점을 클릭하고 구속조건 패널의 해당 구속 아이콘을 클릭하면 된다. 여러 개의 선이나 점을 선택할 때는 SHIFT키(Shift)를 누르면서 클릭하면 된다.

치수 구속조건을 사용하여 다음과 같이 입력한다. 각도를 주는 방법은 각도를 부여할 두 선을 클릭하면 된다.

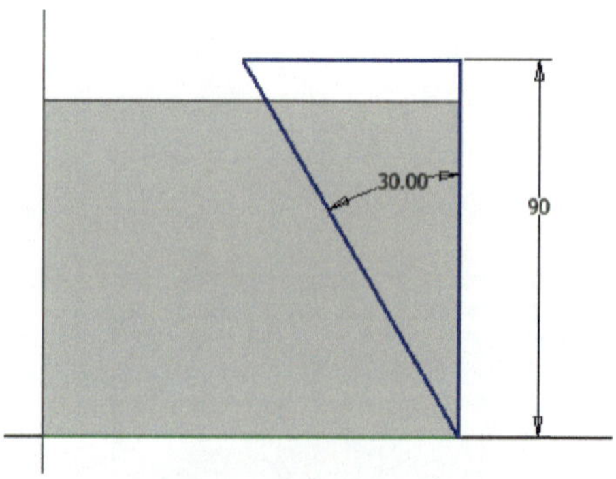

추가로 원을 그리고 다음과 같이 치수를 부여한다. 스케치의 원점과 원의 중심을 클릭하고 아래와 왼쪽으로 내려서 아래와 같이 치수를 두 번 준다.

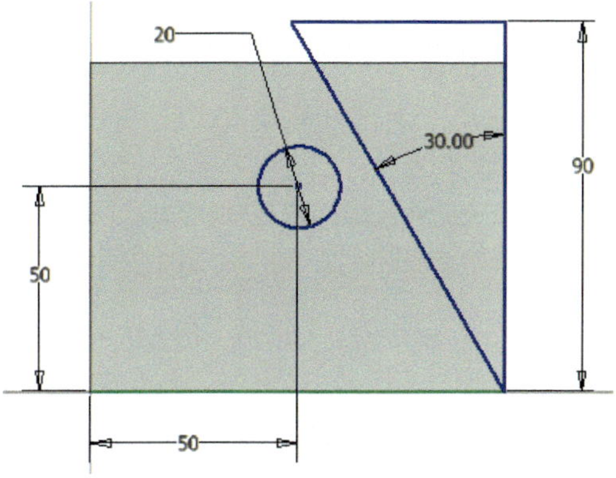

돌출 명령을 클릭하고 **차집합**( )을 선택한 다음 범위를 **전체**로 한다. 폐곡선 스케치 1개가 있는 경우가 아니면 인벤터가 직접 프로파일을 선택하지 않고 사용자가 선택하도록 붉은 화살표( )가 된다. 프로파일의 붉은 화살표를 클릭하고 원과 삼각형, 두 폐곡선의 안을 모두 클릭하고 **확인**을 누른다.

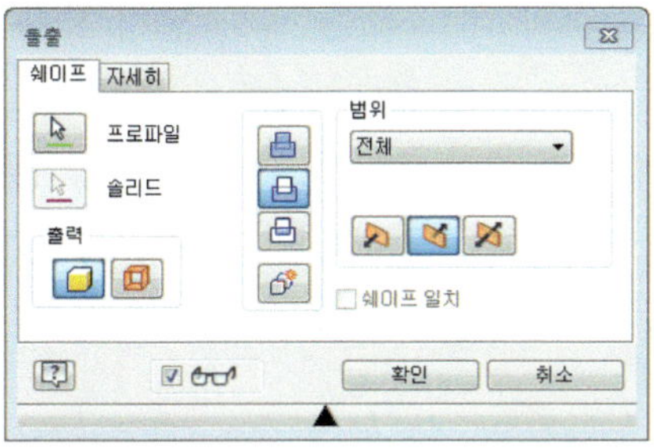

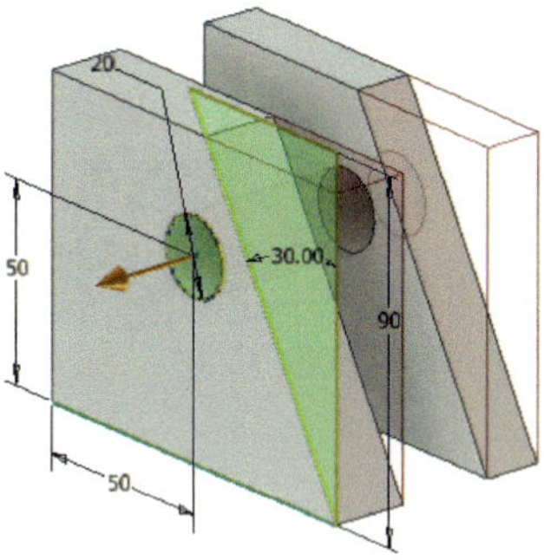

여기까지 소개한 예제로 인벤터로 부품을 생성하는 기초가 조금 이해됐을 것이다. 그러나 더 많이 연습해야 원하는 부품을 제대로 생성해 낼 수 있다. 계속 연습만 할 수 없으므로 도면을 보며 실제 부품을 하나씩 그려보자.

02장
인벤터로 3D 모델링하기

STEP 09 | 국가기술자격시험 실기시험의 개요

인벤터를 사용해서 3D 모델링을 본격적으로 시작해보려 한다. 그런데 기계제도 및 기계설계 분야 국가기술자격 실기시험에서는 조립도를 보고 3D 형상을 그린 다음, 이를 바탕으로 2D 도면을 만들어야 한다. 이 과정을 수행하기 위해서는 기계제도에 대한 지식이 필요한데, 문제는 그 양이 상당히 많다는 것이다. 그래서 국가기술자격을 다루는 2D 및 3D 교재는 대부분 이해하기 어렵다. 따라서 이 책에서는 한 권으로 모든 것을 설명하기보다 처음 배우는 사람에게 무엇부터 설명해야 하는지 최우선으로 하여 혼자 공부할 수 있는 기틀을 만들어주는 것을 목적으로 하였으므로, 이 책을 읽고 나면 시중의 어느 책을 봐도 남의 도움 없이 혼자 할 수 있을 것이다.

산업인력공단 홈페이지에 접속하여 공개문제를 살펴보면 아래와 같이 공개문제들을 볼 수 있다. 현재까지는 일반기계기사와 기계설계산업기사는 공개되어 있지 않고 전산응용기계제도기능사의 실기문제만 공개되어 있다. 그러나 여기서도 실기문제의 도면은 예시를 제시하지 않았다.

도면 생략
※ 동력전달장치, 치공구장치, 그 외 기계조립도면이 문제로 제시되며, 이 부분은 공개 시 변별력 저하가 우려되기 때문에 공개될 수 없음을 알려드립니다.

가장 빈번하게 나오는 문제는 동력전달창치와 치공구장치에 관한 것이며 그 외 여러 장치들도 문제에 나온다. 시험을 치러 가면 바탕화면에 「국가기술자격 CAD 실기시험용 KS 기계제도 규격」이라는 이름의 pdf파일이 있다. 이 파일은 산업인력공단 홈페이지에 들어가면 누구나 받아볼 수 있으므로 국가자격시험을 치기 위해 처음부터 이 파일을 받아 계속 읽어보는 것이 좋다. 파일을 받을 수 있는 위치는 고객지원의 공지사항에서 「기계제도」로 검색하면 나온다.

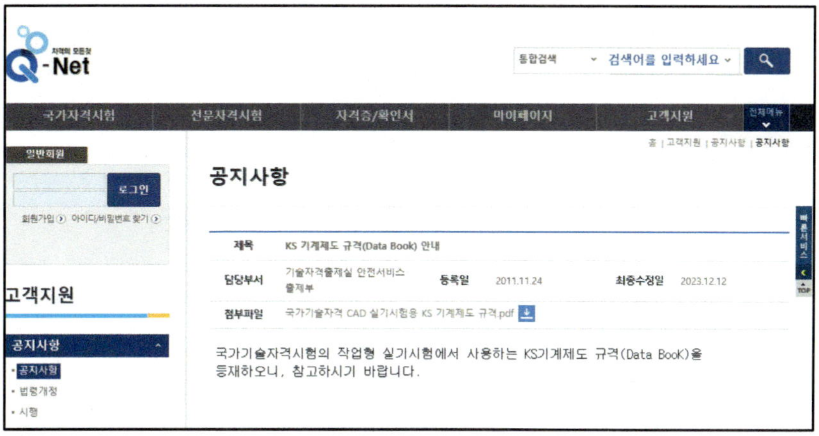

기계제도를 꼭 이해해야 하는 이유는 조립도에서 자로 직접 치수를 측정하며 부품도를 만들어 갈 때 이 측정한 값으로 부품도를 그리면 안 되는 부분이 있고 또한 공차 및 소재 등에 대한 기입도 필요하기 때문이다.

이 정도 설명이면 시작하기에 앞서 충분한 설명이 되었다고 본다. 한 번에 너무 많이 설명하면 오히려 받아들이기 어렵기 마련이므로 나머지는 뒤에 천천히 설명하겠다. 우선 다음 페이지에 간단한 조립도가 하나 있으니 보면서 시작하고자 한다. 이 조립도는 실제 시험장에서 받는 도면보다 실제 형상과 치수에 가깝게 만들어 처음 보기에 편하게 만들어진 도면이다.

실제 시험에서 받는 도면은 더 복잡하다. 주요 기계요소들을 KS 제도규격(편람)을 제대로 보지 않고 모든 치수를 자로 측정한 값만으로 도면을 작성하면 오작으로 처리된다. 우선 3D 형상을 만들어보며 천천히 살펴보자.

평기어
M:2
Z:40

V 벨트 풀리
M형
호칭 지름(dp) : 85

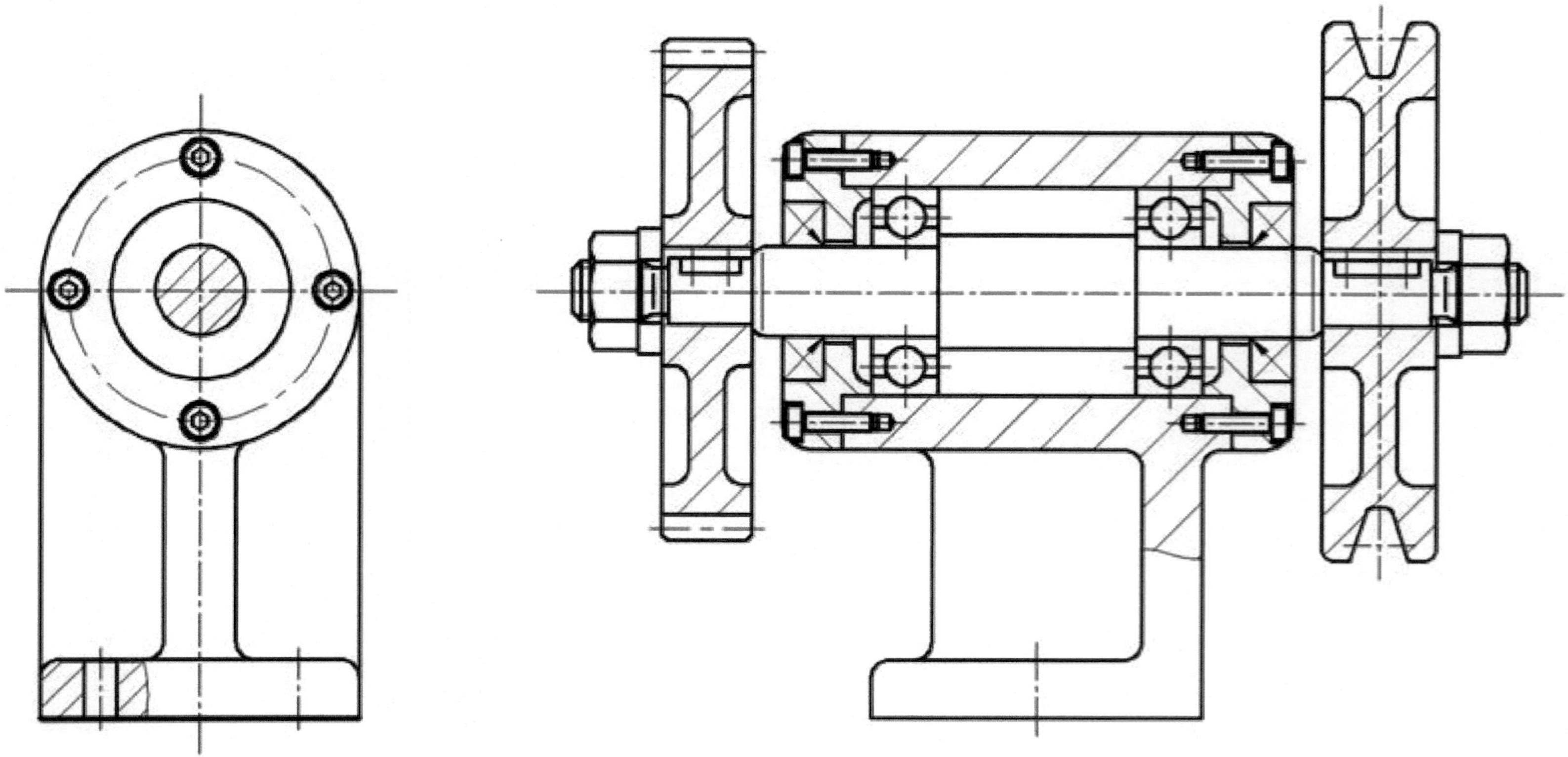

도시되고 지시없는 모떼기 1x45°, 필렛과 라운드는 R3

STEP 10 | 커버(소재 : GC200)

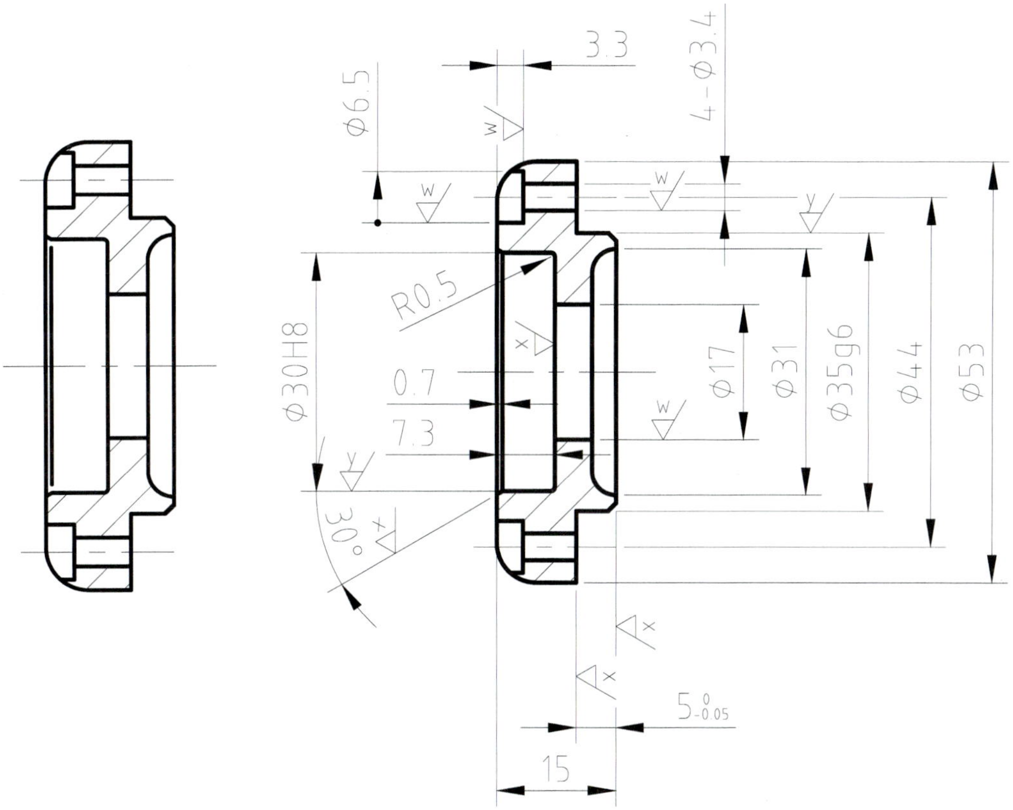

좌측의 도면에 우측과 같이 치수를 넣어야 한다. 하지만 처음 시작하는 입장에서 시험장에서 받은 도면으로 좌측처럼 만들어 우측과 같이 치수를 넣기는 쉽지 않다. 그러니 하나씩 차근차근 설명하고자 한다.

우선 시험장에서 받은 도면을 좌측처럼 이해하는 것이 쉽지 않다. 보통 커버에는 기계 안의 기름이 빠져나가지 못하게 하고 외부의 먼지 같은 불순물이 들어오지 못하게 하는 오일 실이 있다.

이 오일 실의 도면과 치수를 생성할 때 반드시 KS 기계제도 규격(편람)을 살펴보고 여기에 맞추어 작업해야 한다. 다시 한 번 말하지만 중요한 기계요소들을 임의로 치수를 측정해서 도면을 작성하면 실격처리 된다.

조립도에서 각 부품의 구성이 어떻게 되어있는지 잘 이해하려면 시중에 나와 있는 도면 예제집 등을 별도로 구입해 충분히 살펴보고 연습해야 한다. 처음에는 난해하지만 몇 번 그리다 보면 기계요소 부품의 종류와 형태를 대부분 알 수 있게 된다.

좌측의 오일 실이 들어갈 부분부터 살펴보자. 이 부분의 치수는 축의 직경과 연관되어 있다. KS 기계제도 규격(편람)을 살펴보면 아래와 같은 표가 있다.

37. 오일 실	S, SM, SA, D, DM, DA 계열치수	G, GM, GA 계열치수

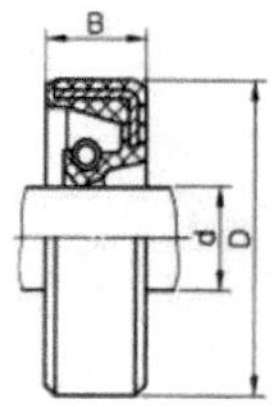

S, SM, SA, D, DM, DA 계열치수

호칭 안지름 d	D	B
7	18	7
	20	
8	18	7
	22	
9	20	7
	22	
10	20	7
	25	
11	22	7
	25	
12	22	7
	25	
*13	25	7
	28	
14	25	7
	28	
15	25	7
	30	
16	28	7
	30	
17	30	8
	32	
18	30	8
	35	
20	32	8
	35	
22	35	8
	38	
24	38	8
	40	
25	38	8
	40	
*26	38	8
	42	
28	40	8
	45	
30	42	8
	45	
32	52	11
35	55	

G, GM, GA 계열치수

호칭 안지름 d	D	B
7	18	4
	20	7
8	18	4
	22	7
9	20	4
	22	7
10	20	4
	25	7
11	22	4
	25	7
12	22	4
	25	7
*13	25	4
	28	7
14	25	4
	28	7
15	25	4
	30	7
16	28	4
	30	7
17	30	5
	32	8
18	30	5
	35	8
20	32	5
	35	8
22	35	5
	38	8
24	38	5
	40	8
25	38	5
	40	8
*26	38	5
	42	8
28	40	5
	45	8
30	42	5
	45	8
32	45	5
	52	11
35	48	5
	55	11

호칭 안지름이라고 표시되어 있는 숫자들이 축의 직경을 의미한다. 오일 실의 계열에 따라 좌측과 우측의 값이 다른데 어느 것을 써도 무방하지만, 여기서는 좌측의 표를 사용하여 치수를 정하였다.

따라서 축의 직경 15mm에 외경 30, 폭 7인 오일 실을 선정하여 제도작업을 하면 된 것 같지만 끝이 아니다. 이러한 이유로 처음 할 때 많은 사람들이 어려워한다.

그 아래를 보면 KS 기계제도 규격(편람)에 오일 실에 관련한 내용이 하나 더 있다. 이 내용은 오일 실에 연결되는 축과 오일 실이 들어가는 구멍에 대한 내용이다.

38. 오일 실 부착 관계 (축 및 하우징 구멍의 모떼기와 둥글기)

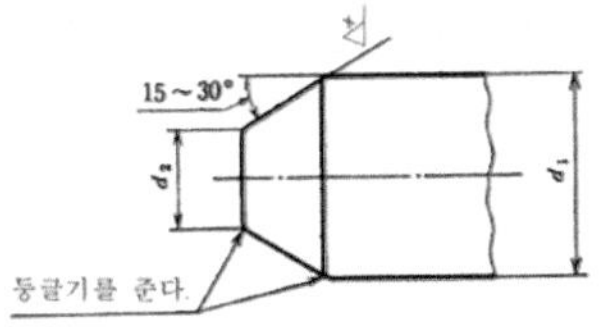

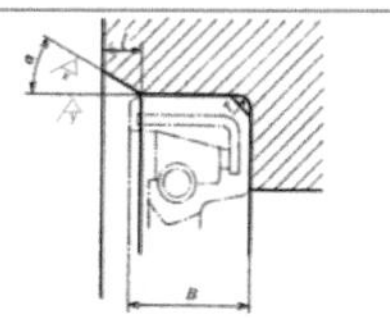

모 떼 기	$\alpha = 15° \sim 30°$ $l = 0.1B \sim 0.15B$
구석의 둥글기	$r \geqq 0.5$ mm

d_1	d_2(최대)	d_1	d_2(최대)	d_1	d_2(최대)
7	5.7	17	14.9	35	32
8	6.6	18	15.8	38	34.9
9	7.5	20	17.7	40	36.8
10	8.4	22	19.6	42	38.7
11	9.3	24	21.5	45	41.6
12	10.2	25	22.5	48	44.5
* 13	11.2	* 26	23.4	50	46.4
14	12.1	28	25.3		
15	13.1	30	27.3		
16	14	32	29.2		

비고 *을 붙인 것은 KS B 0406에 없다.

- 바깥지름에 대응하는 하우징의 **구멍** 지름의 허용차는 원칙적으로 KS B 0401의 **H8**로 한다.
- **축**의 호칭 지름은 오일시일에 적합한 지름과 같고 그 허용차는 원칙적으로 KS B 0401 **h8**로 한다.

보기에 복잡한 거 같지만 사실 도면을 그리는 데 많은 정보를 주는 유용한 자료이다. 아래에 보이는 치수공차 값 등은 반드시 유의해서 작업하여야 한다.

위의 자료에서 이 부분을 잘 살펴보자.

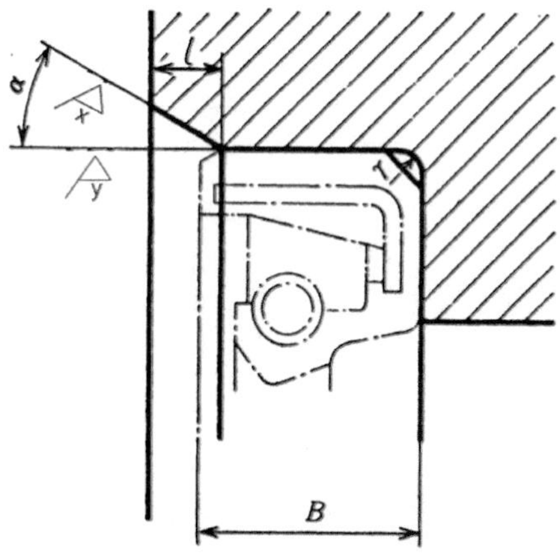

모 떼 기	$\alpha = 15° \sim 30°$ $l = 0.1B \sim 0.15B$
구석의 둥글기	$r \geqq 0.5$ mm

보통 국가기술자격 시험에서 도면을 그릴 때 α값은 30°로 잡는다. 이 값이 큰 것이 그리기 쉽기 때문이다. 지금은 이해가 잘 안 되겠지만 어느 정도 실력이 쌓였을 때 15°와 30°로 다른

값을 주어 그려보면 차이점을 알게 될 것이다.

여기서는 B값이 기준인데 앞에서 오일 실의 폭을 선정할 때 나온 그 값이다. 여기서는 앞에서 7로 선정하였다. 그 다음 l값을 정해야 하는데 폭의 0.1 ~ 0.15배이다. 이 값만큼 모떼기를 하는데, 보통 0.1배로 잡는다.

구석의 둥글기는 0.5로 하면 충분하다. 그 다음 KS 기계제도 규격(편람)에는 나오지 않는 값이 하나 필요하다. 모르면 위의 값을 가지고 제도를 해도 별다른 큰 문제는 없겠지만 그림을 자세히 살펴보면 오일 실이 모떼기한 위치까지 튀어나와 있다. 그래서 모따기까지 포함된 구멍의 전체 폭이 얼마인지 알아야 한다. 국가기술자격 시험에서는 폭이 6까지는 오일 실의 폭에 0.2를 더하고 6보다 크면 0.3을 더한다고 알고 있으면 된다. 이 이상의 치수는 나오지 않는다.

그 다음 볼트가 들어가는 구멍을 카운터 보어라고 하며 잘 모르면 조립도에서 직접 측정하고 적당한 값을 넣어주어야겠지만 이 값은 알고 있으면 좋다.

M3 볼드의 경우 치수는 아래와 같다.

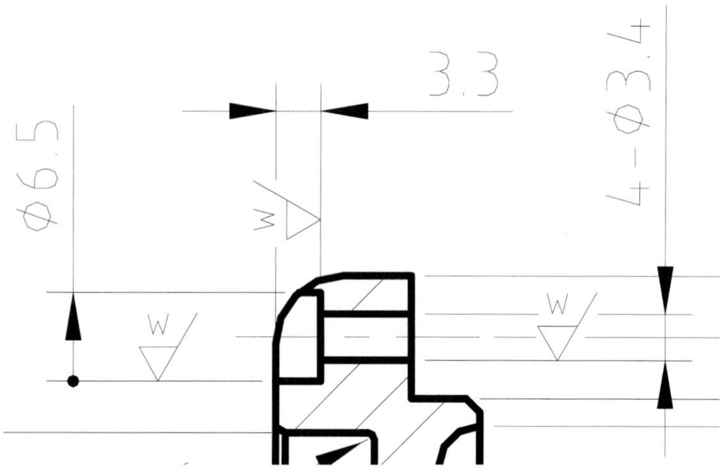

여기에 표면 거칠기(w)가 있는 이유는 보통 이러한 제품을 만들 때 처음부터 어떤 소재를 덩어리로 가져와 전체를 절삭하여 형상을 만드는 것이 아니라 주물로 이 형상을 만든 다음 필요한 부분을 가공하는데, 주물로 만든 부품에 직경 3.4미리 드릴로 가공을 하고 M3용 카운터 보어 공구로 작업하여 만든 것이기 때문이다.

마지막으로 공차에 대해 알아야 한다. 간단히 설명하자면 둘 이상의 부품이 조립, 즉 결합이 될 때 어떻게 결합할 것인가에 대해 기술한 것이다. 앞의 그림에서 이 부분을 다시 보자.

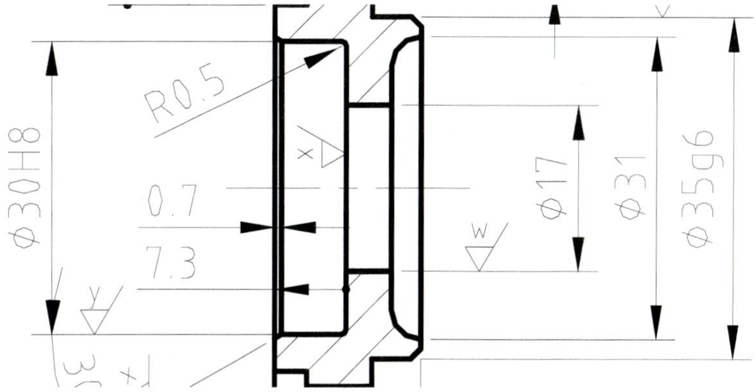

여기서 좌측에 직경 30(ø30)에 H8이 있고 좌측에 g6이 있는데 이를 IT 공차라고 한다. 이 값만큼 구멍이 조금 크고 축이 조금 작아야 결합된다. 이 차이가 작거나 반대가 되면 조립이 어렵거나 억지 끼워 맞춤이 된다. 따라서 상황에 따라 적절한 값을 적용해야 하는데 처음부터 너무 깊이 들어갈 필요 없이 계속 연습하다 보면 어느 순간 갑자기 이해되는 경우가 많다. 참고로 우측의 g6은 상대물인 본체(하우징)과 헐거운 끼워 맞춤을 위해 설정한 것이며, 이 예제에서는 g6/H6을 사용할 것이다.

2. 끼워 맞춤 공차

기준 구멍	축의 공차역 클래스								
	헐거운			중간			억지		
H6		g5	h5	js5	k5	m5			
H6	f6	g6	h6	js6	k6	m6	n6	p6	
H7	f6	g6	h6	js6	k6	m6	n6	p6	r6
H7	f7		h7	js7					
H8	f7		h7						
H8	f8		h8						

기준 축	구멍의 공차역 클래스								
	헐거운			중간			억지		
h5			H6	JS6	K6	M6	N6	P6	
h6	F6	G6	H6	JS6	K6	M6	N6	P6	
h6	F7	G7	H7	JS7	K7	M7	N7	P7	R7
h7	F7		H7						
h7	F8		H8						
h8	F8		H8						

KS 기계제도 규격(편람)의 맨 앞에 있는 표면 거칠기, 끼워 맞춤 공차, IT 공차를 참고하고 관심이 있으면 NCS교재(www.ncs.go.kr) 중에 요소공차검토를 살펴볼 것을 추천한다.

이제 어느 정도 도면을 이해했을 것이므로 인벤터로 그려보자. 새 부품을 생성하고 **2D 스케치 시작** 명령을 누른 다음 **XZ 평면**을 선택하고 아래와 같이 스케치를 시작한다.

마지막으로 그린 선의 꼭짓점에서 마우스를 클릭한 상태로 움직이면 원호가 그려진다. 이렇게 하면 아래와 같이 쉽게 그릴 수 있다.

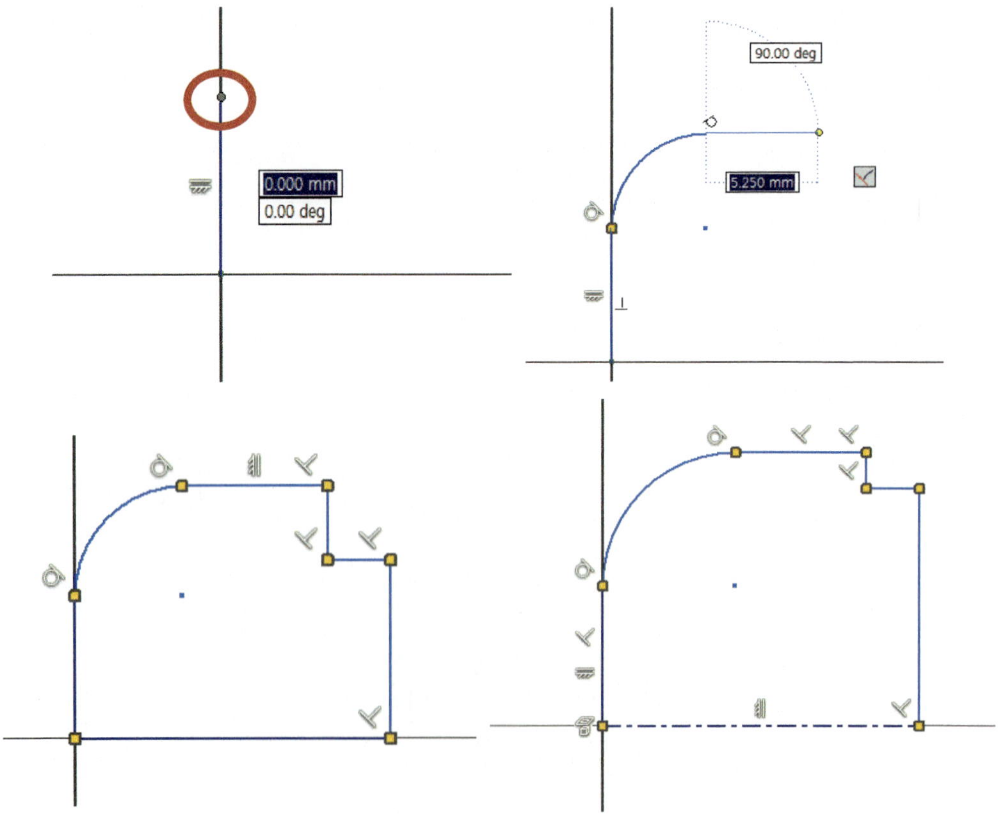

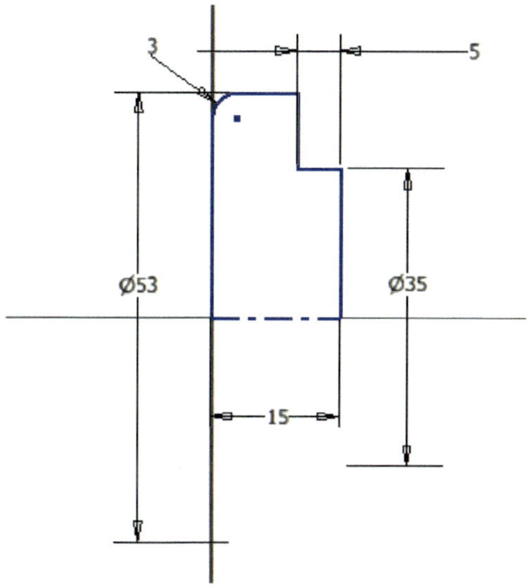

스케치를 마치고 회전 명령을 사용하여 모형을 만든다.

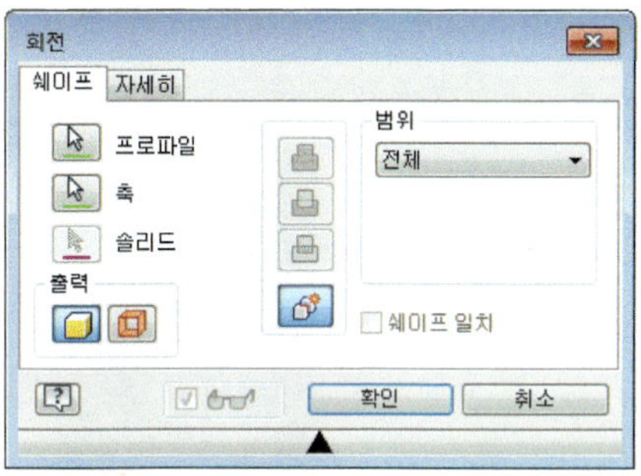

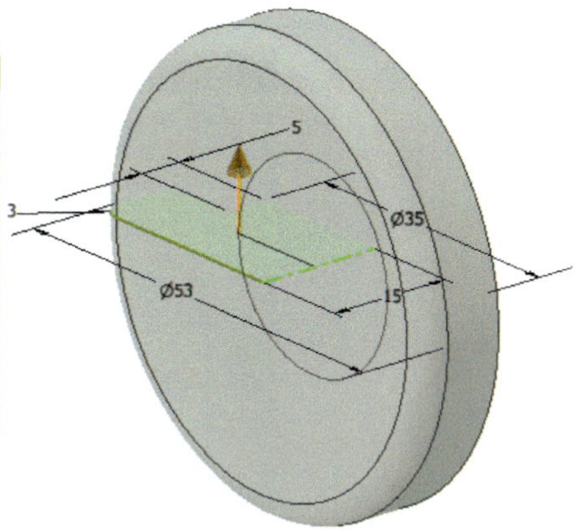

카운터 보어를 그리기 위해 **2D 스케치 시작** 명령을 클릭하고 좌측 모형에서 원점 밑에 있는 **YZ 평면**을 클릭한다.

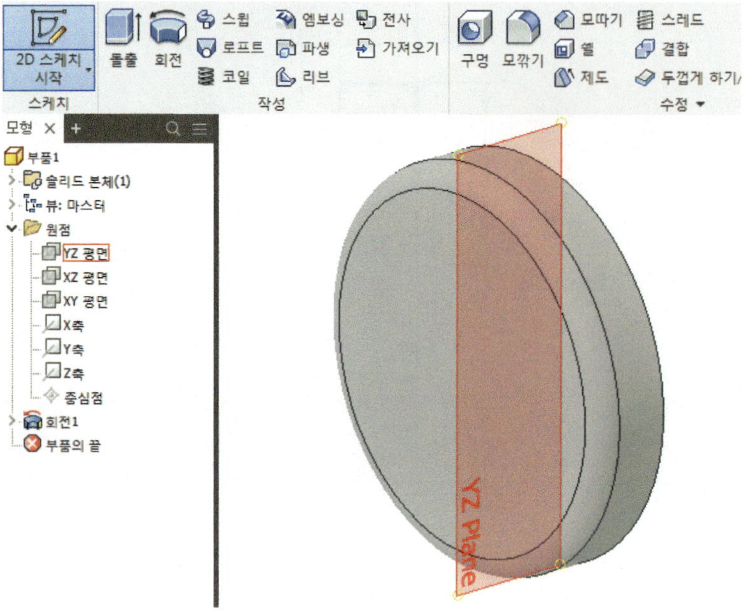

스케치를 모형 내부에 해야 하므로 그래픽 슬라이스(F7)을 실행시킨다.

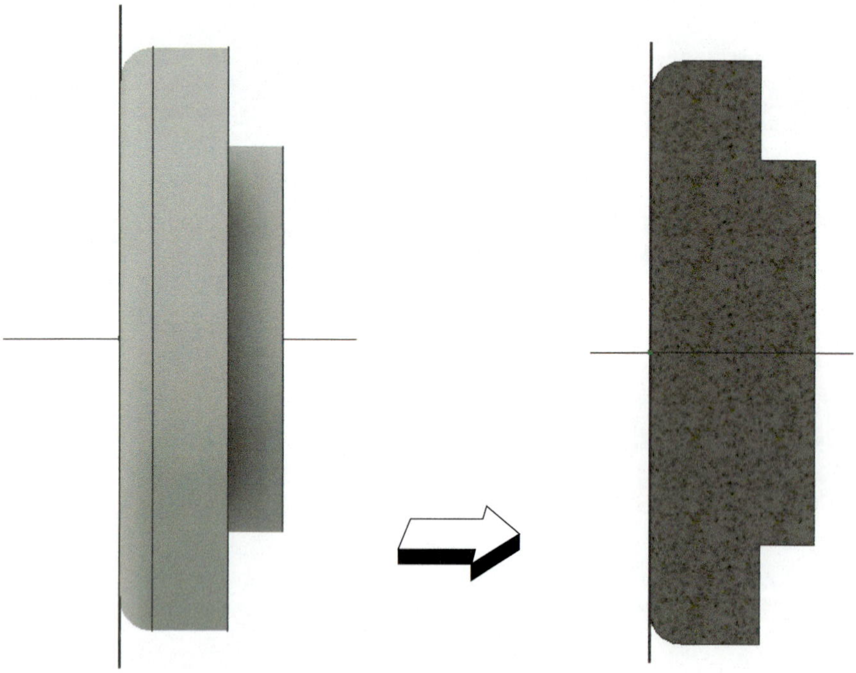

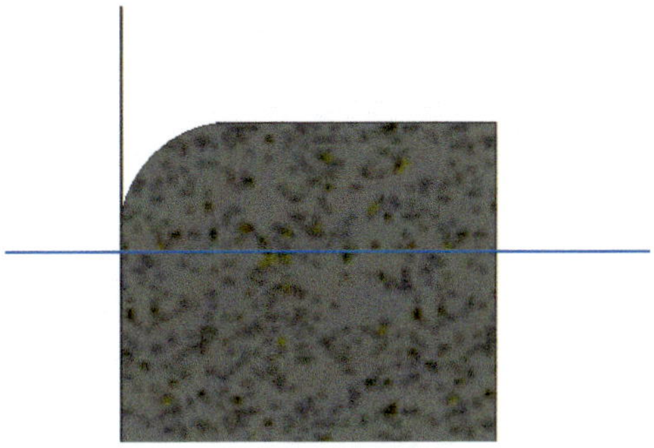

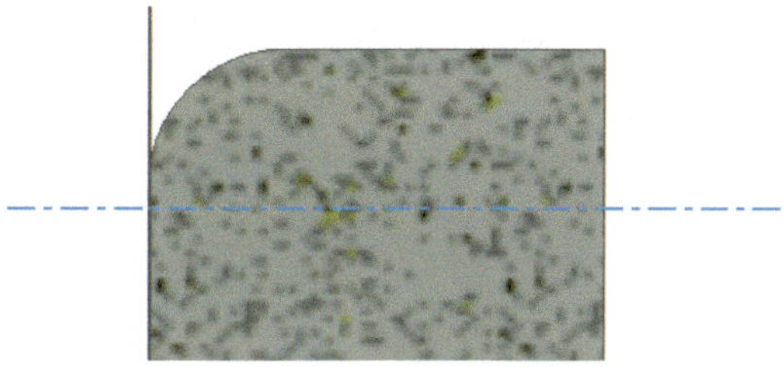

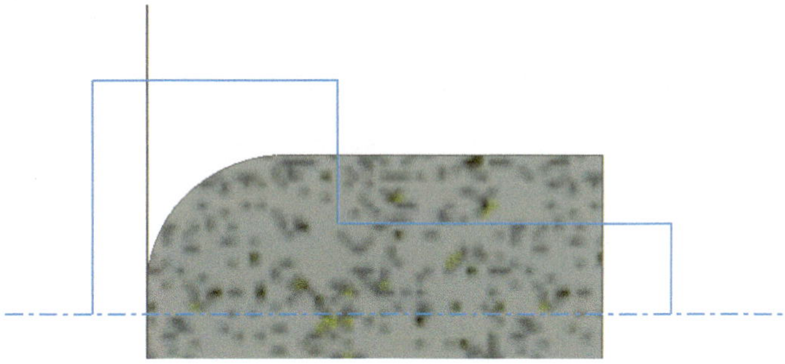

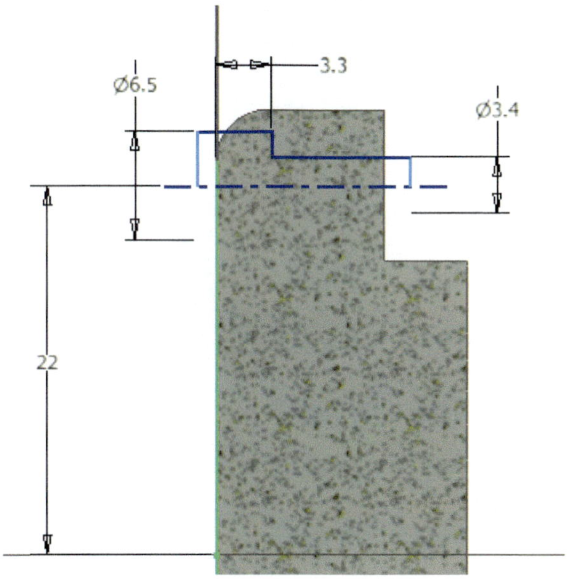
3.3
Ø6.5
Ø3.4
22

앞의 치수를 넣을 때 3.3은 원점과 스케치 사이의 치수로 선택하고 원점과 중심선의 거리는 중심선 때문에 직경으로 표시되어 바꾸어주어야 한다. 원점과 중심선을 클릭한 다음 마지막으로 치수선 위치를 정하기 전에 우측 마우스 버튼을 클릭하여 **선형 지름(L)**을 선택 해제한다.

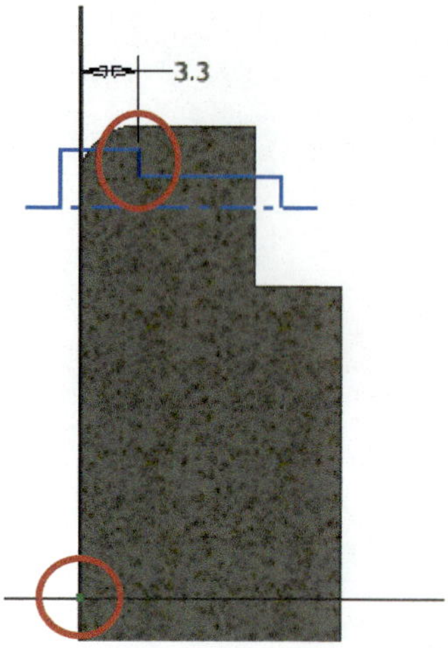

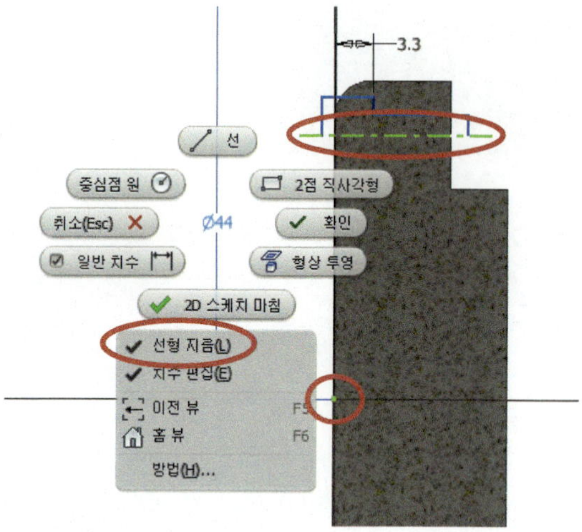

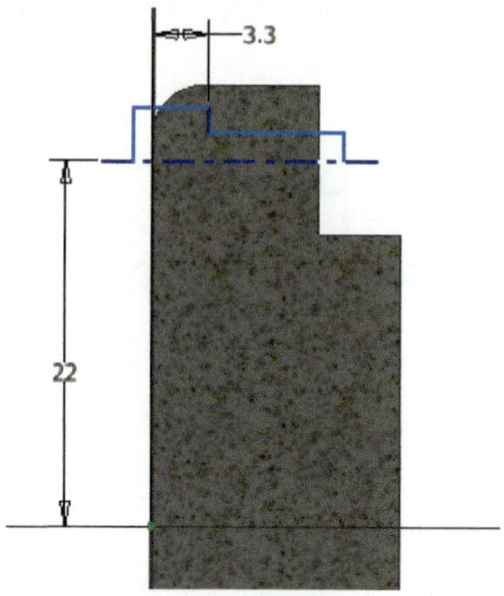

스케치를 마무리하고 **회전** 명령을 클릭하여 **차집합**을 선택하고 **확인** 버튼을 누른다.

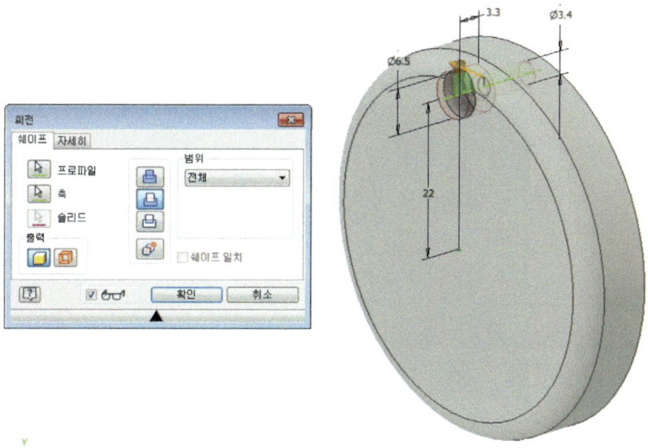

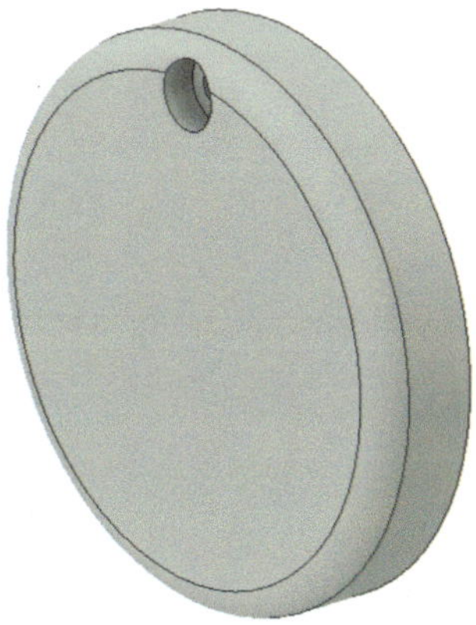

앞서 본 도면에서 이 부분을 다시 살펴보자.

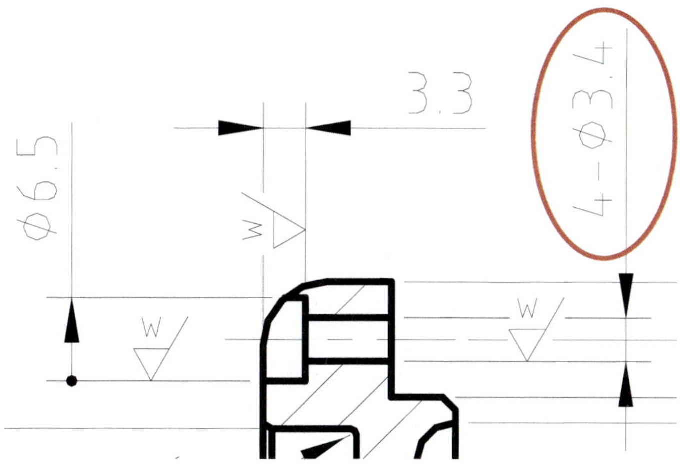

여기서 직경 3.4 미리 앞에 4-가 붙어 있다. 이 볼트 구멍이 4개 있다는 뜻인데 당연한 말이지만 옆에 있는 카운터 보어도 4개 있다는 뜻이다. 여기 한 군데만 적어 놓으면 모든 곳에 다 적을 필요는 없다.

이 작업을 수행하기 위해 스케치와 회전-차집합을 3번 더 하는 방법도 있겠지만 효율적으로 작업하기 위해 원형 패턴(리본 〉 3D 모형 〉 패턴 〉 원형 패턴)을 사용한다.

원형 패턴을 클릭하면 대화창이 생성되고 피처 버튼이 선택되어 있다. 버튼의 화살표가 붉은색이면 인벤터가 스스로 무엇을 선택해야 할지 정하지 못해서 사용자가 지정해달라는 의미이다.

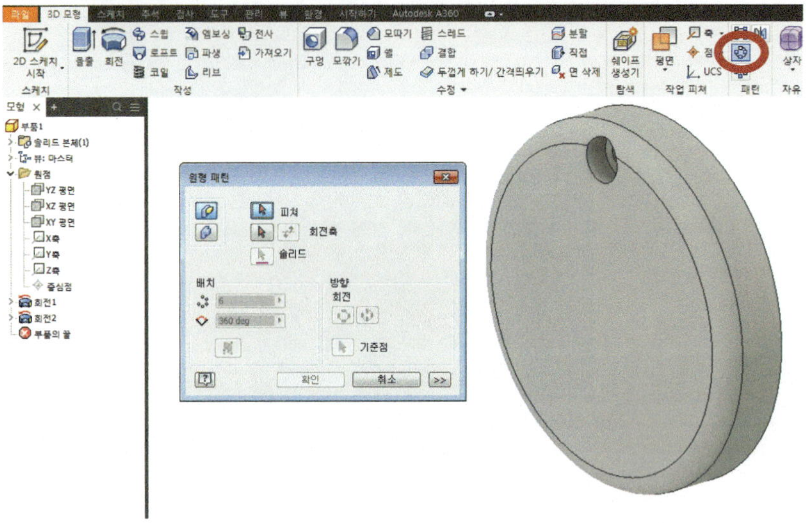

피처 버튼이 선택된 상태에서 좌측 모형의 **회전2**를 선택한다.

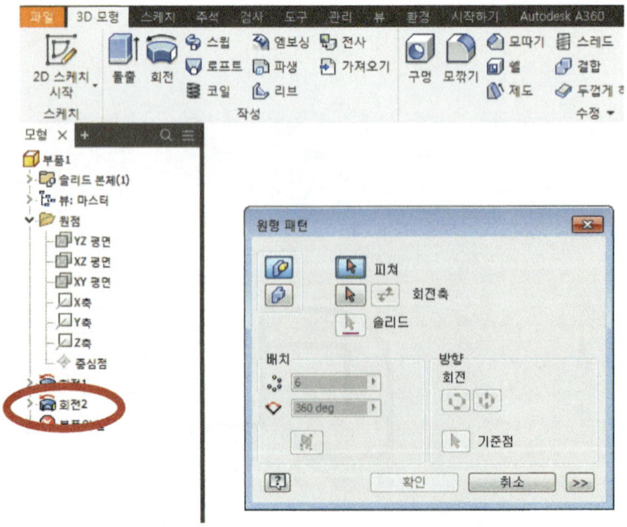

회전축의 붉은색 화살표 버튼을 클릭하고 **Z축**을 선택한다.

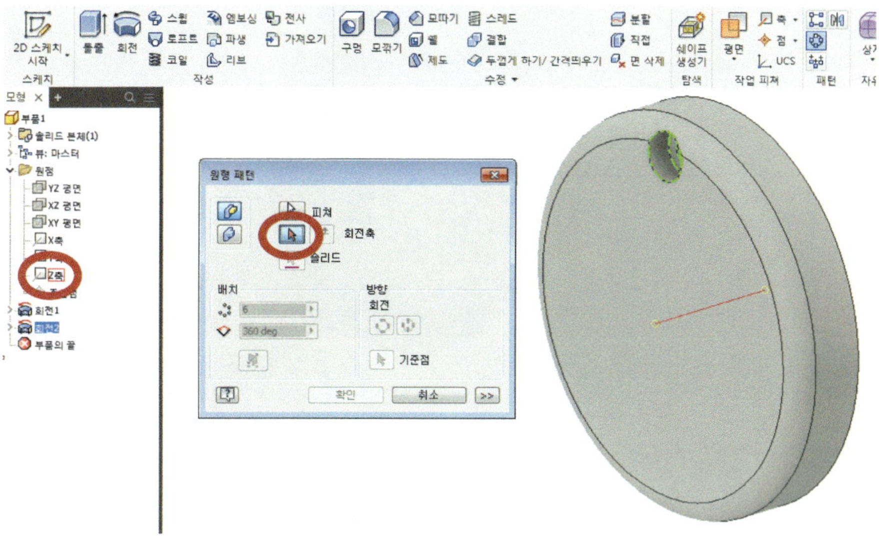

배치에서 발생 개수를 **4개**로 하고 발생 각도는 **360 deg** 그대로 둔다. 이제 모든 작업을 마쳤으므로 **확인** 버튼을 누른다.

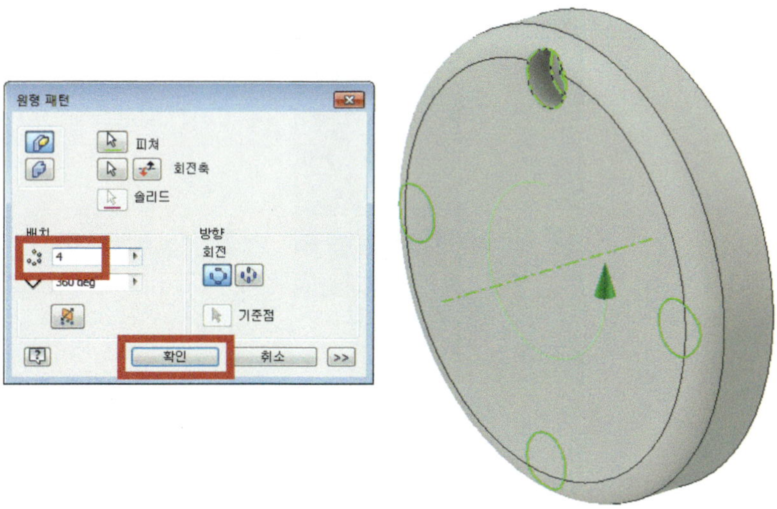

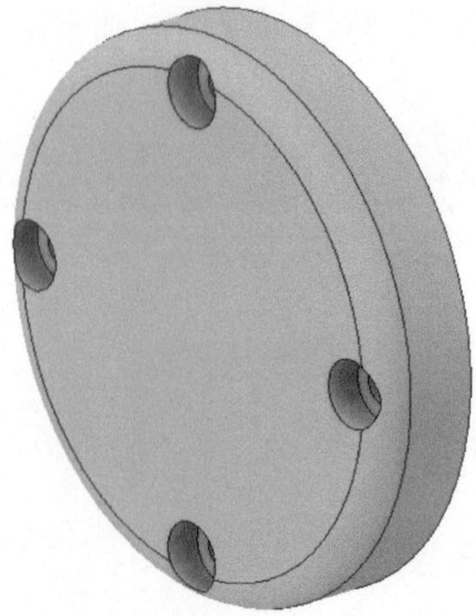

이제 커버의 내부 빈 공간을 생성하기 위해 다시 YZ 평면에 스케치를 다음과 같이 한다.

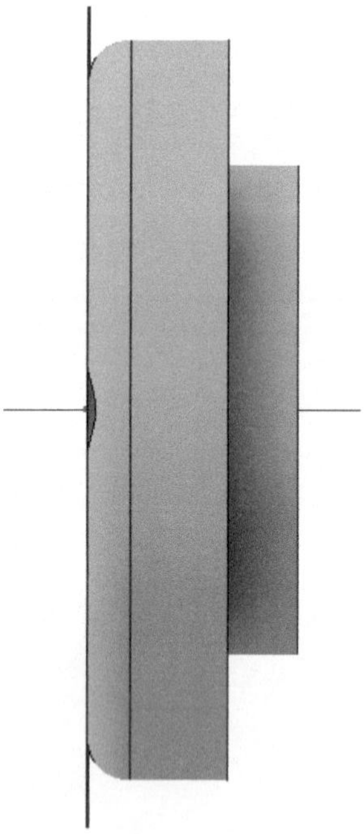

그래픽 슬라이스(F7)을 실행시킨다.

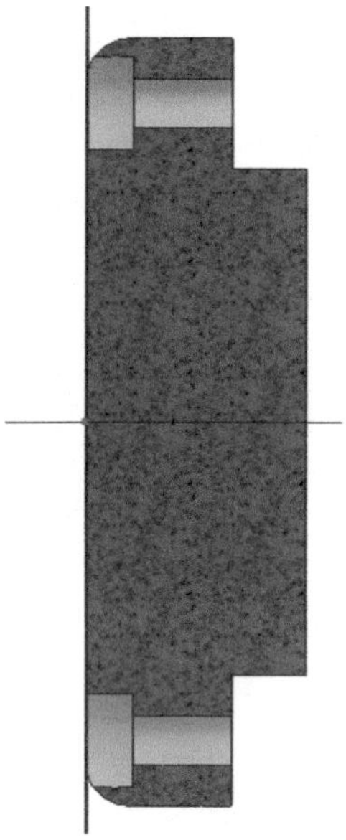

다음과 같이 스케치한다.

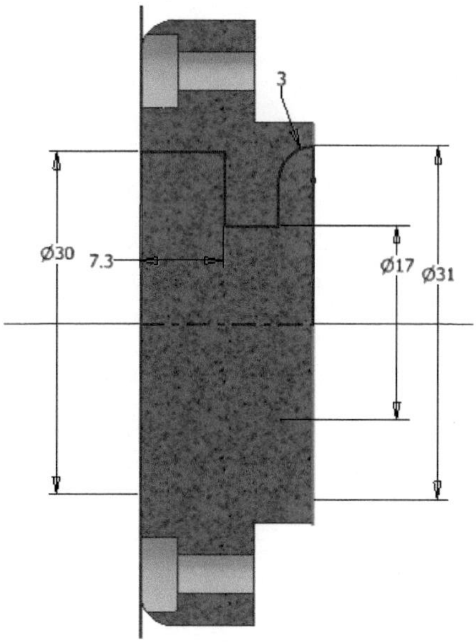

회전 명령을 클릭하고 **차집합**을 선택한 다음 **확인** 버튼을 누른다.

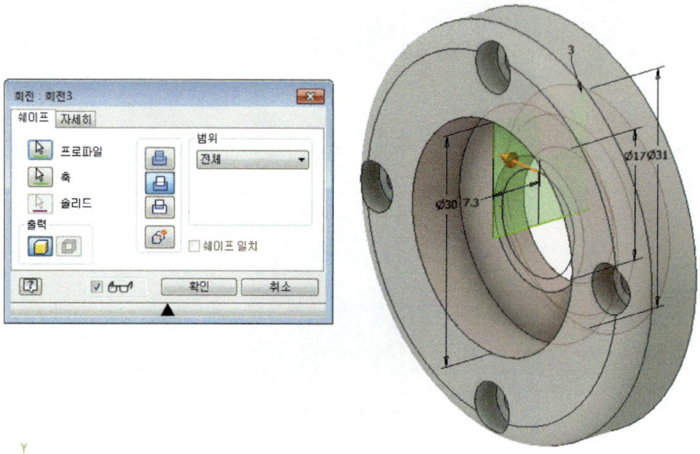

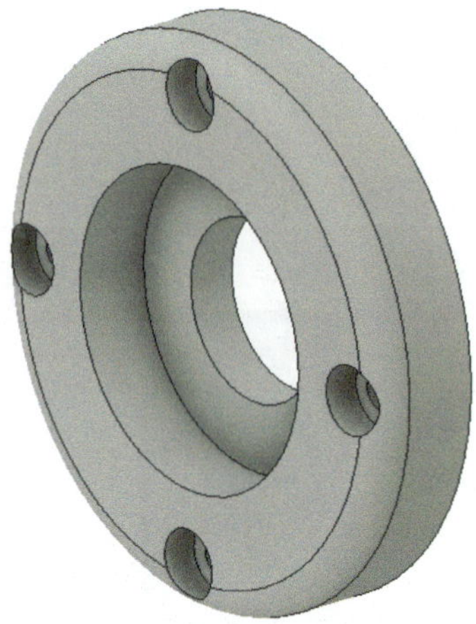

오일 실이 들어가는 부분에 모떼기를 해야 하는데 앞에서와 같이 스케치를 해서 만들 수도 있고 모따기 명령을 써서 할 수도 있다. 이번에는 모따기 명령을 써보자.

아래와 같이 거리와 각도로 설정하고 오른쪽에 붉은 면에 해당하는 부분을 클릭한다.

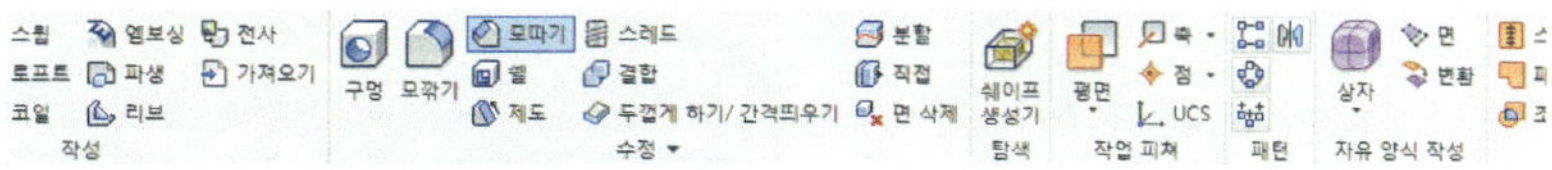

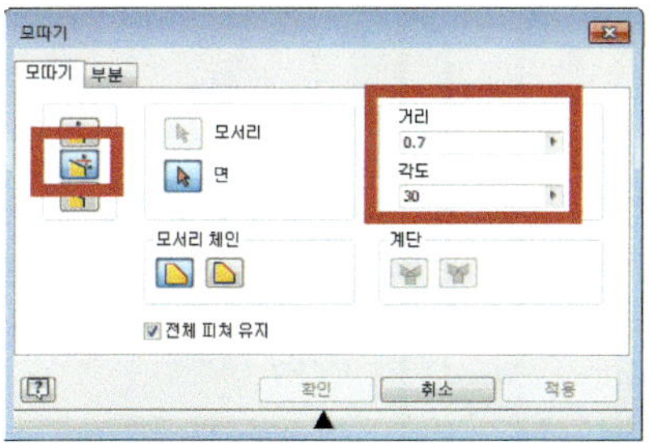

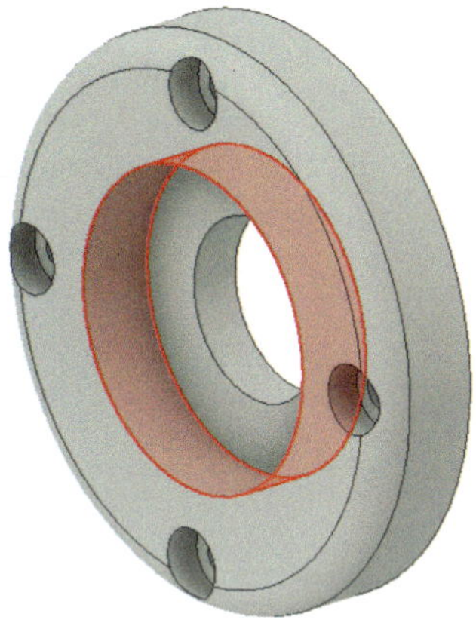

우측 그림의 붉은 모서리를 선택하고 **확인**을 누른다.

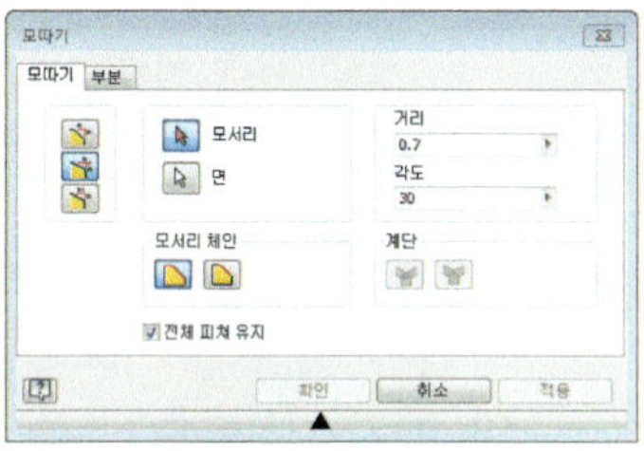

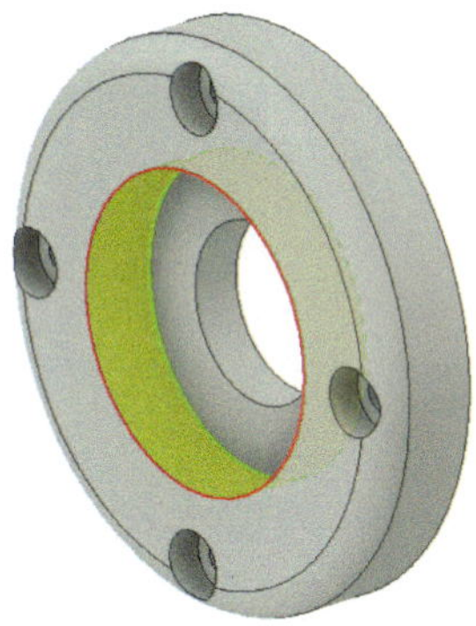

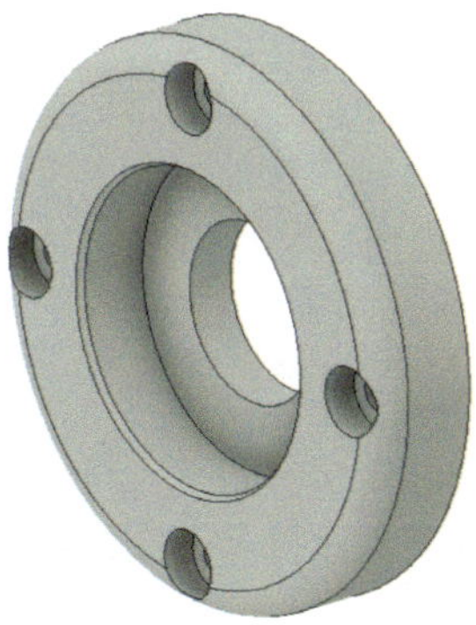

오일 실을 부착할 곳 안쪽에 모깎기를 **0.5** 넣는다.

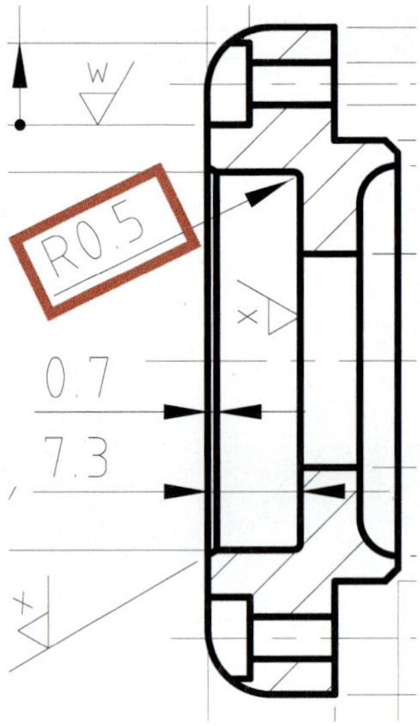

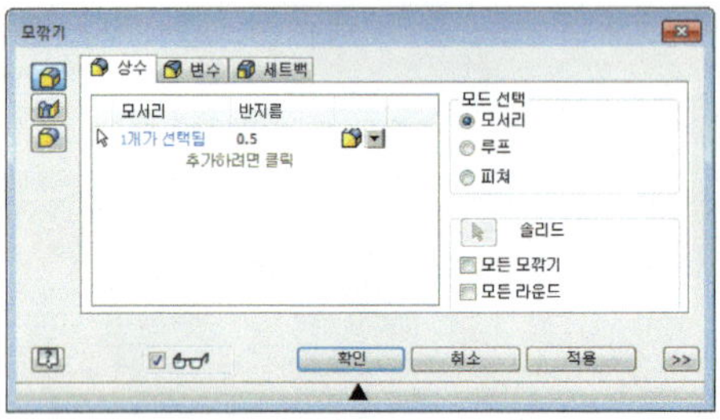

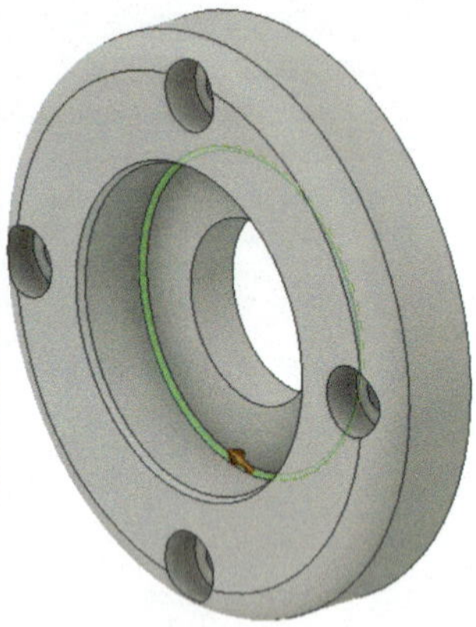

뒷부분에 모따기 명령을 실행하고 거리를 클릭한 다음 1을 준 다음 **확인** 버튼을 누른다.

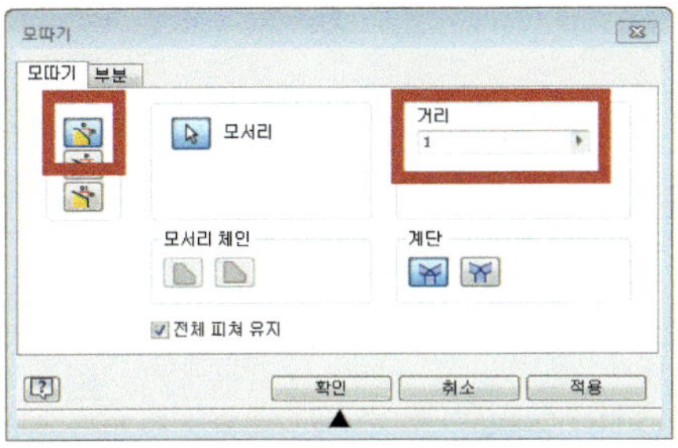

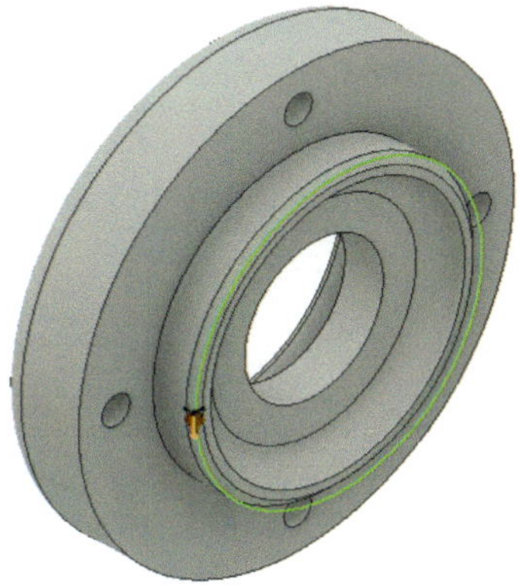

여기까지 해서 커버의 모형제작이 끝났다. 적당한 이름(이 책의 설명에서는 1-커버로 한다)으로 저장하자.

STEP 11 | V 벨트 풀리(M-TYPE, 소재 : GC200)

사다리꼴 모양의 V 벨트가 걸리는 곳이다. 여기를 통해 V-벨트에 동력을 전달하거나 전달받는다.

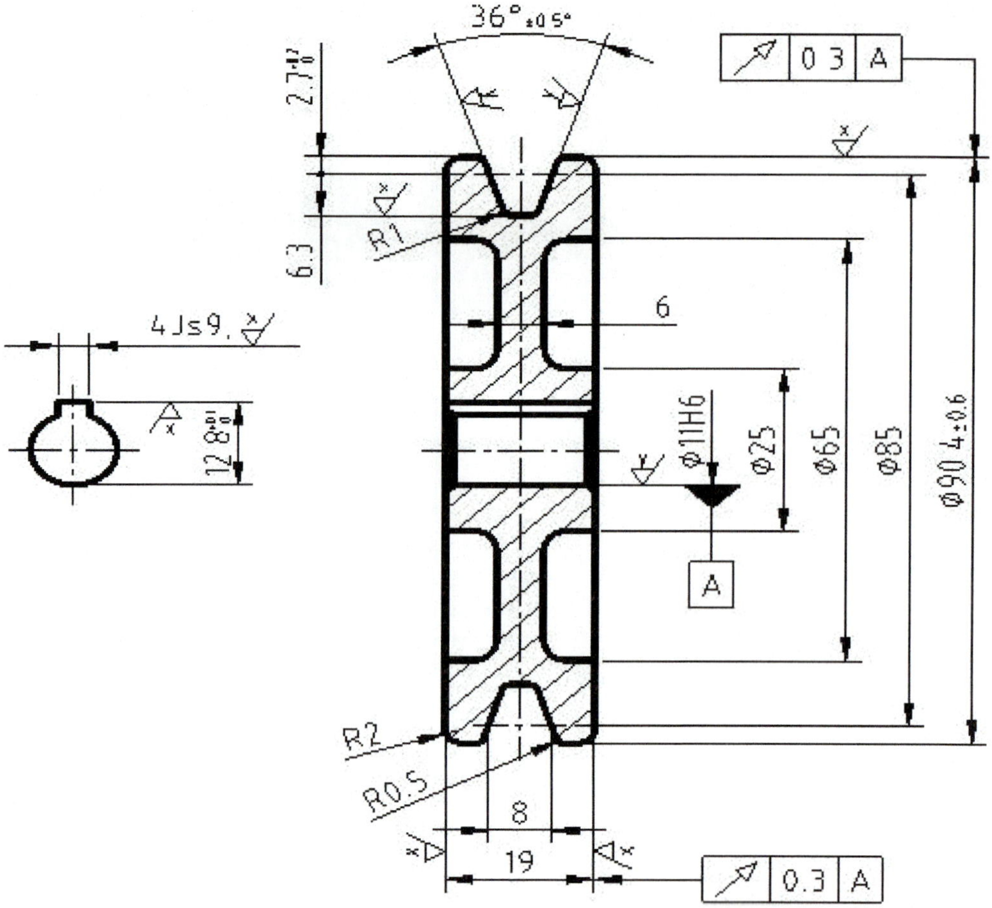

V 벨트 풀리의 도면을 작성하는 데 필요한 치수들을 구하는 방법을 알아보자. 우선 V 벨트 풀리는 다른 기계요소들과 마찬가지로 시험장에서 자로 전체를 측정하여 그리면 실격 처리가 된다. V 벨트 풀리의 도면을 작성할 때 기준이 되는 것이 무엇인지 알고 있어야 하는데 바로 피치원 지름(d_p)이다. 위의 도면에서는 직경 85 밀리미터가 여기에 해당한다. 풀리의 폭부터 피치원 지름의 영향을 받는데 M형의 경우 $9.5 \times 2 = 19$mm이다.

이렇게 보면 어려워 보이지만 치수공차와 기하공차 값이 KS 기계제도 규격(편람)에 나와 있기 때문에 몇 번 해보고 나면 의외로 작업하기 편한 부품이다.

아래의 규격집 내용을 살펴보자.

40. V 벨트 풀리

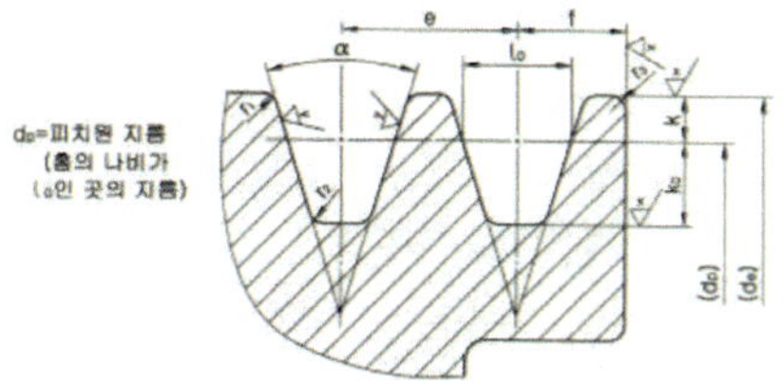

V벨트의 형별	α의 허용차(°)	k의 허용차	e의 허용차	f의 허용차
M	±0.5	+0.2 0	–	±1.0
A			±0.4	
B				

호칭지름 (mm)	바깥지름 de 허용차	바깥둘레 흔들림 허용값	림 측면 흔들림 허용값
75 이상 118 이하	±0.6	0.3	0.3
125 이상 300 이하	±0.8	0.4	0.4

V 벨트 형별	호칭 지름	α(°)	ℓ_0	k	k_0	e	f	r_1	r_2	r_3	비 고
M	50이상~71이하 71초과~90이하 90초과	34 36 38	8.0	2.7	6.3	–	9.5	0.2~0.5	0.5~1.0	1~2	M형은 원칙적으로 한 줄만 걸친다.(e)
A	71이상~100이하 100초과~125이하 125초과	34 36 38	9.2	4.5	8.0	15.0	10.0	0.2~0.5	0.5~1.0	1~2	
B	125이상~165이하 165초과~200이하 200초과	34 36 38	12.5	5.5	9.5.	19.0	12.5	0.2~0.5	0.5~1.0	1~2	

이미 M형 V 벨트 풀리로서 폭이 9.5의 2배인 19 밀리미터임을 보았고 V 벨트가 물려서 돌아가는 곳은 k와 k_0값, l_0값 및 α값 등을 찾아야 한다. 같이 해보자.

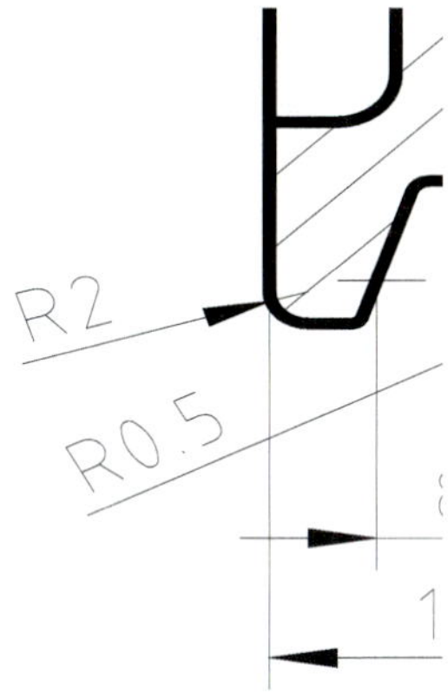

V 벨트 형별	호칭 지름	α(°)	ℓ_0	k	k_0	e	f	r_1	r_2	r_3	비 고
M	50이상~71이하 71초과~90이하 90초과	34 36 38	8.0	2.7	6.3	–	9.5	0.2~0.5	0.5~1.0	1~2	M형은 원칙적으로 한 줄만 걸친다.(e)

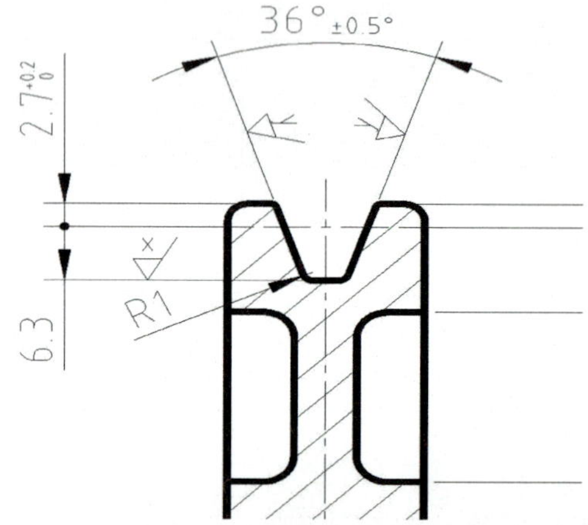

V벨트의 형 별	α의 허용차(°)	k의 허용차	e의 허용차	f의 허용차
M	±0.5	+0.2 0	–	±1.0
A			±0.4	
B				

V 벨트 형별	호칭 지름	α(°)	ℓ_0	k	k_0	e	f	r_1	r_2	r_3	비 고
M	71초과~90이하	36	8.0	2.7	6.3	–	9.5	0.2 ~ 0.5	0.5 ~ 1.0	1 ~ 2	M형은 원칙적으로 한 줄만 걸친다.(e)

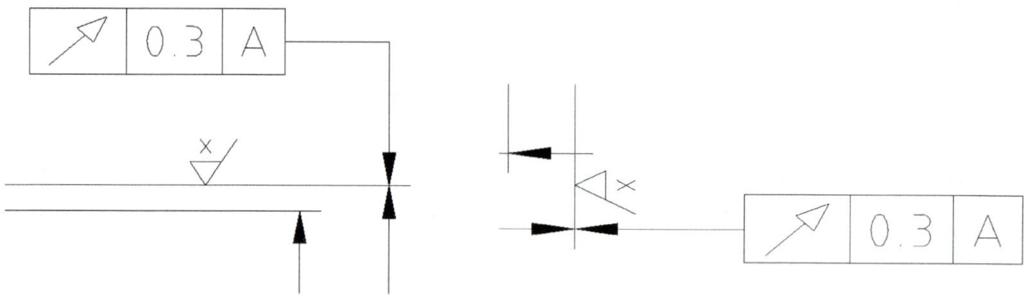

호칭지름 (mm)	바깥지름 de 허용차	바깥둘레 흔들림 허용값	림 측면 흔들림 허용값
75 이상 118 이하	±0.6	0.3	0.3
125 이상 300 이하	±0.8	0.4	0.4

여기에 바깥지름 de의 허용오차까지 찾아서 기입하면 된다. 표면 거칠기도 KS 기계제도 규격(편람)에 도시되어 있으니 이용하여 작성한다.

이제 인벤터로 V 벨트 풀리의 모형을 만들어보자. 새 부품을 생성하고 **2D 스케치 시작** 명령을 누른 다음 YZ 또는 XZ 평면을 선택하고 아래와 같이 스케치를 시작한다.

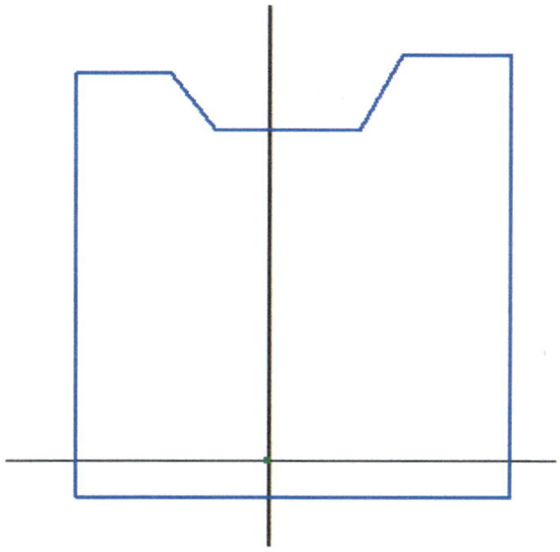

밑에 있는 선을 원점과 일치 구속조건을 준다. 원점과 밑의 선을 키보드의 SHIFT키(Shift)를 누른 상태에서 둘 다 선택한 상태에서 **일치 구속조건** 명령을 클릭하거나 일치 구속조건 명령을 선택한 상태에서 원점과 밑의 선을 클릭하거나 어느 쪽으로 작업하여도 된다.

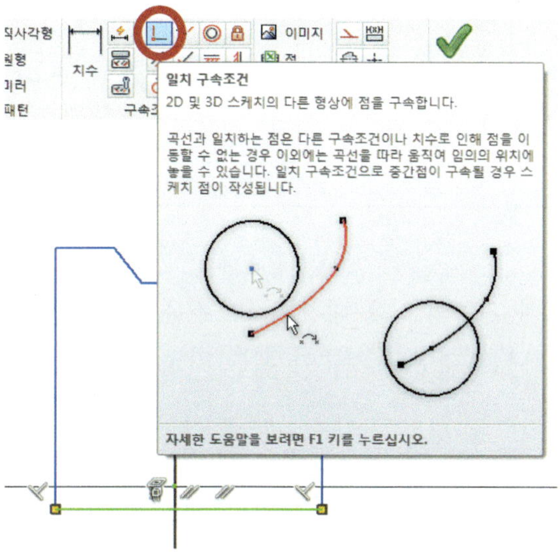

원점에서 그래픽 창에서 수직인 방향으로 적절한 크기의 수직선을 그린 다음, 그린 선을 선택하고 구성선으로 바꾸기 위해 구성 명령을 클릭한다. 구성 형상(구성선이라고도 함)은 실제 모형을 만드는 데 쓰는 선은 아니지만 스케치를 작성하는 데 필요한 경우에 사용한다.

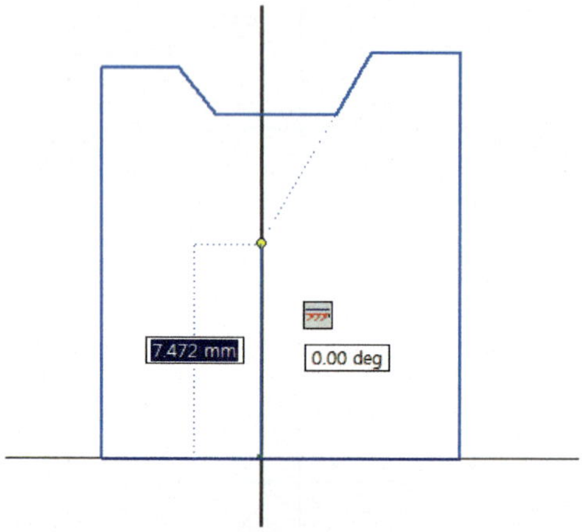

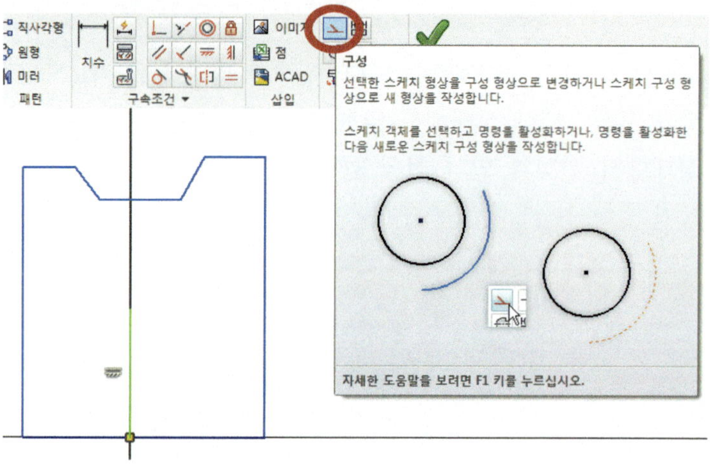

그래픽 창에서 오른쪽과 왼쪽의 선을 대칭 구속조건을 준다. 순서는 대칭의 대상인 좌우의 선을 먼저 클릭하고 그 다음 대칭의 기준이 되는 가운데 선을 클릭한다.

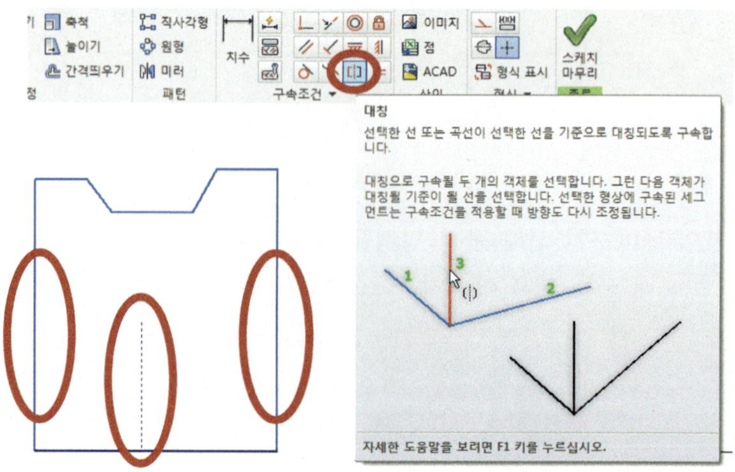

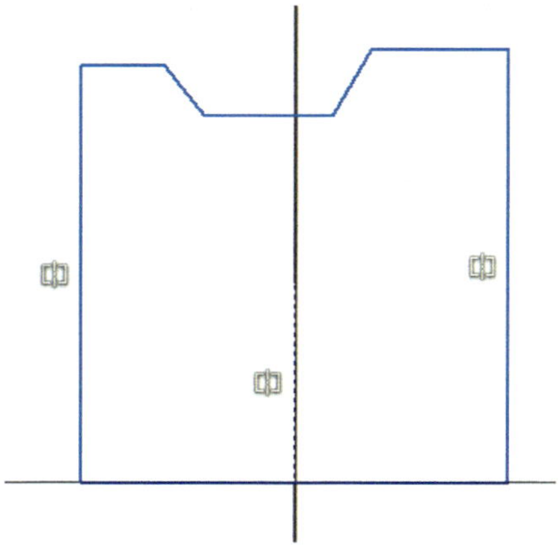

같은 방법으로 위의 두 경사진 선에도 대칭 구속조건을 준다.

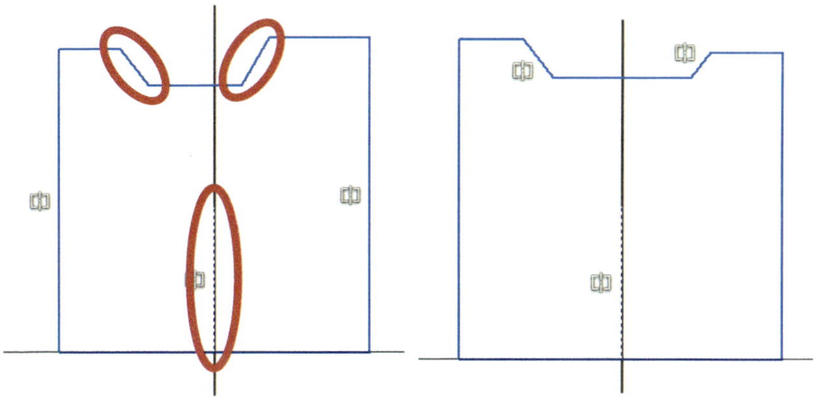

위의 두 선에 동일선상 구속조건을 준다.

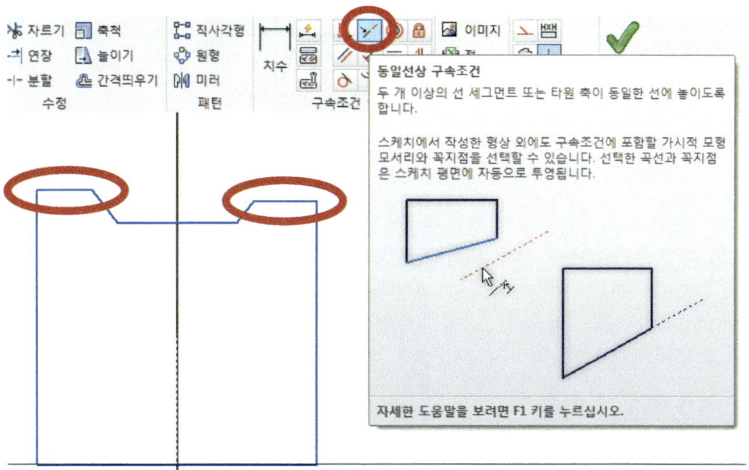

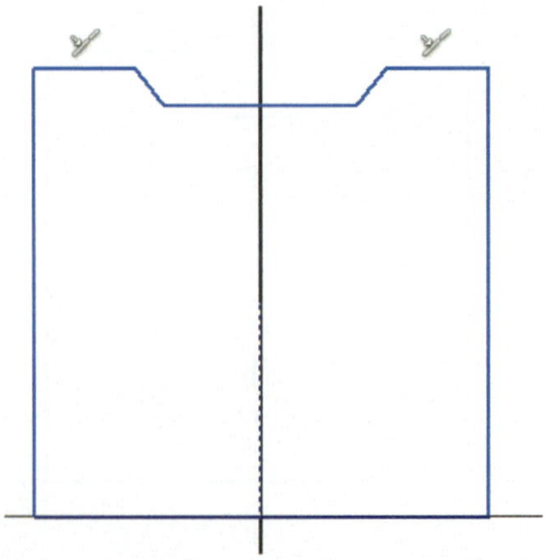

밑에 있는 선을 중심선으로 바꾸고 아래와 같이 치수 명령을 사용하여 치수를 기입한다. 각도 치수는 평행이 아닌 두 선을 클릭하면 만들어진다.

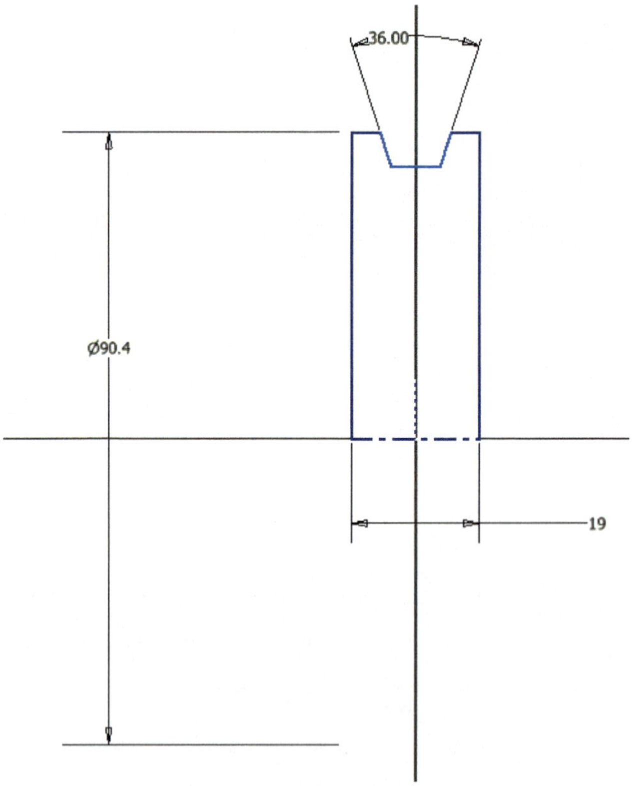

스케치 윗부분의 벨트가 올라가는 곳에 그래픽 창에서 수평인 선을 그리고 구성선으로 바꾼다.

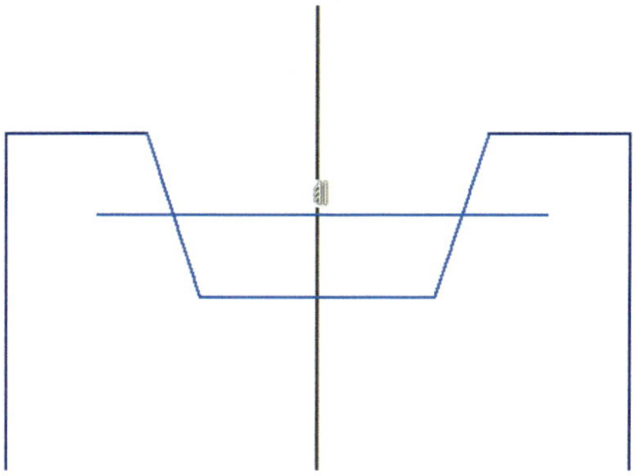

옆으로 튀어나온 선을 자른다.

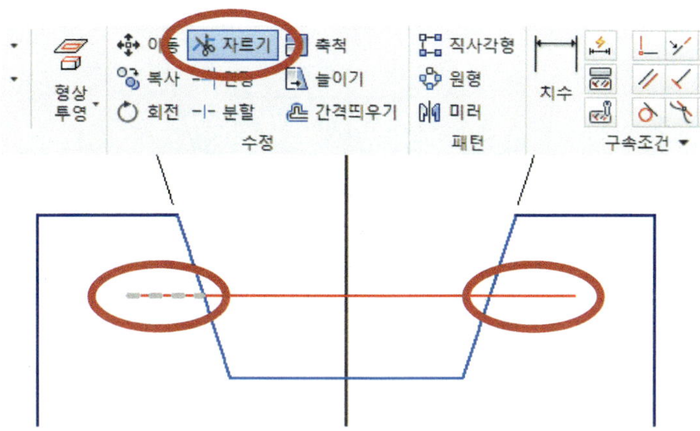

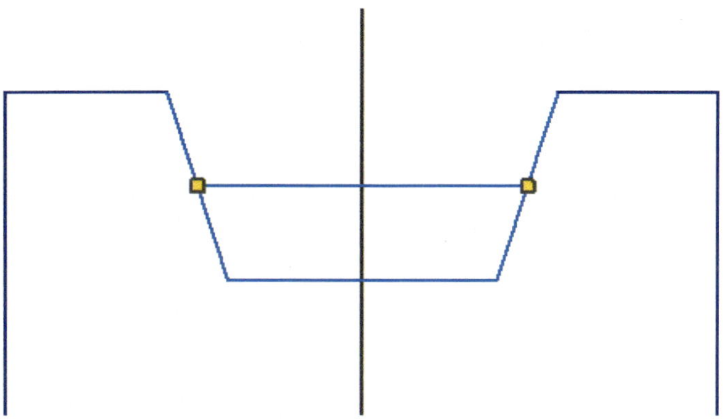

다음과 같이 치수를 기입한다.

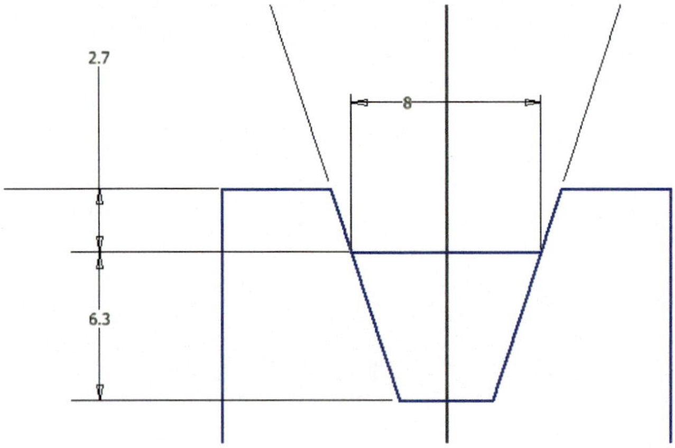

앞서 그린 선을 구성선으로 바꾸고 스케치를 마무리한 다음 회전 명령으로 모형을 만든다.

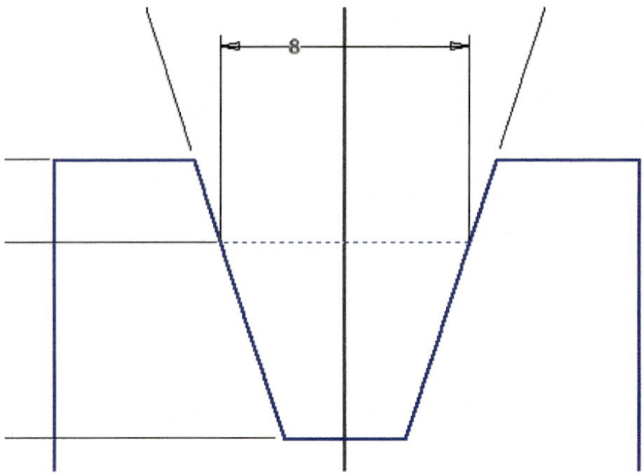

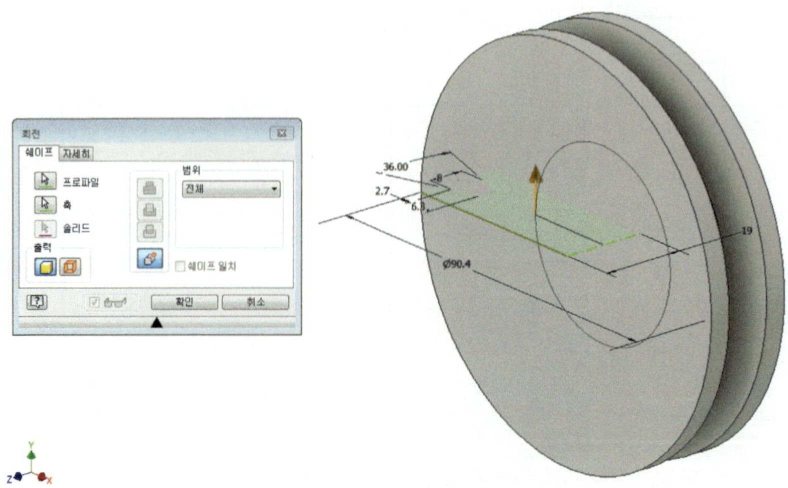

다시 2D 스케치 시작 명령을 누른 다음 **YZ 평면**을 선택한다.

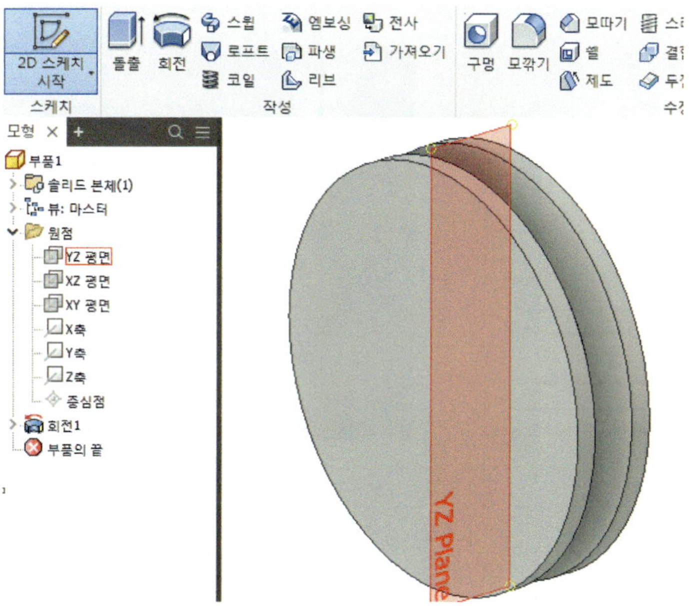

그래픽 슬라이스(F7)을 사용하여 모형의 윗부분을 숨기고 아래와 같이 직사각형을 2개 그린다.

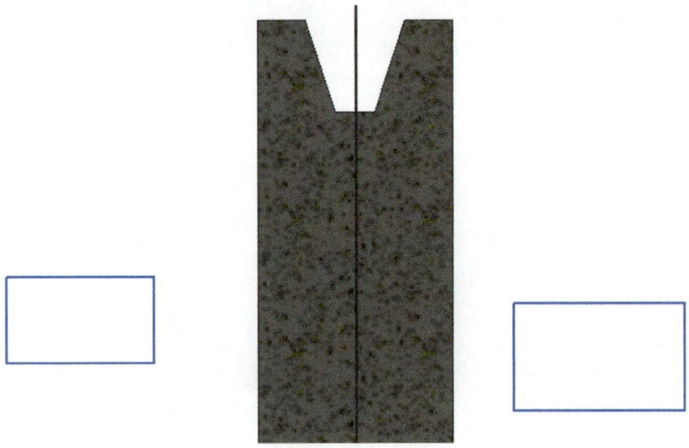

아래 위의 선들에 동일선상 구속조건을 2번 쓴다.

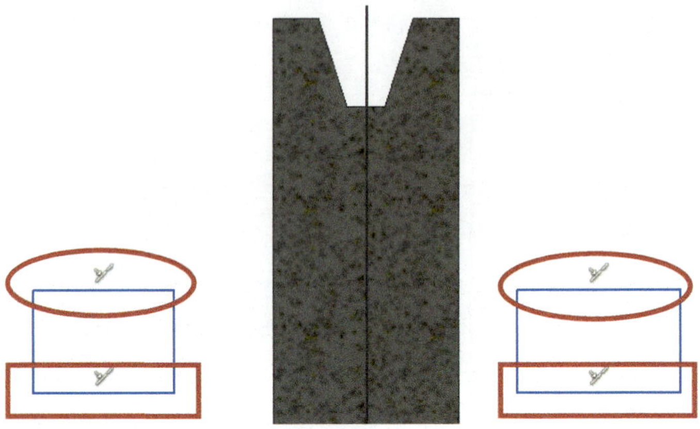

다음과 같이 치수를 부여한다.

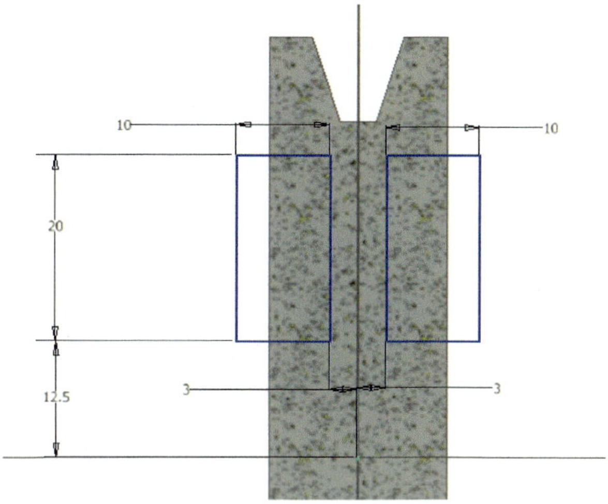

스케치를 마무리하고 회전 명령에서 차집합을 사용하여 형상을 만든다. 프로파일은 스케치한 2개의 사각형이고 축은 **Z축**을 선택한다.

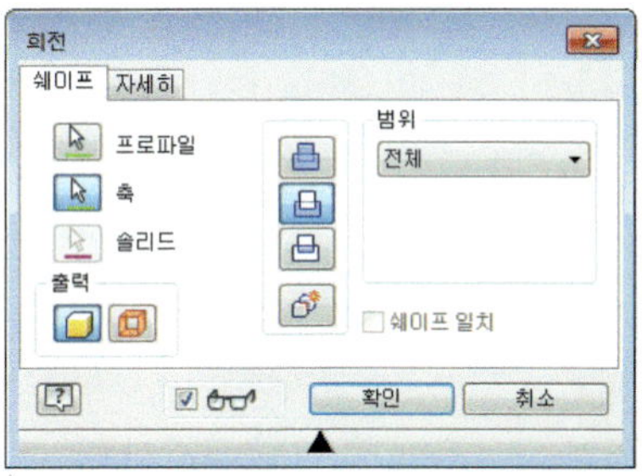

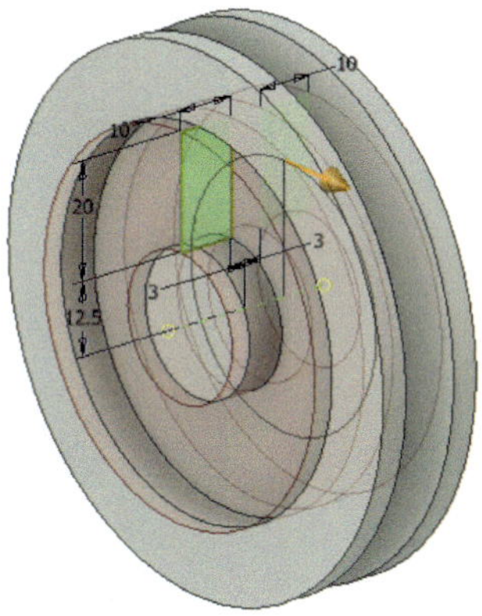

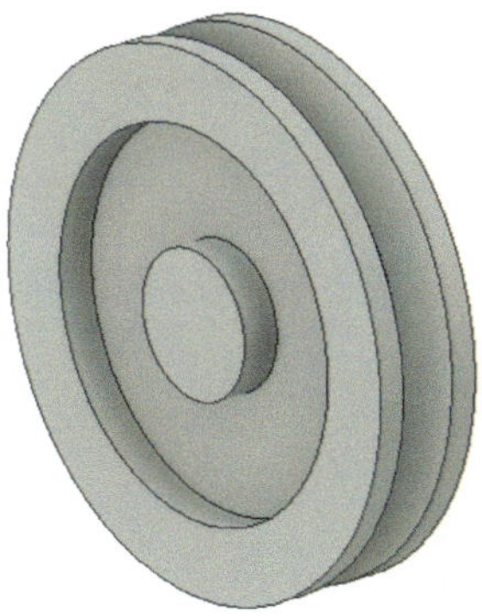

2D 스케치 시작 명령을 누르고 앞의 동그란 부분에 스케치를 한다.

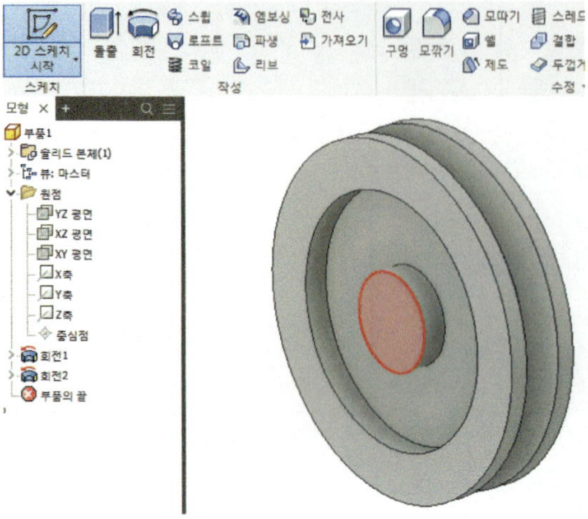

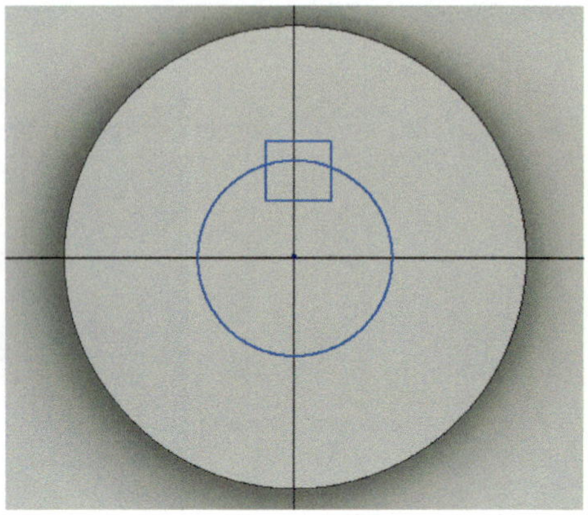

자르기 명령을 사용하여 다음과 같이 자른다.

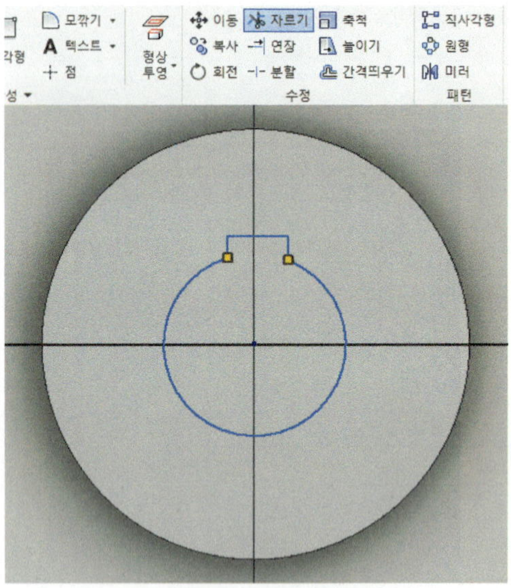

다음과 같이 치수를 부여한다. 자르면서 원이 호가 되었기 때문에 반지름으로 표시된다. 바꾸려면 오른쪽 마우스 버튼을 누르고 아래와 같이 한다.

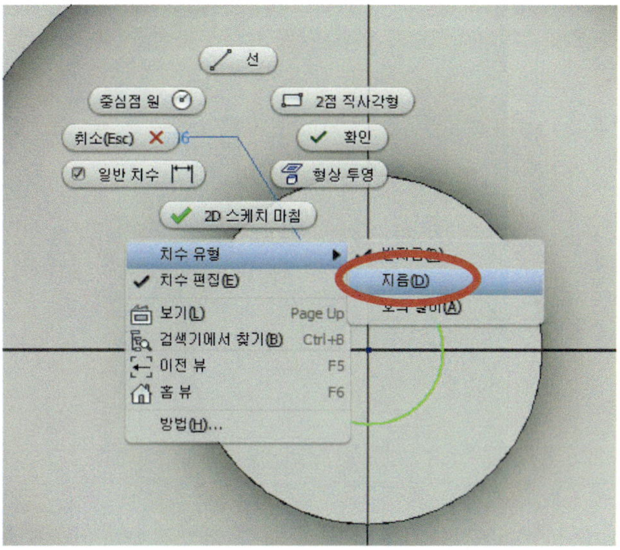

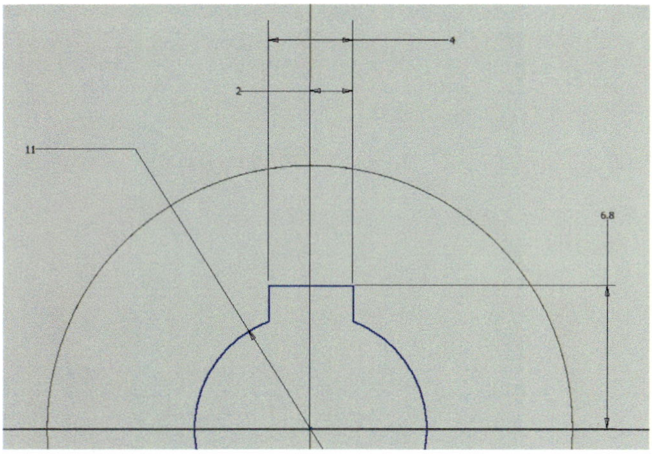

스케치를 마무리하고 돌출 명령을 실행한다. **차집합**을 선택하고 범위는 **전체**로 선택한 다음 **확인** 버튼을 누른다.

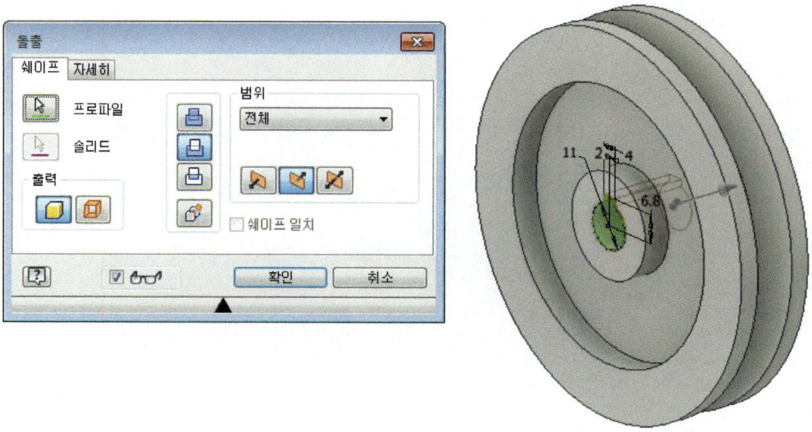

이제 모깎기와 모따기(모떼기)를 사용하여 전체를 완성한다. 모깎기 명령 사용 시 주의할 점은 반지름을 변경하기 위해 클릭하고 숫자를 입력한 다음, 다시 왼쪽의 파란 글씨를 한 번 클릭해 주어야 모깎기가 들어간다는 것이다.

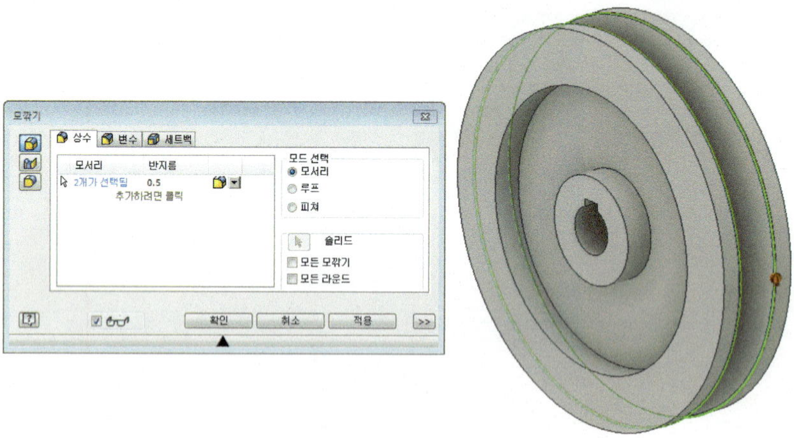

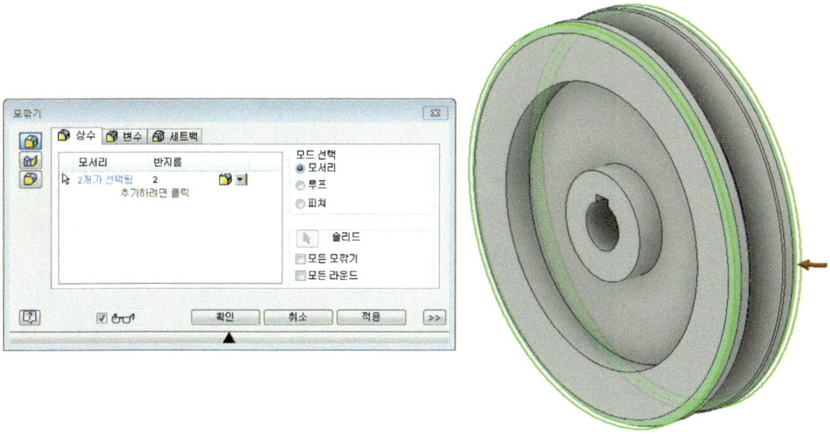

선택을 할 때 회전이 반드시 필요한 경우 Shift+가운데 마우스 버튼, F4, 뷰큐브, 탐색막대, 뷰 탭의 탐색 판넬을 사용할 수 있다고 앞에서 설명했다. 그 중 어느 것을 써도 된다.

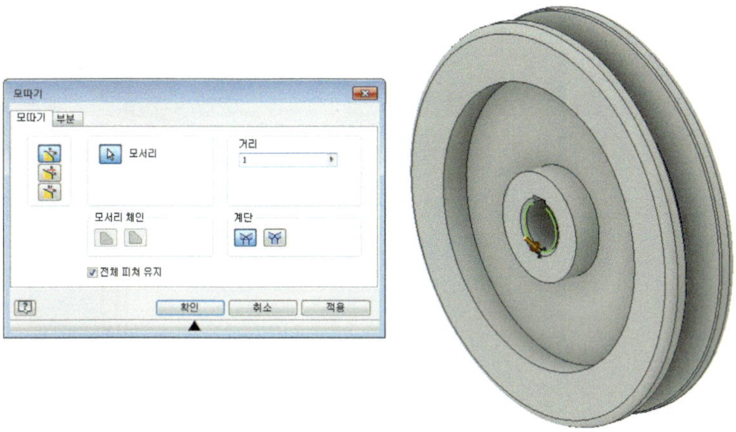

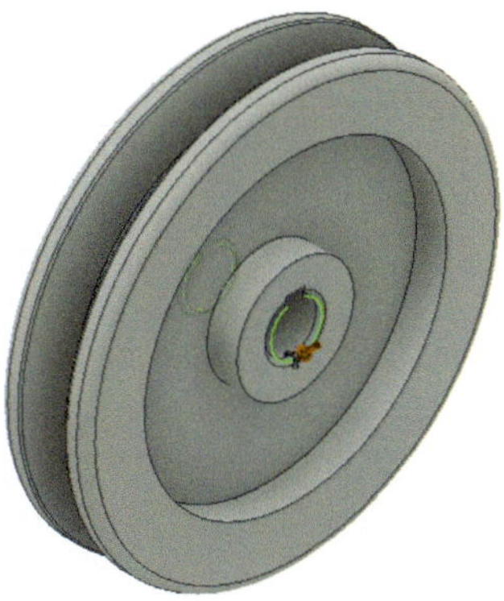

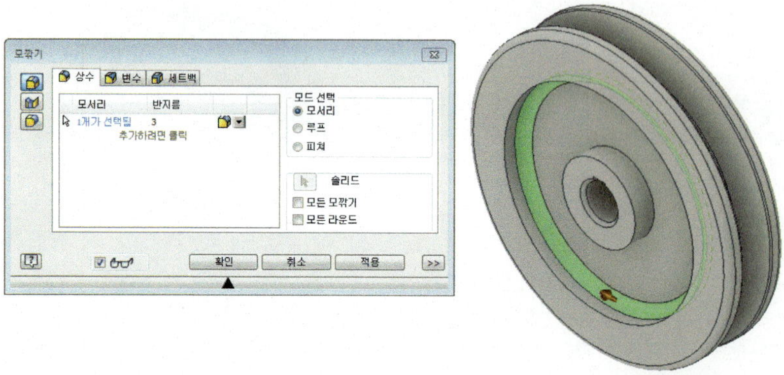
모깎기
상수
변수
세트백
모서리
반지름
1개가 선택됨
3
추가하려면 클릭
모드 선택
모서리
루프
피쳐
솔리드
모든 모깎기
모든 라운드
확인
취소
적용
>>

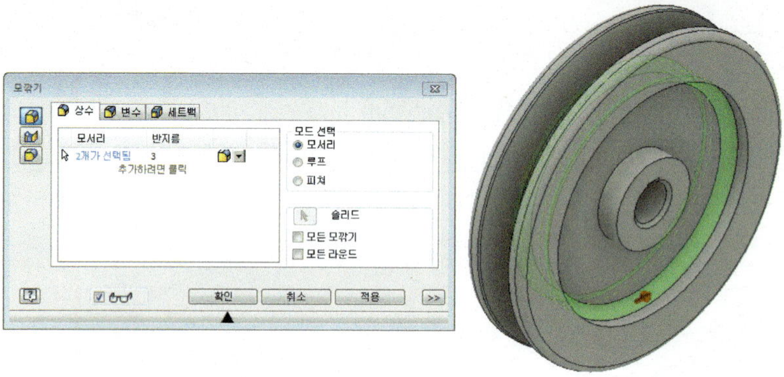
모깎기
상수
변수
세트백
모서리
반지름
2개가 선택됨
3
추가하려면 클릭
모드 선택
모서리
루프
피쳐
솔리드
모든 모깎기
모든 라운드
확인
취소
적용
>>

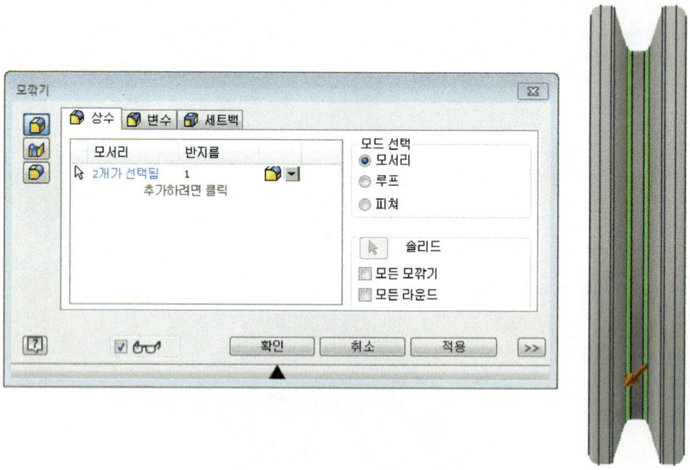
모깎기
상수
변수
세트백
모서리
반지름
2개가 선택됨
1
추가하려면 클릭
모드 선택
모서리
루프
피쳐
솔리드
모든 모깎기
모든 라운드
확인
취소
적용
>>

여기까지 하여 V 벨트 풀리의 모형작업을 마무리하였다. 적당한 이름(이 책에서는 2-V 벨트 풀리로 한다)으로 저장하자.

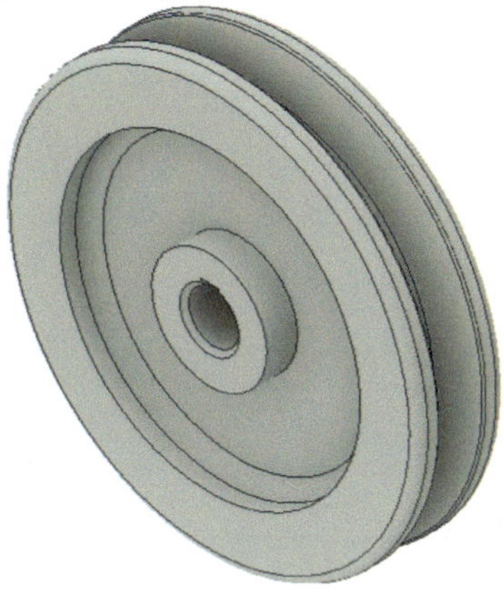

STEP 12 | 스퍼기어

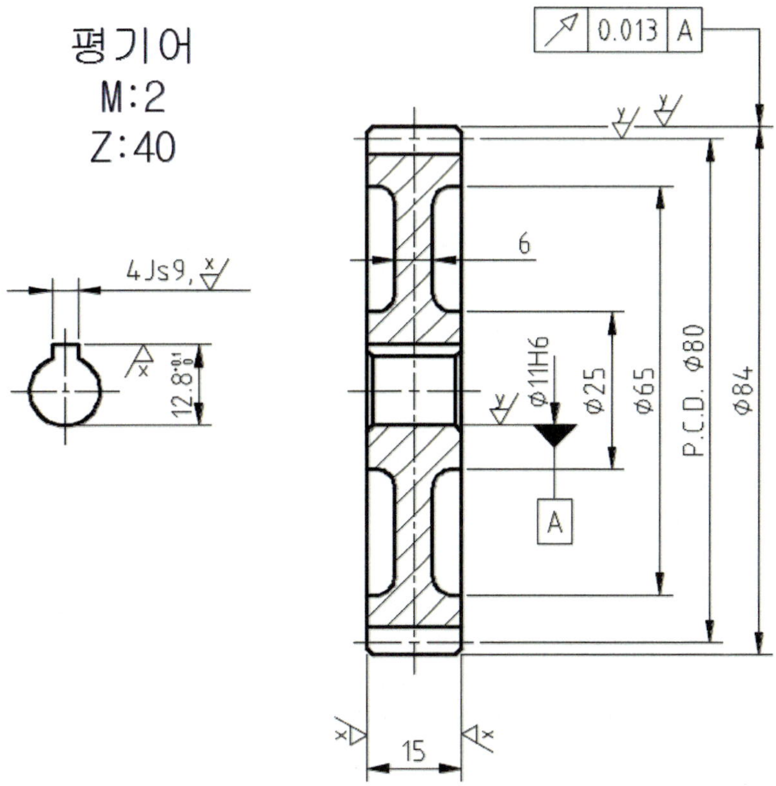

도면에 작도하는 방법과 3D 모형이 다르다. 또한 실제 스퍼기어의 이빨을 이루는 인벌류트 곡선(involute, 신개선(伸開線))이나 사이클로이드 곡선(cycloid, 파선(擺線))을 인벤터로 정확히 그리기 어려워서 2차원 캐드 때부터 사용하던 약식 표시를 사용하여 만든다. 인벤터 내에 사이클로이드 곡선 예제가 들어있으므로 이것으로 실제 기어에 가깝게 모형을 만들어 볼 수 있으나, 프로그램의 속도가 현격히 떨어지고 또한 2D 도면과 3D 모형이 다르기 때문에 도면에서 인벤터로 만든 모형을 그대로 쓰지 못한다. 이 경우 인벤터에서 도면 작업을 하면 시간이 많이 걸리고 불편하기 때문에 오토캐드에서 다시 그린다. 이러한 이유들로 인해 2D 도면작업을 보통 인벤터에서 하지 않고 오토캐드를 사용한다.

기어에서는 모듈과 잇수에 의해 피치원 지름(P.C.D.)이 정해지며 이 값에 의해 이뿌리원과 이끝원의 지름이 정해진다.

피치원 지름(P.C.D.)	M(모듈) × Z(잇수)	2×40 = 80
이끝원 지름	피치원 지름 + 2×M	80 + 2×2 = 84
이뿌리 지름	피치원 지름 - 2.3×M	80 - 2.5×2 = 75
전체 이높이	2.25×M	2.25×2 = 4.5
이빨 옆 면 모떼기(모따기)	1	1
이뿌리원 필렛(모깎기)	M/4	2/4 = 0.5

아래 그림은 치수 공차를 ISO라는 국제기구에서 정한 IT 공차(International tolerance)로 나타낸 것이다.

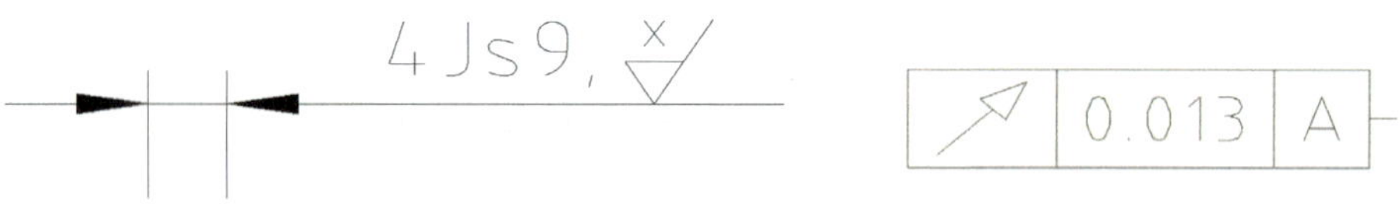

IT 공차 Js9의 선정을 위해 표를 살펴보면 KS 기계제도 규격(편람)에 다음과 같이 나와 있다.

키 홈의 치수								적용하는 축 지름 d (초과~이하)
b_1 및 b_2의 기준 치수	활동형		보통형		t_1의 기준 치수	t_2의 기준 치수	t_1 및 t_2의 허용차	
	b_1 허용차	b_2 허용차	b_1 허용차	b_2 허용차				
2					1.2	1.0		6~8
3					1.8	1.4	+0.1 0	8~10
4					2.5	1.8		10~12
5					3.0	2.3		12~17
6	H9	D10	N9	JS9	3.5	2.8		17~22
7					4.0	3.3		20~25
8					4.0	3.3	+0.2 0	22~30
10					5.0	3.3		30~38

〈참고 : IT 공차 등급 Js9의 치수 허용차(KS B 0401을 참고할 것)〉

b_1 및 b_2의 기준 치수	보통형		조립형
	b_1 허용차 (N9)	b_2 허용차 (Js9)	b_1 및 b_2 허용차 (P9)
1	−0.004 −0.029	±0.012	−0.006 −0.031
1.5			
2			
2.5			
3			
4	0 −0.030	±0.015	−0.012 −0.042
5			
6			

이제 필요한 값들을 다 찾았으니 인벤터로 모형을 만들어보자. 새 부품을 생성하고 **2D 스케치 시작** 명령을 누른 다음 **XY 평면**을 선택하고 아래와 같이 스케치를 시작한다.

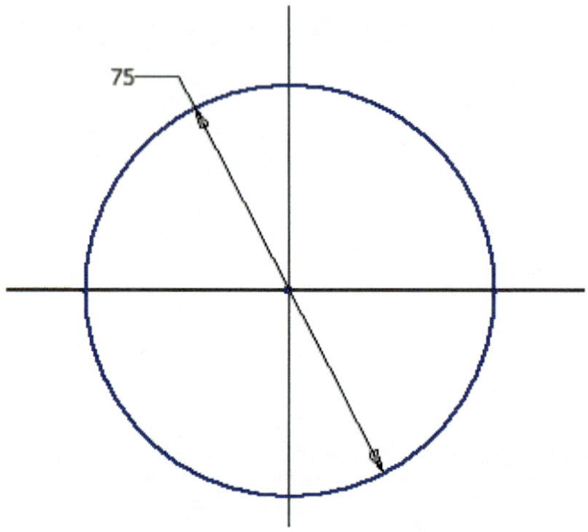

15만큼 돌출한다.

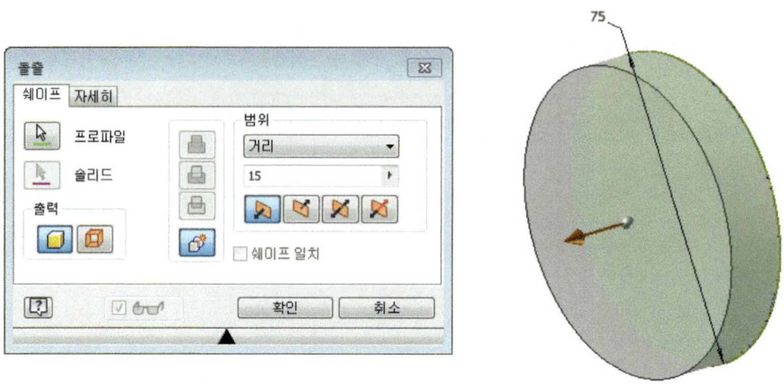

돌출한 앞면에 스케치를 한다.

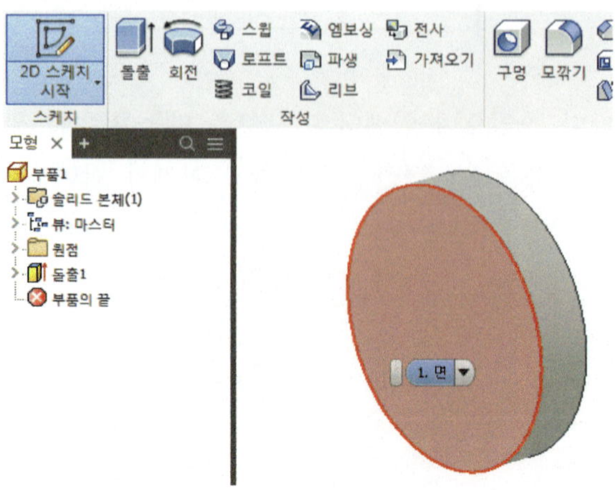

하나의 수직선과 3개의 원을 그리고 치수를 다음과 같이 준다.

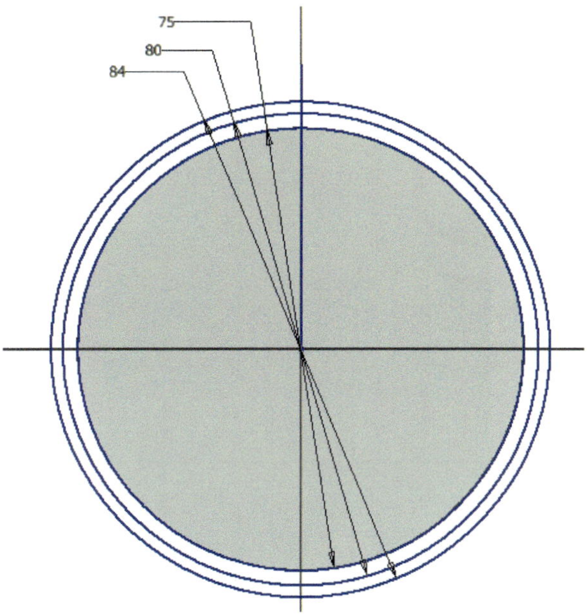

아래의 그림을 참고하여 수직선을 왼쪽으로 3개 더 만든다. 순서에 유의한다.

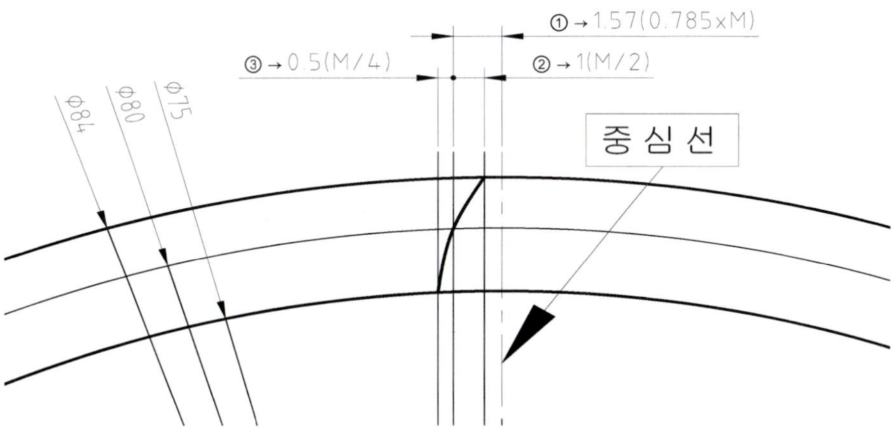

간격띄우기 명령(리본 〉 스케치 〉 수정 〉 간격띄우기)을 사용하면 쉽게 그릴 수 있다. 복사할 선을 선택하고 띄울 방향을 선택한 다음(여기서는 왼쪽이다) 띄울 값을 넣고 ENTER키(Enter↵)를 누르면 오토캐드의 Offset 명령처럼 띄어진다.

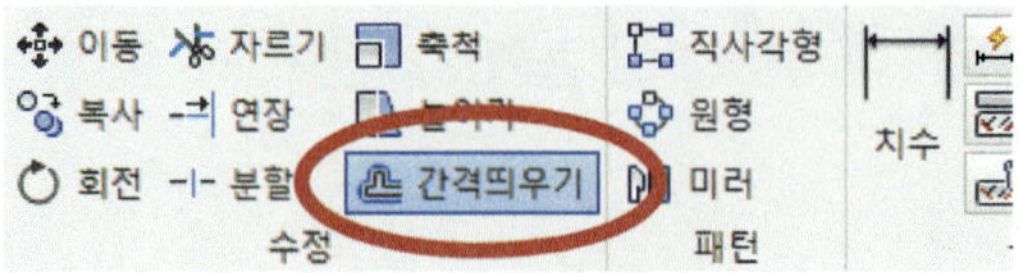

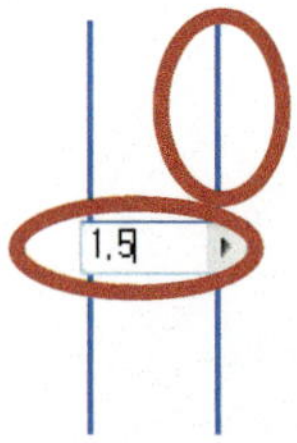

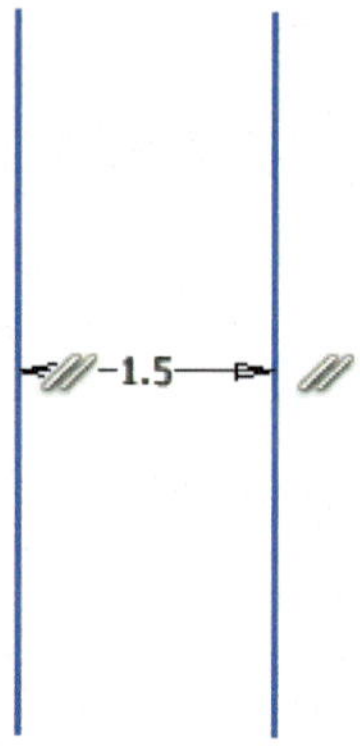

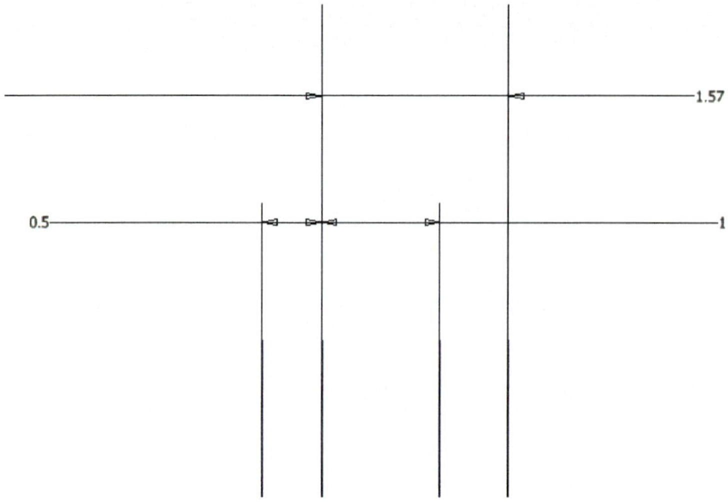

호 명령에서 3점 호를 선택한 다음(다른 명령으로 되어 있으면 드롭다운 화살표(▼)를 클릭하여 3점 호를 선택한다) 아래와 같이 세 교차점을 사용하여 그린다. 그리는 방법은 양 끝점을 먼저 선택하고 마지막으로 중간에 지나는 점을 선택해야 한다. 교차점 근처에 가면 교차점 표시()가 나타난다. 이 표시를 보면서 작업하면 실수 없이 할 수 있다.

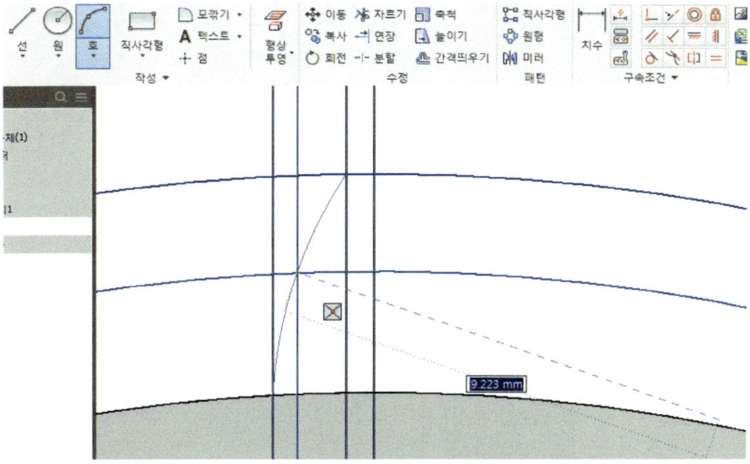

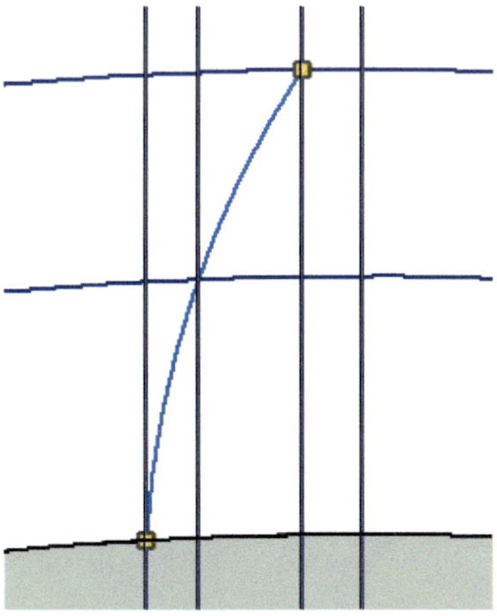

3점 호는 양 끝점은 구속되지만 세 번째 교차점을 선택한 곳이 호를 구속하지 못하기 때문에 반지름 치수를 주어 구속한다.

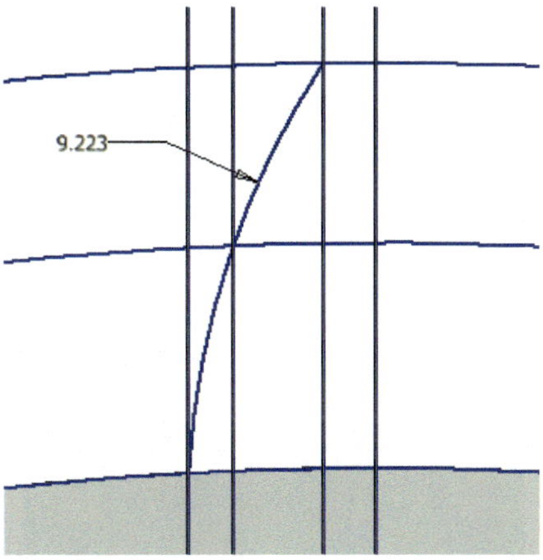

이 때문에 스플라인을 쓰는 경우도 있는데 실제로 해보면 위의 작업과 시간상 큰 차이가 없다.

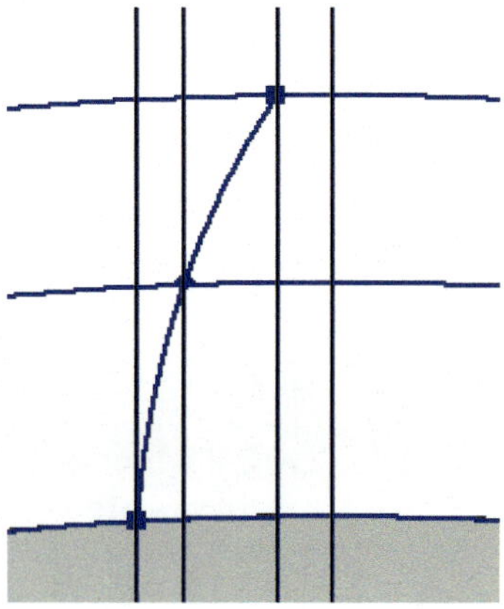

마지막 3점 호로 그은 선을 제외하고 나머지를 모두 구성선으로 바꾼다. SHIFT키(Shift)를 누른 상태에서 호를 제외한 모든 선을 선택하고 구성선 명령을 클릭하면 된다.

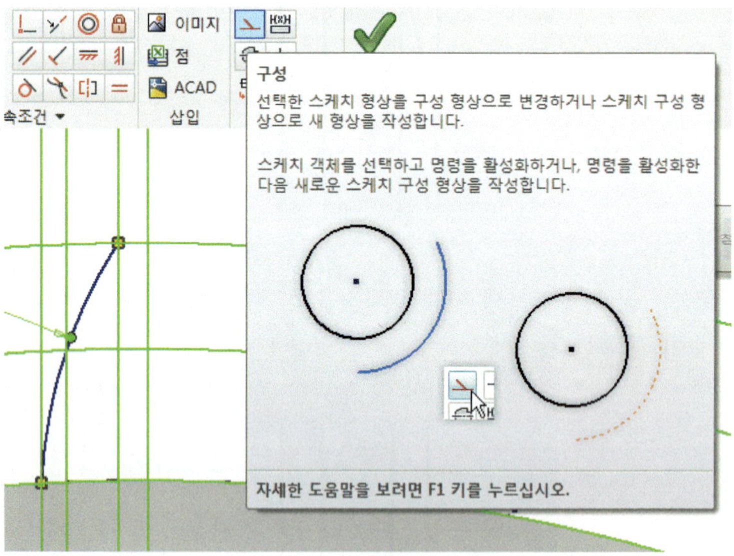

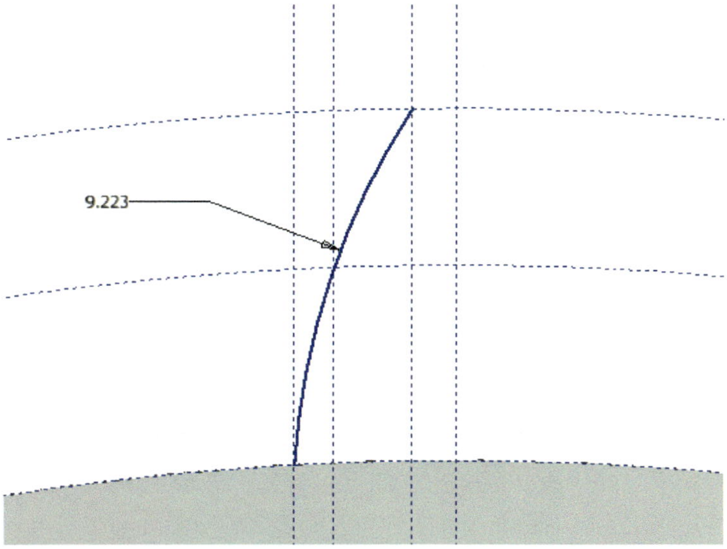

미러 명령을 사용하여 3점 호의 대칭 형상을 수직 중심선 반대편에 생성한다. 미러 명령을 실행시키면 대화창이 나타나며 선택 버튼이 눌러져 있다. **3점 호**를 선택한 다음 **미러 선** 버튼을 클릭하고 맨 처음 만든 수직선(수직 중심선)을 선택한 다음 **적용** 버튼을 누르고 반대편에 형상이 나오면 **확인** 버튼을 누른다.

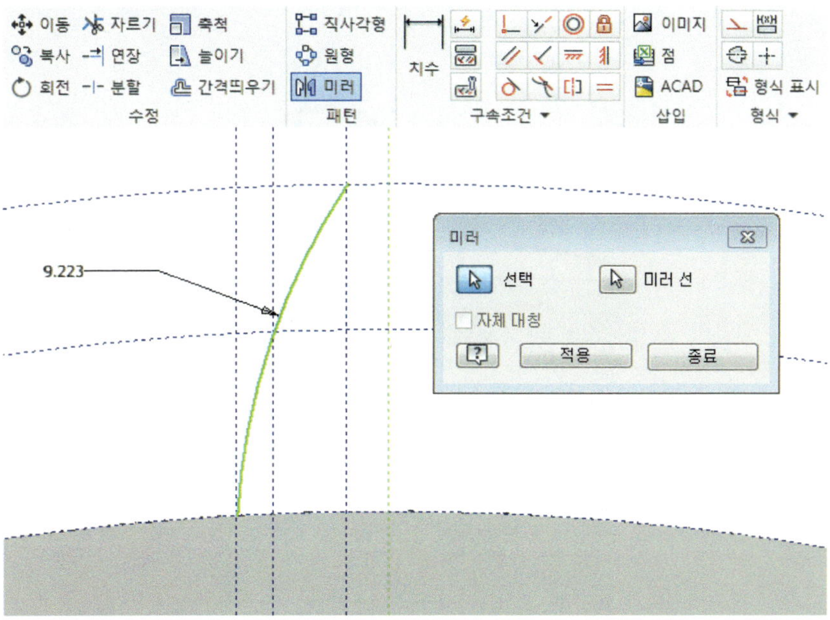

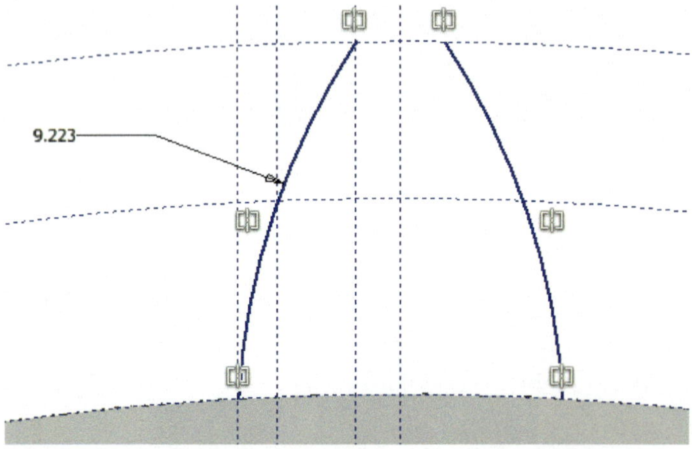

3점 호를 두 번 그리고 치수를 부여한다. 이 두 선을 그릴 때 마지막 점은 치수선과 만나는 교차점으로 한다.

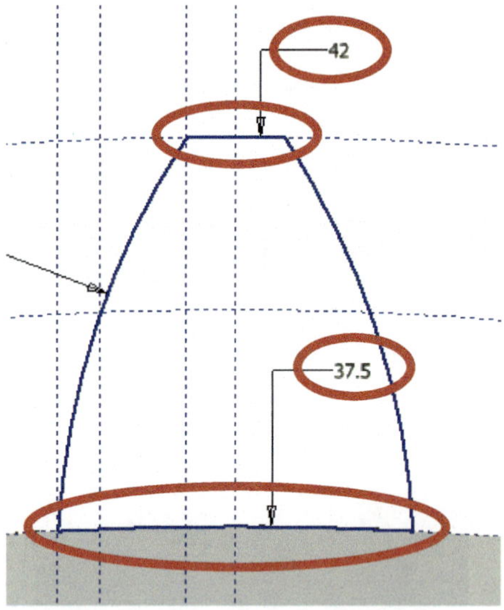

스케치를 마무리하고 돌출 명령을 사용하여 **15**만큼 돌출시킨다.

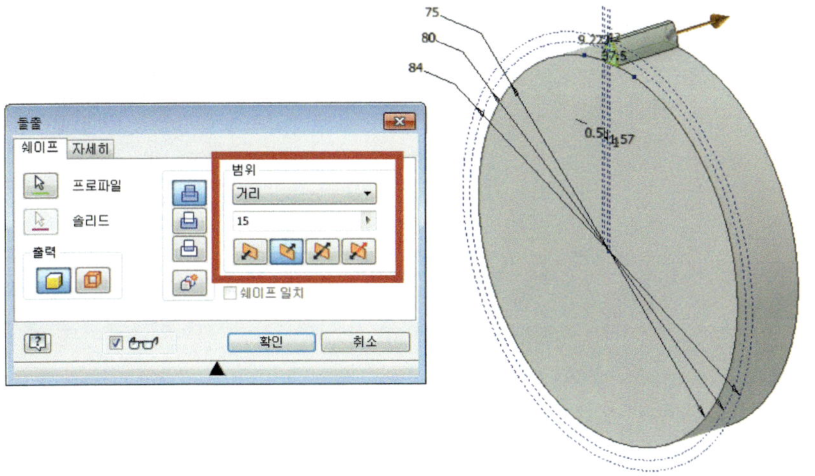

모따기 명령을 실행하고 기어 이빨의 양 끝에 1만큼 모떼기를 한다.

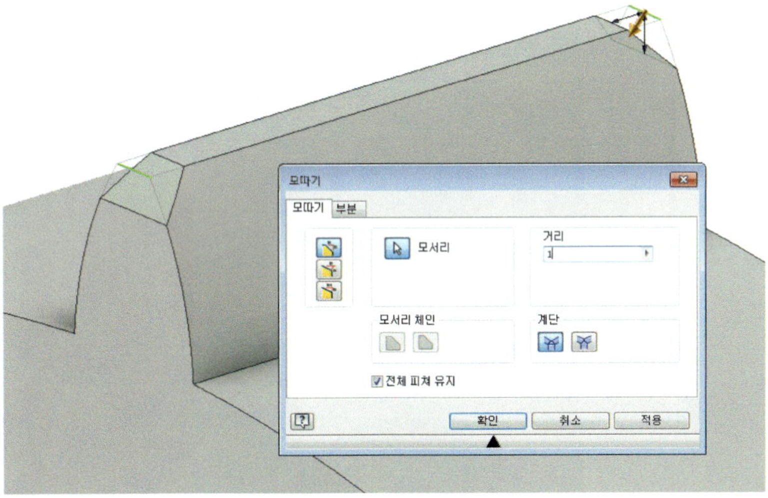

모깎기 명령을 실행하고 이뿌리 양 옆에 **0.5**을 준다.

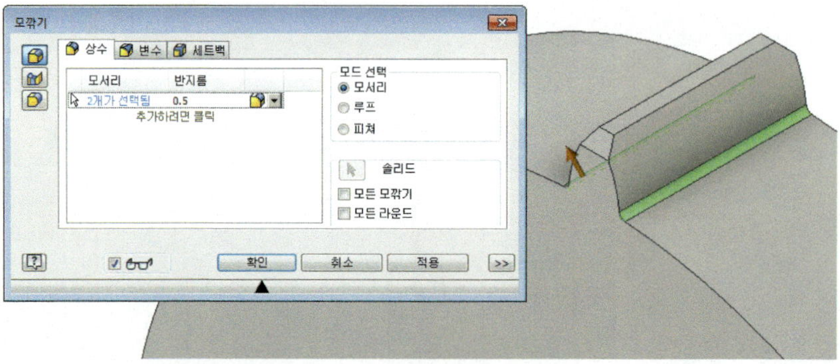

원형 패턴 명령을 실행시키고 대화창에서 피쳐는 좌측 모형에서 마지막에 수행한 돌출 명령(아래 그림에서는 '돌출2'), 모따기 그리고 모깎기를 선택하고 회전축은 **Z축**을 선택하며 배치에 발생 개수를 **40**으로 입력하고 **확인** 버튼을 누른다.

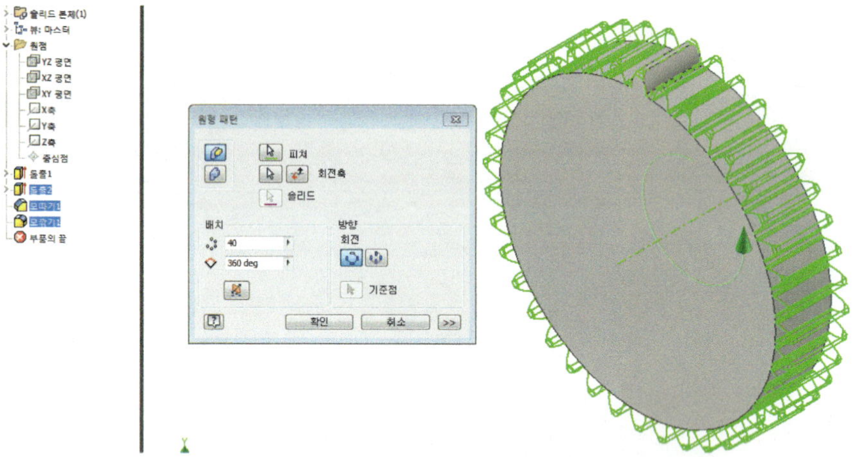

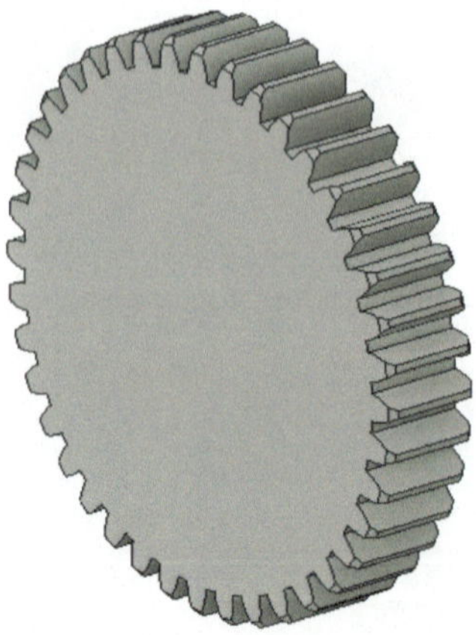

안에 홈을 생성하기 위해 **2D 스케치 시작** 명령을 누르고 **YZ 평면**을 선택한다. 인벤터 화면 좌측 모형의 원점 아래에 있다. 모형의 윗부분을 숨기기 위해 그래픽슬라이스(F7)를 누르고 다음과 같이 스케치한다. 동일선상 구속조건을 주는 방법이 잘 생각나지 않으면 V 벨트 풀리에 해당 부분을 다시 보고 온다.

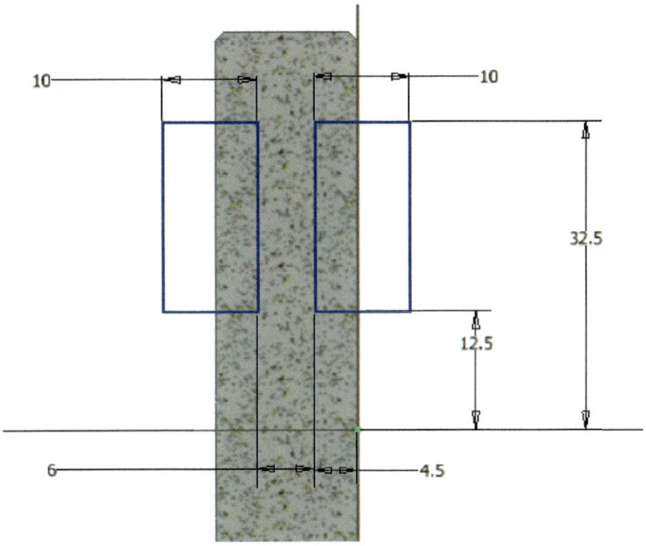

회전 명령을 실행하고 **차집합**을 선택한다.

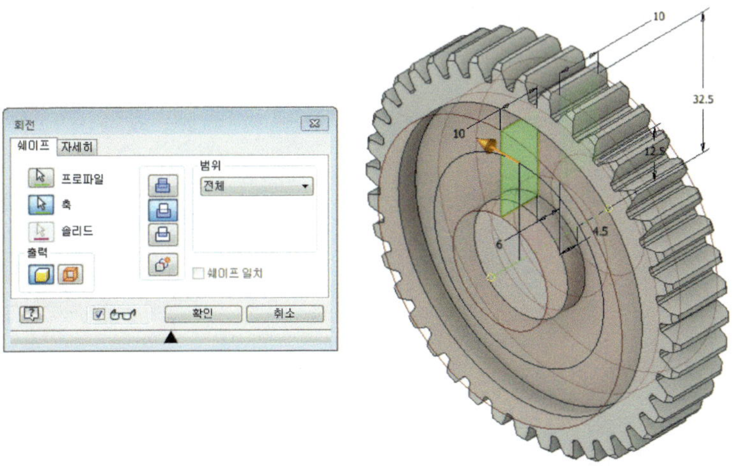

2D 스케치 시작 명령을 누르고 앞의 동그란 부분에 스케치를 한다.

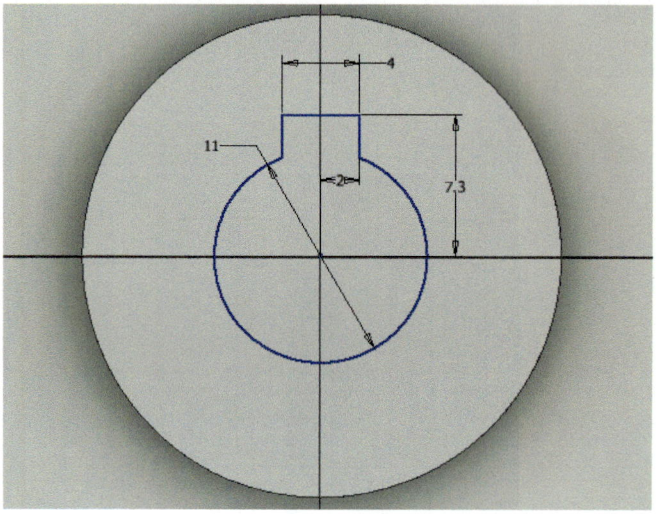

돌출 명령을 사용하여 구멍을 만든다.

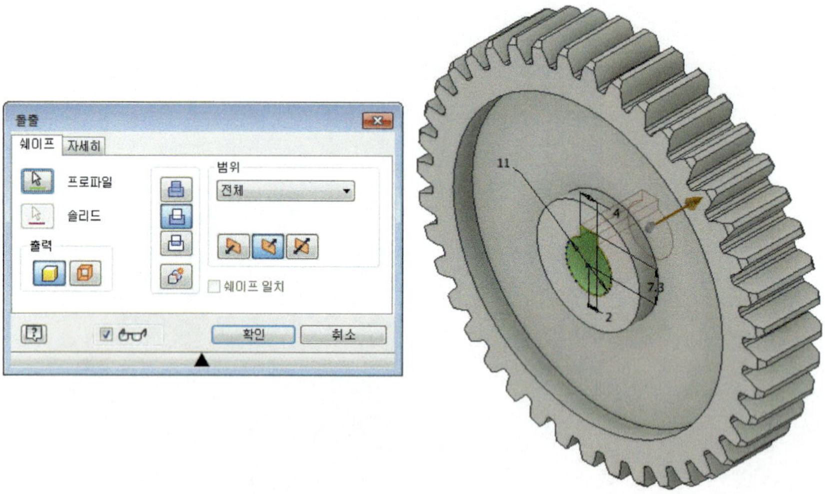

이제 모깎기와 모따기 명령을 사용하여 모형을 마무리한다.

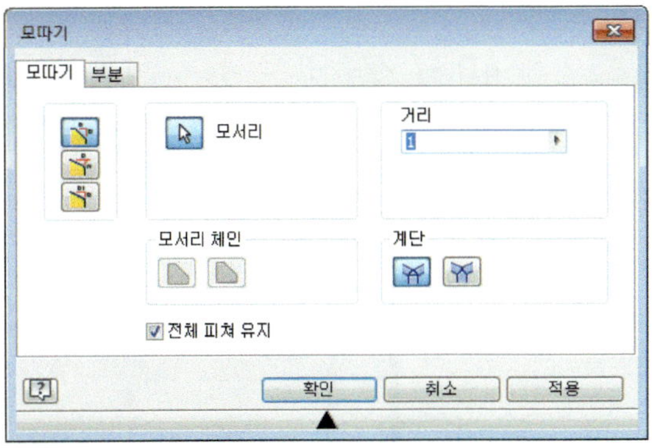

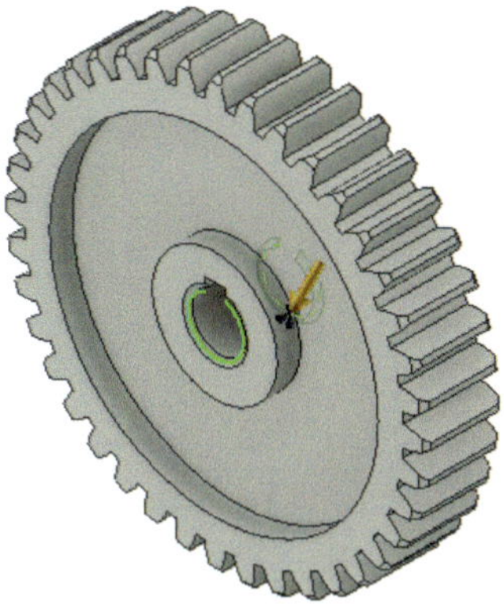

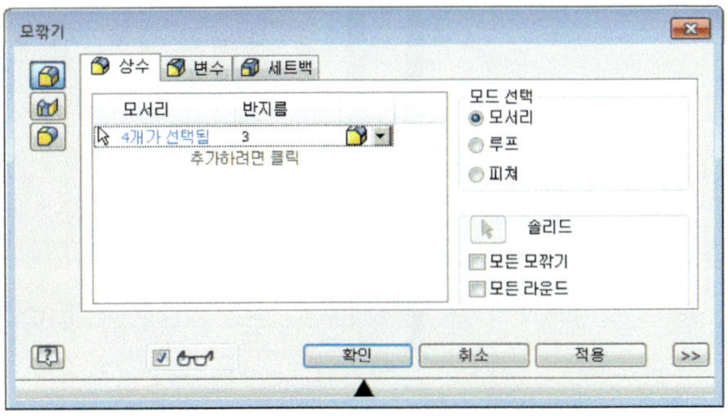

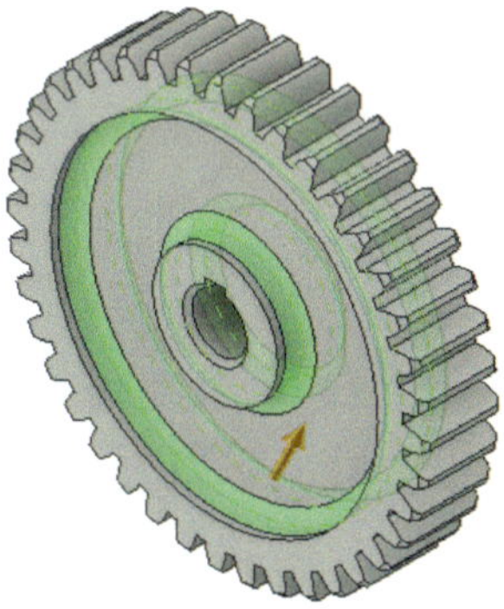

이제 스퍼기어 모형작업이 끝났다. 적절한 이름(이 책에서는 3-스퍼기어로 했음)으로 저장하자.

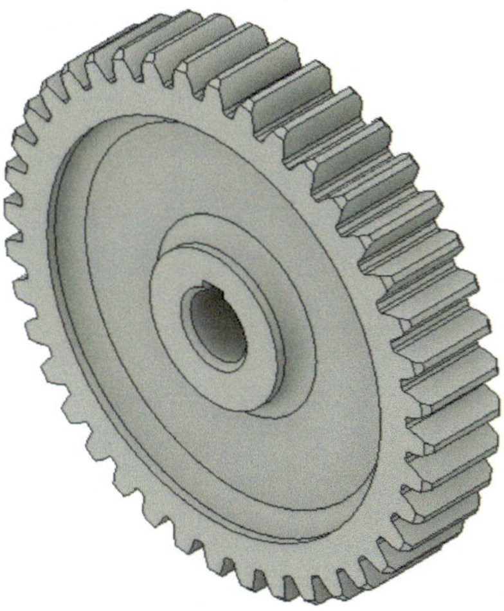

STEP 13 | 스프로킷(SPROCKET, 소재 : SM45C, STS304 등)

스 프 로 킷 / 호 칭 번 호 : 40 / Z(잇 수) : 17

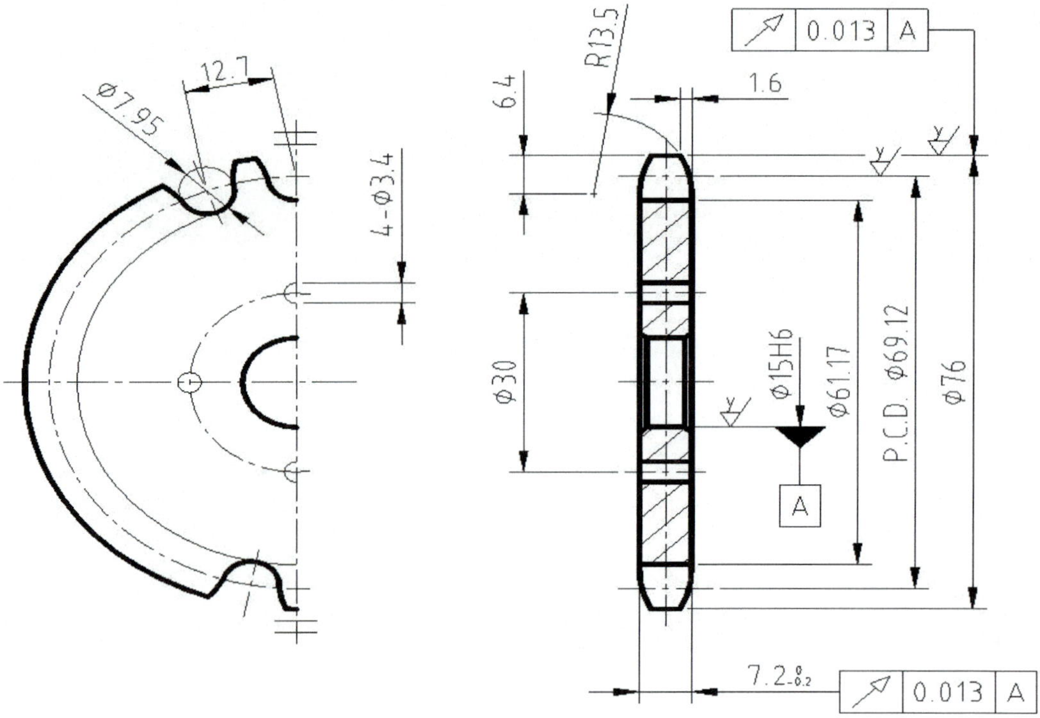

예제로 제시한 조립도에는 없지만 동력전달장치에서 주로 나오는 기계요소가 있는데, 바로 스프로킷이다. 스프로킷은 체인이 연결되는 곳으로서, 자전거를 보면 페달과 뒷바퀴가 체인을 통해 힘이 전달되는데 그 체인은 페달과 뒷바퀴에 있는 스프로킷과 연결되어 있다.

스퍼기어가 모듈(M)과 잇수(Z)가 주어진다면 스프로킷은 호칭과 잇수로 주어진다. KS 기계제도 규격(편람)에 호칭번호 25, 35, 40 및 41번이 주어져 있다. 시험문제는 이 4가지 중에서 하나가 나온다.

아래의 KS 기계제도 규격(편람) 내용이 스프로킷 모형 제작과 제도에 필요하다.

39. 롤러체인, 스프로킷

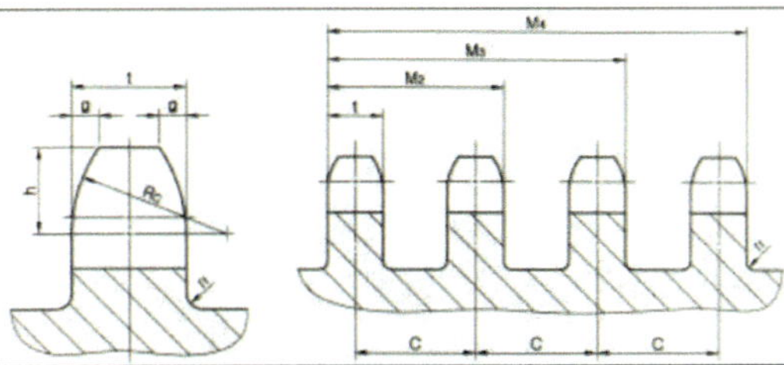

호칭번호	가로치형							가로피치 c	적용 롤러 체인(참고)		
	모떼기폭 g (약)	모떼기 깊이 h (약)	모떼기 반지름 Rc (최소)	둥글기 rf (최대)	이나비 t(최대)				피치 p	롤러 바깥지름 d1 (최대)	안쪽 링크 안쪽 나비 b1 (최소)
					단열	2열, 3열	4열 이상				
25	0.8	3.2	6.8	0.3	2.8	2.7	2.4	6.4	6.35	3.30	3.10
35	1.2	4.8	10.1	0.4	4.3	4.1	3.8	10.1	9.525	5.08	4.68
41	1.6	6.4	13.5	0.5	5.8	-	-	-	12.70	7.77	6.25
40	1.6	6.4	13.5	0.5	7.2	7.0	6.5	14.4	12.70	7.95	7.85
50	2.0	7.9	16.9	0.6	8.7	8.4	7.9	18.1	15.875	10.16	9.40

호칭번호 40

잇수 N	피치 원지름 D_P	바깥지름 D_O	이뿌리 원지름 D_B	이뿌리 거리 D_C	최대보스 지름 D_H
16	65.10	71	57.15	57.15	50
17	69.12	76	61.17	60.87	54
18	73.14	80	65.19	65.19	59
19	77.16	84	69.21	68.95	63
20	81.18	88	73.23	73.23	67

모형을 만드는 방법이 기어와 유사하다.

인벤터로 모형을 만들어보자. 참고로 오토캐드를 사용하여 직접 2D 도면을 만드는 방법도 인벤터로 작업하는 것과 동일하다. 새 부품을 생성하고 **2D 스케치 시작** 명령을 누른 다음 **YZ 평면**을 선택하고 아래와 같이 스케치를 시작한다.

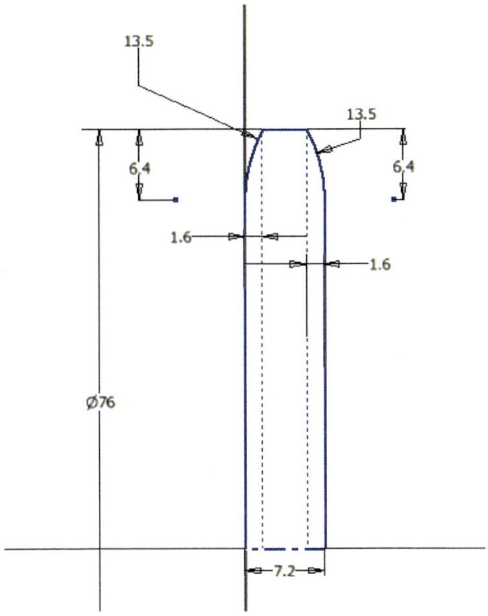

스케치를 마무리하고 **회전** 명령을 실행한다.

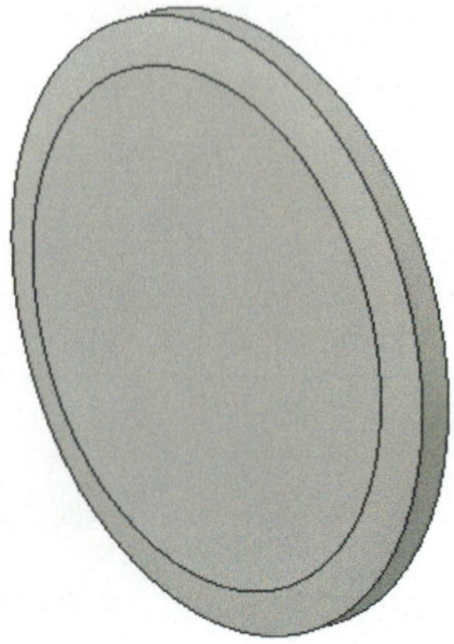

2D 스케치 시작 명령을 누르고 생성된 모형의 앞면을 선택한다.

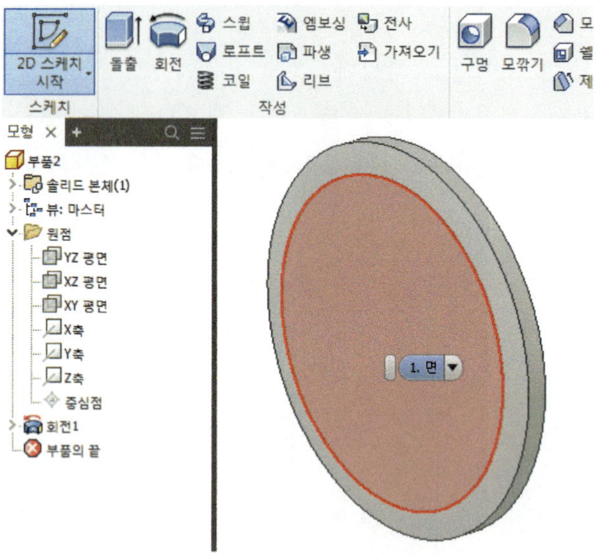

다음과 같이 스케치할 때 순서에 유의한다. 하나의 수직선과 치수가 부여된 세 원(바깥지름, 피치 원지름, 이뿌리 원지름)을 그리고 모두 구성선으로 바꾼다.

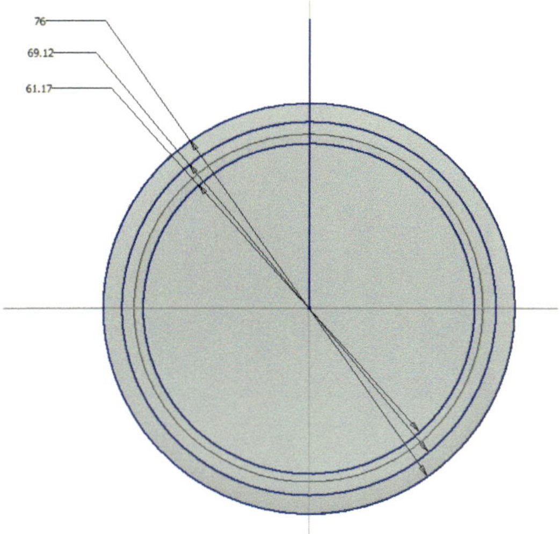

아래 그림의 교점을 사용하여 원을 그린다.

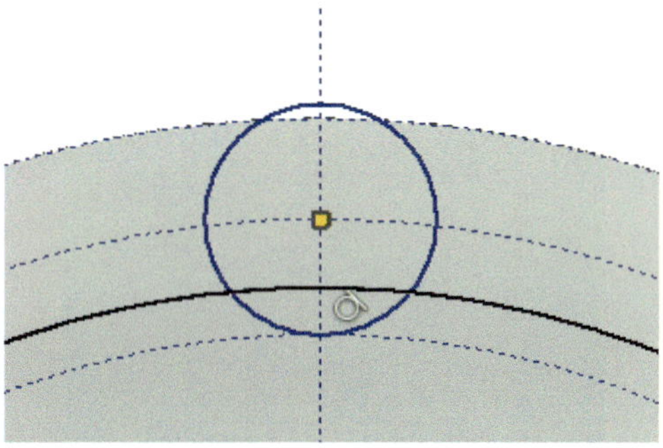

아래 그림과 같이 피치원을 기준으로 원의 일부를 지워 호로 만든다.

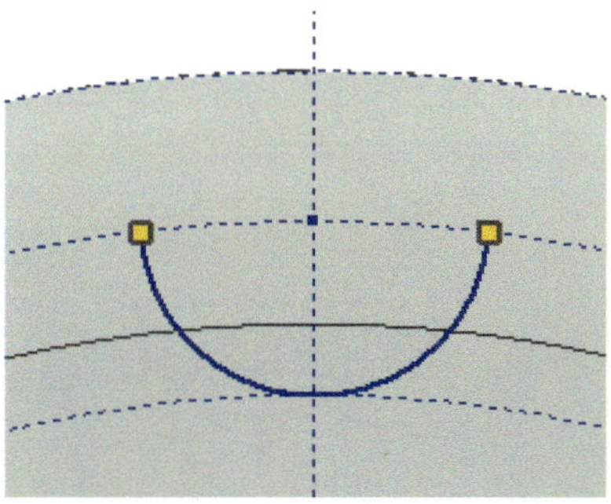

호의 끝점에서 체인의 피치(호칭 40에서 체인의 피치는 12.7)만큼 원을 생성하고 구성선으로 바꾼다.

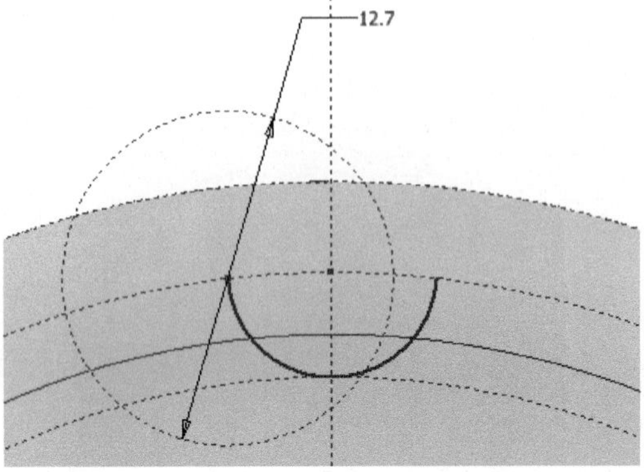

앞에 생성한 구성선으로 된 원과 피치원의 교점에서 호의 끝점으로 원을 그린다.

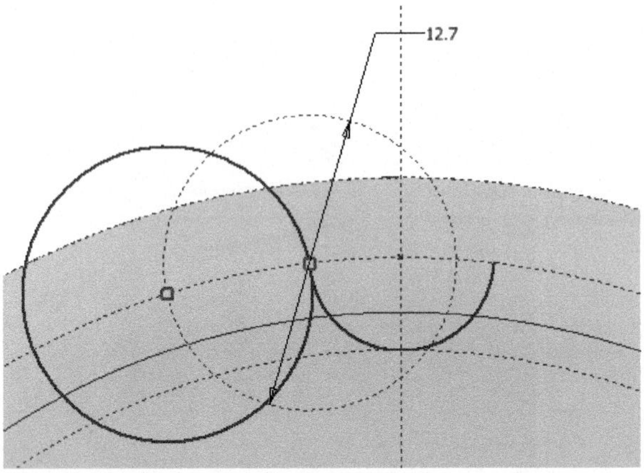

다음과 같이 원을 정리하여 호로 만든다.

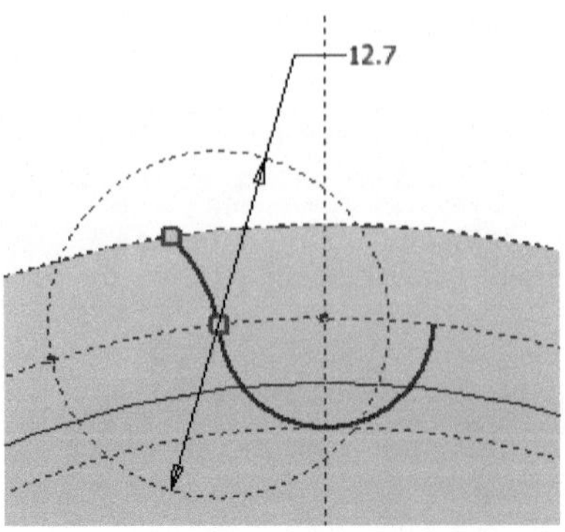

여기서 하나 주의할 점은, 자르기를 할 때 아래와 같이 끝까지 못 자르고 마무리 지어서 스케치를 마치고 3D 형상에서 작업이 제대로 안 되는 실수를 하는 경우가 많다는 것이다.

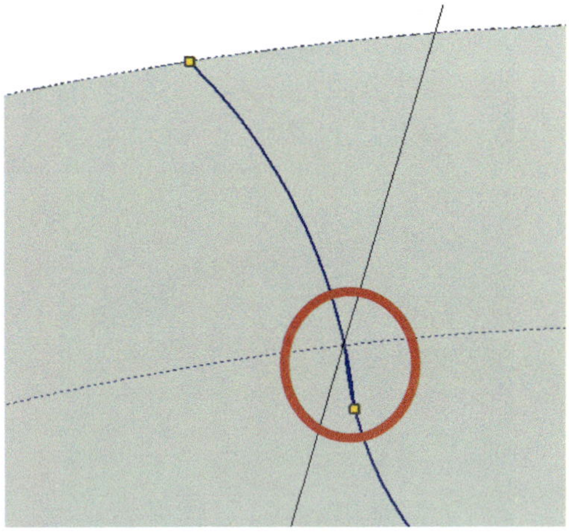

다음과 같이 피치원까지 확실하게 잘라야 한다.

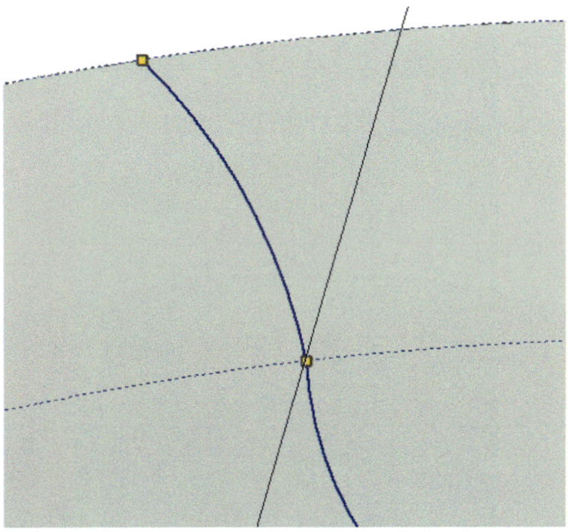

방금 자른 왼쪽 선을 미러 명령으로 오른쪽에 생성한다.

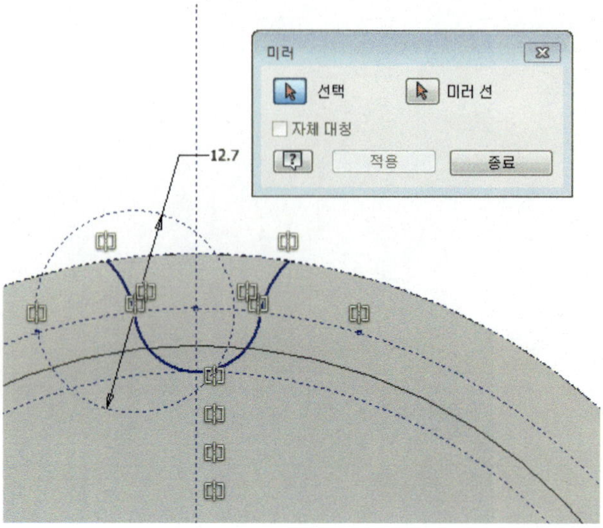

윗부분을 호로 연결하고 치수를 준다.

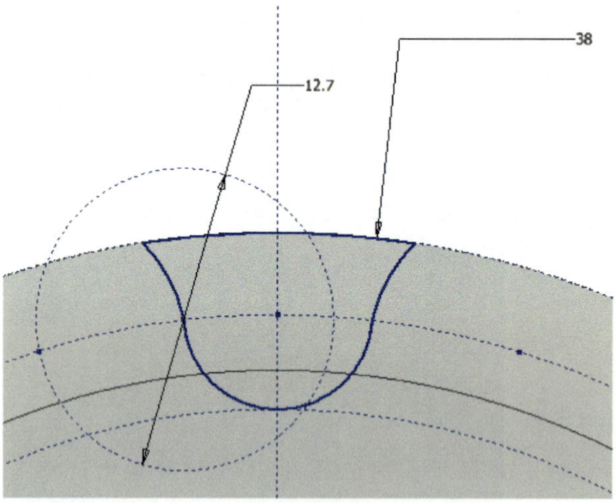

스케치를 마무리 짓고 돌출 명령에서 차집합을 사용하여 스케치 한 부분을 3D 모형에서 지운다.

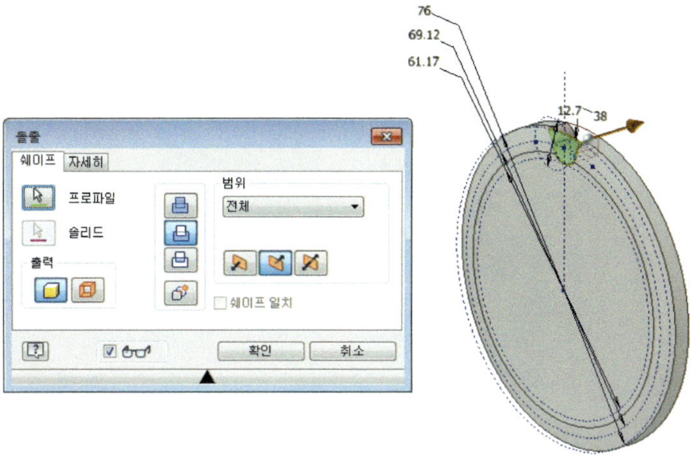

3D 모형 탭의 원형 패턴 명령을 사용한다. 발생 개수를 **17개**로 입력하면 아래와 같이 된다.

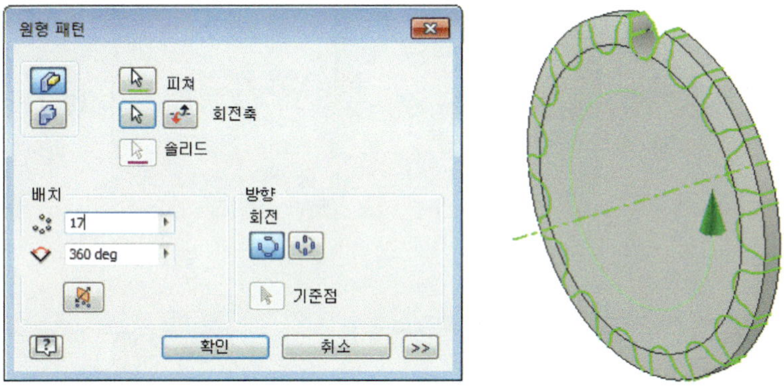

앞면에 다음과 같이 스케치하고 형상을 만든다.

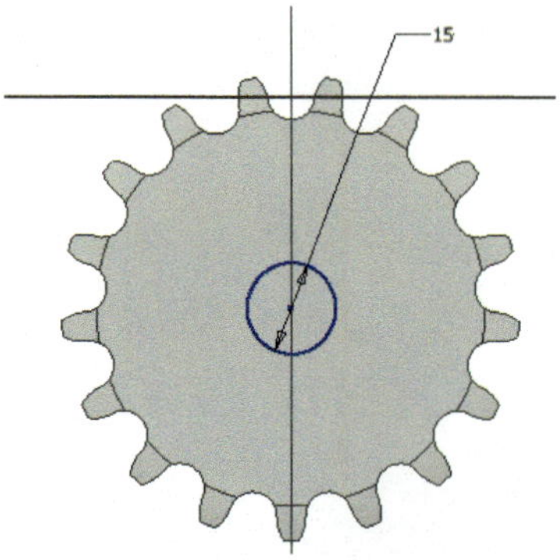

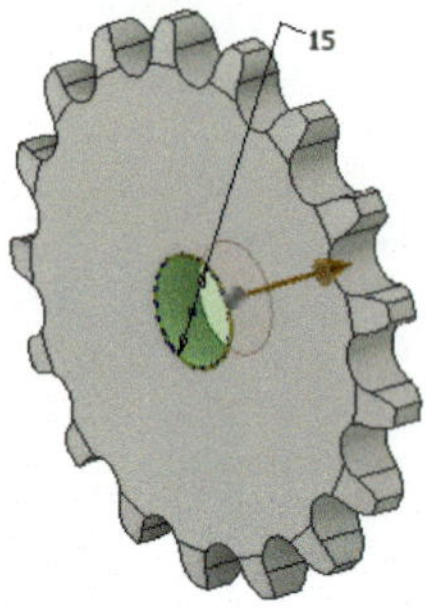

4개의 볼트 구멍을 위한 아래의 스케치는 수직선을 긋고 구성선으로 만든 뒤에 원을 그리고 치수를 넣으면 그리기 쉽다.

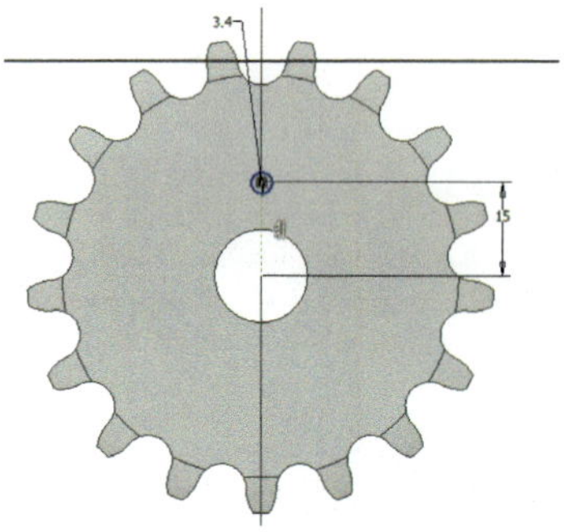

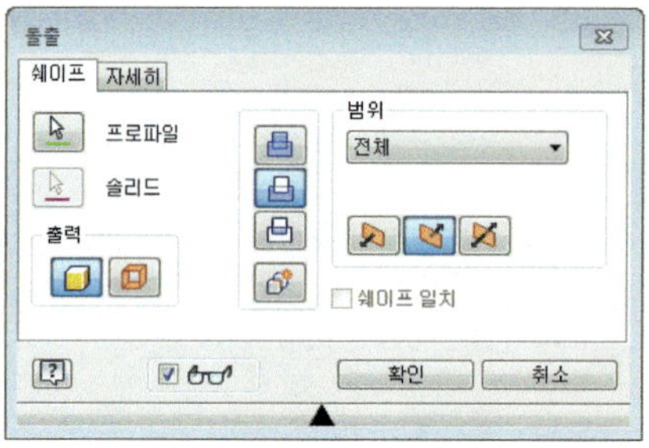

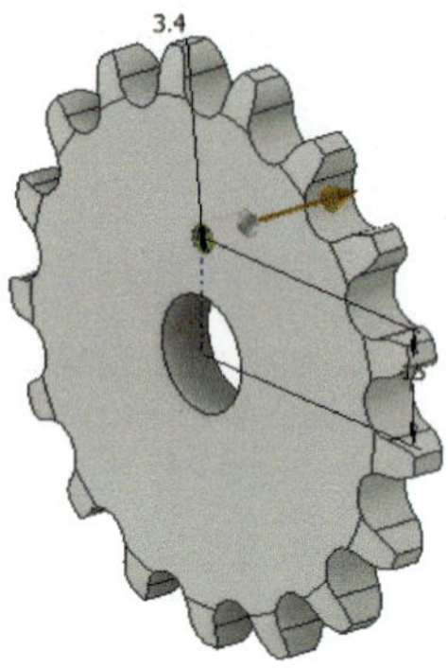

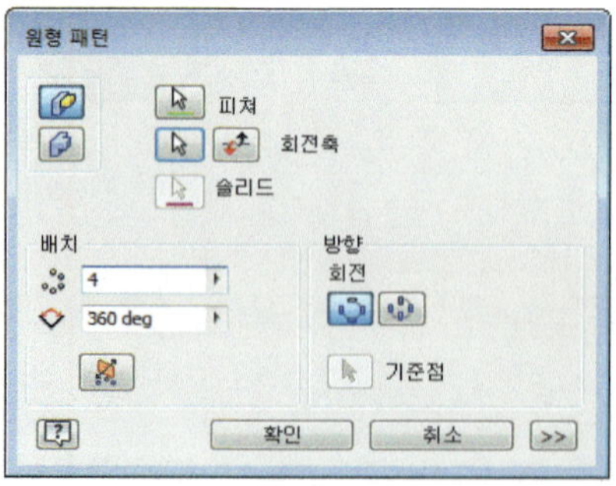

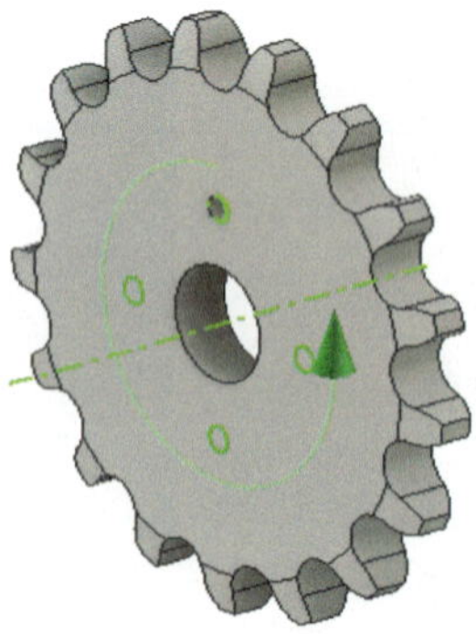

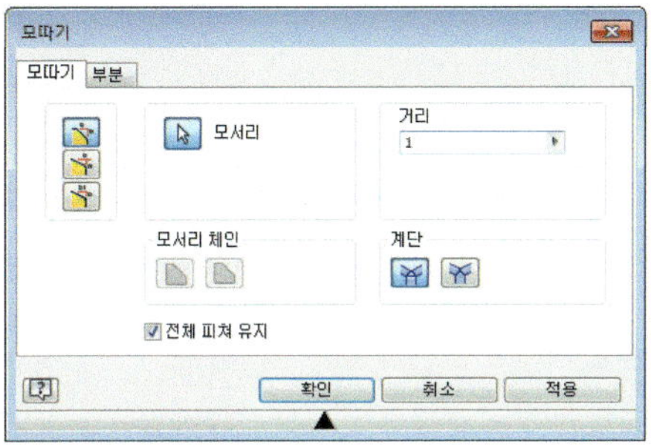

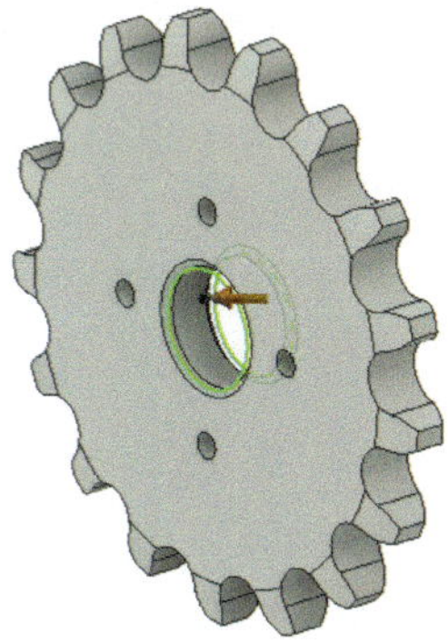

이제 스프로킷 모형작업이 끝났다. 적절한 이름(이 책에서는 4-스프로킷으로 했다)으로 저장하자.

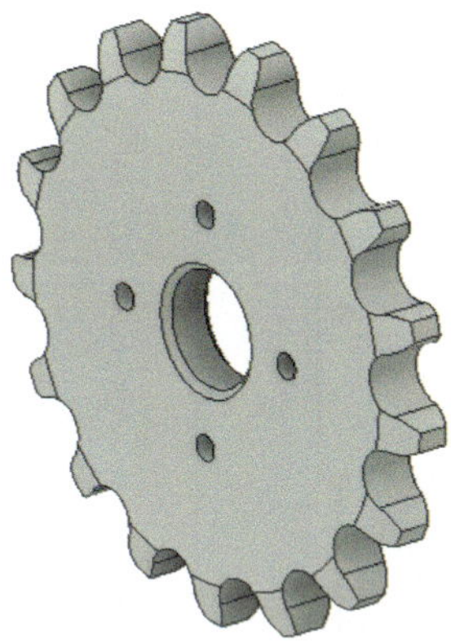

STEP 14 | 축(소재 : SM45C)

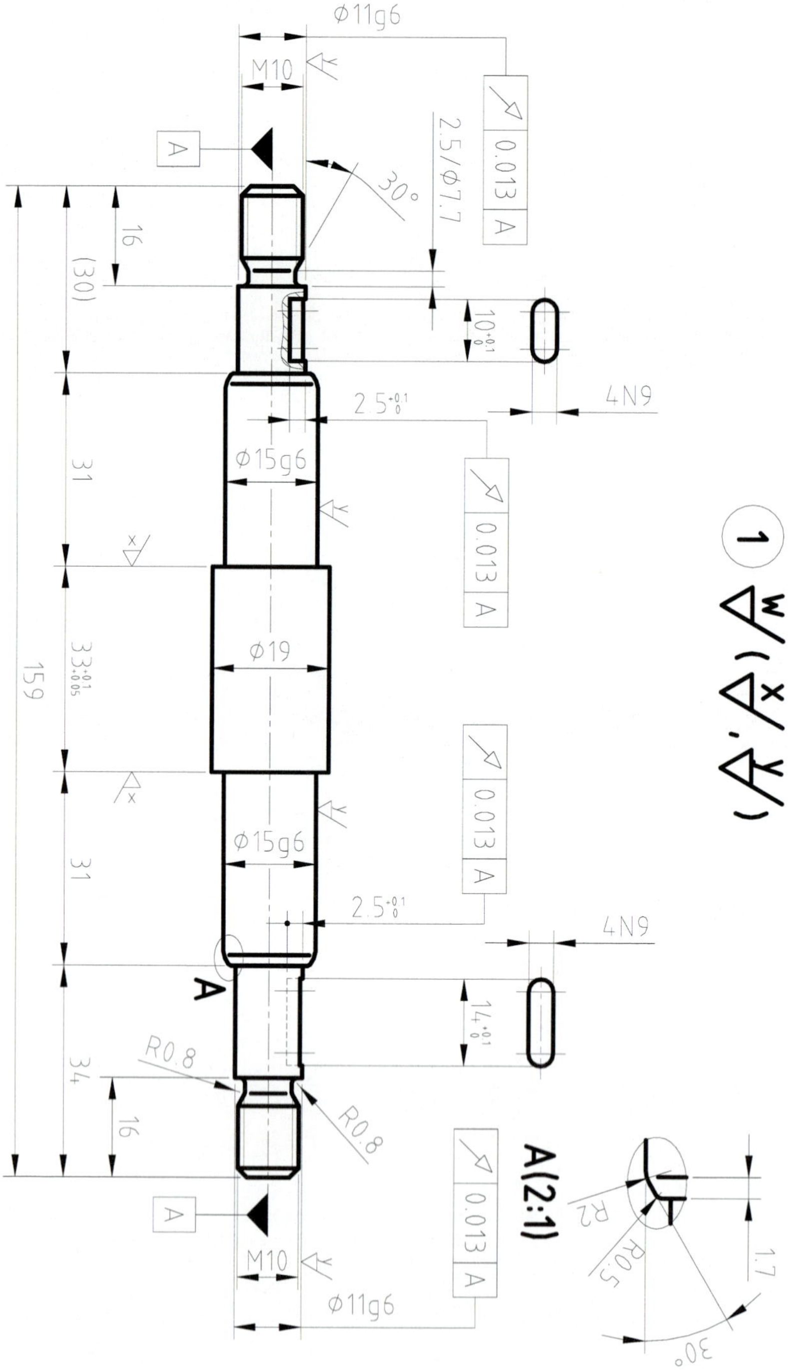

앞에서 충분히 연습하였기 때문에 이 3D 모형을 만드는 것도 천천히 따라하면 별다른 어려움이 없을 것이다. 참고로 M10의 피치는 1.5이다.

새 부품을 생성하고 **2D 스케치 시작** 명령을 누른 다음 **YZ 평면**을 선택하고 아래와 같이 스케치를 시작한다. 여기서 주의할 것이 있는데, 모깎기나 모따기를 스케치 후 3D 모형 탭의 명령을 사용하면 차후에 수정하기 쉽다는 장점이 있지만 빼먹을 우려도 있다는 것이다. 국가기술자격시험을 준비하는 데 있어 차후에 수정할 것을 생각하면서 만들 필요는 없다. 축과 같은 복잡한 형상은 가능한 한 스케치에 넣어두는 편이 좋다.

원점을 시작점으로 하는 긴 수평선을 긋고 중심선으로 변경한다.

이 책에서는 왼쪽부터 시작하겠다.

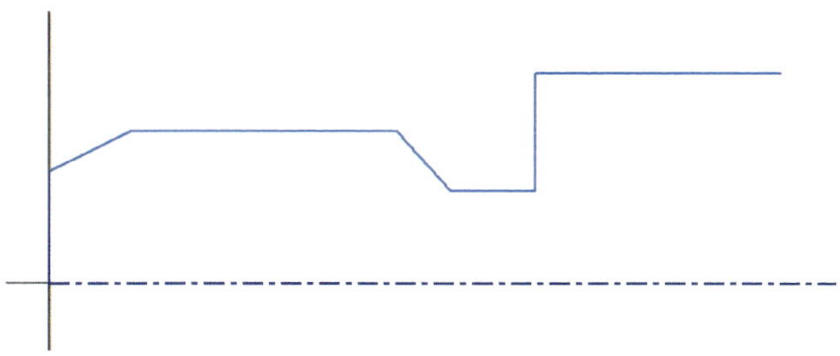

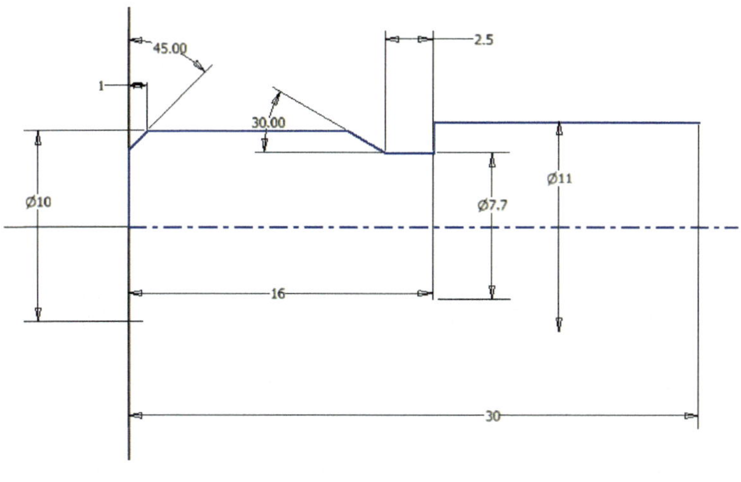

2D 모깎기 명령을 사용하여 R0.8을 두 곳에 준다.

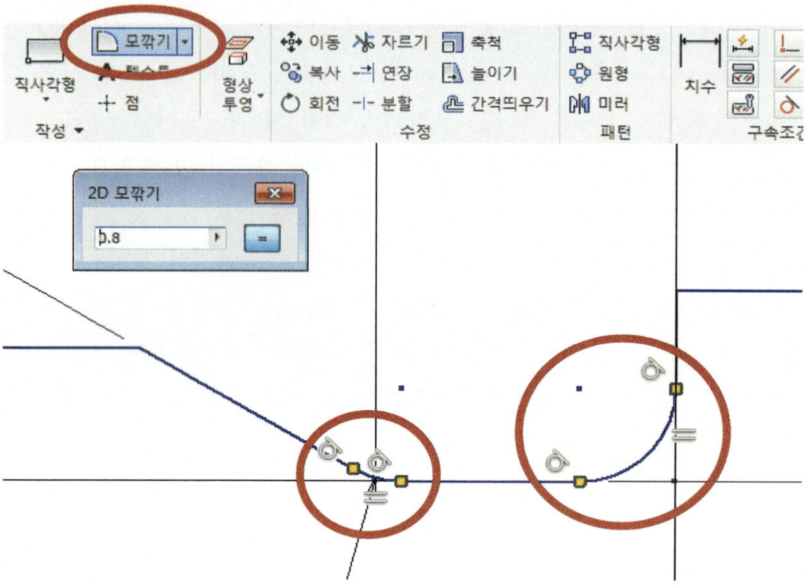

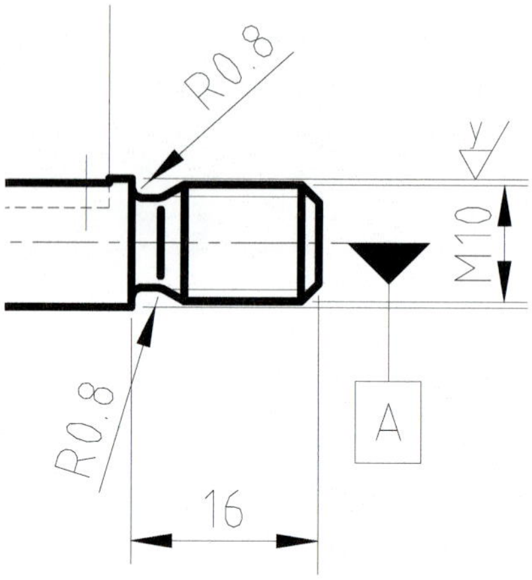

계속 오른쪽으로 스케치한다.

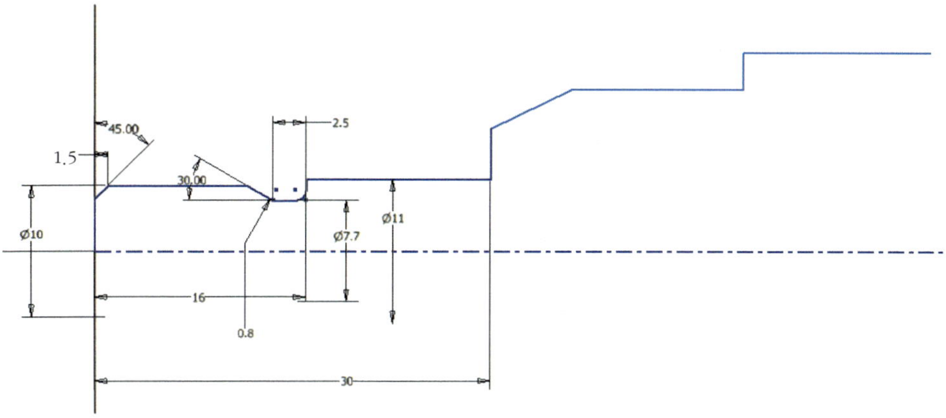

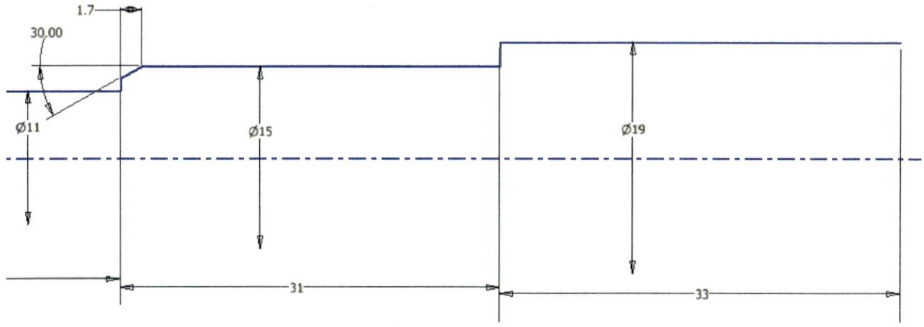

2D 모깎기 명령을 사용하여 R0.5와 R2를 준다.

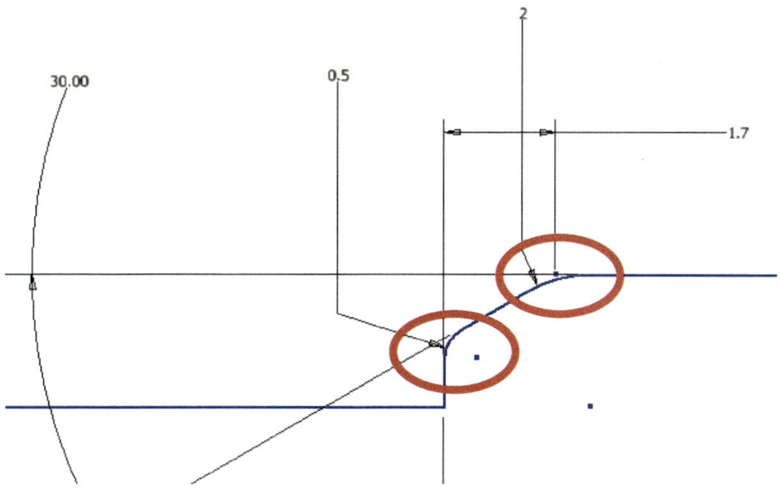

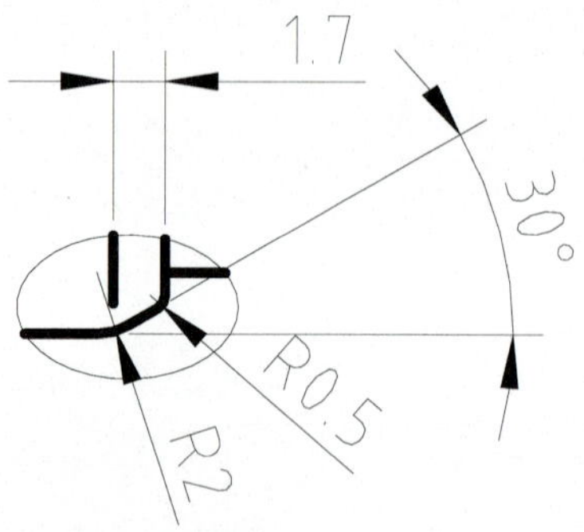

A(2:1)

계속 오른쪽으로 스케치를 한다.

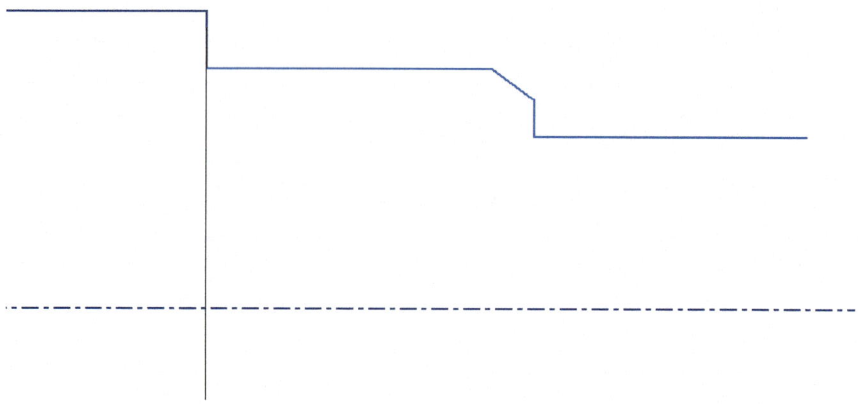

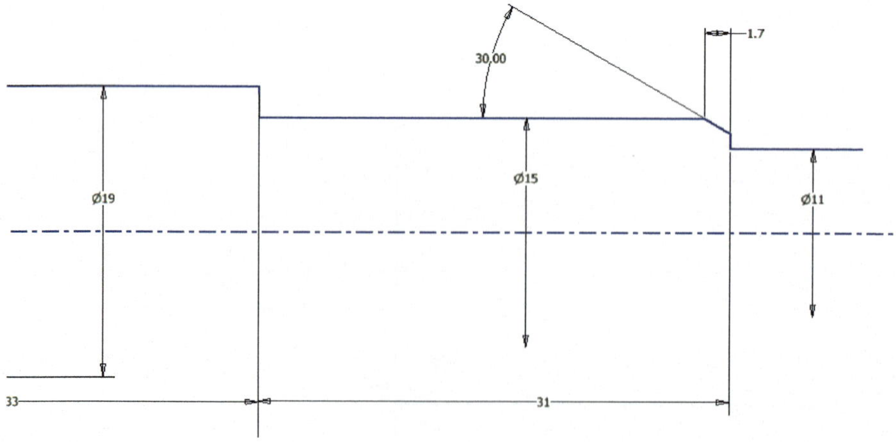

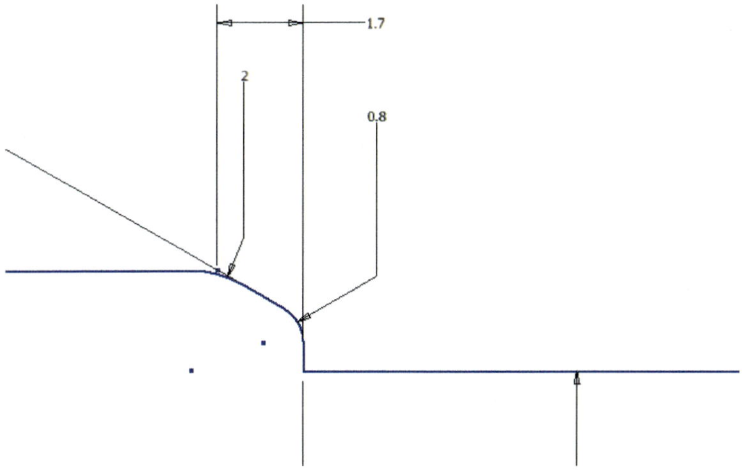
1.7
2
0.8

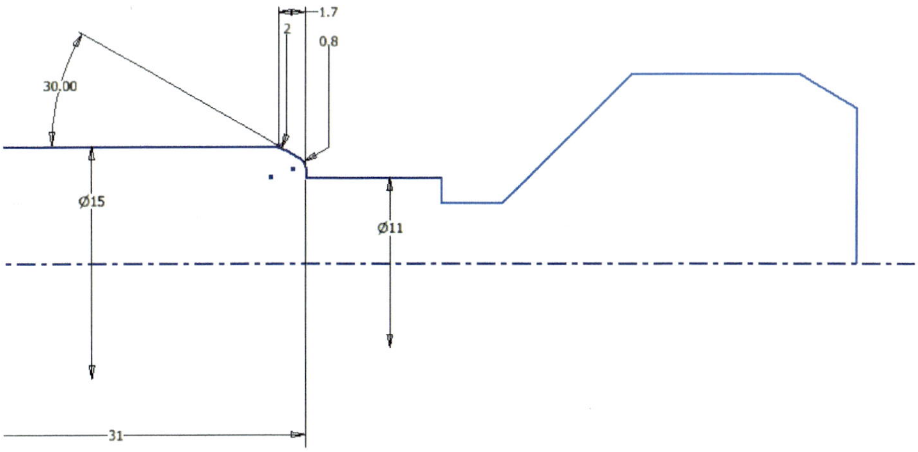
1.7
2
0.8
30.00
Ø15
Ø11
31

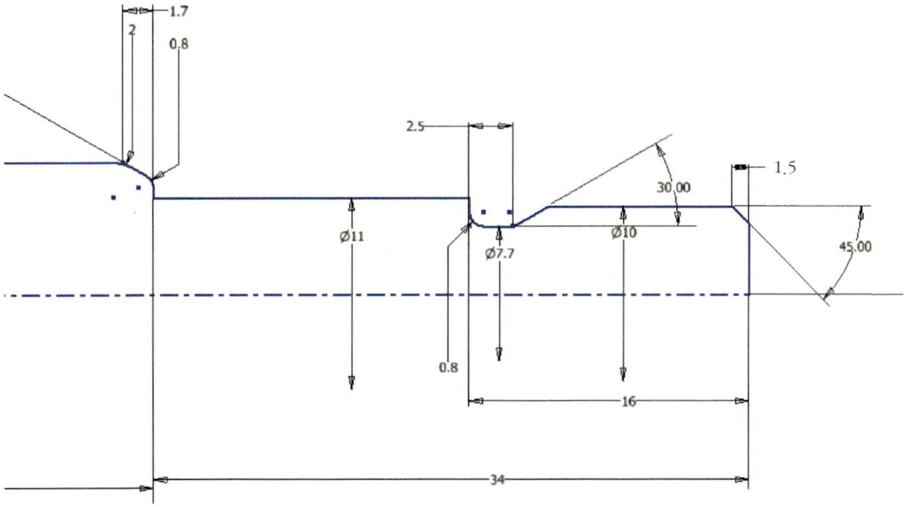
1.7
2
0.8
2.5
1.5
30.00
Ø11
Ø10
Ø7.7
45.00
0.8
16
34

스케치를 마무리하고 회전 명령으로 모형을 생성한다.

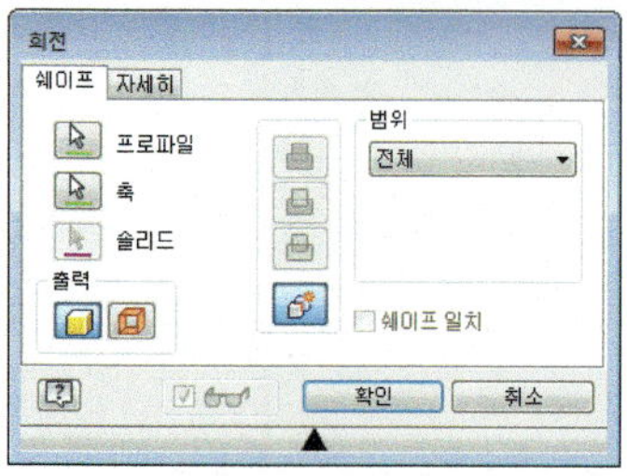

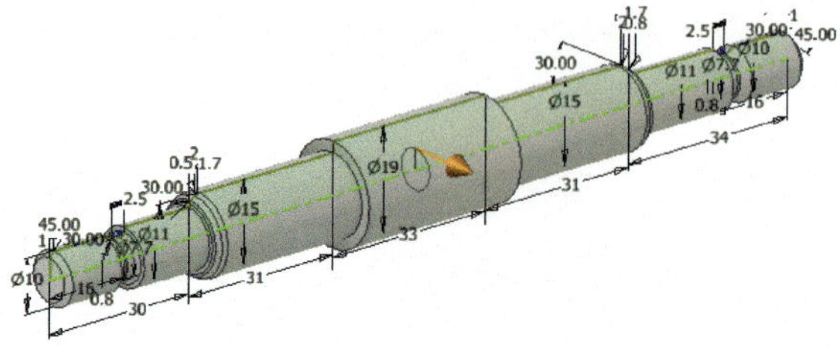

키 홈을 만들기 위해 YZ 평면을 선택하고 아래와 같이 스케치한다.

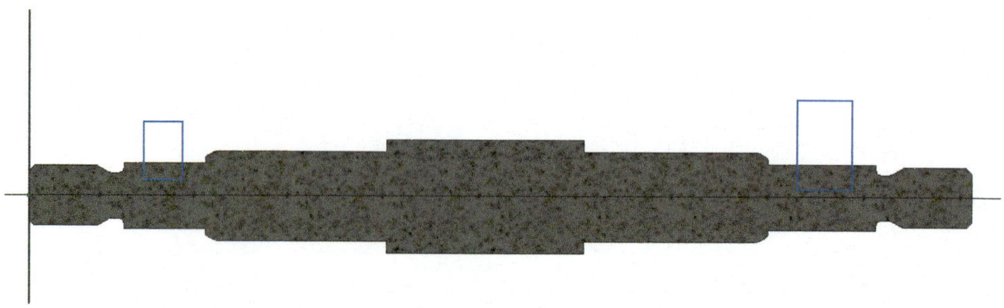

좌측부터 아래와 같이 치수를 부여한다. 우선 형상 투영 명령을 사용하여 아래의 붉은 선 위치를 클릭해서 선을 만들고 그 선을 구성선으로 바꾼다. 그 다음 치수를 기입한다.

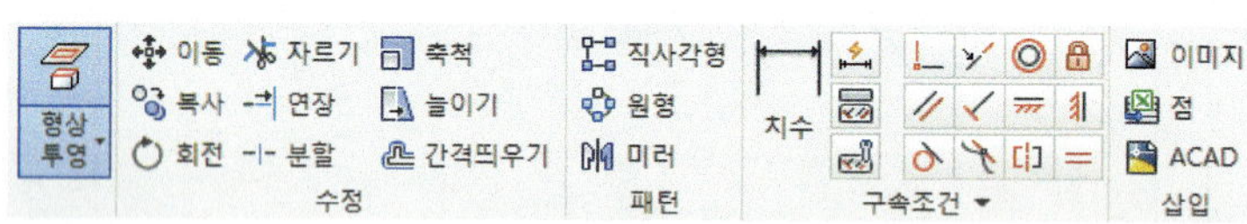

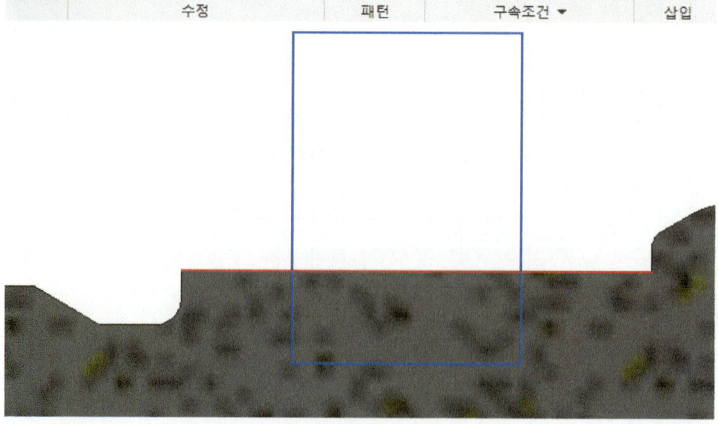

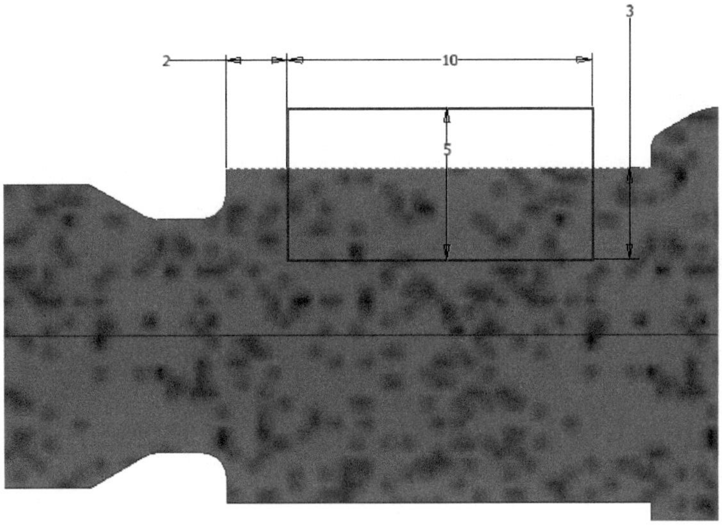

오른쪽도 아래와 같이 치수를 기입한다.

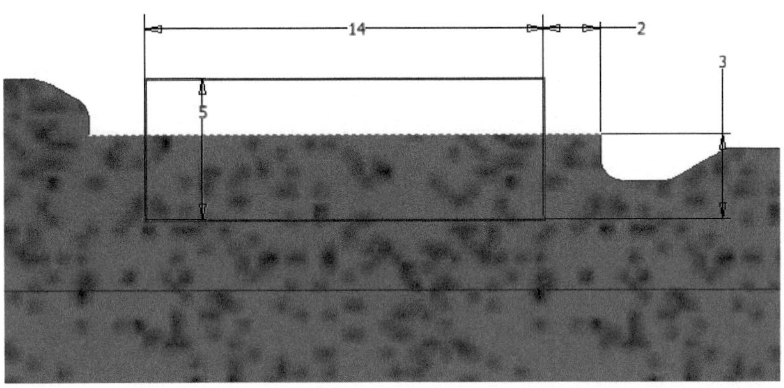

스케치를 마무리하고 돌출 명령으로 양방향 2씩 총 4밀리미터를 처음 모형에서 지운다.

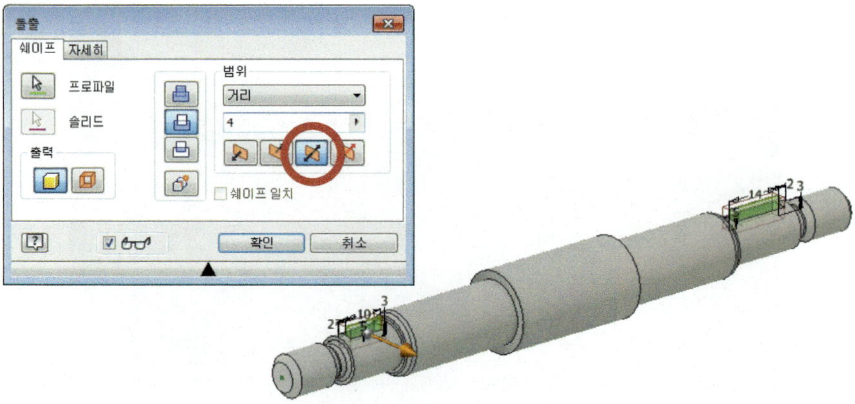

스레드 명령을 사용하여 M10 나사부를 표시한다.

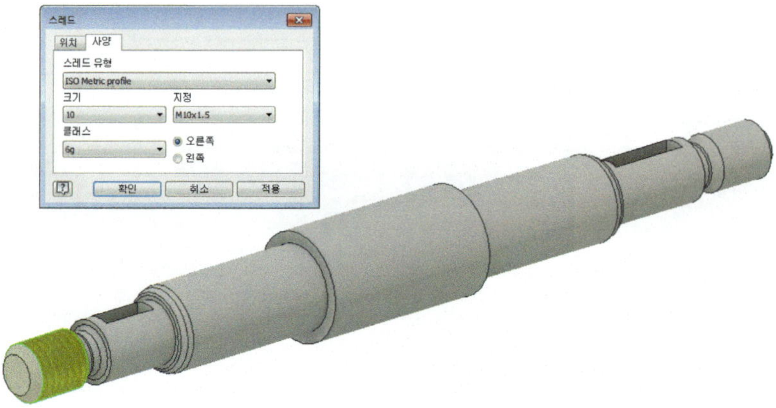

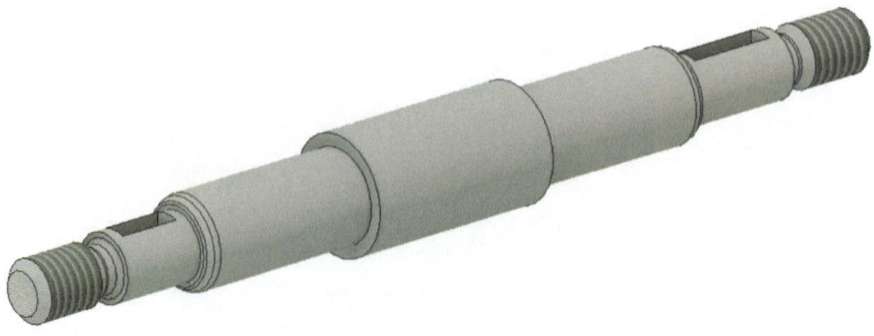

키 홈을 만든 두 곳에 모깎기 명령을 사용하여 R2를 8군데 부여한다.

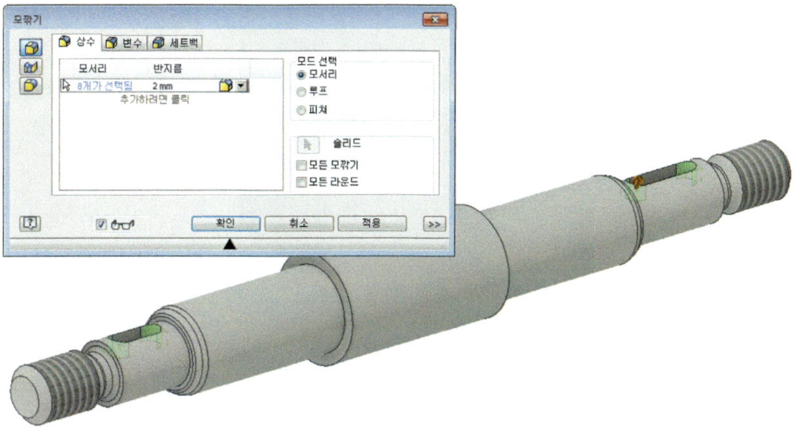

앞에 도면에서 표시되어 있지 않지만 축의 양 옆에 센터 구멍을 만들어야 한다. 규격은 A형 2/4.25로 하겠다. 축 양쪽 끝에 다음과 같이 스케치하고 차집합으로 회전 명령을 실행한다.

47. 센터 구멍

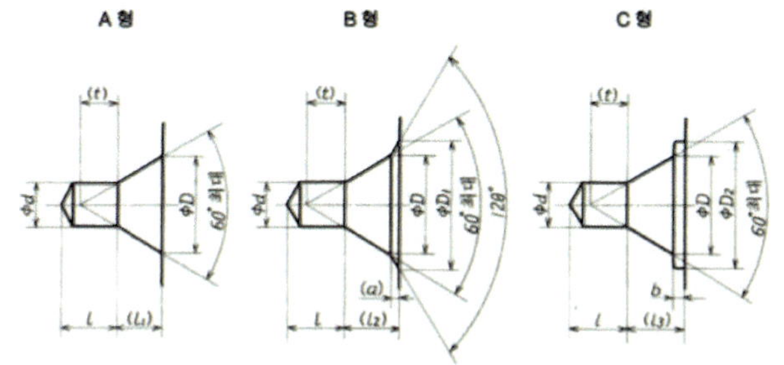

단위 : mm

호칭 지름 *d*	*D*	D_1	D_2 (최 소)	*l*[2] (최 대)	*b* (약)	참 고				
						l_1	l_2	l_3	*t*	*a*
(0.5)	1.06	1.6	1.6	1	0.2	0.48	0.64	0.68	0.5	0.16
(0.63)	1.32	2	2	1.2	0.3	0.6	0.8	0.9	0.6	0.2
(0.8)	1.7	2.5	2.5	1.5	0.3	0.78	1.01	1.08	0.7	0.23
1	2.12	3.15	3.15	1.9	0.4	0.97	1.27	1.37	0.9	0.3
(1.25)	2.65	4	4	2.2	0.6	1.21	1.6	1.81	1.1	0.39
1.6	3.35	5	5	2.8	0.6	1.52	1.99	2.12	1.4	0.47
2	4.25	6.3	6.3	3.3	0.8	1.95	2.54	2.75	1.8	0.59

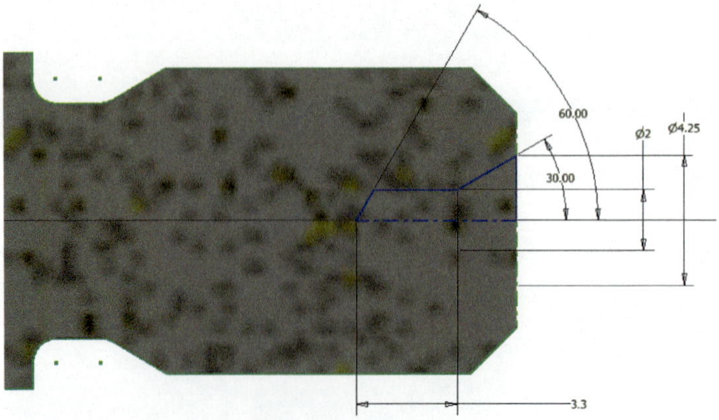

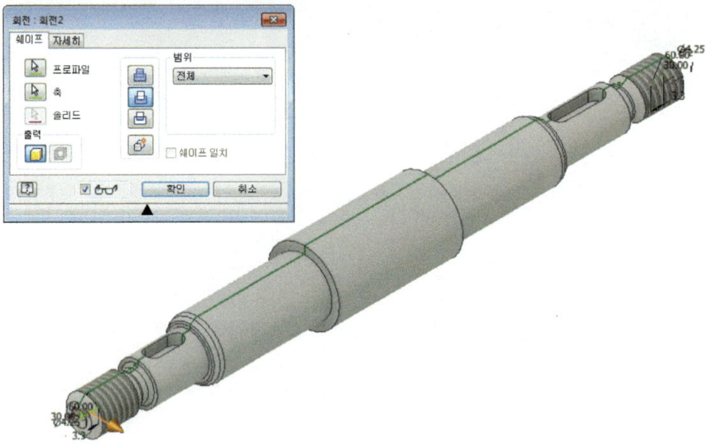

여기까지 해서 축 모형작업이 끝났다. 적절한 이름(이 책에서는 5-축으로 했다)으로 저장하자.

STEP 15 | 본체(소재 : GC200)

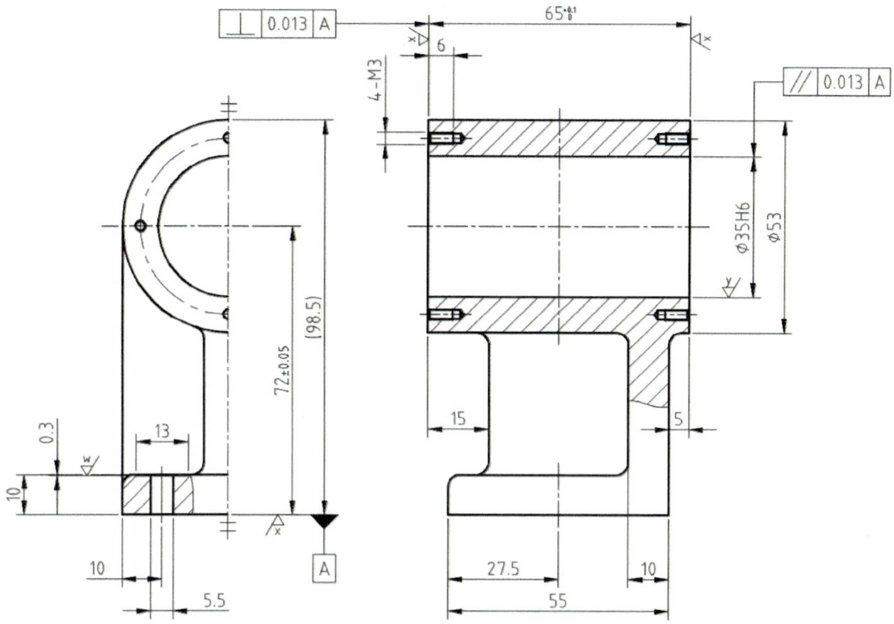

새 부품을 생성하고 **2D 스케치 시작** 명령을 누른 다음 **YZ 평면**을 선택하고 아래와 같이 스케치를 시작한다.

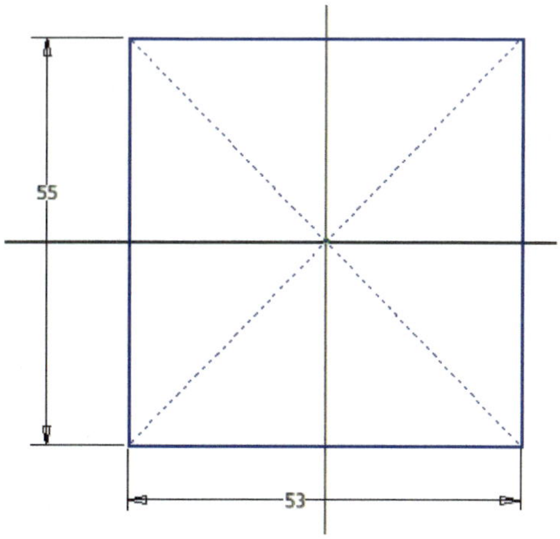

돌출 명령을 사용하여 10만큼 돌출한다.

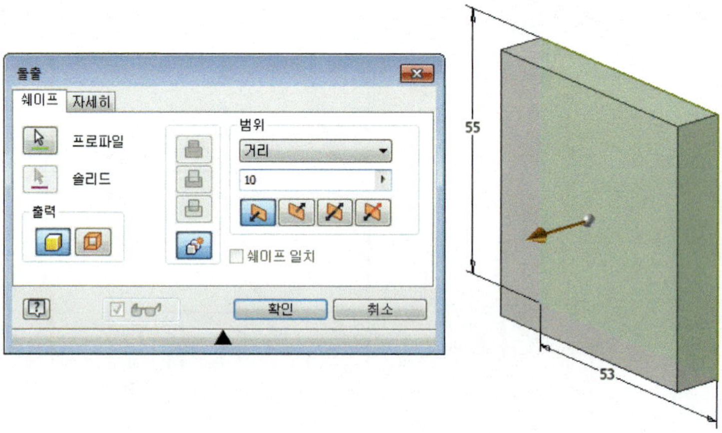

YZ 평면에서 다음과 같이 스케치한다.

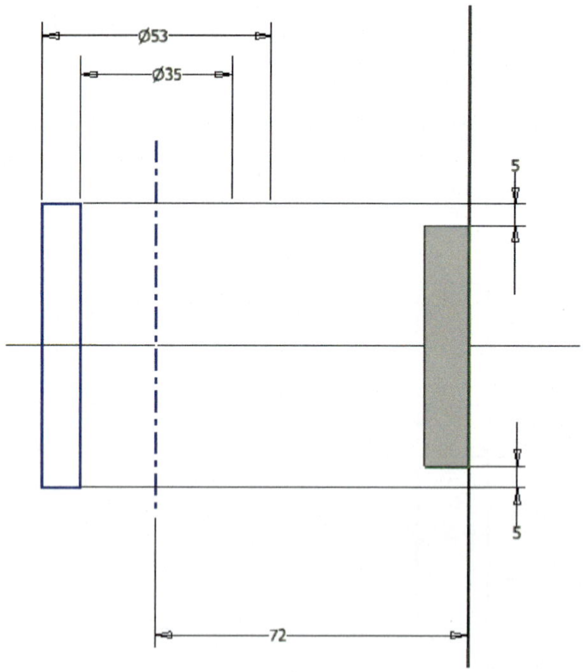

회전 명령을 사용하여 아래와 같이 생성한다. 스케치한 사각형 내부를 프로파일로 선택하고 중심선을 축으로 선택한다.

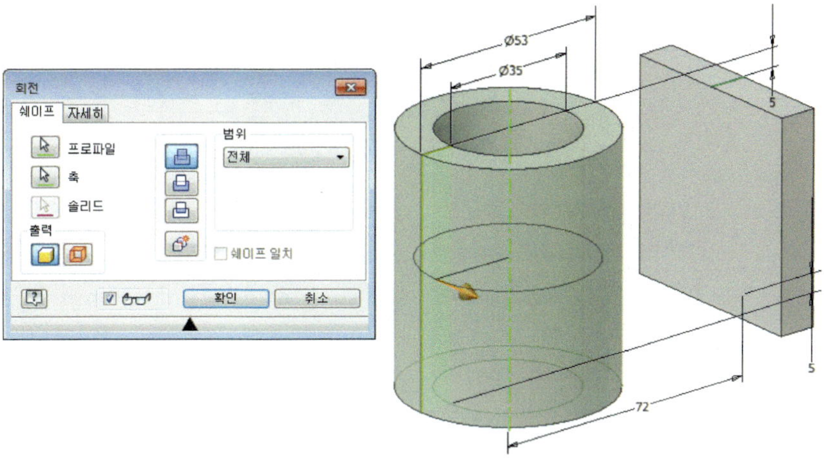

돌출 모형의 앞면을 클릭한다.

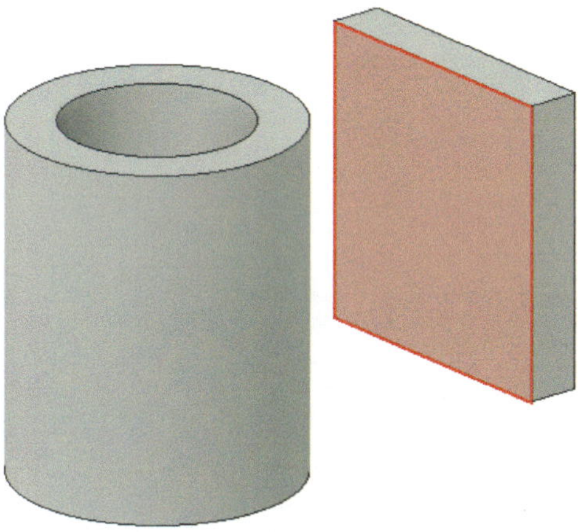

스케치 면 위에 있는 모형을 숨기기 위해 그래픽슬라이스(F7)를 실행하고 아래와 같이 스케치를 한다.

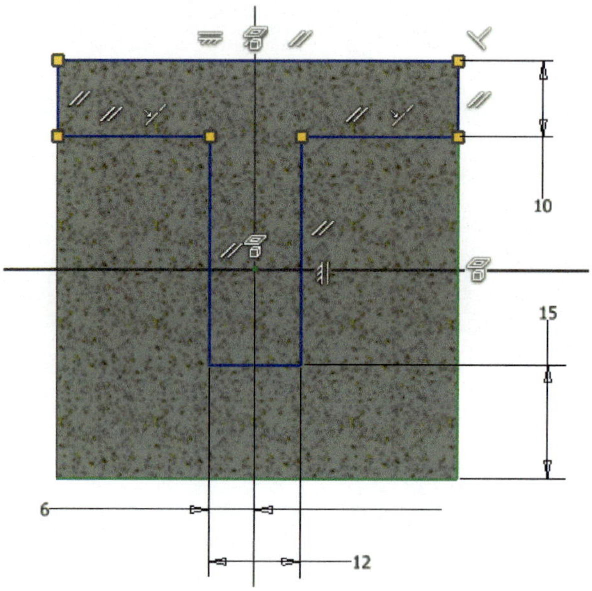

돌출 명령을 실행하고 범위를 **다음 면까지**로 한다.

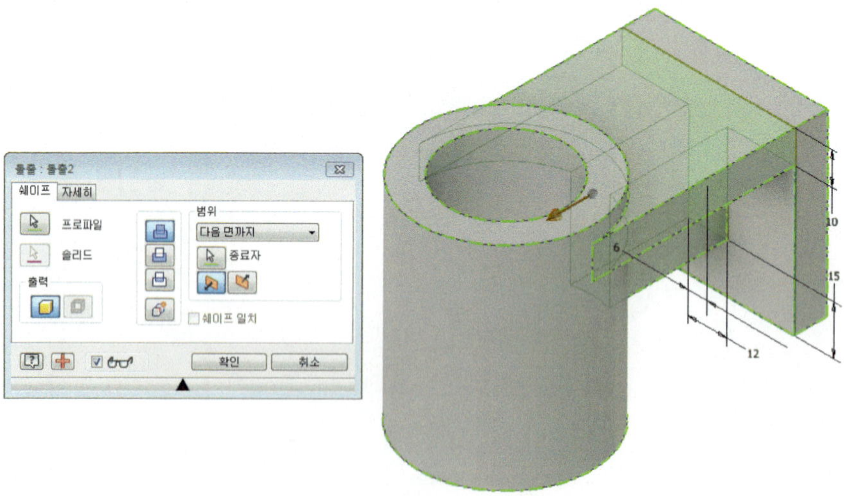

모따기 R3을 적용한다.

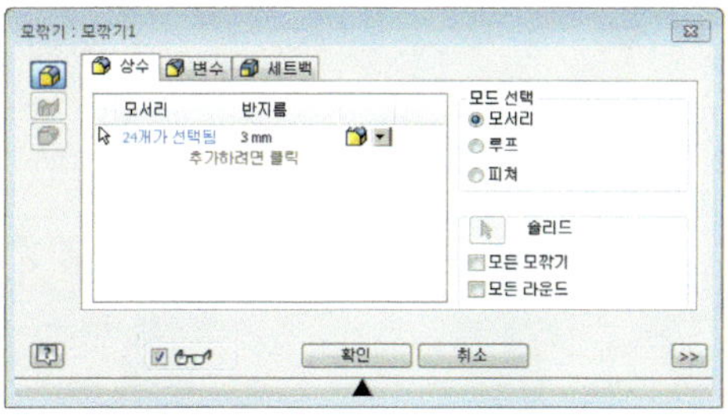

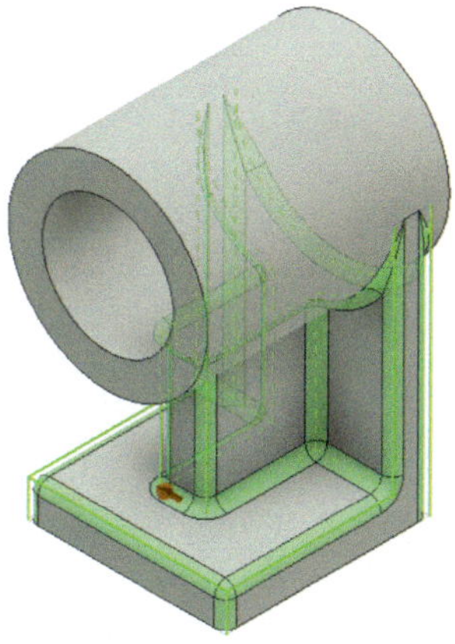

앞쪽의 붉은 면에 다음과 같이 4개의 점을 스케치한다. 구성선인 수선을 긋고 점을 찍으면 수치를 부여하기 편하다.

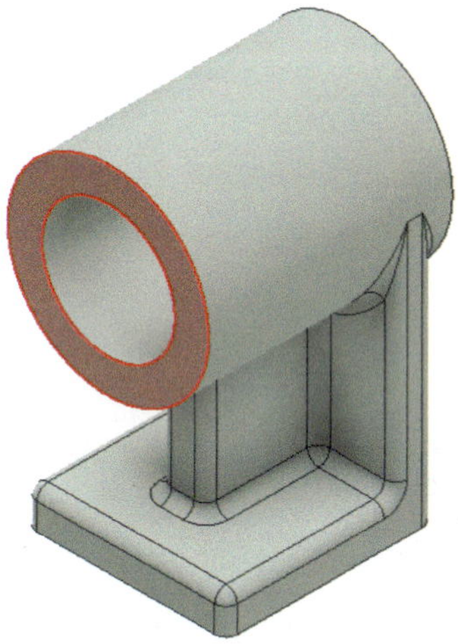

원형 패턴으로 한 개의 점을 네 개의 점으로 만들 때 축이 필요한데 3D 모형의 두 원 중 하나를 형상 투영하여 구성선으로 만들고 이 원을 축으로 쓰면 된다.

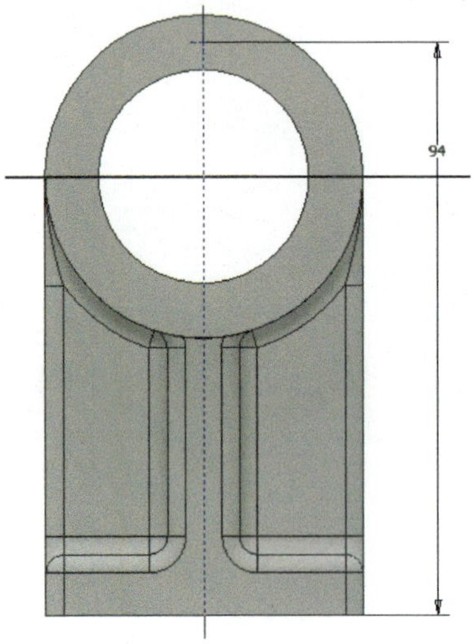

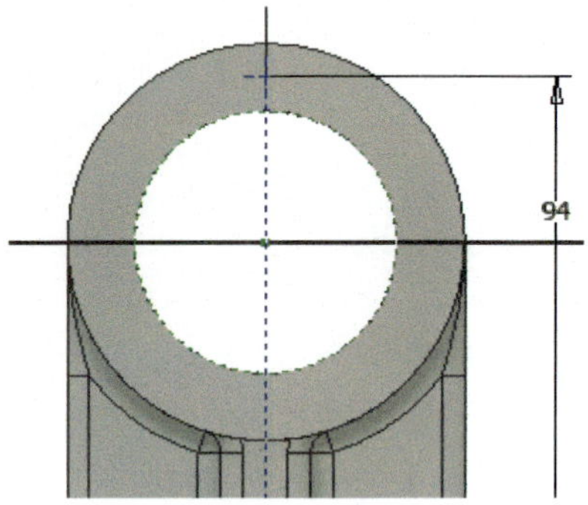

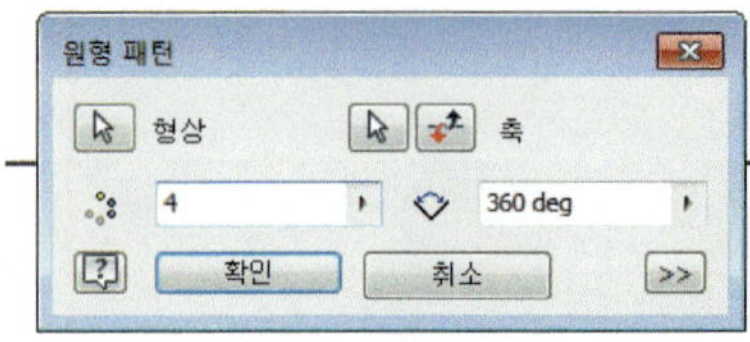

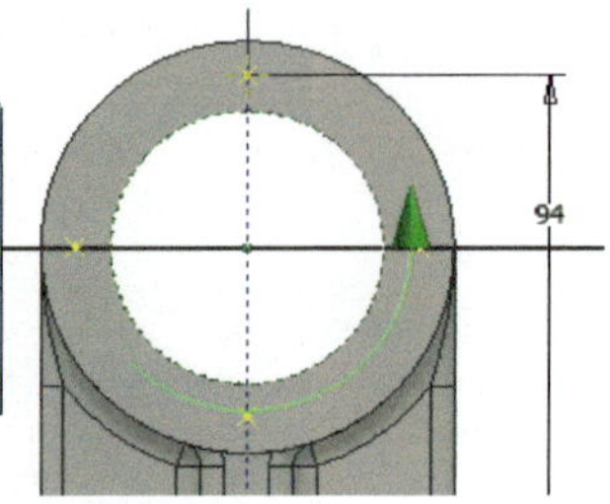

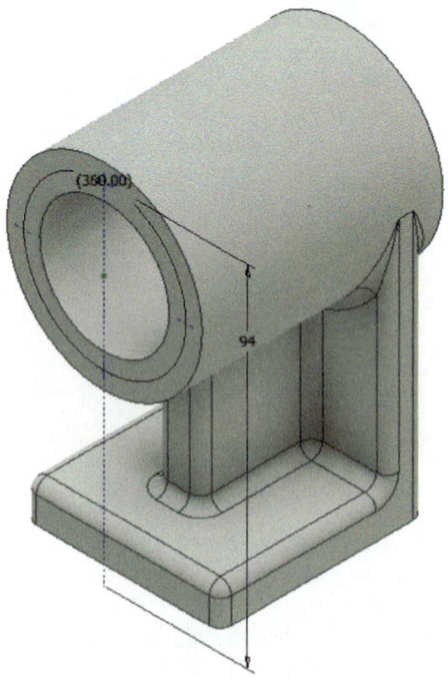

반대편 면에도 똑같이 점을 만들어 총 8개의 점을 만든다.

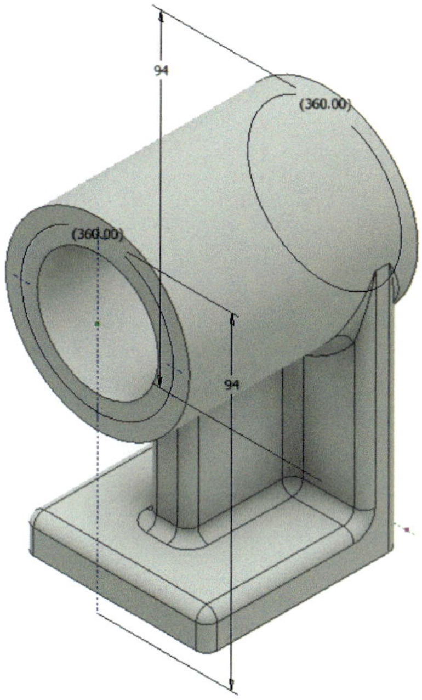

구멍 명령(리본 〉 3D 모형 〉 수정 〉 구멍)을 사용하여 다음과 같이 선택한 다음 앞면의 점 4곳을 클릭하고 **확인** 버튼을 누른다.

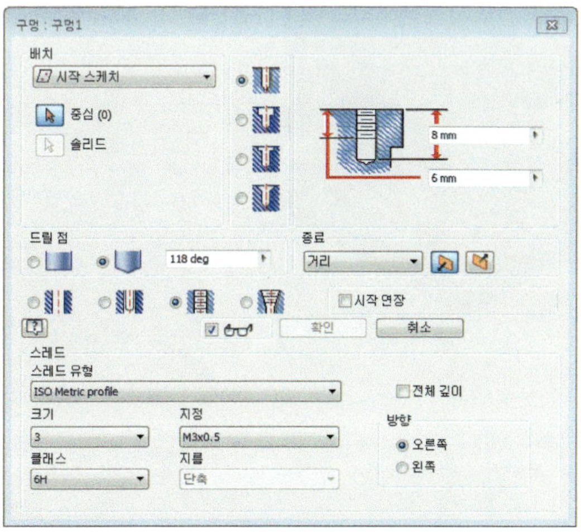

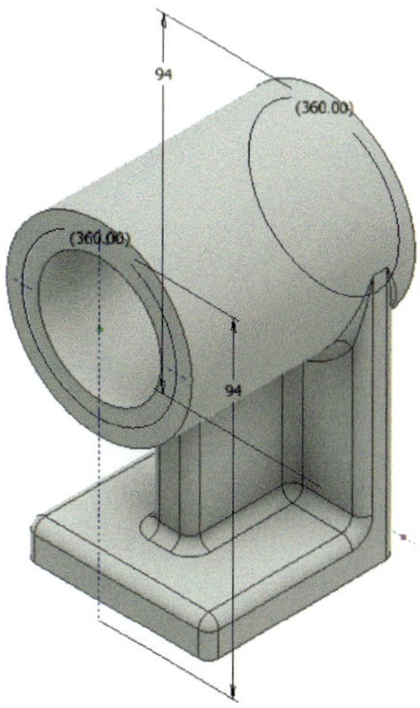

뒷면에도 동일한 작업을 한다.

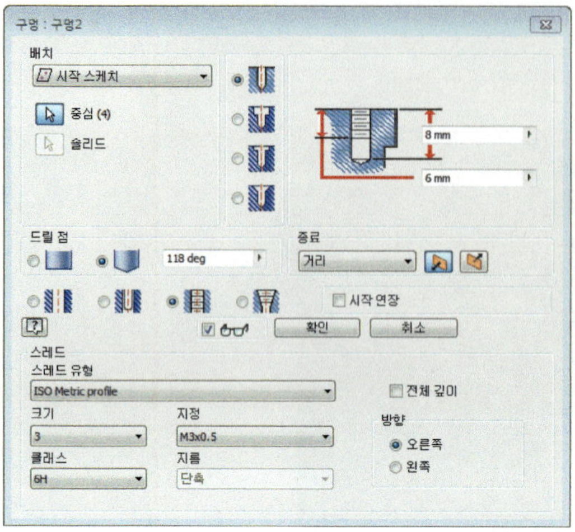

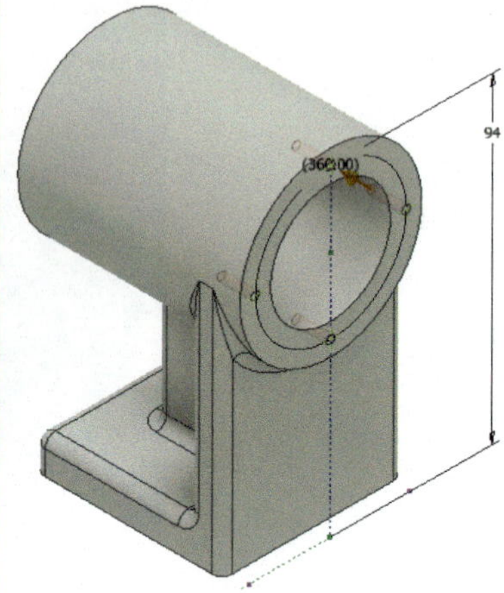

2D 스케치 시작 명령을 누르고 아래에 붉은색 면을 누른다.

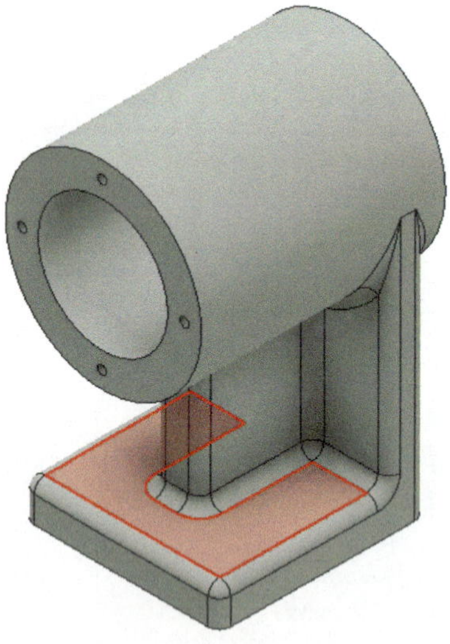

그래픽슬라이스(F7)을 누르고 아래와 같이 점을 2곳에 찍는다.

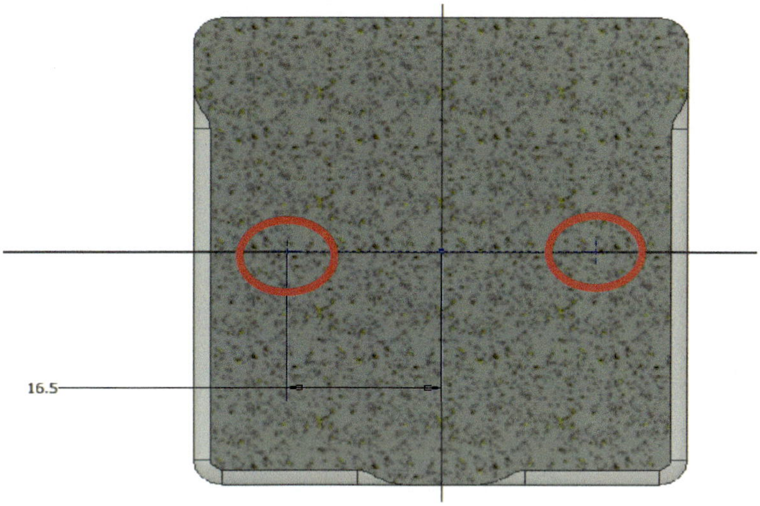

스케치를 마치고 **구멍** 명령을 실행하고 아래와 같이 선택한다.

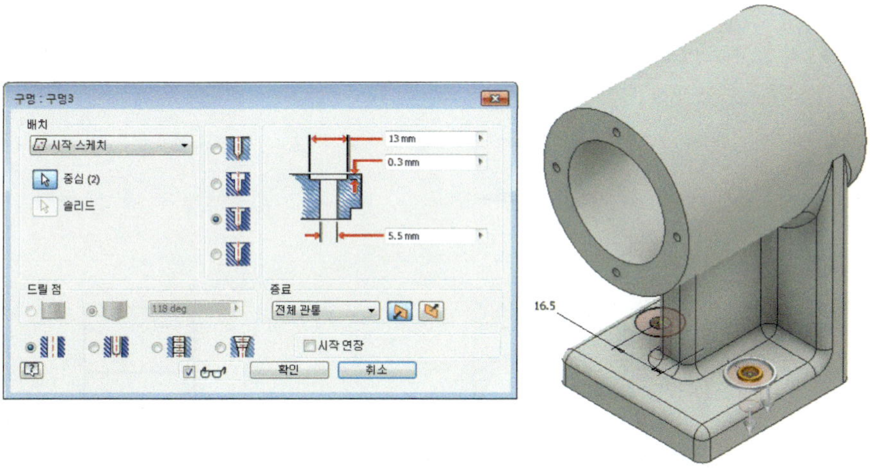

이제 본체(하우징) 모형작업이 끝났다. 적절한 이름(이 책에서는 6-본체로 했음)으로 저장하자.

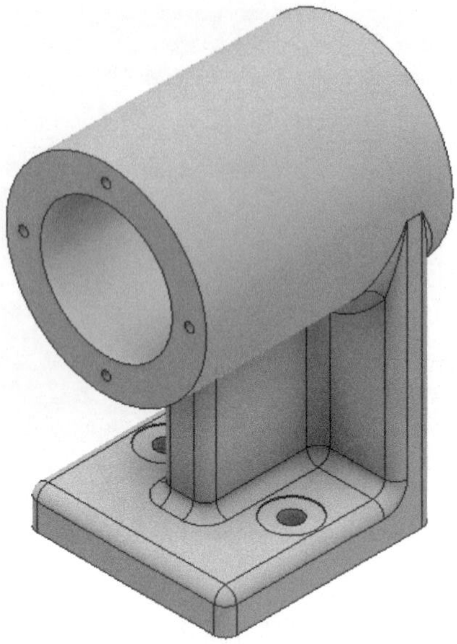

STEP 16 | 육각너트(M10, 1종)

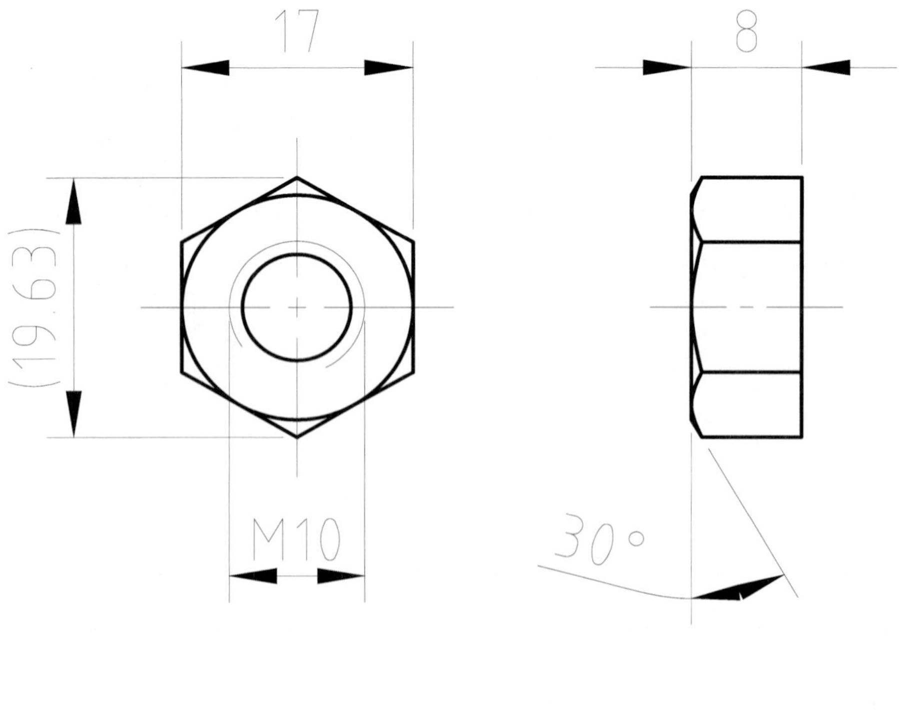

국가기술자격시험에 직접적으로 관련은 없으나 조립품을 만들 때 자주 쓰이기도 하니 참고할 겸 같이 해보자. 육각너트는 인벤터의 조립품에서 콘텐츠 센터에서의 배치로 불러올 수 있으나 연습을 위해 간결한 모양으로 만들어보자. 실제 제품은 나사부에 챔퍼가 60도 있다.

새 부품을 생성하고 **2D 스케치 시작** 명령을 누른 다음 **XY 평면**을 선택하고 **폴리곤** 명령을 사용하여 아래와 같이 스케치를 시작한다.

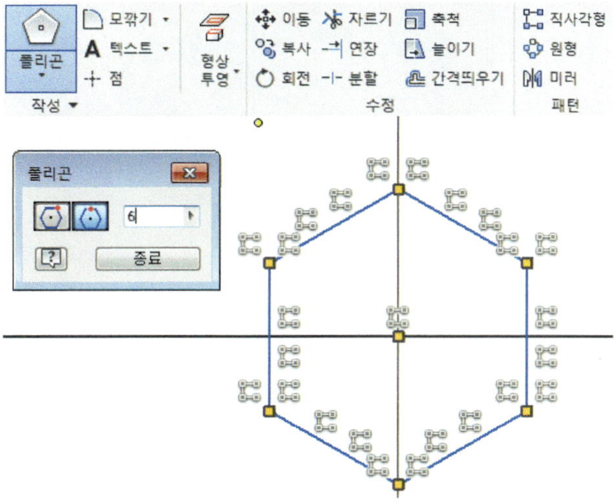

치수와 수직 구속조건을 부여한다.

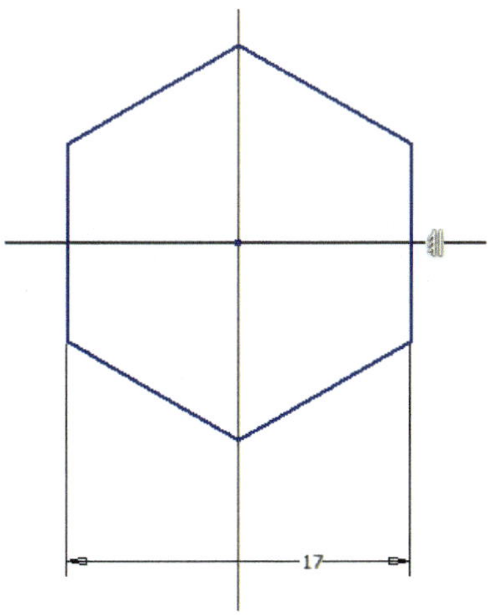

스케치를 마무리하고 8만큼 돌출을 한다.

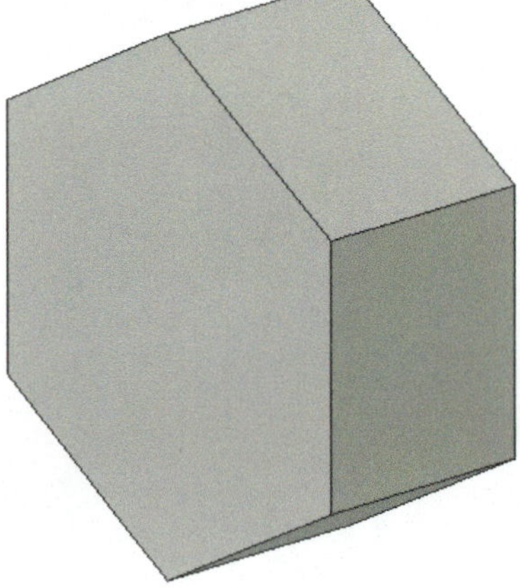

돌출한 모형에 모떼기(모따기)를 한다. 크게 두 가지 방법을 많이 쓰는데 우선 첫 번째 방법으로 해보자. 모형의 앞면에 아래와 같이 스케치를 한다.

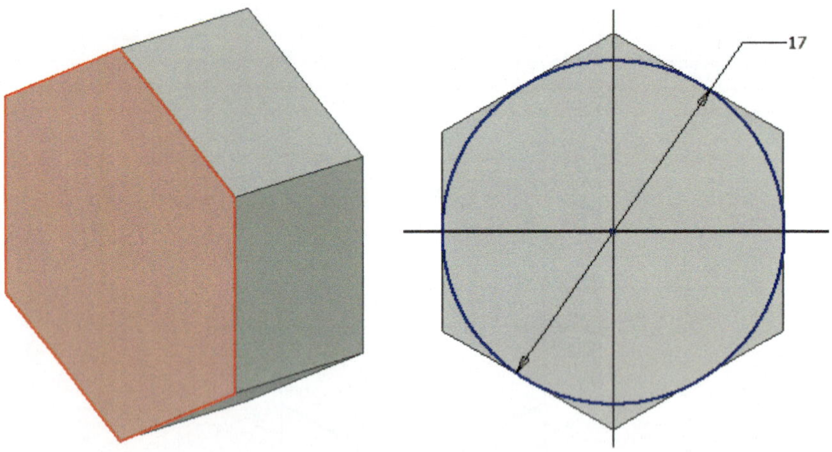

스윕 명령을 실행한다. 경로 버튼을 클릭하고 우측의 붉은 선을 선택한다.

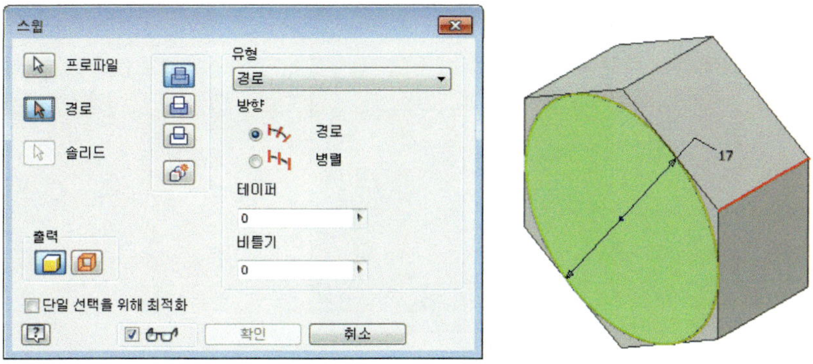

교집합(▭)을 선택하고 유형의 테이퍼에 값을 60을 주고 확인 버튼을 누르면 된다. 중간에 경고 메시지가 나와도 넘어가면 된다.

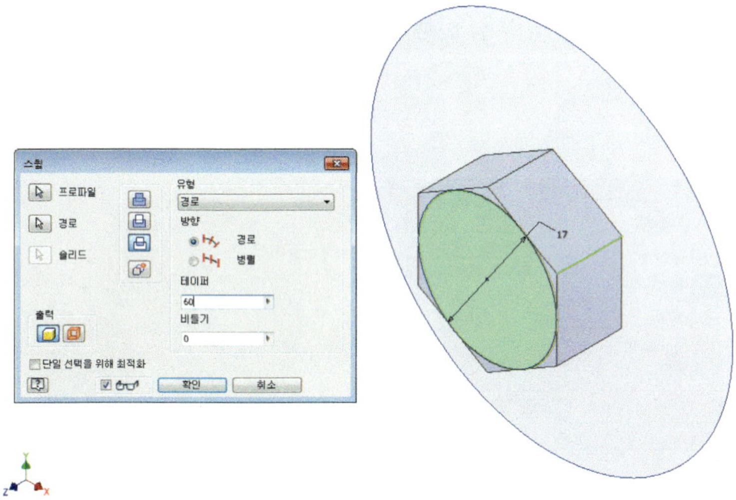

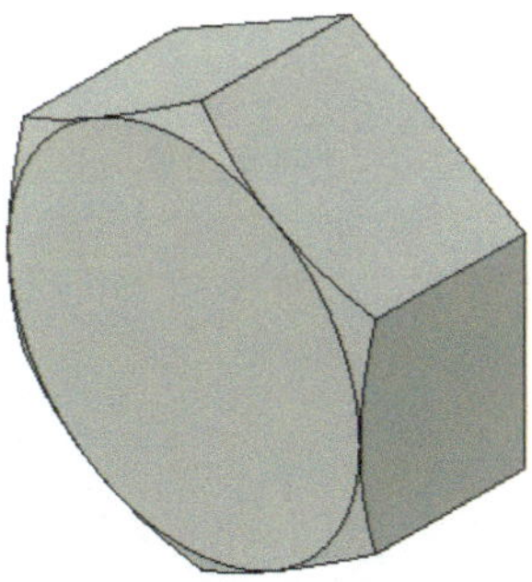

두 번째 방법은 XZ 평면에 다음과 같이 스케치한다.

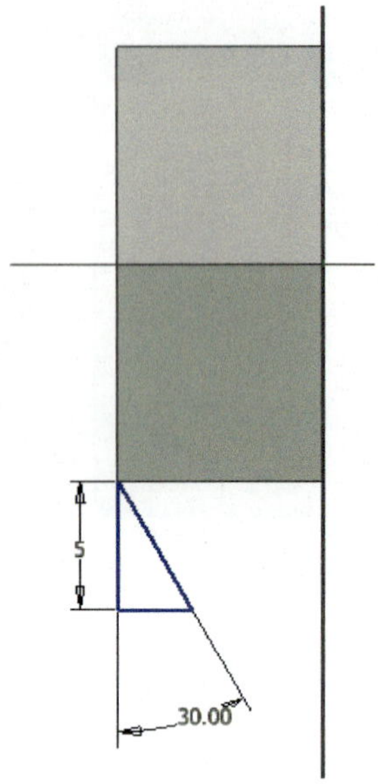

스케치를 마무리하고 **회전** 명령을 실행한다. **차집합**을 선택하고 축을 **Z축**으로 선택하고 **확인** 버튼을 누른다.

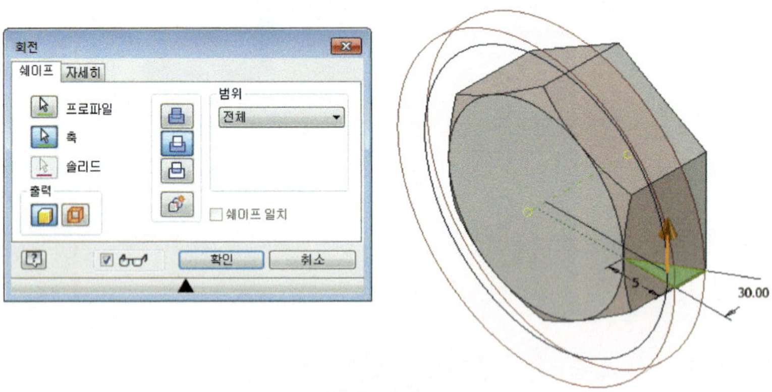

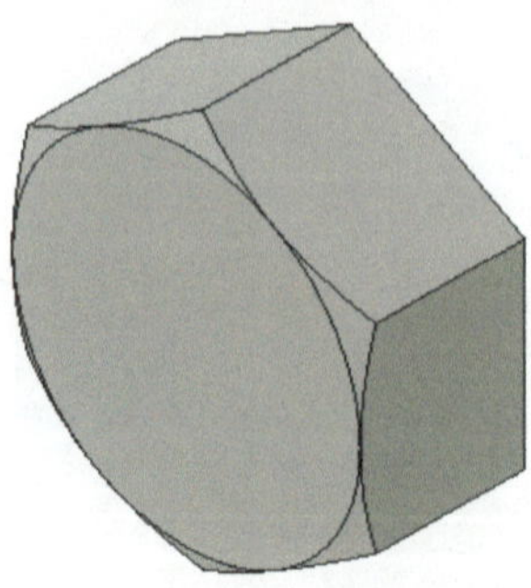

구멍 명령(리본 〉 3D 모형 〉 수정 〉 구멍)을 선택하고 배치에 동심을 선택한다. 평면 화살표 버튼을 누르고 앞의 동그란 면을 선택한다. 동심 참조 화살표 버튼을 누르고 면의 외곽인 원 테두리를 클릭한다. 나머지 설정은 아래의 그림을 참조한다.

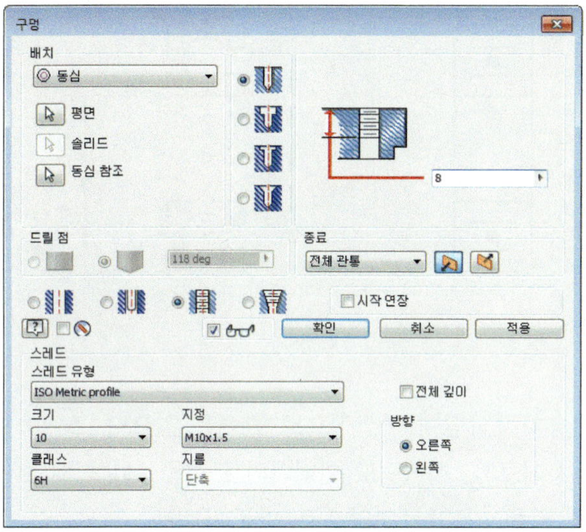

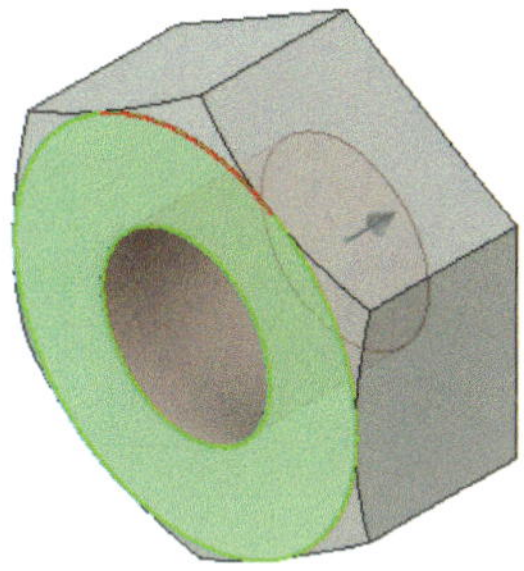

이제 육각너트 모형작업이 끝났다. 적절한 이름(이 책에서는 7-육각너트로 했음)으로 저장하자.

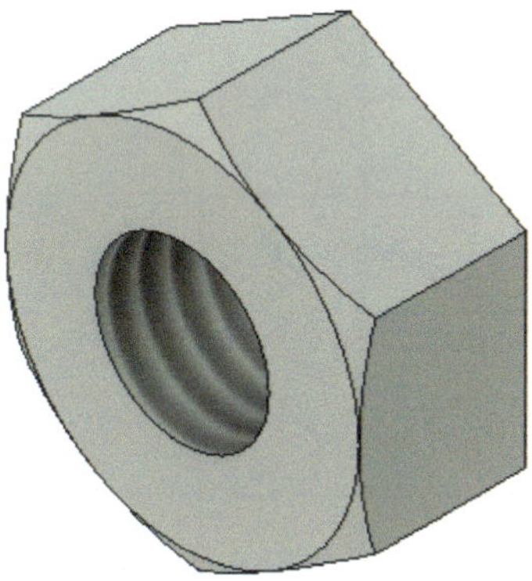

STEP 17 | 베어링([단열] 깊은 홈 볼 베어링 6802, 볼 8개)

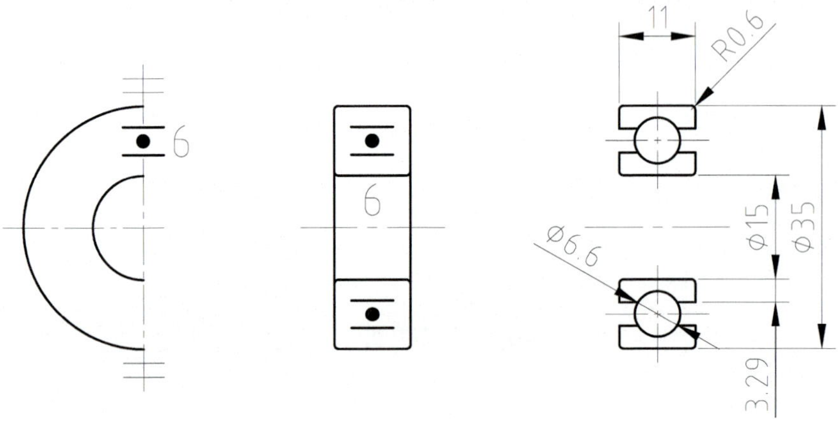

베어링 3D 모형 작성도 국가기술자격시험에 직접적으로 관련은 없으나 조립품을 만들 때 자주 쓰이기도 하니 참고할 겸 같이 해보자. 베어링도 인벤터의 조립품에서 콘텐츠 센터에서의 배치로 불러올 수 있으나 연습을 위해 간결한 모양으로 만들어보자.

새 부품을 생성하고 **2D 스케치 시작** 명령을 누른 다음 **YZ 평면**을 선택하고 아래와 같이 스케치를 시작한다. 자르면서 구속조건이 없어지기 때문에 확인하고 없어진 구속조건을 다시 넣어야 한다.

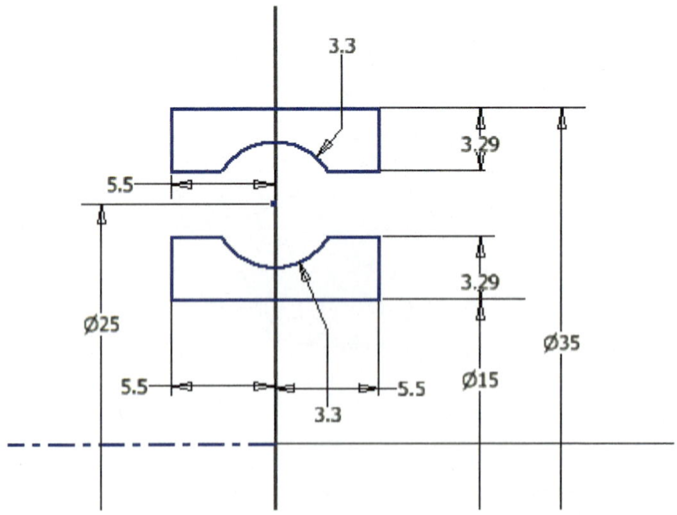

스케치를 마무리하고 **회전** 명령으로 베어링의 외륜과 내륜의 모형을 생성한다.

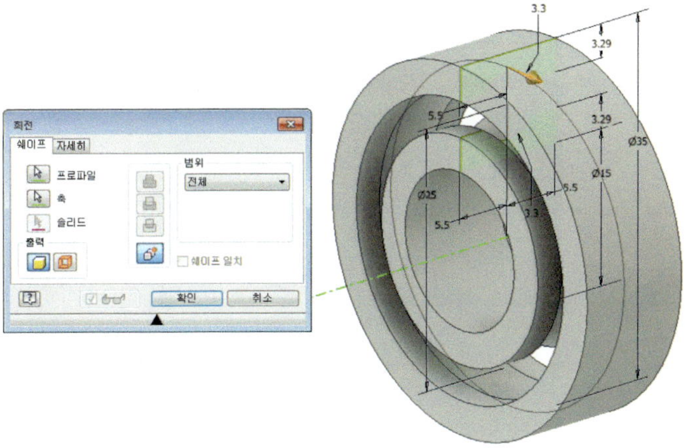

다시 **YZ 평면**을 선택하고 아래와 같이 스케치를 시작한다. 그래픽슬라이스(F7)을 눌러 스케치면 위의 모형을 숨기고 실행한다.

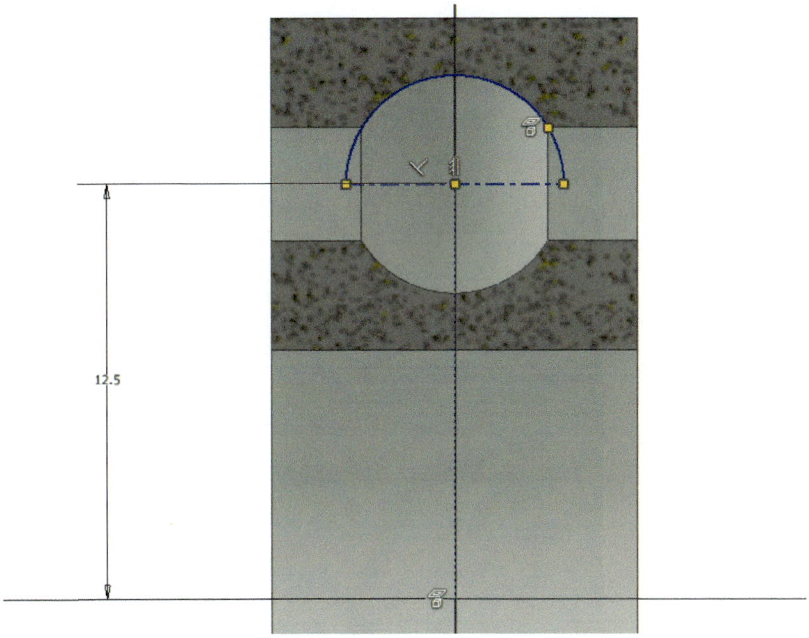

스케치를 마무리하고 **회전** 명령으로 베어링 내부의 볼 모형을 생성한다.

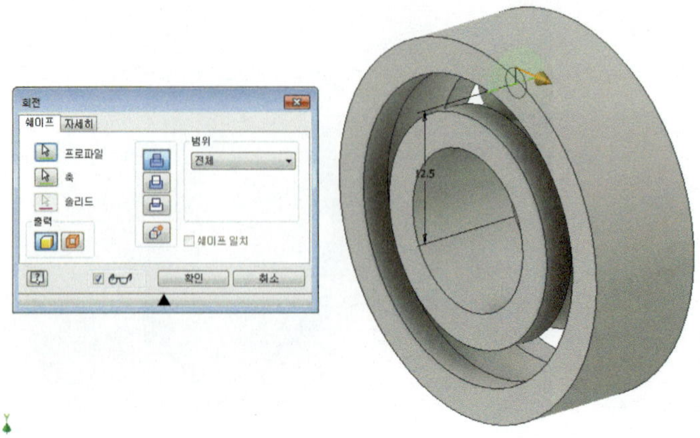

원형 패턴 명령으로 내부의 볼을 8개로 만든다.

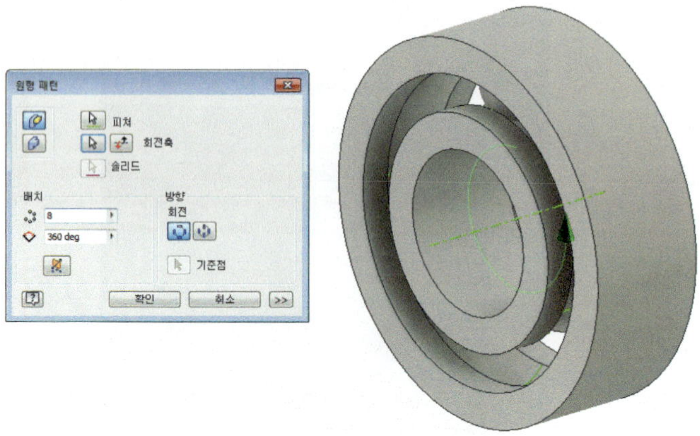

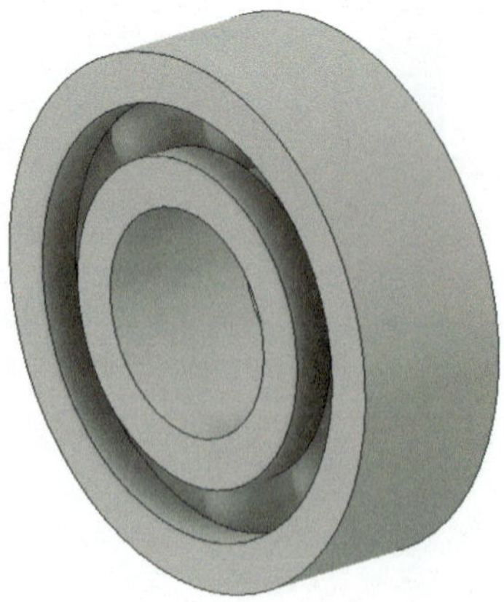

모깎기 명령을 사용하여 R0.6을 8군데 적용한다.

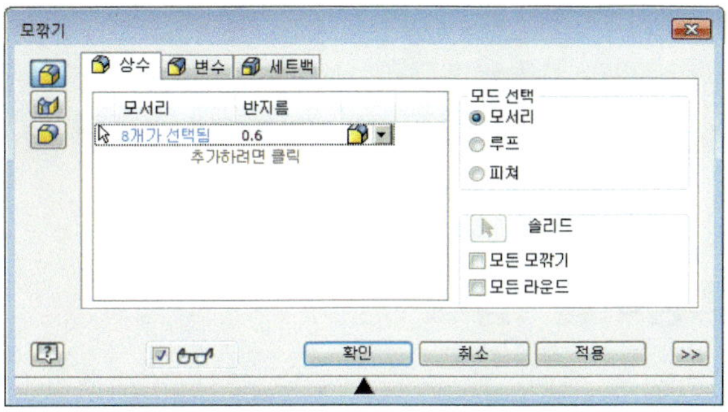

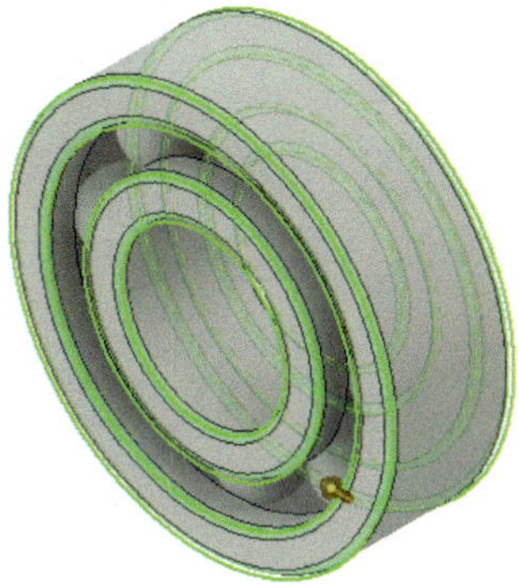

이제 베어링의 모형작업이 끝났다. 적절한 이름(이 책에서는 8-베어링으로 했음)으로 저장하자.

03장
2D 도면 생성하기

STEP 18 | 2D 도면 생성하는 법 1

3D 모형을 제대로 그릴 수 있다는 것은 이미 2D 도면의 상당 부분을 이해하고 있다는 뜻이다. 여기부터는 조금 마음의 여유를 가지고 읽어가자.

우선 3D 모형을 그리고 나면 도면을 만들어 출력해서 제출해야 한다. 2D 도면은 인벤터의 2D 도면기능과 오토캐드의 2D 도면기능 중 하나를 사용해서 완성하는데, 당연히 깨끗하고 보기 좋게 만들어야 좋은 점수를 받을 수 있다. 이렇게 하려면 많은 수작업을 거쳐야 하는데 인벤터의 2D 도면기능은 수작업을 하기에 썩 좋지 않다. 또한 산업기사 이상은 사실 인벤터로 2D 도면 전체를 잘 하지 않는다. 보통은 이 둘을 섞어서 쓰며 초반에 3D 형상을 2D로 가져올 때까지는 인벤터를 쓰고 이 이후는 오토캐드로 한다. 이제 세부적인 내용을 살펴보도록 하자.

우선 아래의 실기 공개문제에 있는 표를 보자.

6) 선 굵기에 따른 색상은 다음과 같이 설정하시오.

선 굵기	색 상	용 도
0.70 mm	하늘색(Cyan)	윤곽선, 중심 마크
0.50 mm	초록색(Green)	외형선, 개별주서 등
0.35 mm	노란색(Yellow)	숨은선, 치수문자, 일반주서 등
0.25 mm	빨강(Red), 흰색(White)	치수선, 치수보조선, 중심선, 해칭선 등

※ 위 표는 Autocad 프로그램 상에서 출력을 용이하게 위한 설정이므로 다른 프로그램을 사용할 경우 위 항목에 맞도록 문자, 숫자, 기호의 크기, 선 굵기를 지정하시기 바랍니다.

용도란에 기재되어 있는 각종 선의 종류들은 KS A ISO 128-24에 자세히 나와 있으며 인터넷에서 원문을 보는 것이 가능하다. 이미 대부분 제도나 기계제도에 대해 학교에서 수업을 들은 것이 있어 어느 정도 알고 있을 것이다. 그런데 '지금 잘 기억이 안 나거나 배운 적이 없는데 어떻게 해야 하는가?' 물어본다면 처음부터 너무 자세히 알 필요가 없다고 말하고 싶다. 어느 정도 도면이 눈에 익은 다음에 각 선을 어떻게 부르고 용도가 무엇인지 알아가는 편이 더 쉽게 배울 수 있다.

위의 표에 따르면 도면을 그릴 때 각 용도에 따라 선의 굵기가 다르고 그 굵기에 따라 색상이 부여된다는 것을 알 수 있다. 한 선의 굵기에 여러 가지 용도가 있으며, 다른 용도지만 같이 사용하거나 이를 구별하기 위해 선의 종류를 다르게 쓰기도 한다.

선의 종류는 국가기술자격시험에서는 실선, 파선, 1점 쇄선(중심선 등), 2점 쇄선(가상선)을 사용한다. 중요한 선의 종류 및 적용은 다음과 같다.

〈KS A ISO 128-24 선의 종류 및 적용(일부)〉

<table>
<tr><th>번호</th><th>선의 설명 및 표시</th><th colspan="2">적 용</th><th>참고
(국가기술자격)</th></tr>
<tr><td rowspan="17">01.1</td><td rowspan="17">가는 실선</td><td>.1</td><td>서로 교차하는 가상의
상관관계를 나타내는 선(상관선)</td><td></td></tr>
<tr><td>.2</td><td>치수선</td><td></td></tr>
<tr><td>.3</td><td>치수 보조선</td><td></td></tr>
<tr><td>.4</td><td>지시선 및 기준선</td><td></td></tr>
<tr><td>.5</td><td>해칭</td><td></td></tr>
<tr><td>.6</td><td>회전 단면의 한 부분 윤곽을 나타내는 선</td><td></td></tr>
<tr><td>.7</td><td>짧은 중심을 나타내는 선</td><td></td></tr>
<tr><td>.8</td><td>나사의 골을 나타내는 선</td><td></td></tr>
<tr><td>.9</td><td>시작점과 끝점을 나타내는 치수선</td><td></td></tr>
<tr><td>.10</td><td>원형 부분의 평평한 면을 나타내는 대각선</td><td></td></tr>
<tr><td>.11</td><td>소재의 굽은 부분이나 가공 공정의 표시선</td><td></td></tr>
<tr><td>.12</td><td>상세도를 그리기 위한 틀의 선</td><td></td></tr>
<tr><td>.13</td><td>반복되는 자세한 모양의 생략을 나타내는 선</td><td></td></tr>
<tr><td>.14</td><td>테이퍼가 진 모양을 설명하기 위한 선</td><td></td></tr>
<tr><td>.15</td><td>판의 겹침이나 위치를 나타내는 선</td><td></td></tr>
<tr><td>.16</td><td>투상을 설명하는 선</td><td></td></tr>
<tr><td>.17</td><td>격자를 나타내는 선</td><td></td></tr>
<tr><td rowspan="8">01.2</td><td rowspan="8">굵은 실선</td><td>.1</td><td>보이는 물체의 모서리 윤곽을 나타내는 선</td><td>외형선</td></tr>
<tr><td>.2</td><td>보이는 물체의 윤곽을 나타내는 선</td><td></td></tr>
<tr><td>.3</td><td>나사 봉우리의 윤곽을 나타내는 선</td><td></td></tr>
<tr><td>.4</td><td>나사의 길이에 대한 한계를 나타내는 선</td><td></td></tr>
<tr><td>.5</td><td>도표, 지도, 흐름도에서
주요한 부분을 나타내는 선</td><td></td></tr>
<tr><td>.6</td><td>금속 구조 공학 등의 구조를 나타내는 선</td><td></td></tr>
<tr><td>.7</td><td>성형에서 분리되는 위치를 나타내는 선</td><td></td></tr>
<tr><td>.8</td><td>절단 및 단면을 나타내는 화살표의 선</td><td></td></tr>
<tr><td rowspan="2">02.1</td><td rowspan="2">가는 파선</td><td>.1</td><td>보이지 않는 물체의
모서리 윤곽을 나타내는 선</td><td rowspan="2">은선</td></tr>
<tr><td>.2</td><td>보이지 않는 물체의 윤곽을 나타내는 선</td></tr>
</table>

02.2	굵은 파선	.1	열처리와 같은 표면 처리의 허용 부분을 지시하는 선	사용함
04.1	가는 일점 쇄선	.1	중심선	
		.2	대칭을 나타내는 선	
		.3	기어의 피치원을 나타내는 선	
		.4	구멍의 피치원을 나타내는 선	
04.2	굵은 일점 쇄선	.1	제한된 면적을 지시하는 선 (열처리, 표면처리 등)	특수지정선
		.2	절단면의 위치를 나타내는 선	
05.1	가는 이점 쇄선	.1	인접 부품의 윤곽을 나타내는 선	가상선
		.2	움직이는 부품의 최대 위치를 나타내는 선	
		.4	성형 가공 전의 윤곽을 나타내는 선	
		.5	부품의 절단면 앞 모양을 나타내는 선	

우선 인벤터 프로그램을 실행하고 시작화면에서 도면을 선택하거나 새로 만들기 명령에서 Standard.idw를 선택하거나 또는 미터릭(Metric) 탭의 ISO.idw를 선택한다. 그 외에 어느 것을 선택해도 무방하며 어느 쪽이든 다소 수정이 필요하다.

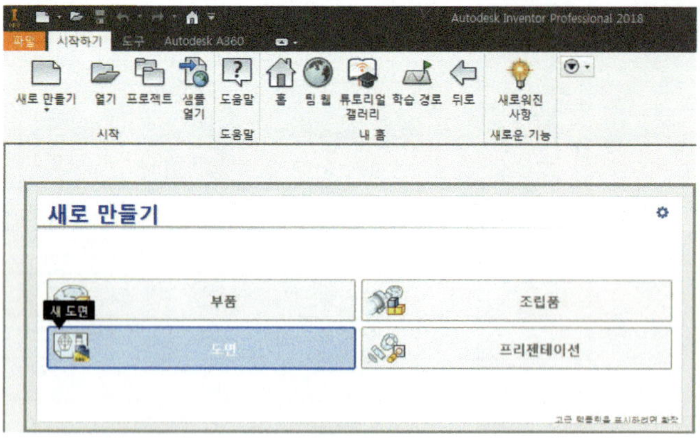

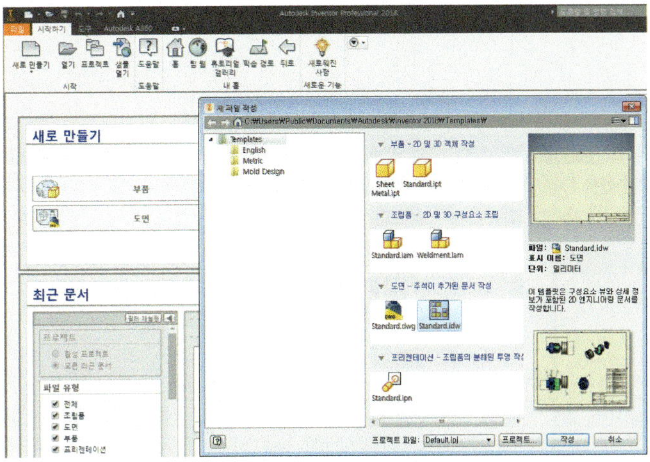

그래픽 창에 시트(용지, 종이)를 포함한 도면이 나오고 좌측 모형에 도면에 대한 트리가 있다.

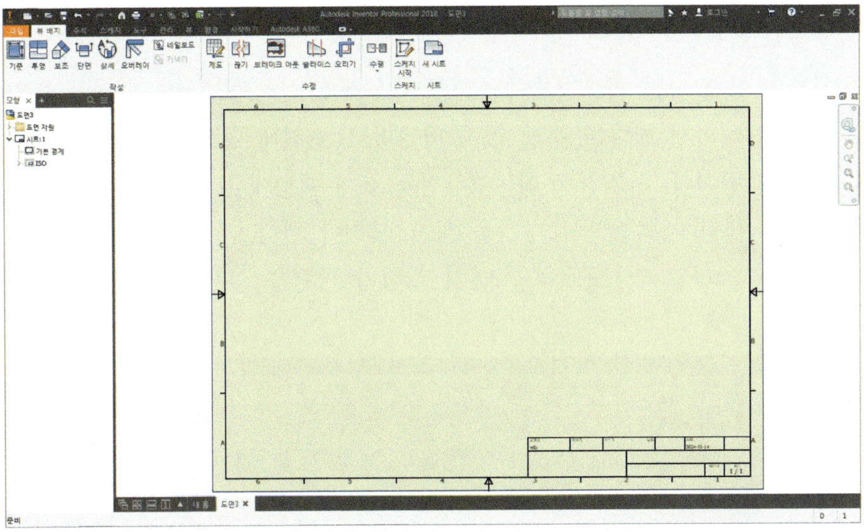

좌측 모형 트리의 맨 좌측에 있는 〉(또는 +)를 눌러 ∨(또는 -)로 바꾸어 안에 있는 내용을 펼쳐본다.

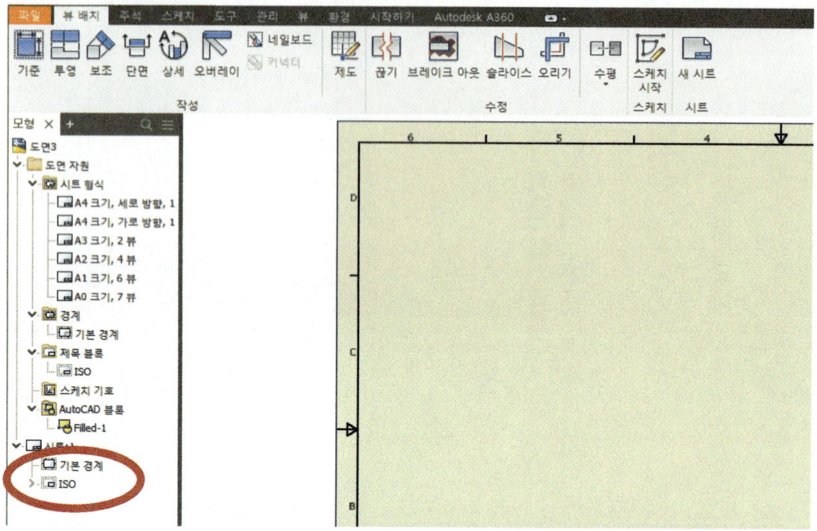

여기서 시트:1 밑에 있는 기본경계와 ISO를 마우스로 선택하고 키보드의 DEL키(Del)키를 눌러 지운다. 처음이라서 별다른 수정 없이 바로바로 도면에 형상을 불러오고 싶지만 지금 불러온 도면은 1각법이다. 하지만 우리는 3각법을 쓰기 때문에 보고 문제없이 형상이 나오기 위해서는 도면의 세팅에 최소한의 수정을 하고 불러야 한다.

리본 〉 관리 〉 스타일 및 표준 〉 스타일 편집기 명령을 실행한다.

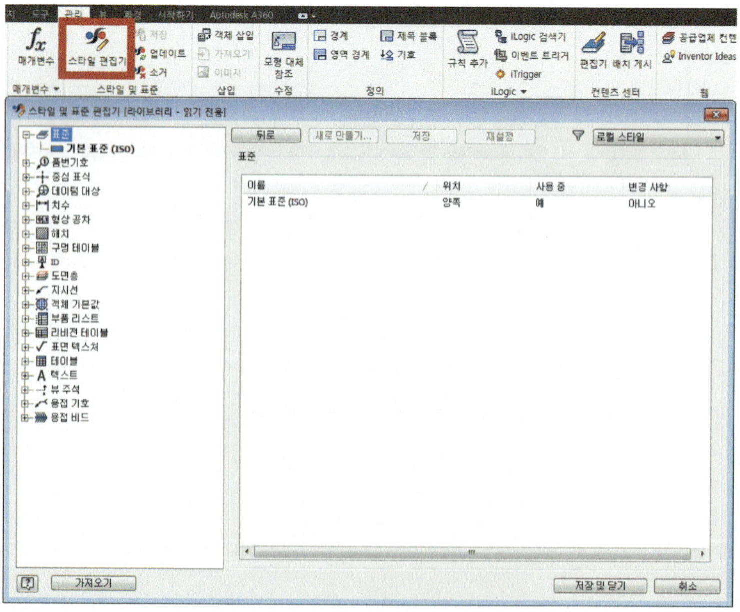

좌측 트리에서 표준 - **기본 표준(ISO)**을 클릭한다.

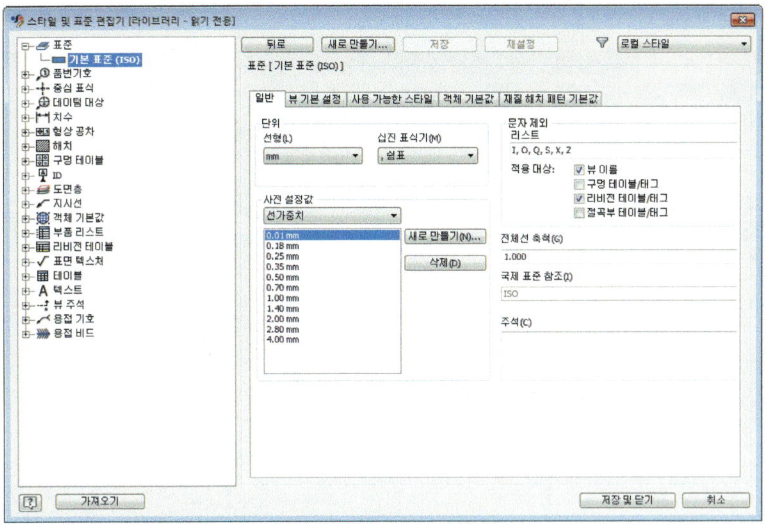

일반 탭에서 단위에 있는 십진 표식기(M)을 ,(쉼표)에서 **.(마침표)**로 바꾼다.

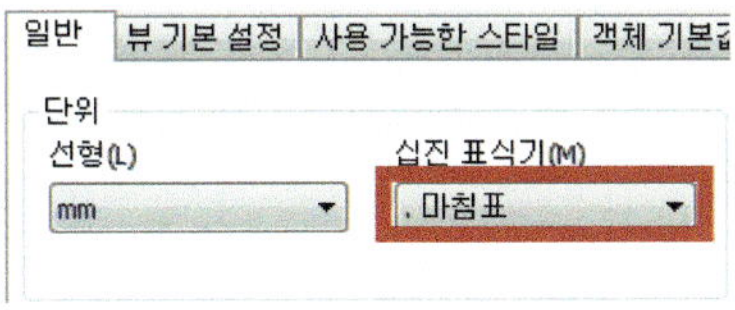

뷰 기본 설정 탭의 투영 유형에 있는 일각법(F)을 **삼각법(T)**으로 바꾼다. 이제 세팅이 끝났으니 맨 아래 있는 **저장 및 닫기** 버튼을 누른다.

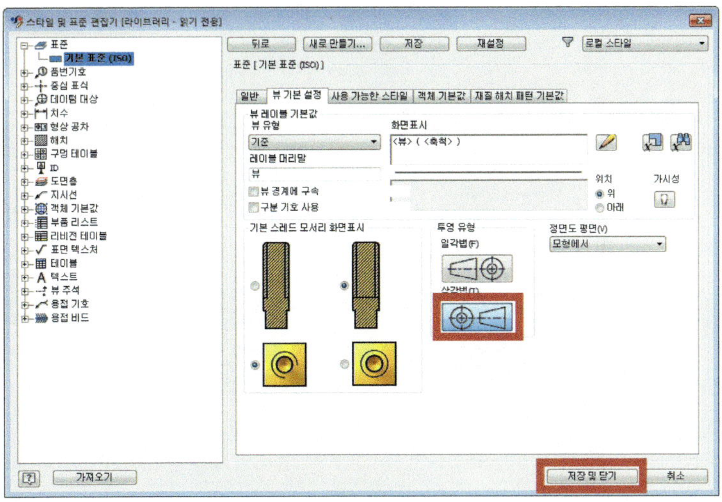

기준이 될 정면도에 사용할 형상을 불러오기 위해 리본 〉 뷰 배치 〉 작성 〉 기준 명령을 실행한다. 도면 뷰 대화상자가 나타난다.

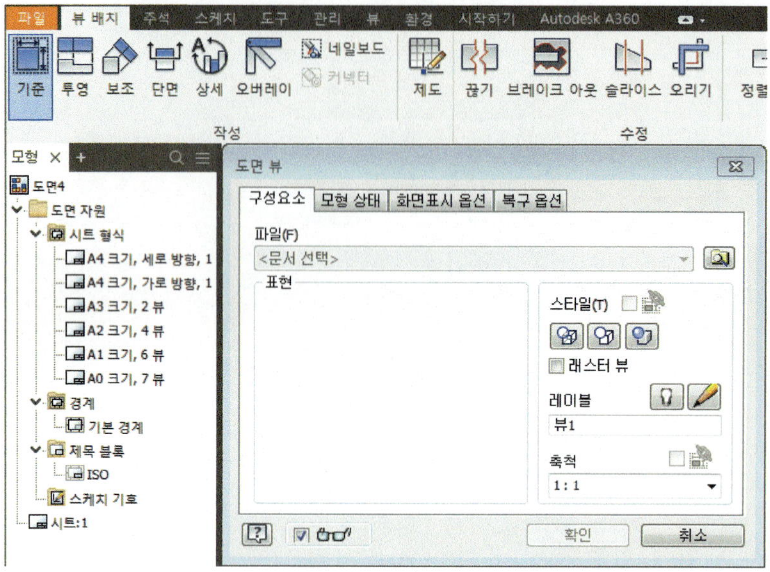

구성요소 탭에서 파일(F) 오른쪽에 있는 기존 파일 열기 아이콘( )을 클릭한다.

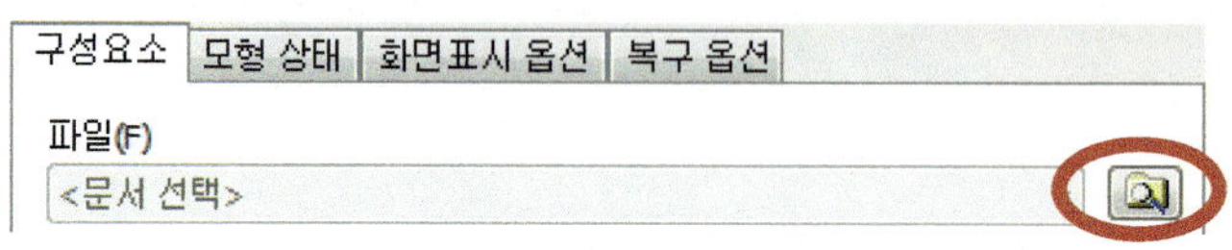

불러올 형상이 들어있는 파일을 클릭하고 **열기(O)** 버튼을 누른다.

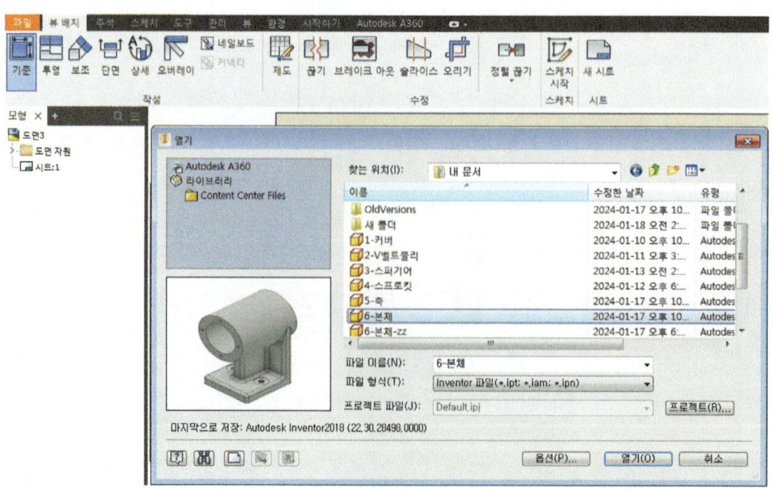

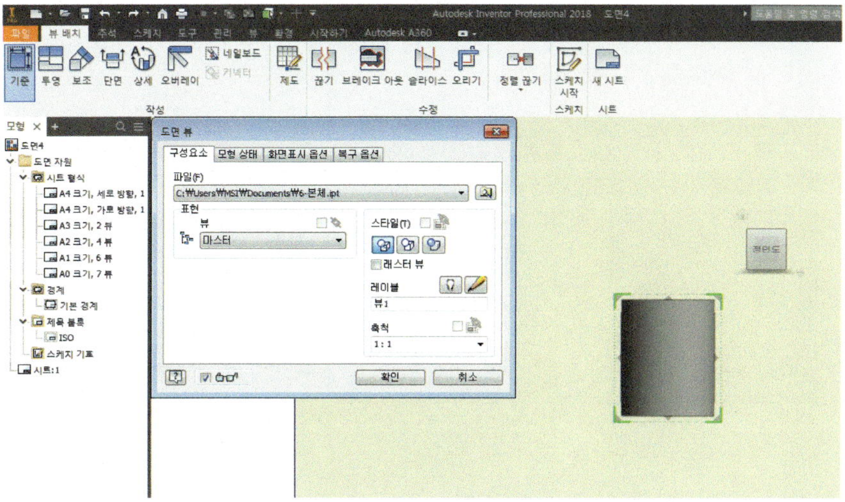

불러온 형상이 우리가 원하는 위치가 아니므로 형상의 오른쪽 위에 있는 뷰큐브를 사용하여 아래와 같이 모형을 잡는다.

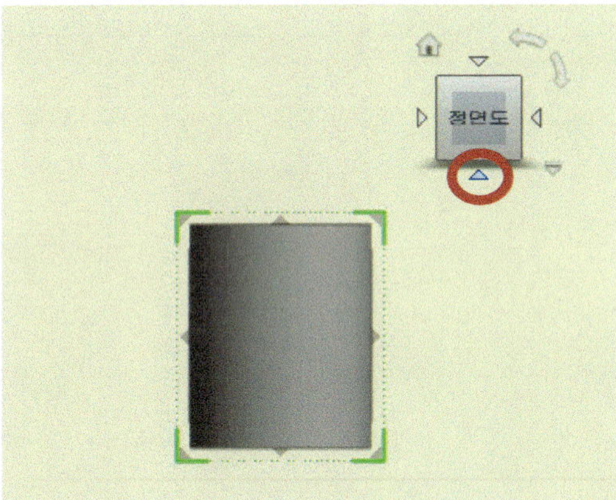

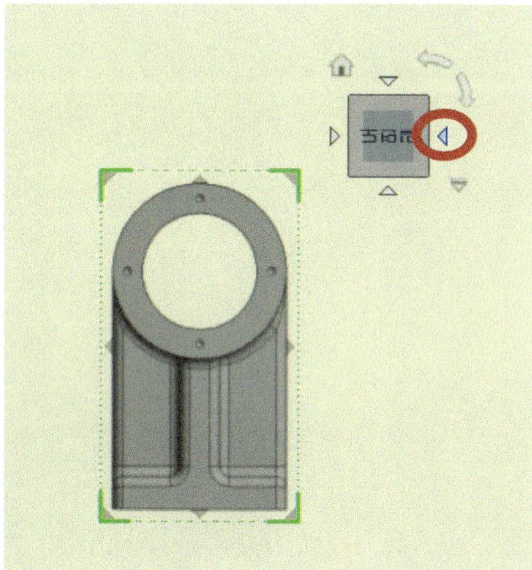

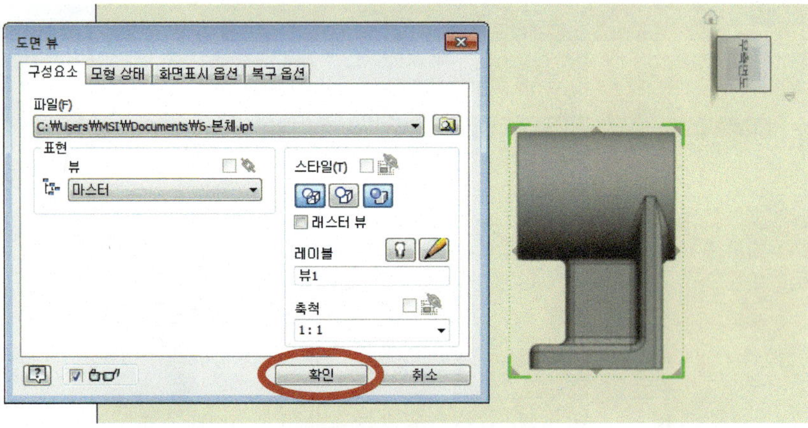

'6-본체'에서는 투영도법에 의해 생성되는 투영도인 측면도(좌측면도, 우측면도)와 평면도가 필요 없지만 연습을 위해 만들어보자. 정면도를 더블 클릭하면 확인 버튼을 누르기 전과 같은 화면으로 돌아온다. 전에 마우스를 좌우로 움직이면 사각형이 따라 움직이는 것이 보인다. 이때 클릭하면 투영 명령에 의해 생성할 수 있는 투영도와 보조 명령에 의해 생성할 수 있는 등각투상도가 생긴다.

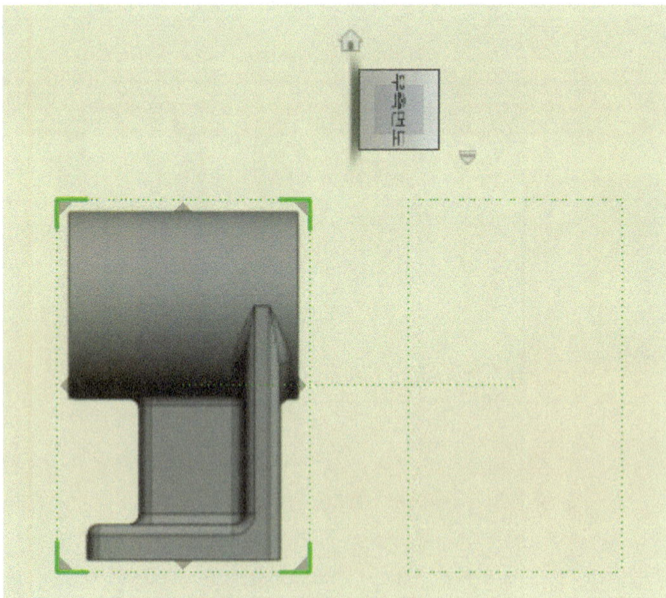

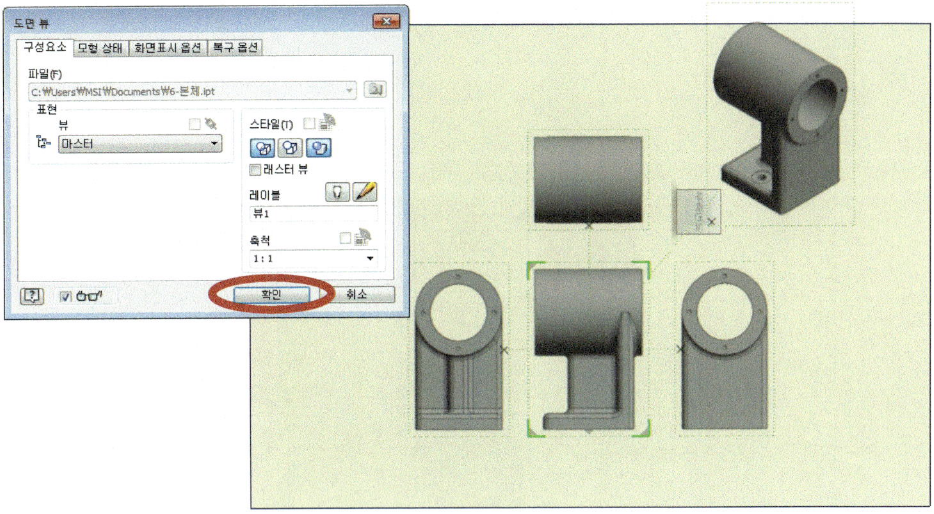

보기 편하게 화면의 가운데로 옮긴다. 서로 연동되어 있어 하나를 움직이면 다 같이 움직인다. 그림 자체를 클릭하고 마우스를 움직여도 그림은 움직이지 않는다. 뷰의 주위에 점선으로 된 사각형을 클릭하고 움직여야 하는데 이것을 이후 뷰의 경계(인벤터 매뉴얼에는 단일 뷰의 빨간색 경계라고 되어있다)라고 하겠다.

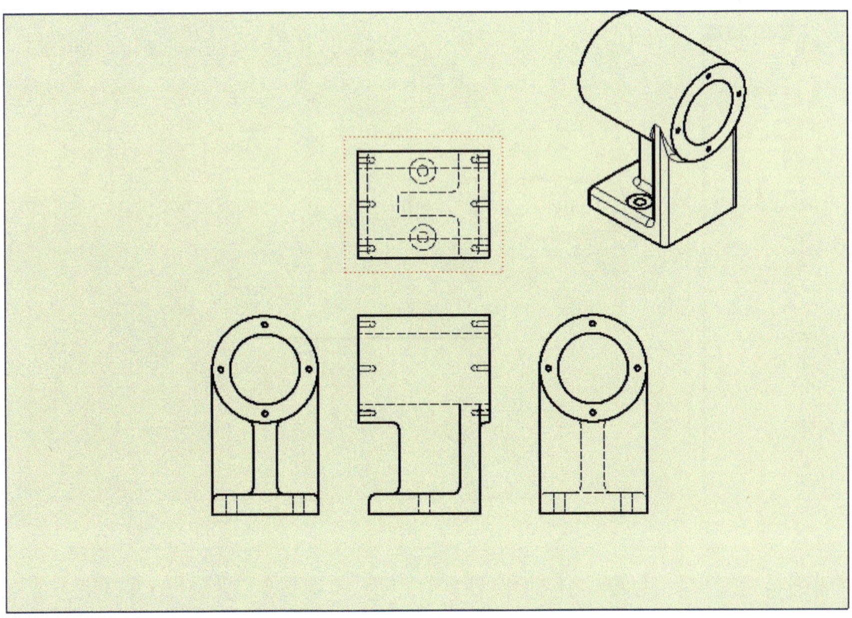

보기 쉽게 조금 더 간편한 모형으로 설명을 계속하겠다.

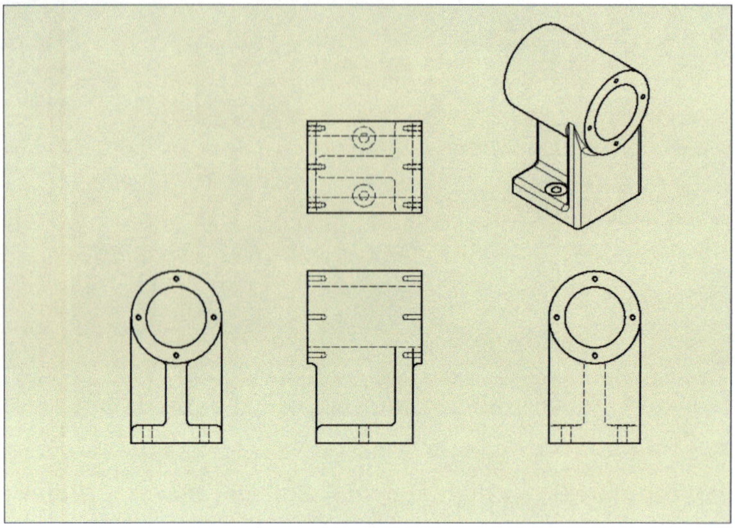

인벤터에서는 위와 같이 뷰를 표현하는 몇 가지 방법이 있다. 이를 설명하기 위해서는 우선 도면의 구조를 이해할 필요가 있는데 좌측의 트리를 보자.

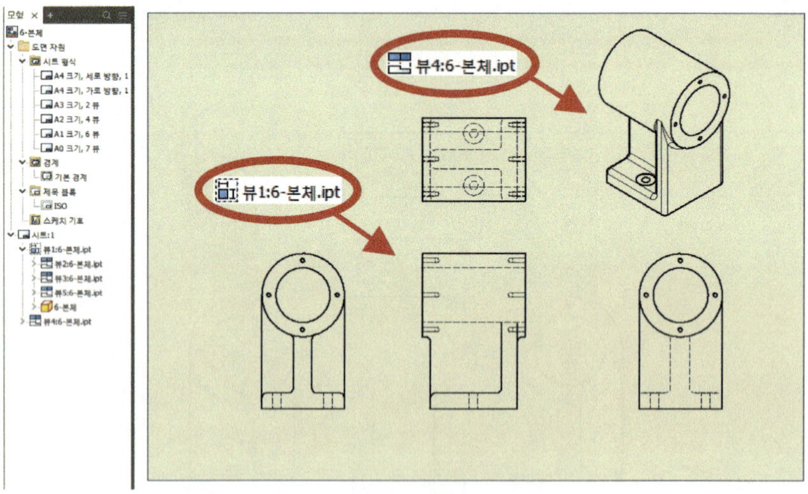

위의 그림에서 빨간색 원으로 표시한 뷰1이 기준 명령으로 생성한 정면도이고 그 주위의 측면도와 평면도가 좌측에 트리에서 뷰1 밑에 들어가 있다. 그리고 등각 투상도인 뷰4는 정면도 밑에 들어가 있지 않고 별도로 나와 있다.

즉 뷰1을 선택하면 투상도 전체를 바꿀 수 있고 등각투상도는 별도로 바꾸어야 한다. 물론 처음 생성했을 때는 설정한 값이 모든 뷰에 같이 들어간다.

정면도(뷰1)의 뷰의 경계를 더블 클릭한다.

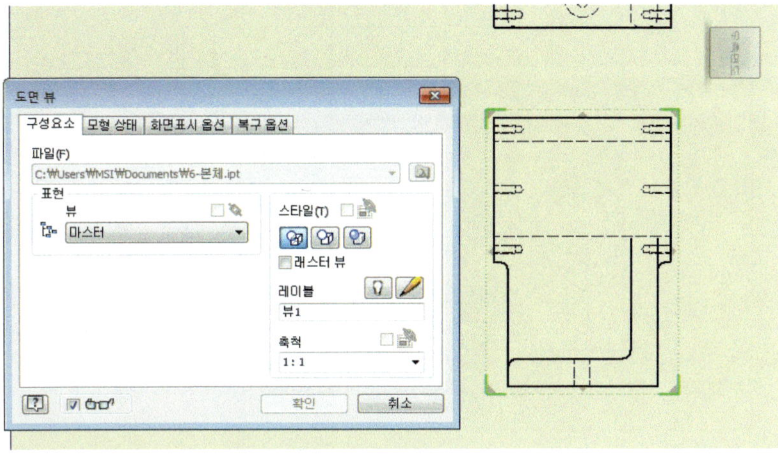

도면 뷰 대화창에 스타일(T)가 보인다.

스타일(T)의 밑에 왼쪽에서부터 은선, 은선 제거, 음영처리의 세 버튼이 있다. 은선과 은선 제거 버튼은 둘 중 하나를 선택해야 하고 음영처리는 앞의 두 버튼과 관계없이 작동시키거나 끌 수 있다. 앞의 도면에는 자동으로 투상도에 은선이 들어가 있고 등각투상도에는 빠져있다. 정면도에서 **은선 제거**를 선택하고 **확인** 버튼을 누른다.

아래와 같이 투상도가 바뀐다.

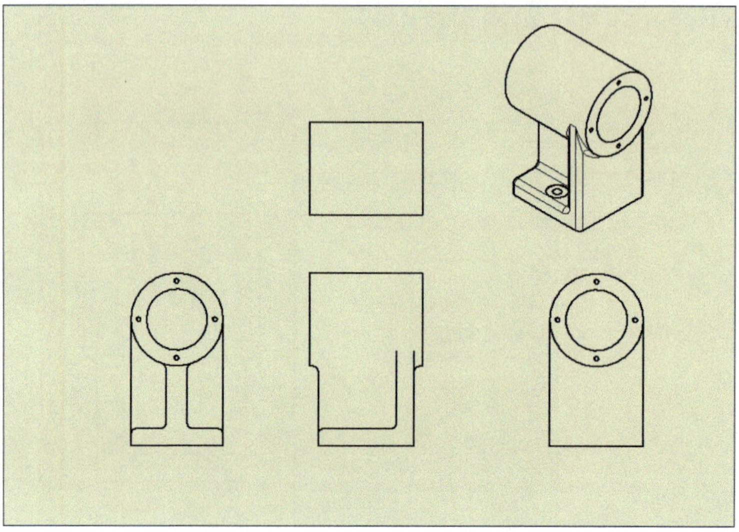

투상도의 은선을 원래대로 넣어주고 이번에는 등각투상도의 뷰의 경계를 더블 클릭하여 은선을 넣어보자.

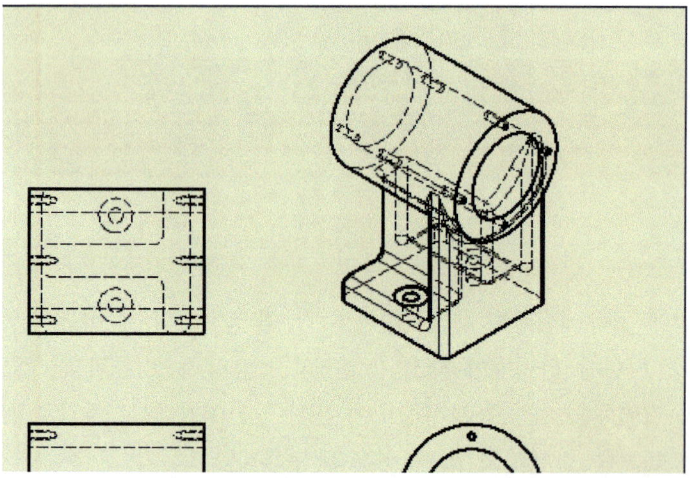

각투상도의 은선을 원래대로 제거한다.

이번에는 도면 뷰 대화상자의 화면표시 옵션에 대해 알아보자. 정면도를 더블 클릭하고 **화면표시 옵션** 탭으로 간다.

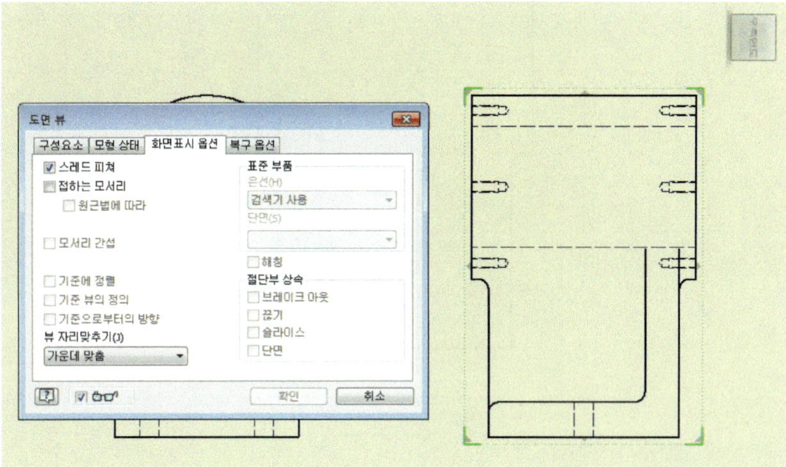

스레드 피처가 보이는데 앞서 3D 모형을 만들 때 스레드 명령으로 선택한 곳을 도면에서 나사표시를 해줄 것인지 숨길 것인지 정하는 옵션이다. 당연히 기본값은 나타내는 것이다. 이것을 선택 해제해보자.

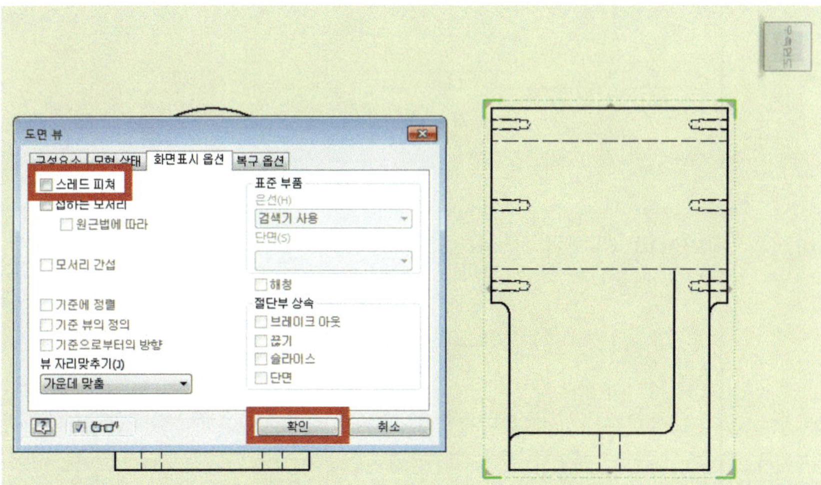

나사부가 사라지고 드릴 구멍 선들만 남아있다.

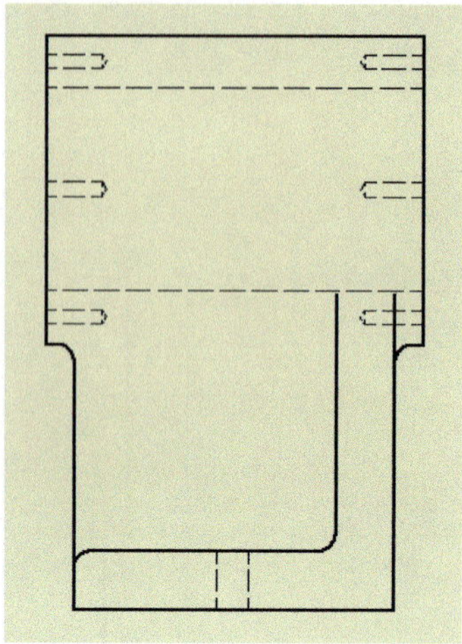

나사부만 확대해 보았다.

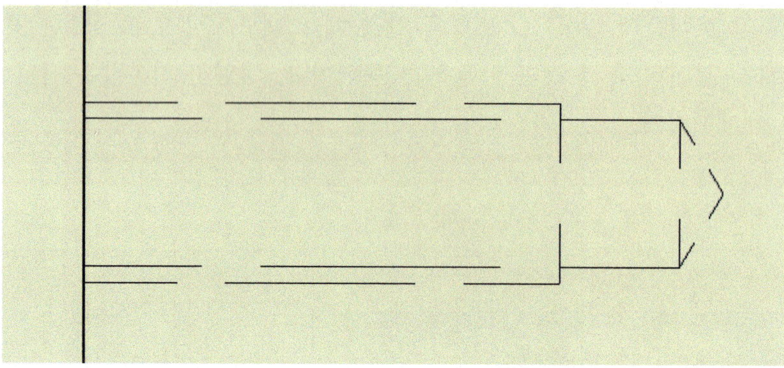

스레드 피처를 제거하니 아래와 같이 되었다.

나사부의 제도에 대해 알고 있거나 찾아보면 금방 눈에 들어오는 것이 있을 것이다. 여기서 보면 불완전 나사부에 대한 선이 빠져 있다. 단면을 잘라서 도면을 만들어도 불완전 나사부에 대한 선이 없다.

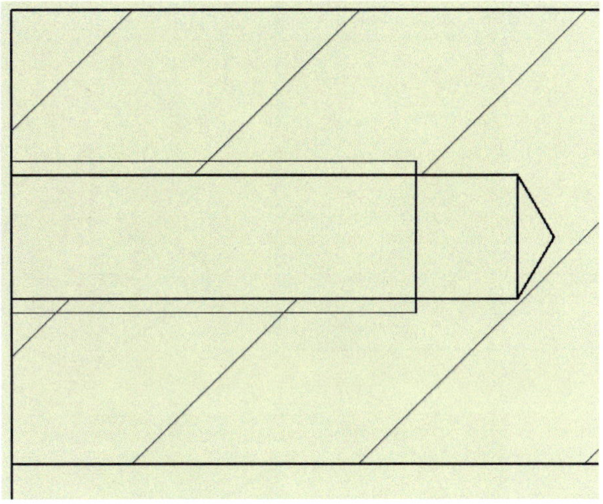

따라서 이 불완전 나사부를 직접 그려야 하는데 앞서 말한 대로 이것들을 모두 인벤터의 도면기능을 사용하여 만들려면 시간이 너무 많이 걸린다. 이러한 이유로 2D 도면은 기본적인 2D 형상을 만든 뒤에는 오토캐드를 사용한다. 위와 같이 나사부를 작성하여 제출하면 기능사 실기에서는 큰 문제가 없는 것이 사실이지만 산업기사부터는 조심할 필요가 있다.

정면도의 스레드 피처를 다시 적용시키고 이번에는 그 밑에 있는 접하는 모서리 옵션에 대해 알아본다. 일반적으로 도면에서 모서리가 접하는 경우는 표시하지 않는다. 다만 등각투상도일 때는 이 선이 필요하다. 정면도에 접하는 모서리를 선택해보자.

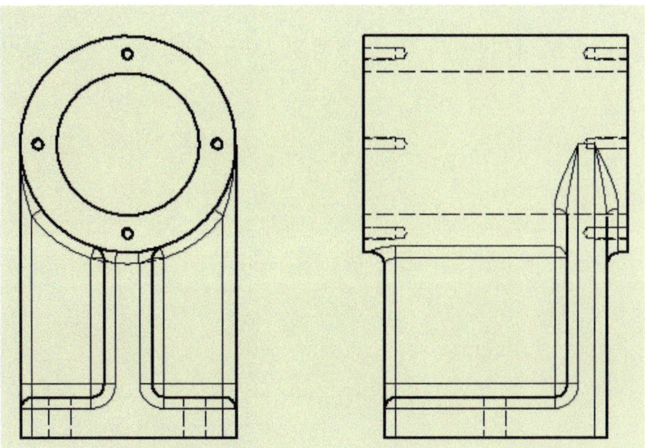

정면도의 접하는 모서리를 해제하고 이번에는 등각투상도의 접하는 모서리를 해제해보자.

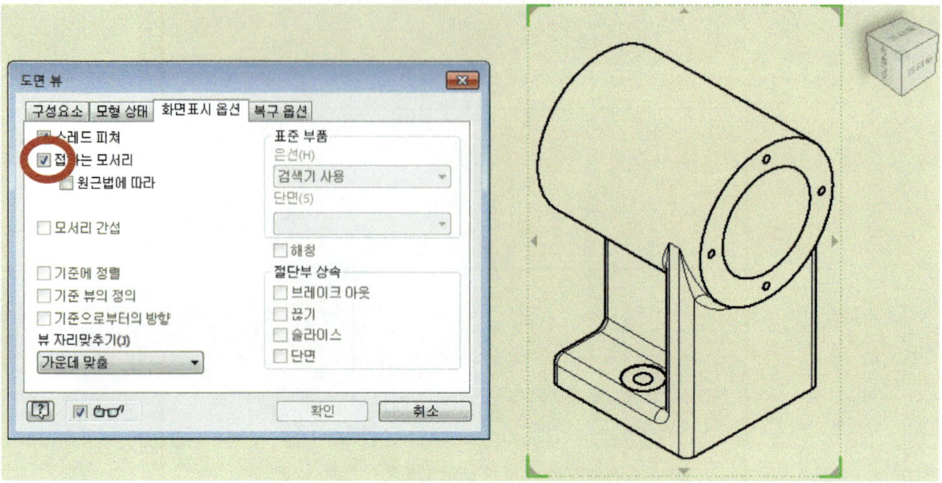

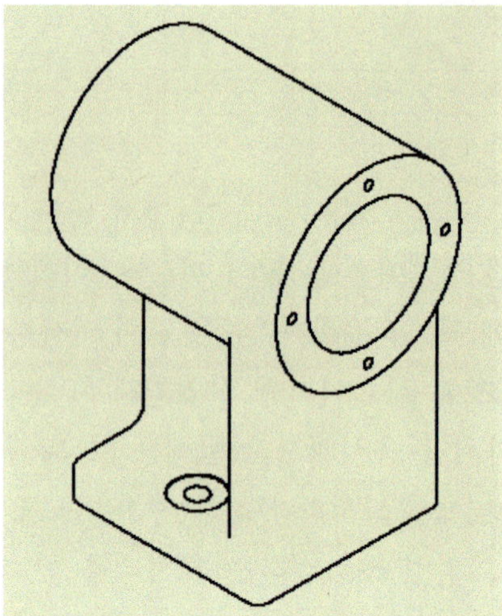

등각투상도의 접하는 모서리를 다시 설정하고 지금까지 한 것을 저장한다.

STEP 19 | 2D 도면 생성하는 법 2

이전 장까지 뷰 배치의 기준, 투영, 보조 명령을 알아보았다. 이제는 앞에서 작업한 도면을 사용하여 뷰 배치의 명령들에 대한 설명을 계속하겠다.

국가기술자격 실기시험을 준비할 때 이번에 배울 명령들을 잘 쓸 수 있다. 왜냐하면 실기시험을 치르기 직전의 수험자면 이미 예제집의 도면들을 충분히 익히고 외워둔 상태인데다 중요한 형상 정보를 인벤터에서 매우 쉽게 얻을 수 있기 때문이다. 실제 시험에 이렇게 사용하지는 않지만 앞서 보여준 암나사부의 단면도를 떠올려보고, 불완전나사부가 없으니 시간이 조금 걸리더라도 그걸 인벤터로 그렸다고 하자. 그런데 그 부분에 해칭선이 지나가면 어떻게 될까? 결국 오토캐드에서 투상도를 가지고 단면도를 만드는 것이 더 빠를 것이다. 그래서 다들 조금 익숙해지면 인벤터에서 도면 작성과 관련된 여러 가지 작업을 잘 하지 않으려 한다. 하지만 여러 기능에 익숙해져 잘 사용하게 되는 경우도 있고 처음 배울 때 도움이 많이 되는 것도 사실이다.

우선 실기시험에서 아래 본체의 2D 도면은 정면도와 좌측면도가 필요하다. 이 정면도의 단면도를 인벤터를 통해 만들어보자.

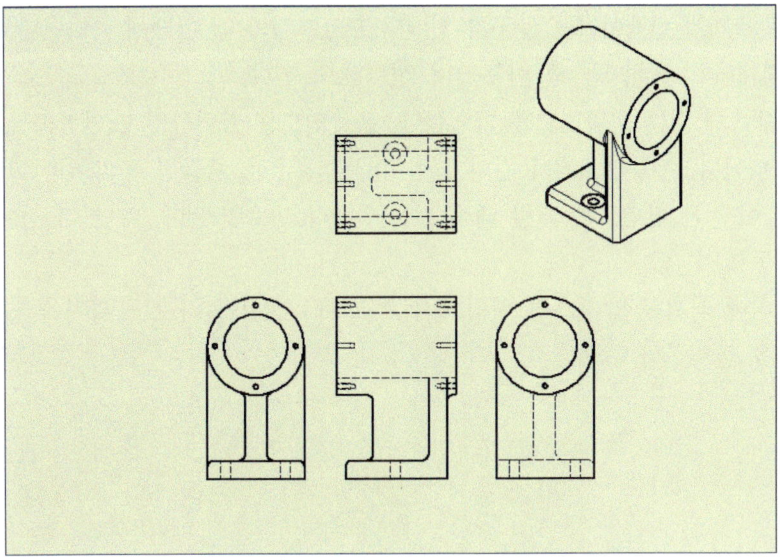

리본 〉 뷰 배치 〉 작성 〉 **단면** 명령을 실행하자.

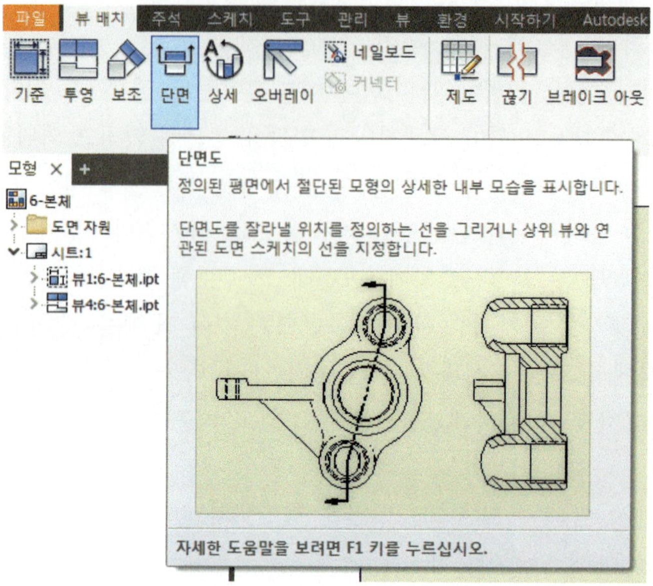

뷰 또는 뷰 스케치 선택이라는 문구가 인벤터 프로그램의 맨 아래에 나타난다. 단면 명령에서는 뷰의 경계나 스케치 둘 중 아무거나 선택해도 된다.

정면도의 우측에 있는 우측면도를 클릭한다. 우측면도를 클릭하면 단면선의 끝점 입력이라는 문구가 나타난다. 우측면도에서 원의 중심, 사분점, 끝점, 중간점 등의 위치에 가면 초록색 점이 생긴다. 이 점은 단면도를 그릴 때 중요한 위치라고 보면 된다. 다만 이 점에서 클릭하면 단면선을 이동할 수 없다.

우측면도 위에 커서를 가져가면 원의 중심으로부터 점선이 나오는 위치가 있는데 여기서 마우스 버튼을 클릭한다.

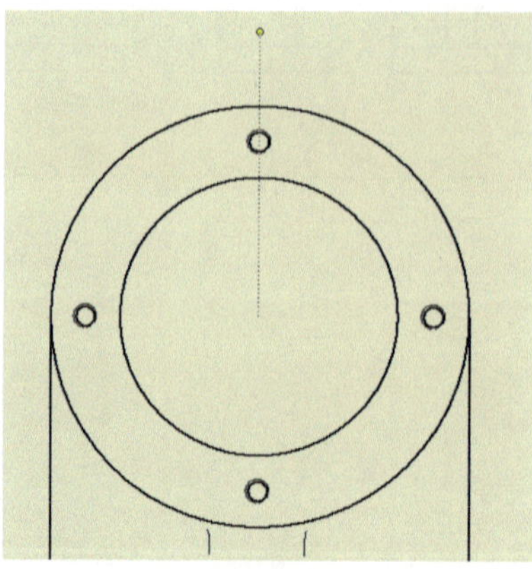

필요한 위치까지 내린다. 수선으로 표시되는 기호(//(평행))가 있는지 확인하고 클릭한다.

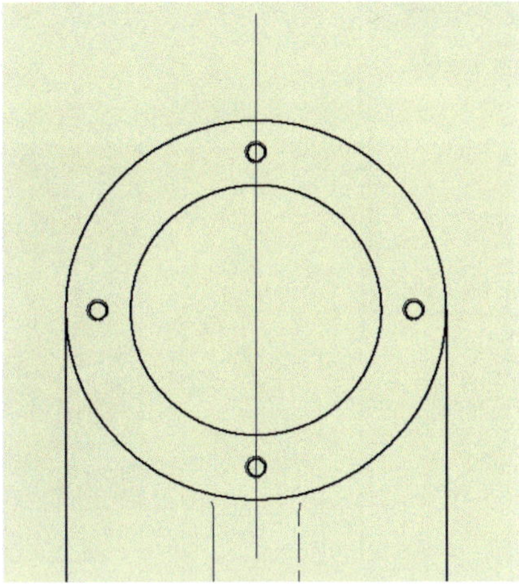

마무리 지으려면 오른쪽 마우스 버튼을 누르고 **계속**을 선택한다.

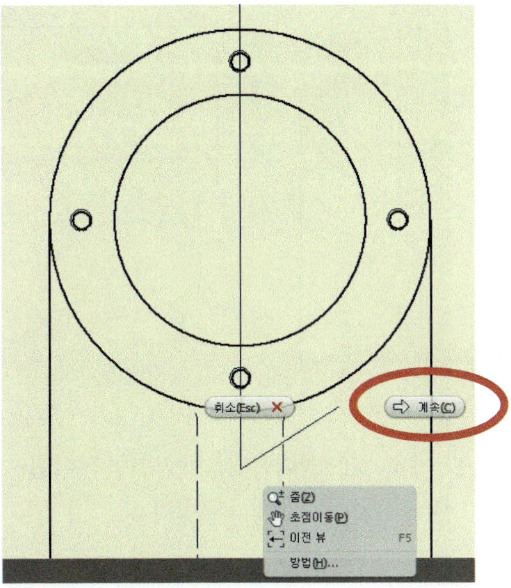

뷰 식별자와 축척은 여기서는 그대로 쓰고 적절한 위치에 마우스를 움직이고 클릭한다.

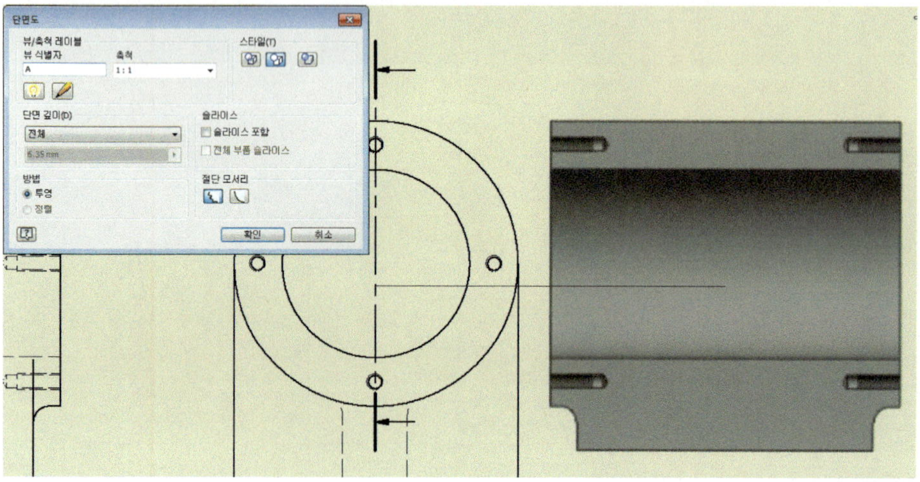

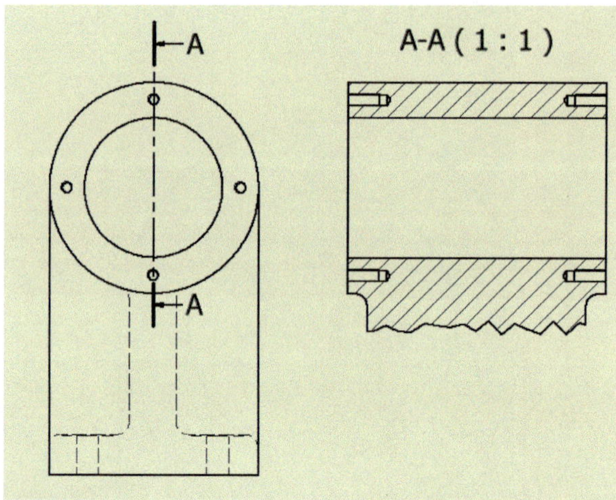

단면선을 클릭하고 양 끝을 마우스로 클릭한 상태에서 움직이면(마우스 드래그(drag)) 어디서부터 어디까지 단면도를 만들 것인지 정할 수 있다.

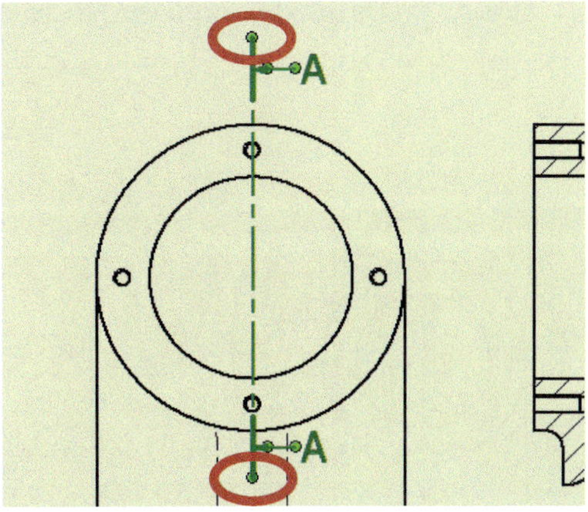

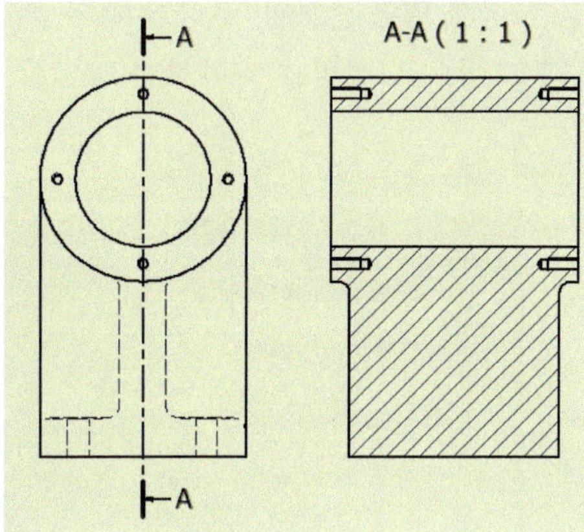

2개 이상의 선을 만들어 다음과 같이 표현할 수도 있다(조합단면도).

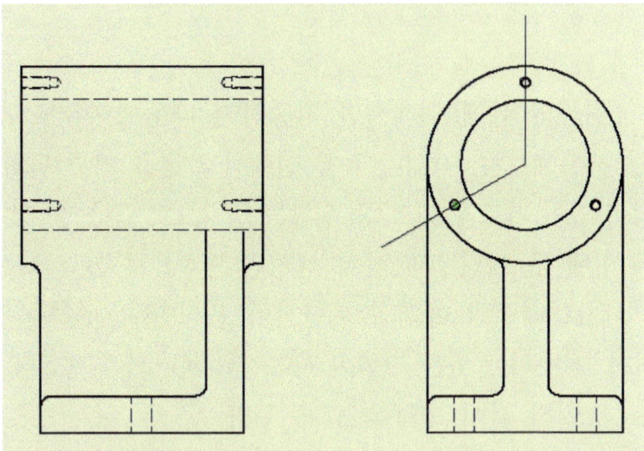

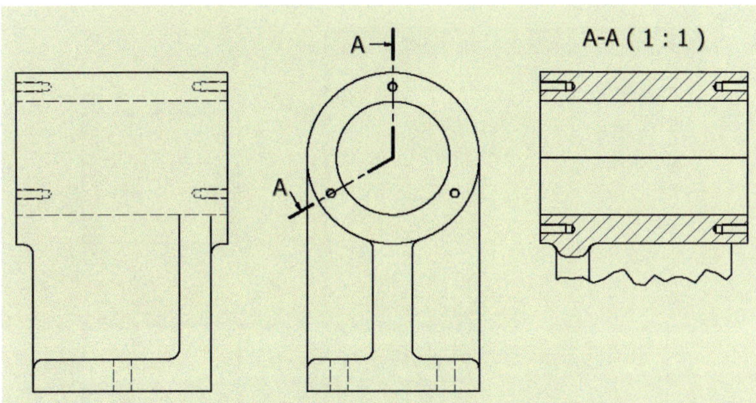

좌측면도에서도 우측면도와 똑같이 만들어 연습해보자.

다음은 상세 명령을 보자. 적용할 뷰와 적용할 부분을 클릭하면 된다. 사용법이 직관적이므로 아래 그림으로 설명을 대체한다.

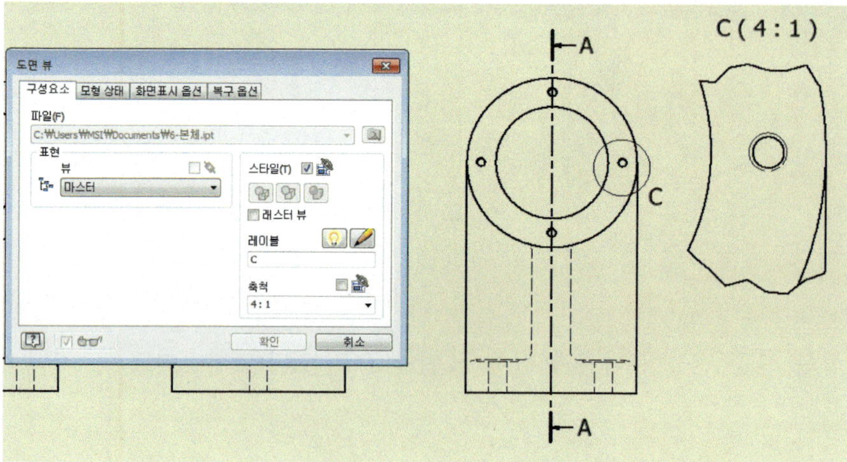

오버레이 명령은 조립품의 뷰에 대해서만 작동하기 때문에 여기서는 넘어간다.

다음은 끊기 명령을 사용해보자. 작업할 뷰를 선택하고 끊을 기준 위치를 클릭하여 정한다. 끊기 대화상자에 방향이 있어 가로와 세로 중 원하는 방향으로 끊을 수 있다. 기본 값은 가로이다. 클릭으로 정한 위치에 두 개의 파단선이 생성된다. 이 두 선 위로 커서를 옮기면 위의 파단선이 움직이고 아래로 내리면 아래의 파단선이 움직인다. 원하는 위치에 갔으면 다시 한 번 클릭한다. 그러면 그 사이에 있는 그림이 사라지고 파단선이 생긴다. 이렇게 하면 투상도의 경우 다른 도면도 당연히 같이 영향을 받게 된다.

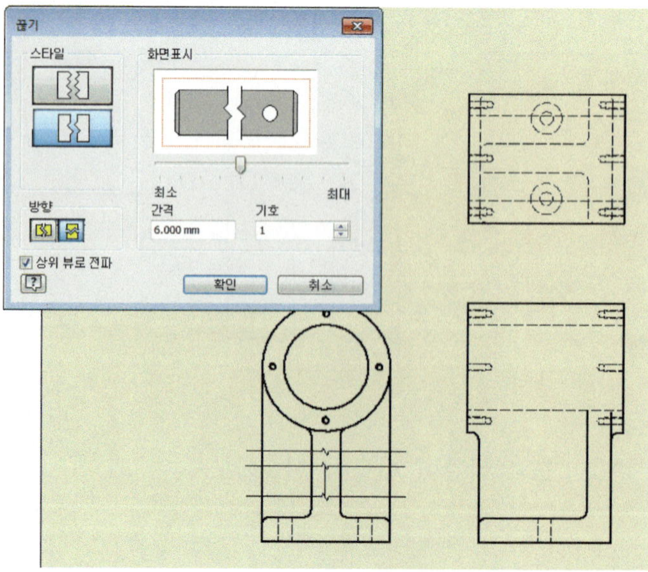

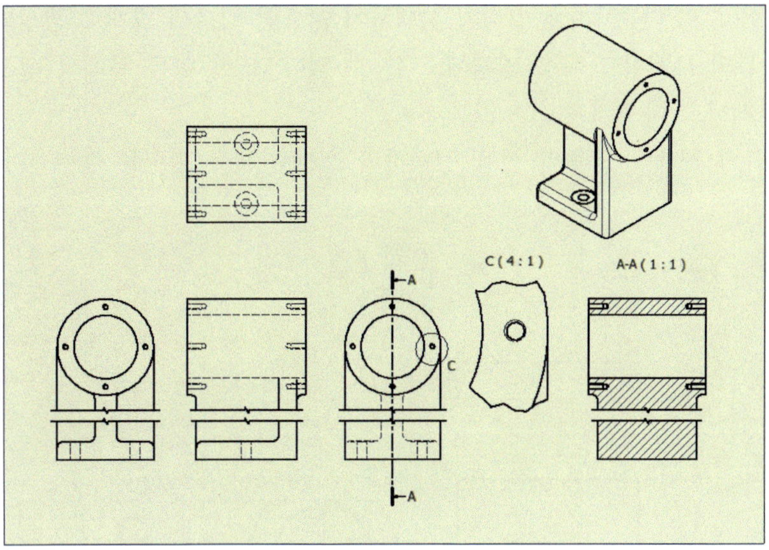

다음은 브레이크 아웃 명령이다.

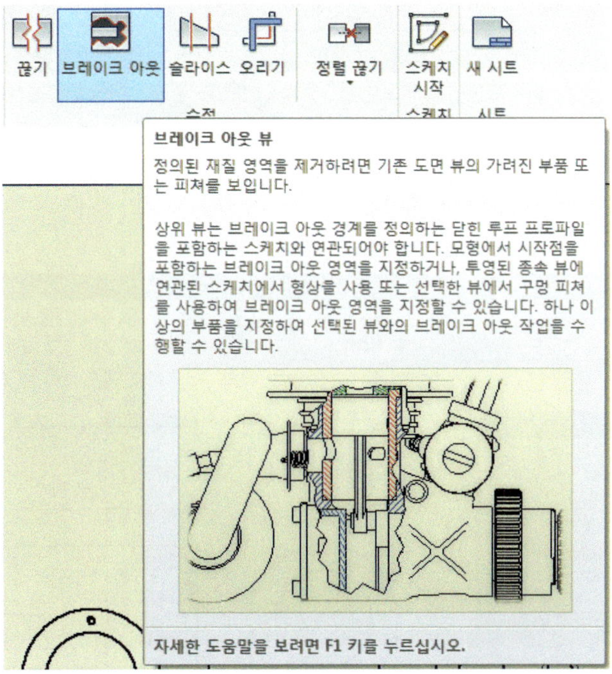

브레이크 아웃 명령은 단면 명령과 비슷한데 폐곡선 스케치가 필요하다고 생각하면 편하다. 우선 작업할 뷰의 경계를 클릭하거나 모형의 선 근처에 가면 선이 붉어지는데 이때 모형의 선을 클릭한다. 이 상태에서 스케치를 클릭한다. 이렇게 하고 좌측의 모형의 트리를 보면 이 스케치는 해당 뷰의 밑에 들어가 있는데 이 상태에서 스케치된 것만이 해당 뷰의 브레이크 아웃 명령에 쓸 수 있다. 어디에 그릴지 선택하지 않으면 시트에 별개로 생성되는데 이렇게 만들면 어느 뷰의 브레이크 아웃 명령에도 쓸 수 없다. 또한 다른 뷰에서 생성된 스케치도 해당 뷰의 브레이크 아웃에 쓸 수 없다.

정면도의 뷰의 경계나 모형의 선을 선택하고 **스케치 시작** 명령을 실행한다.

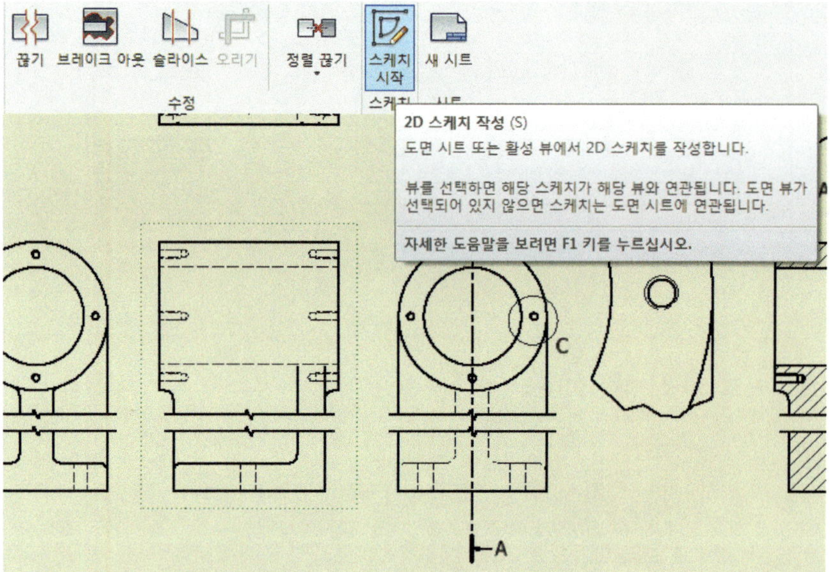

다음과 같이 직사각형을 그려보자.

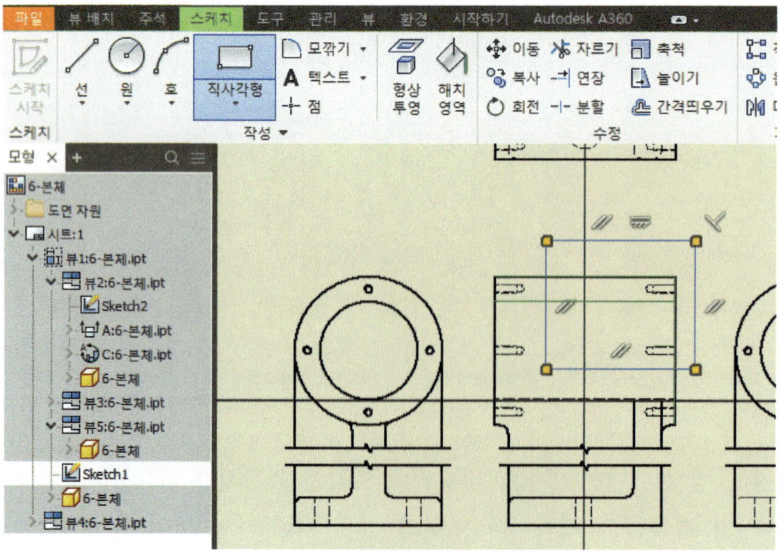

스케치를 마무리하고 브레이크 아웃 명령을 실행한 다음 정면도를 클릭한다. 이미 앞서 그린 사각형이 프로파일로 잡혀 있고 깊이를 정해야 하는데, 이때 기본으로 되어있는 시작점을 그대로 쓰고 정면도의 한 곳을 클릭한다. 투상도의 다른 도면의 한 곳을 클릭해도 된다. 여기서는 정면도의 맨 윗선을 선택했다. 선택했으면 **확인** 버튼을 누른다.

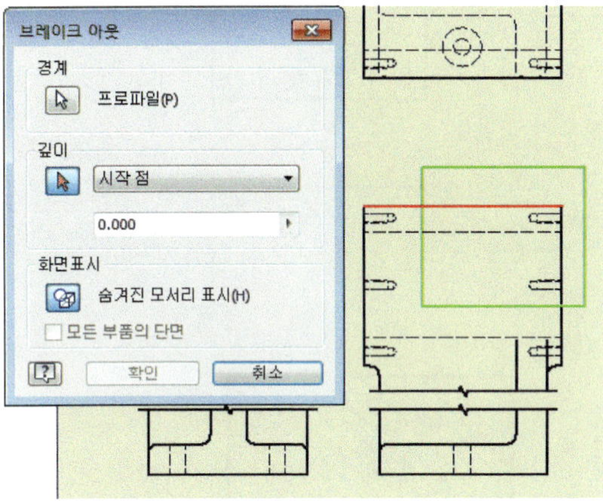

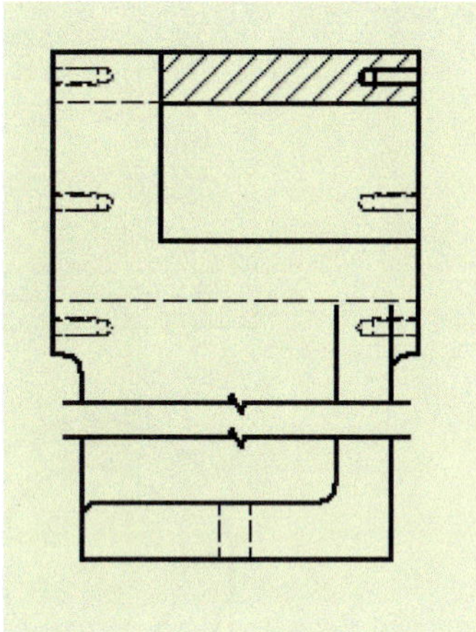

좌측 모형의 트리에서 브레이크 아웃 아래에 있는 스케치를 더블 클릭하여 사각형을 모형 전체보다 크게 만든다. 이렇게 하면 단면 명령과 비슷한 결과가 나온다.

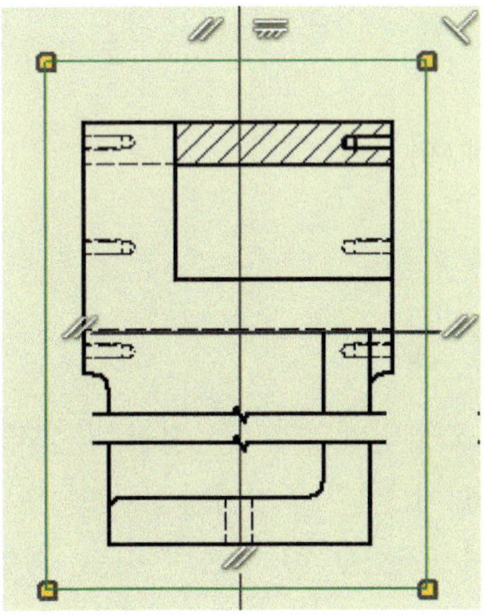

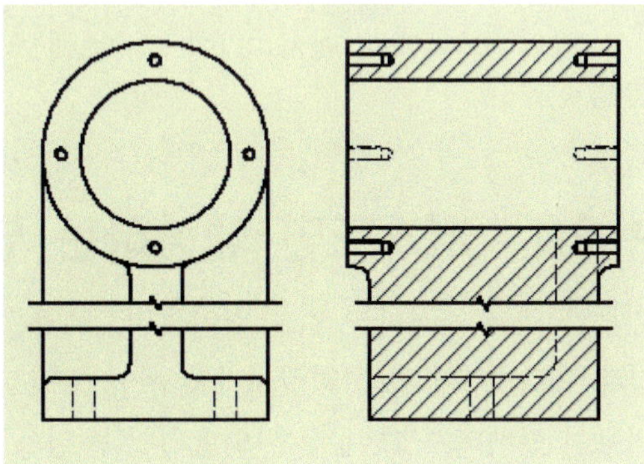

좌측 모형의 트리에서 브레이크 아웃을 더블 클릭하여 시작점 아래 값에 22를 준다.

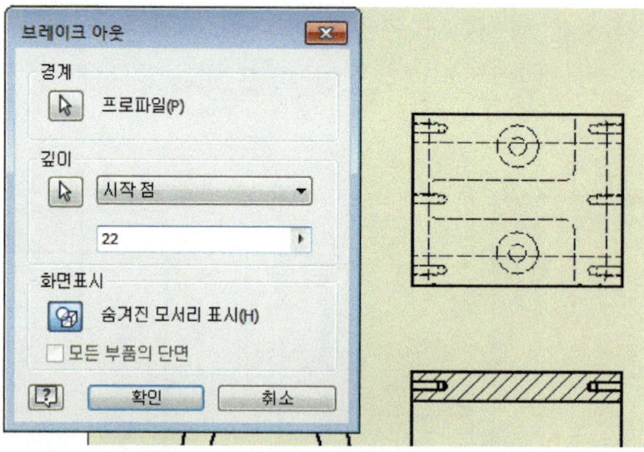

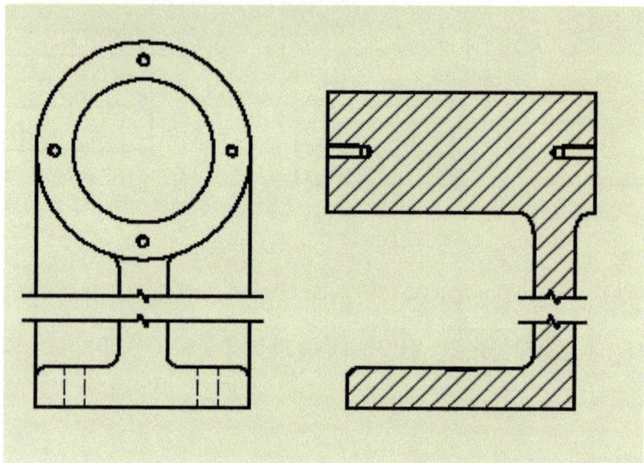

스케치의 범위, 선택한 스케치, 깊이 값 등에 의해 다양한 단면을 얻을 수 있다.

STEP 20 | 2D 도면 생성하는 법 3

이제 만든 도면을 저장하는 법을 알아보자. 도면은 크게 인벤터가 사용하는 확장자가 idw인 도면 파일과 오토캐드가 쓰는 확장자가 dwg인 도면 파일이 있다. 확장자가 dwg인 도면 파일을 다시 살펴보면 인벤터가 그린 것은 인벤터만 수정을 정상적으로 할 수 있는 dwg 파일이 있고 오토캐드가 인벤터가 그린 것을 마음대로 수정할 수 있는 dwg 파일이 있다.

다른 것은 다 트리에서 지우고 파단선은 그래픽 창의 도면에서 파단선을 선택해서 지워야 한다. 좌측면도에 단면도를 만들었다.

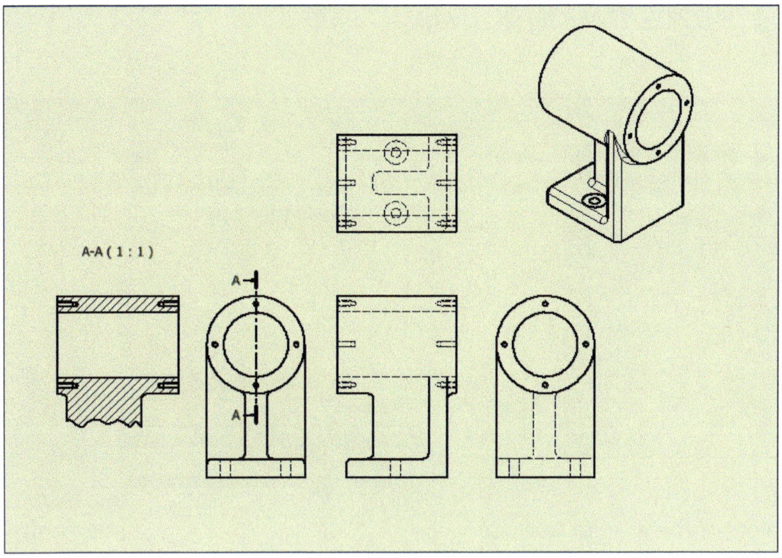

리본 〉 파일 〉 다른 이름으로 저장 〉〉 **다른 이름으로 사본 저장**을 클릭한다.

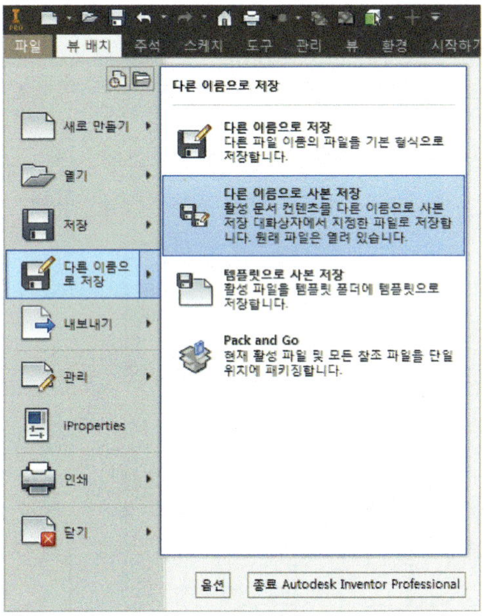

파일 형식을 **오토캐드 DWG 파일(*.dwg)**로 저장한다.

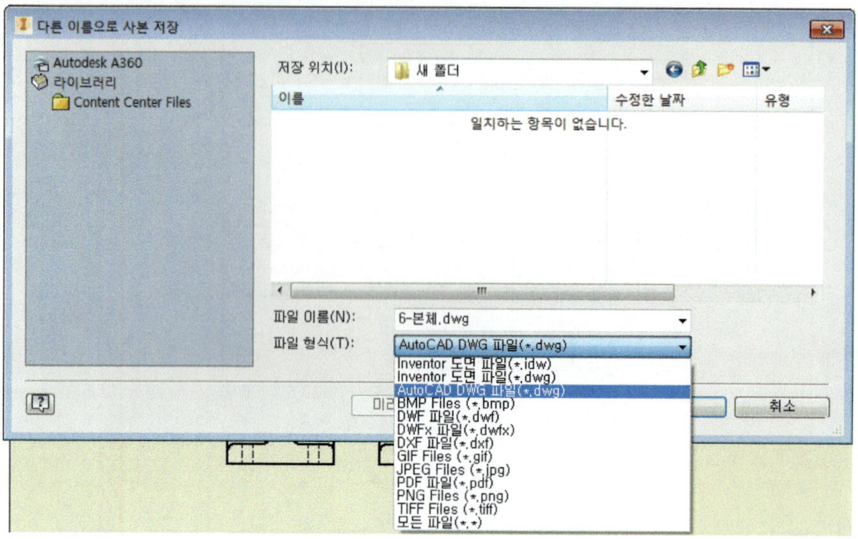

아래 파일을 오토캐드로 불러본다.

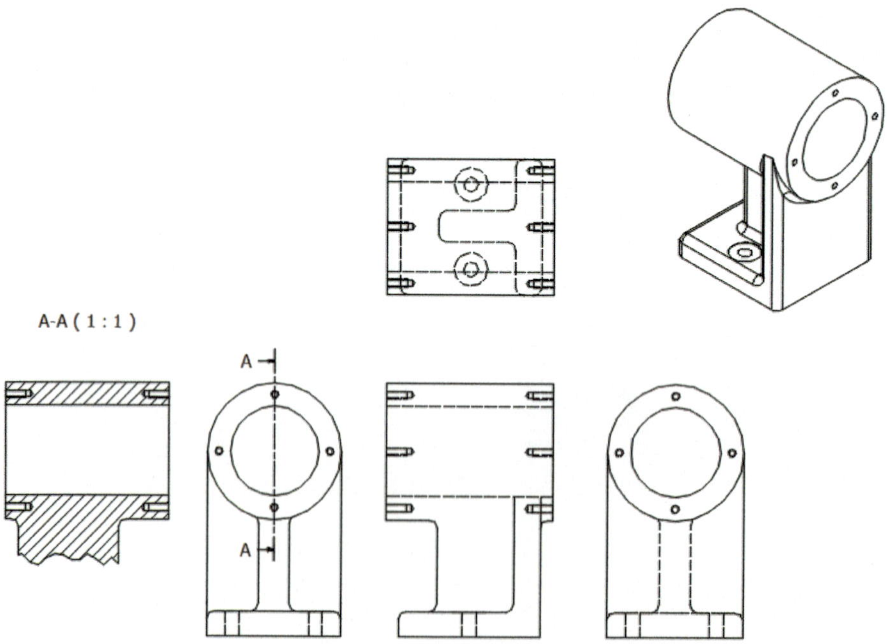

오토캐드의 처음 새 문서를 열었을 때와 비교해보면 문자 스타일과 도면층 특성에 차이가 있다.

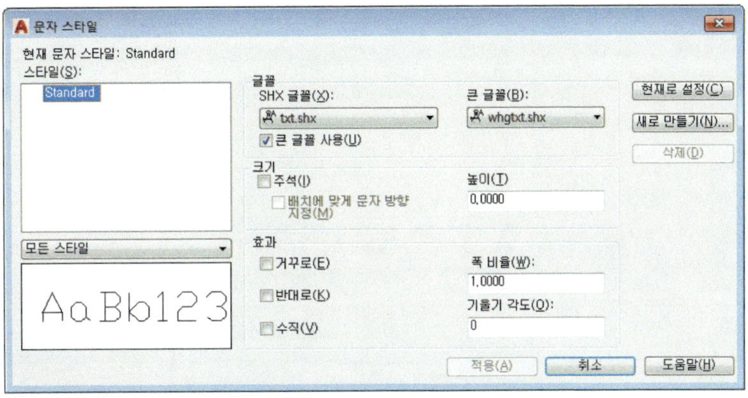

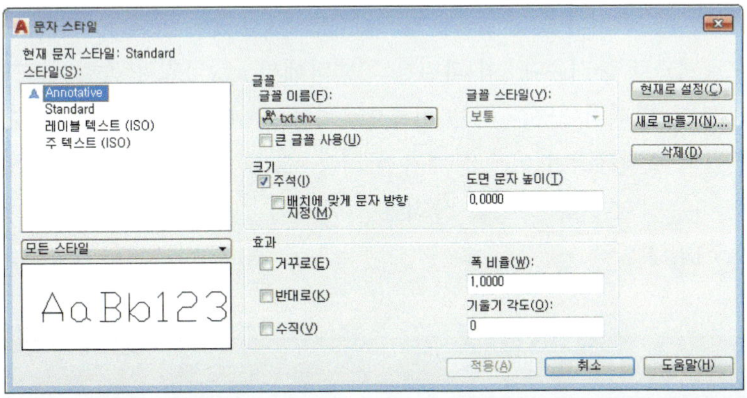

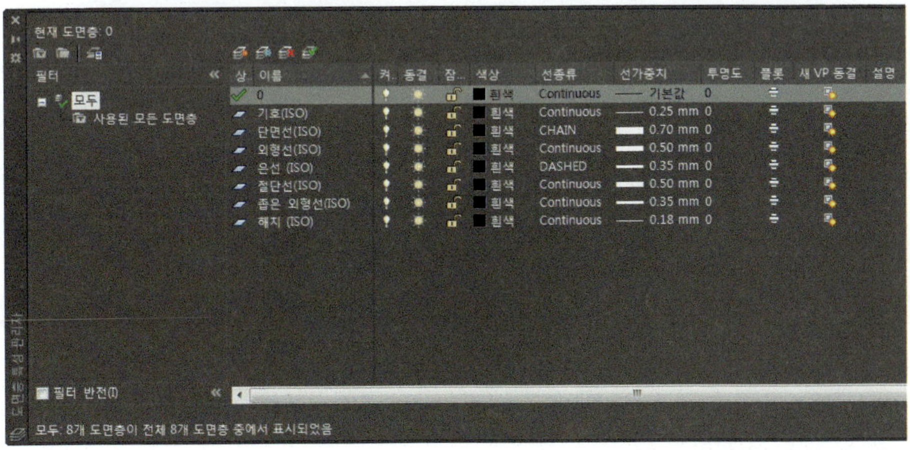

일단 위의 내용을 잘 살펴보자. 여기서 기호는 문자에 적용되는 도면층(레이어)이고 국가자격시험에서는 노란색이다. 지금 도면상에 있는 글자는 원래 도면 작성시 5.0 크기의 글씨이고 윤곽선으로 작업한다.

다시 이번에는 파일 형식을 **인벤터 DWG 파일(*.dwg)**로 저장한다.

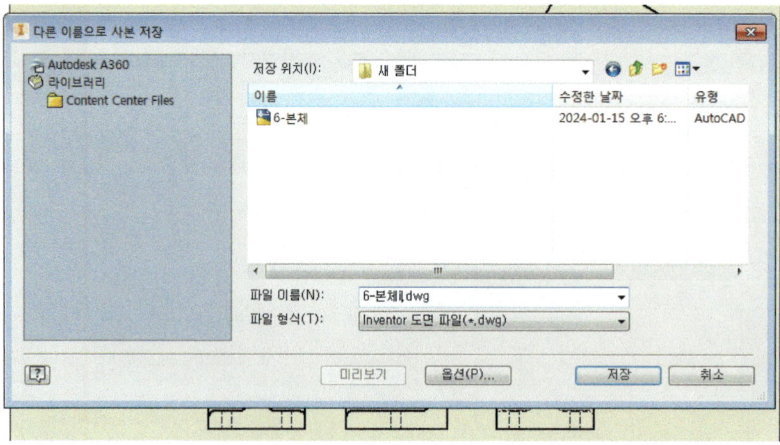

이 파일을 오토캐드로 불러온다. 이 파일은 인벤터에서 idw파일과 똑같이 작업할 수 있지만 오토캐드에서 불러보면 배치에 시트라는 이름으로 만들어져 있다. 아울러 뷰 포트(VP)에 블록으로 삽입되어 있어 수정하려면 여간 문제가 아니다. 물론 방법이 없는 것은 아니지만 추천할 방법이 아니다. 아울러 도면층 특성을 살펴보면 아래와 같이 쓰지 않는 도면층도 다 들어가 있어 작업하기 어렵다.

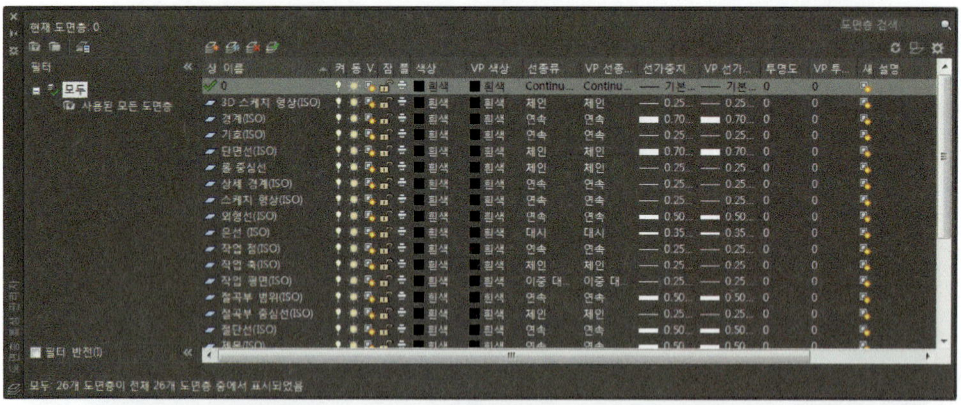

따라서 이 책에서 오토캐드 도면작업을 위해 도면을 저장할 때는 **오토캐드 DWG 파일(*.dwg)**로 저장하는 것을 의미하는 것으로 하겠다.

마지막으로 하나 더 살펴볼 것이 3D 렌더링 등각투상도에서 음영처리가 된 상태로 작성하는 경우이다. 이 경우에는 인벤터에서 음영을 부여하였더라도 **오토캐드 DWG 파일(*.dwg)**로 저장하면 음영이 사라진다. 인벤터의 도면기능으로 그려서 도면을 만든다. 오토캐드에서 도면 양식을 작성하기 위해 불러오려면 **인벤터 DWG 파일(*.dwg)**로 저장해야 한다. 이때 조심할 것이 있는데 하나는 당연히 인벤터에서 배치한 등각투상도들의 위치를 바꿀 수 없다는 것이고, 다른 하나는 오토캐드로 열어보면 음영처리가 jpg나 png파일 같은 그래픽 이미지로 되어 있다는 것이다. 이 해상도가 문제인데, 기본 옵션이 100 dpi라서 선과 음영이미지가 서로 겉돌기 때문에 해상도를 300이나 600 dpi 정도로 바꾸는 것이 좋다. 마지막으로 뷰 포인트가 겹쳐질 때 어느 한쪽이 안 보이는 문제가 있다.

다음과 같이 등각투상도를 만들고 음영을 주자.

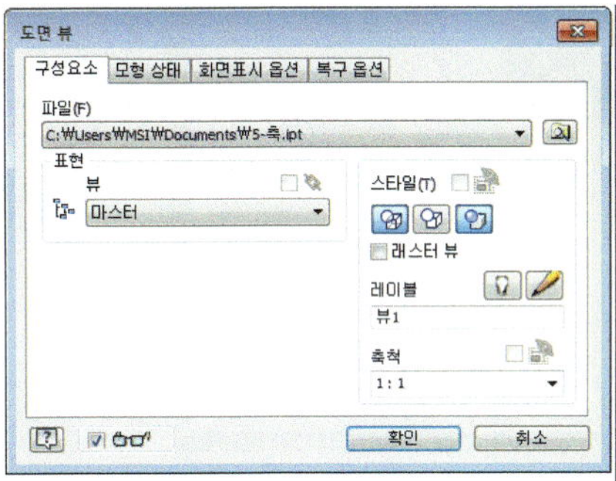

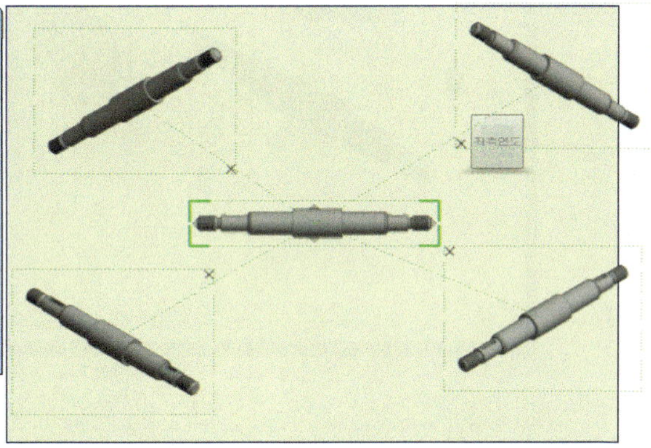

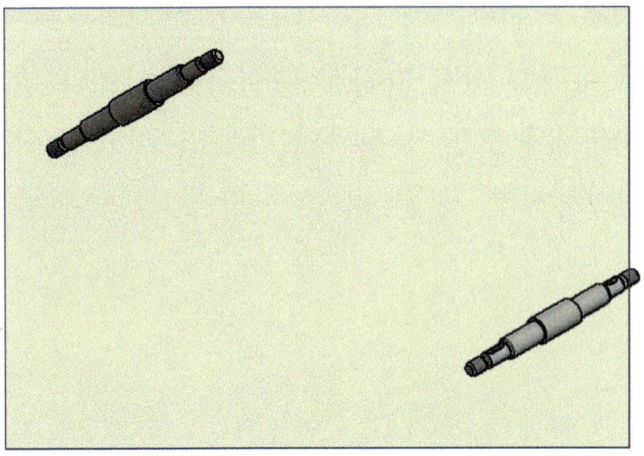

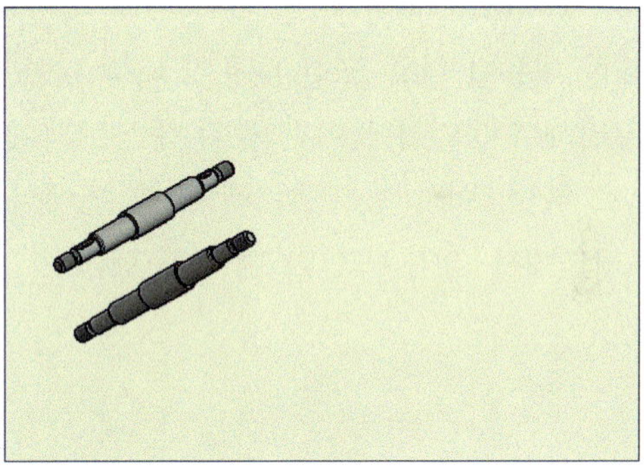

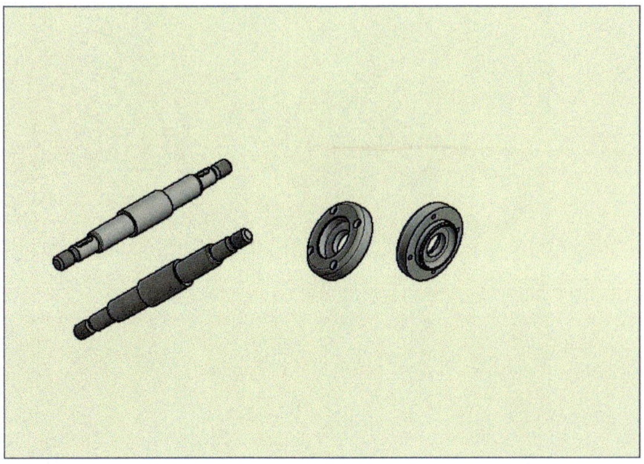

인벤터 DWG 파일(*.dwg)로 저장한 다음 오토캐드에서 불러본다.

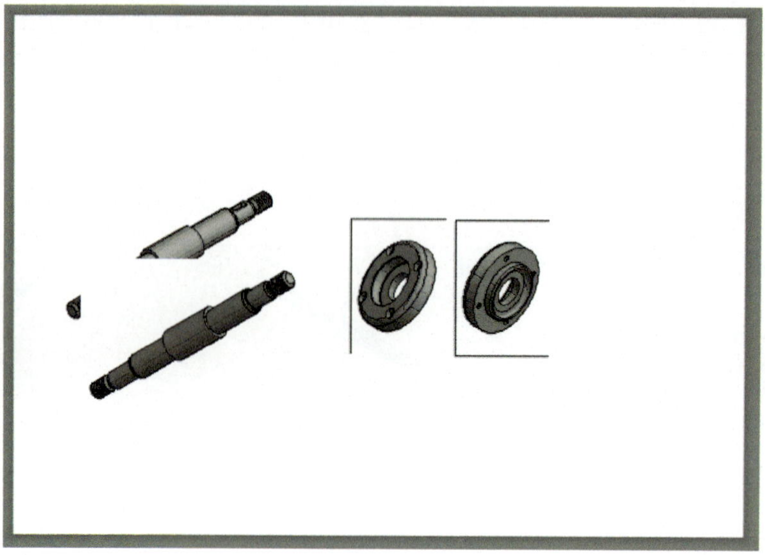

이렇게 보이는 문제를 혼자서 잘 해결할 수 있으면 오토캐드에서 해도 된다. 그런데 이 책에서 배치(Layout)과 뷰포인트(VP)에 대해 설명하면 인벤터에 대한 내용이 아니라 오토캐드에 대한 내용이 되고, 또한 내용이 너무 많아져서 복잡해진다. 따라서 현실적인 이유와 편의성을 고려하여 음영이 들어간 등각 투상도는 인벤터에서 도면 양식까지 마무리 짓고 출력하는 것으로 하며, 이 내용은 이 책의 맨 뒤에서 설명하겠다. 물론 음영이 필요 없는 경우에는 오토캐드에서 작업하면 더 빠르게 된다.

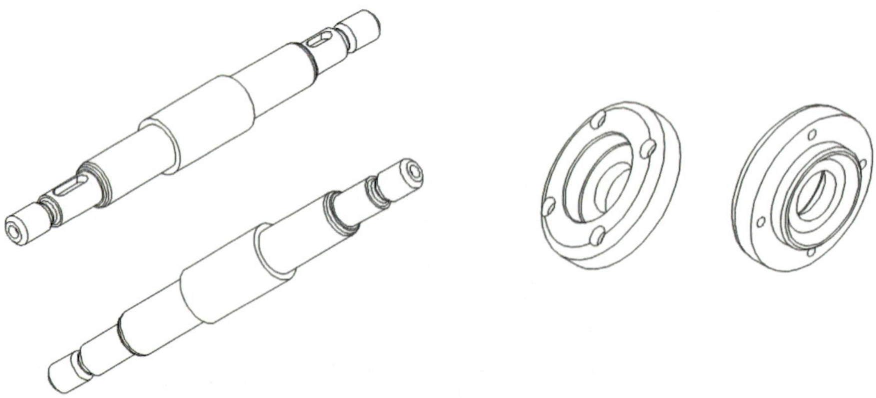

STEP 21 | 도면 양식 만들기

이제 본격적인 부품도 도면 작성을 시작하자. 앞서 설명한 바와 같이 도면 작성은 오토캐드를 통해서 한다. 그런데 인벤터를 다루는 이 책에서 도면 작성에 왜 오토캐드를 사용하는지 의문이 들 수 있는데, 가장 중요한 이유는 시험지의 요구사항 때문이다.

> 8) 아라비아 숫자, 로마자는 컴퓨터에 탑재된 ISO표준을 사용하고, 한글은 굴림 또는 굴림체를 사용하시오.

여기에 따르면 치수 문자는 ISO표준을 사용해야 하는데 인벤터로는 작업이 잘 안 된다. 인벤터를 사용한 도면작업에서 치수문자에 보통 굴림체를 사용하는데 산업기사나 기사시험을 응시하는 경우에는 치수문자를 굴림체로 사용하는 것은 별로 좋지 못하다. 그래서 사용하기 쉽고 시험지의 요구사항도 만족하며 기능사를 준비하는 분들도 차후에 산업기사나 기사를 준비할 것이기 때문에 도면 작성에는 오토캐드를 사용할 것이다. 최대한 상세히 설명하겠지만 오토캐드의 기초와 기본적인 명령어 사용법을 처음부터 하나하나 알려주고 충분히 연습할 수 있는 기회를 주는 것은 한 권의 책에 담기에는 그 분량이 너무 많아 불가능하다. 따라서 최소한의 기초 명령어의 사용법을 독자들이 조금 안다고 가정하고 설명을 하겠다.

우선 오토캐드를 실행한다. 최근 버전은 새 도면이 자동으로 만들어지면서 같이 열린다.

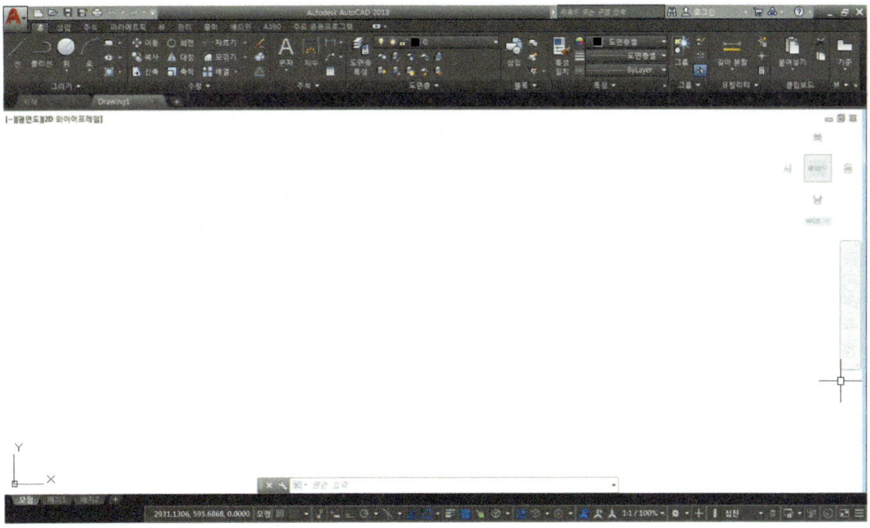

설명을 위해 생성된 도면을 닫고 다시 새 도면을 만들어 보겠다.

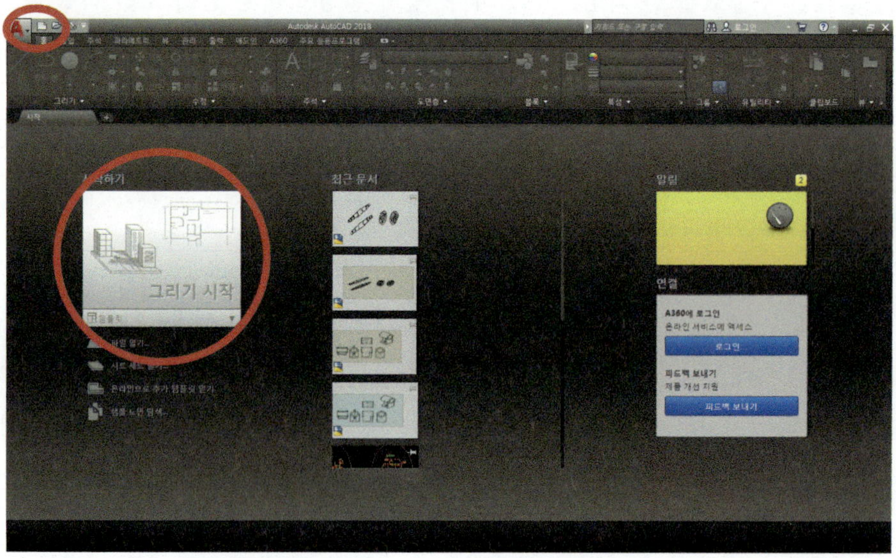

그리기 시작(위의 큰 빨간 원)을 클릭하면 처음 시작할 때와 같이 바로 새창이 나온다. 위의 작은 붉은 원에 있는 **새로 만들기**를 클릭하면 템플릿 선택 창이 나온다.

여기에 있는 템플릿 중에 주로 사용하는 것은 acad.dwt와 acadiso.dwt이다. acad.dwt은 원래 오토캐드와 인벤터를 만든 오토데스크사가 미국 기업이기 때문에 도면의 기본 단위 역시 미국에서 표준으로 쓰는 인치로 표시된다. acadiso.dwt는 ISO 규격인 mm를 기본 단위로 사용한다. 국가기술자격시험에서 쓰기 위해서는 **acadiso.dwt**를 선택해야 한다.

오토캐드도 인벤터와 같이 리본을 통해 작업할 수 있다.

다만 단순 작업을 빠르게 여러 번 하는 특성상 키보드 입력이 많으며 도구막대를 사용하는 클래식 메뉴를 사용하는 것이 더 편리하지만 여기서 생략하겠다.

우선 옵션을 조정해야 한다. 아래 명령창(오토캐드 매뉴얼에 있는 정식 명칭은 '명령 윈도우(Command Window)'이다)에 **op**라고 명령을 입력하고 ENTER키(Enter↵)를 누른다. op는 OPTION 명령어의 약어이며 option을 다 입력할 필요 없이 op만 입력해도 실행된다. 이 경우 다음부터는 op(OPtion)으로 표시하겠다. 옵션 창이 나타난다.

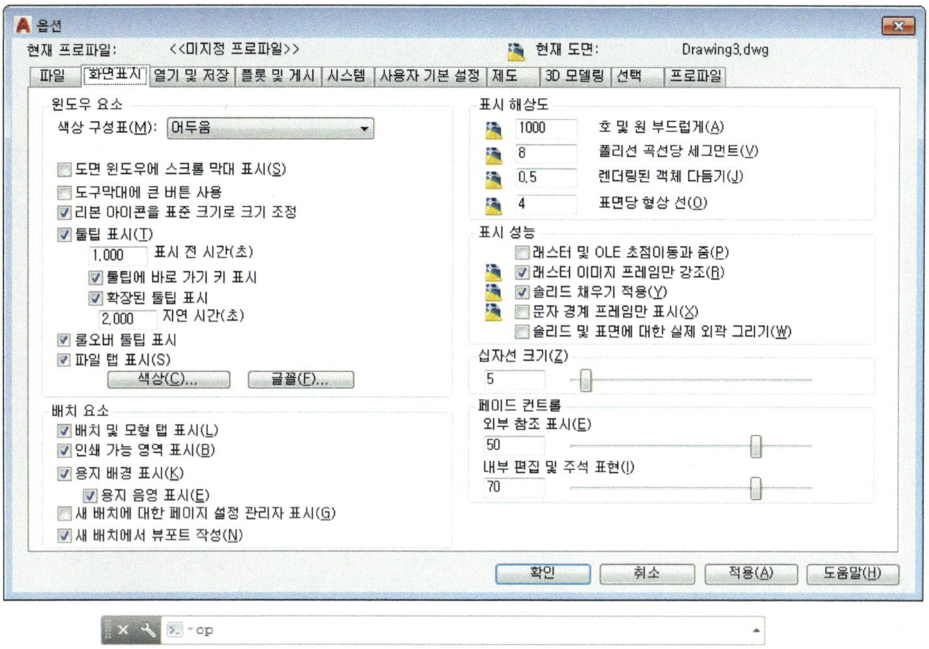

아래의 명령어를 입력할 수 있는 공간을 이 책에는 명령 창이라고 하겠다. op를 입력하면 옵션창이 나타난다. 화면표시 탭에서 **색상(C)...** 버튼을 누른다.

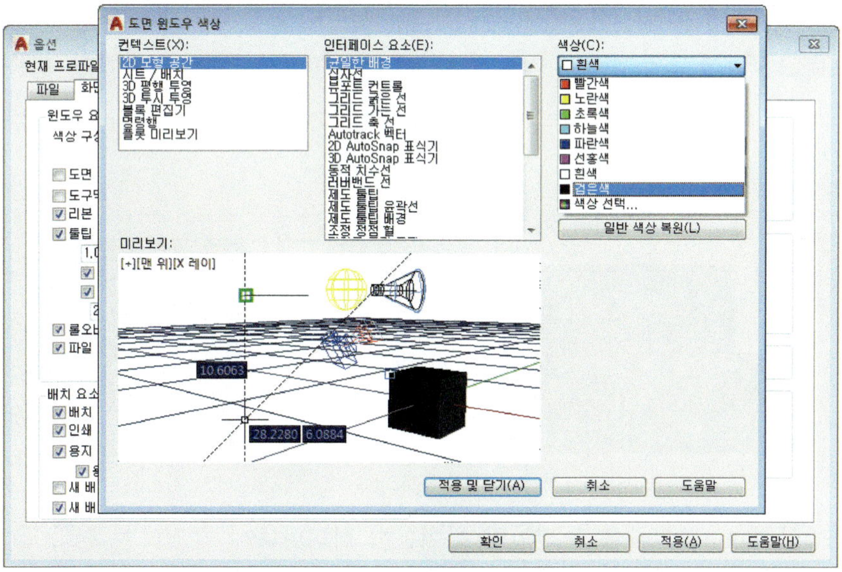

2D 모형공간의 균일한 배경을 **검은색**으로 한다. 교재에서는 배경을 검은색으로 하면 잘 보이지 않기 때문에 흰색으로 배경이 나오지만, 작업할 때 배경이 흰색이면 눈이 아파서 오래하기 어렵다. **적용 및 닫기(A)**를 누른다.

선택 탭에서 확인란 크기(P)를 슬라이드 버튼을 조정하여 확인란의 크기에 있는 사각형을 우측의 그립 크기(Z)의 사각형 크기 정도로 키운다.

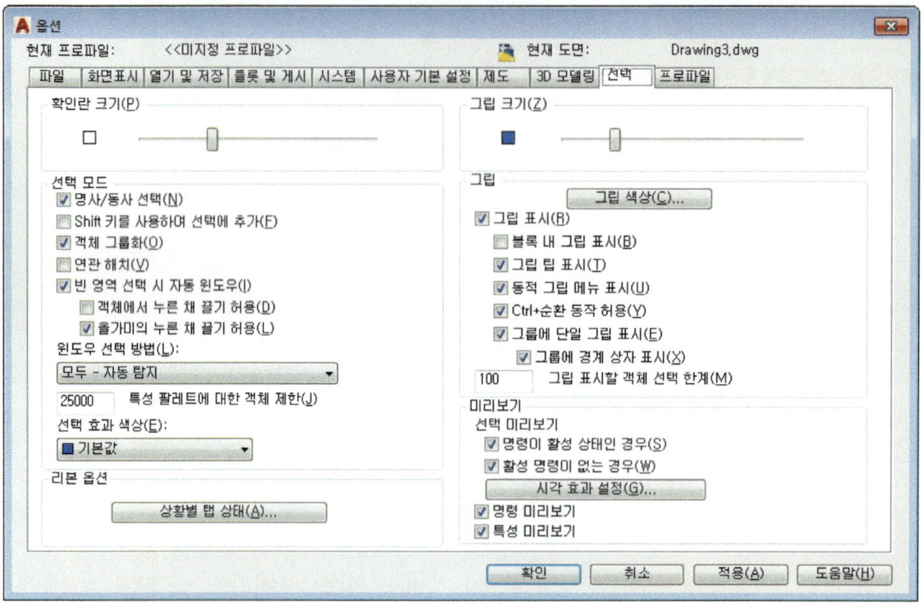

확인 버튼을 누르고 옵션 창을 닫는다.

다음은 동적입력 기능이다. 사용하기 편리하다는 사람도 있겠지만 대부분 잘 안 쓰기 때문에 사용하지 않겠다. dynmode명령을 써도 되지만 더 쉬운 아이콘으로 조정하는 법을 설명하겠다. 우측 아래에 붉은 원 부분(사용자화)에서 마우스 버튼을 누르면 여러 기능들이 나오는데 여기서 **동적입력**을 선택한다.

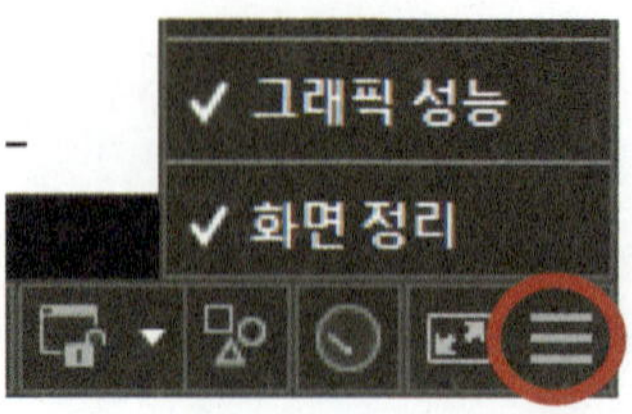

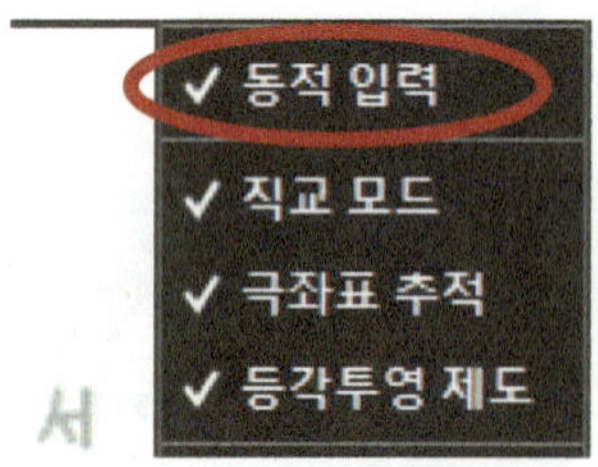

선택하고 나면 아래의 줄에 동적입력 아이콘이 나타나는데 클릭하여 끈다.

아래 줄의 왼쪽에 있는 그리드 모드(F7, F7)과 스냅 모드(F9, F9)도 끈다.

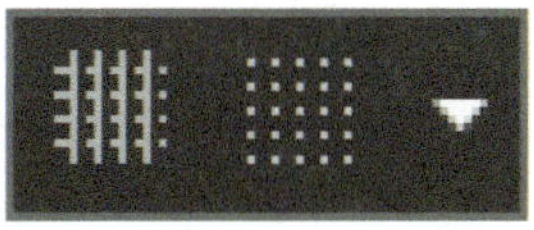

참고로 오토캐드에서 사용하는 꼭 외워야 하는 중요한 펑션 키는 다음과 같다.

- F1(F1) : 도움말 불러오기
- F3(F3) : 객체 스냅(OSanp) ON/OFF
- F7(F7) : 그리드(모눈) ON/OFF
- F8(F8) : 직교 모드(ortho) ON/OFF
- F9(F9) : 스냅 모드(SNap) ON/OFF
- F12(F12) : 동적입력 모드(dynmode) ON/OFF

하나 더 알아두면 좋은 것이 있는데, 가끔 실수로 지우거나 기타의 사유로 명령창이 없어지는 경우가 있다. 오토캐드에서 명령창이 없어지면 키보드로 좌표나 명령을 입력할 수 없기 때문에 보통 문제가 아니다. 이때 Ctrl+F9(Ctrl+F9)를 누르면 다시 나타난다. 명령창이 한쪽 벽에 붙으면 앞에 실행한 명령을 볼 공간이 있다. 앞의 화면의 오토캐드 디폴트 세팅은 한 줄밖에 보이지 않는다. 이럴 때는 F2키(F2)를 누르면 앞서 실행한 내용들이 명령창 위에 표시된다. 이 창을 별도의 공간에서 볼 수도 있는데 이때는 Ctrl+F2(Ctrl+F2)를 누르면 별도의 창으로 표시된다.

도면에 한계를 설정하기 위해 명령창에 limits를 입력한다. 나중에 출력할 때 출력의 범위로 선택할 것이다.

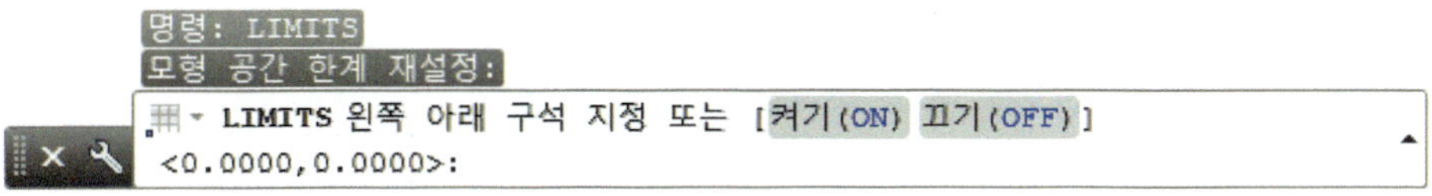

0,0을 입력하고 ENTER키(Enter↵)를 누른다.

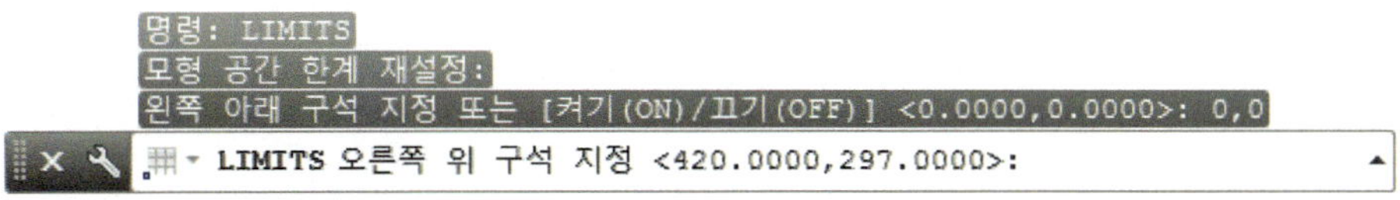

부품도 작성은 A2 도면에 해야 하기 때문에 594,420을 입력하고 ENTER키(Enter↵)를 누른다.

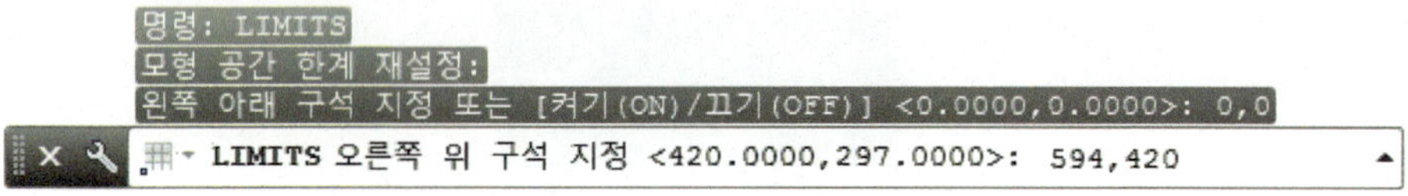

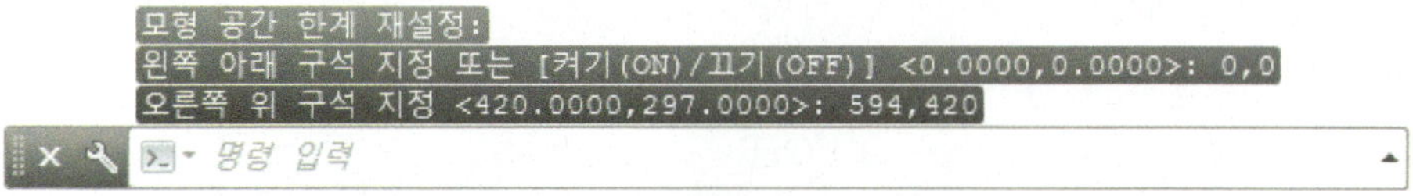

이제 도면층(레이어(LAyer)) 명령을 사용하여 도면층 특성을 지정해야 한다. 실행하는 방법은 두 가지인데, 명령창에서 la라고 입력하고 ENTER키(Enter↵)를 누르는 방법과 리본에서 리본 〉 홈 〉 도면층 〉 도면층 특성 명령을 누르는 방법이 있다.

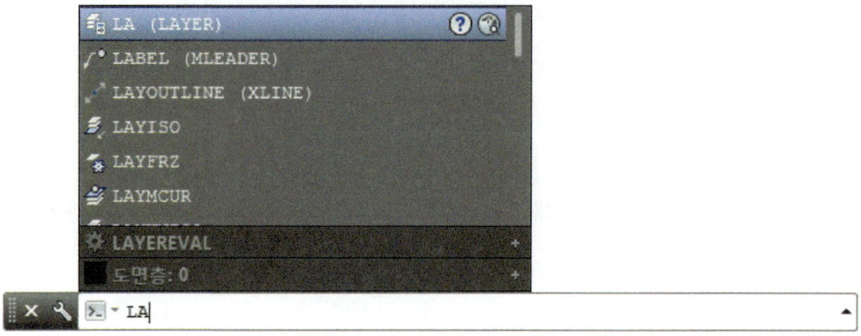

또는

을 누른다.

도면층 특성 명령을 실행하면 도면층 특성 관리자 창이 나타난다.

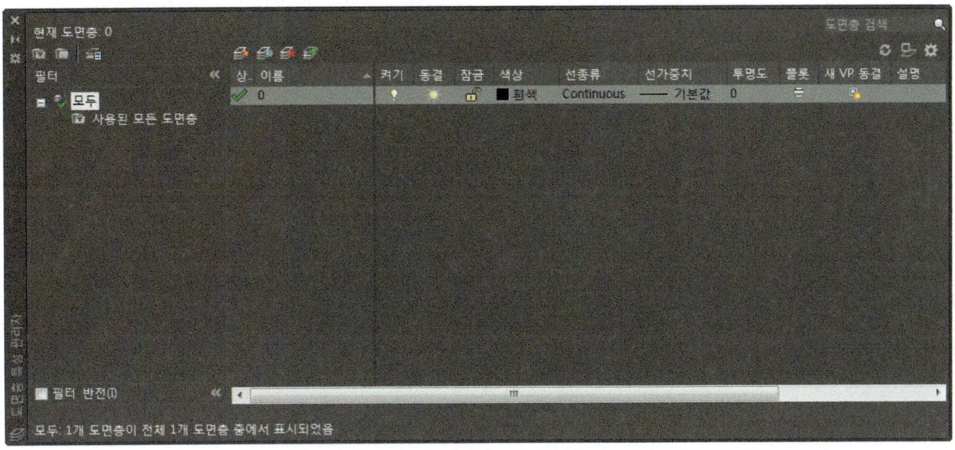

기본적으로 이름이 '0'인 도면층(레이어, Layer)이 있으며 이 도면층은 삭제나 이름 수정이 되지 않는다. 도면층의 이름 왼쪽에 상태 부분에 ✔ 표시가 있으면 그 도면층을 현재 도면층이라고 하는데 원이나 선과 같은 명령으로 그리기를 하면 그 원과 선들(이것을 오토캐드에서는 객체(Object)라고 한다)은 이 현재 도면층으로 그려진다. 쉽게 설명하자면 빨간 볼펜으로 선을 그릴 것인지 파란 사인펜으로 그릴 것인지 정하는 과정이라 보면 된다. 현재 도면층으로 선택하는 방법은 원하는 도면층의 상태 위치에 가서 더블 클릭을 하면 된다. 위에 있는 현재로 설정(Alt+C) 버튼은 잘 안 쓴다.

여기에 우리가 사용할 도면층을 정해야 하는데 아무렇게나 넣으면 물론 안 되고, 실기시험에서 받는 문제지에 있는 요구사항대로 작업하여야 한다.

공개문제의 요구사항을 다시 살펴보자.

6) 선 굵기에 따른 색상은 다음과 같이 설정하시오.

선 굵기	색 상	용 도
0.70 mm	하늘색(Cyan)	윤곽선, 중심 마크
0.50 mm	초록색(Green)	외형선, 개별주서 등
0.35 mm	노란색(Yellow)	숨은선, 치수문자, 일반주서 등
0.25 mm	빨강(Red), 흰색(White)	치수선, 치수보조선, 중심선, 해칭선 등

※ 위 표는 Autocad 프로그램 상에서 출력을 용이하게 위한 설정이므로 다른 프로그램을 사용할 경우 위 항목에 맞도록 문자, 숫자, 기호의 크기, 선 굵기를 지정하시기 바랍니다.

7) 문자, 숫자, 기호의 높이는 7.0 mm, 5.0 mm, 3.5 mm, 2.5 mm 중 적절한 것을 사용하시오.

8) 아라비아 숫자, 로마자는 컴퓨터에 탑재된 ISO표준을 사용하고, 한글은 굴림 또는 굴림체를 사용하시오.

6)의 선 굵기와 색상 그리고 용도를 가지고 도면층을 정해야 한다. 또한 STEP 18에서 KS A ISO 128-24의 표 또한 참고하면 유용하다. 다만 이것을 모두 레이어로 만들면 작업하기 어렵기 때문에 보통은 이 도면층을 8가지로 나누어서 많이 쓴다. 이 책에서 사용할 도면층은 다음과 같다.

〈도면층 특성 관리자에 입력할 도면층 특성들〉

도면층 설명	도면층 이름	색 상	선 종류	선가중치 (mm)	비 고
윤곽선	1M	하늘색(4)	Continuous	0.70	
외형선	2O	초록색(3)	Continuous	0.50	
열처리선	3HT	초록색(3)	CENTER2	0.50	열처리선을 포함한 특수지정선
문자	4T	노란색(2)	Continuous	0.35	
숨은선	5H	노란색(2)	HIDDEN2	0.35	
중심선	6C	빨간색(1)	CENTER2	0.25	
가상선	7P	빨간색(1)	PHANTOM2	0.25	
가는실선	8L	빨간색(1)	Continuous	0.25	치수선, 치수보조선 등

이때 선가중치는 입력하지 않아도 된다. 여기에 제시된 도면층 특성값들은 공개도면의 요구사항이며, 시험시 받은 시험지의 요구사항이 공개도면의 요구사항과 다른 경우 그 시험지의 요구사항대로 적용하여야 한다.

도면층 이름은 저자가 개인적으로 자주 쓰는 형식을 하나 제시해 준 것뿐이고 본인이 원하는 대로 만들어 사용해도 전혀 문제없다. 입력하는 방법은 우선 새 도면층(, 단축키:Alt+N)을 눌러 새 도면층을 하나 만든다.

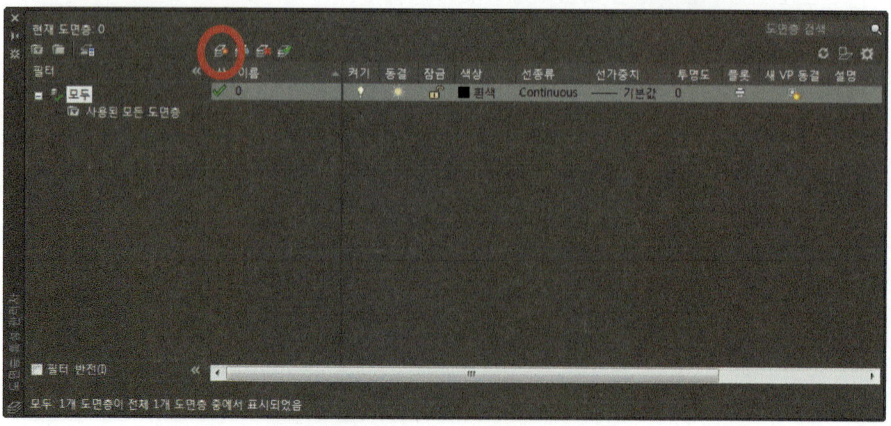

키보드로 **1M**을 입력하고 ENTER키(Enter↵)를 누른다.

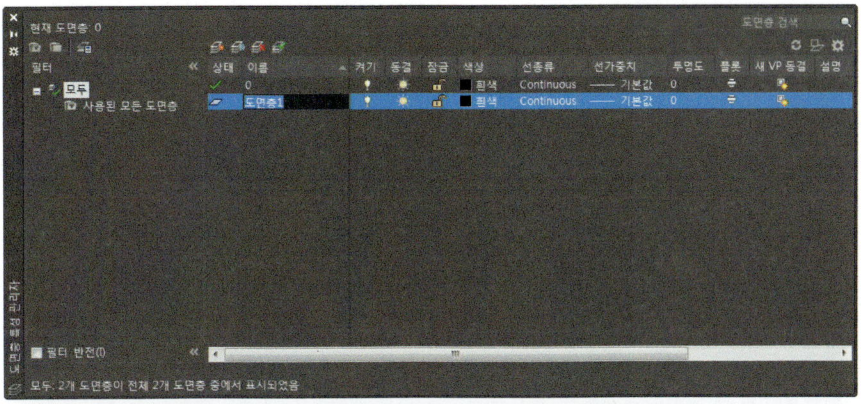

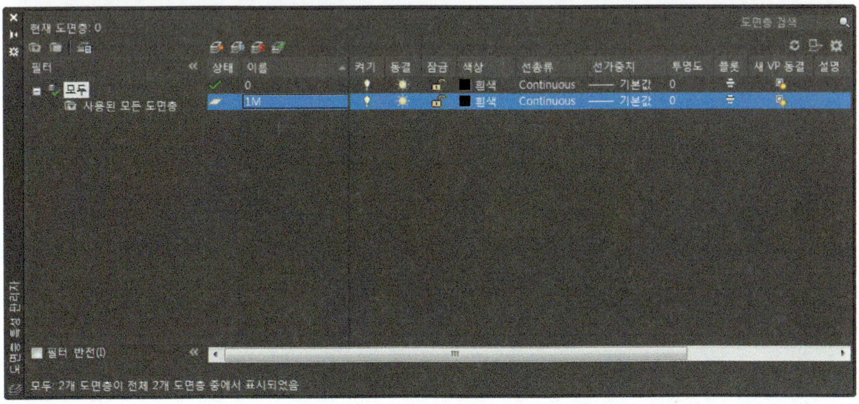

ENTER키(Enter↵)를 다시 누른다. 이 작업을 하는 동안 마우스를 움직이지 않는 것이 좋다.

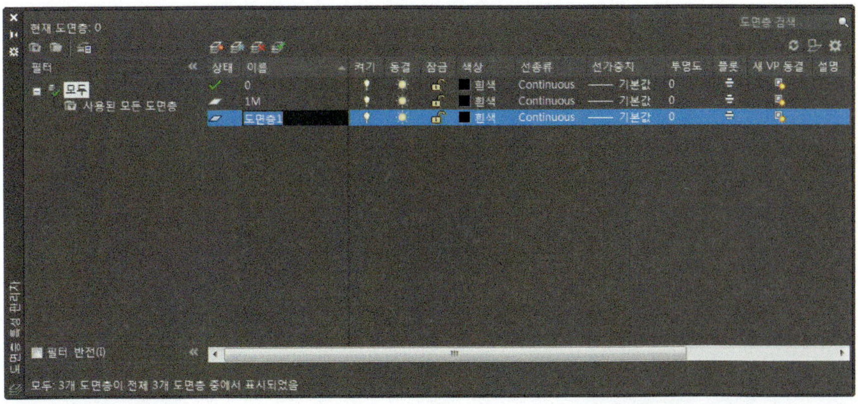

키보드로 20를 입력하고 ENTER키(Enter↵)를 누른다.

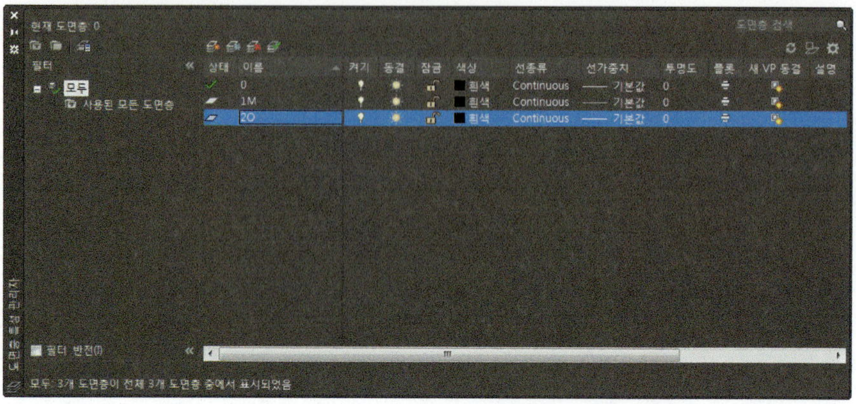

이러한 방법으로 나머지 모든 도면층을 생성하고 이름을 기입한다.

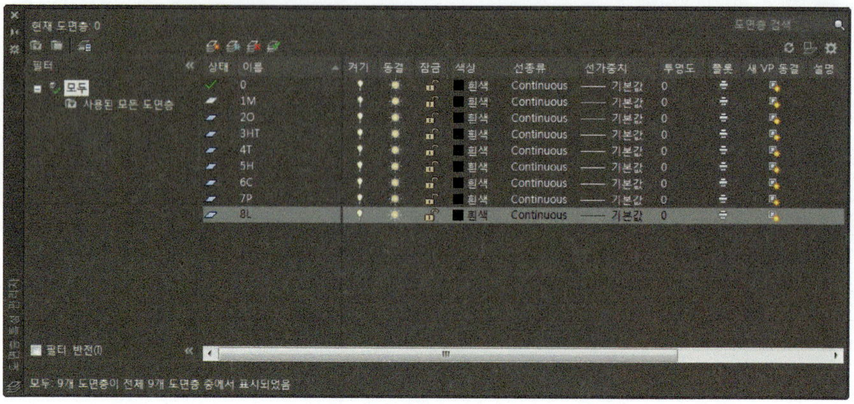

이제 각 도면층의 색상란을 클릭하여 색상을 변경한다.

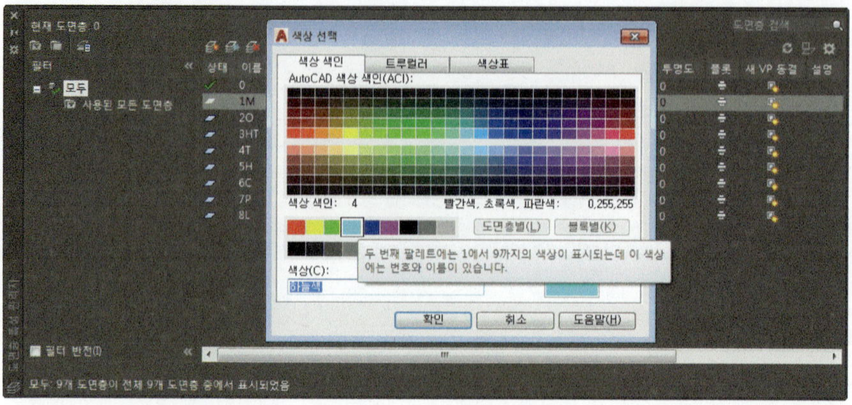

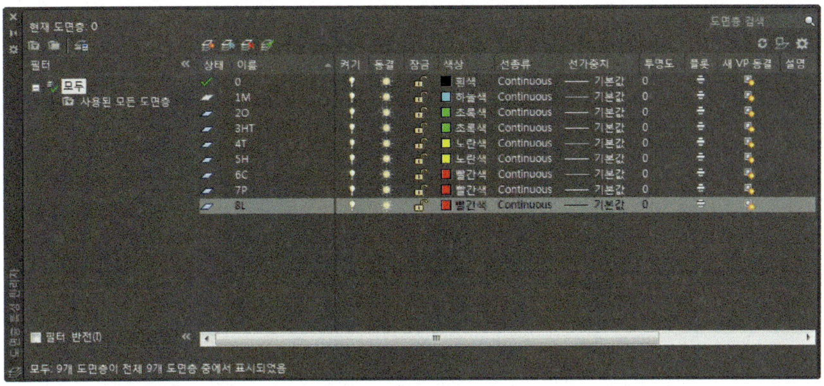

이제 선종류를 설정해야 하는데 여기에는 약간의 설명이 필요하다. 일단 1M 도면층의 선종류를 클릭해보자.

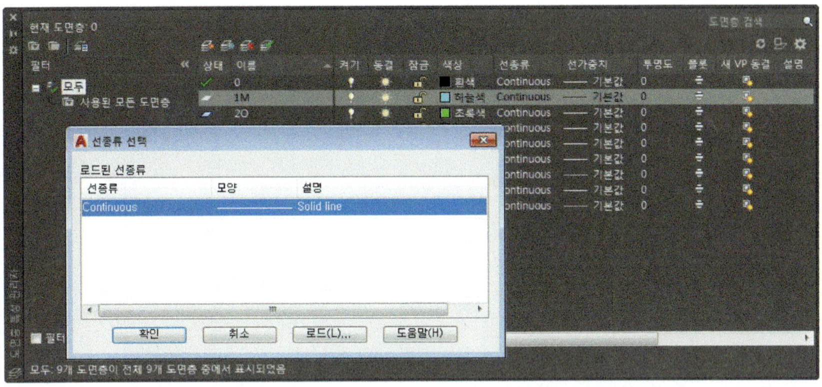

앞의 표에서 선종류를 Continuous, CENTER2, HIDDEN2, PHANTOM2 이렇게 네 가지를 쓴다고 했는데 Continuous(실선) 하나밖에 없다. 그래서 아래 **로드(L)...** 버튼을 눌러 나머지 세 개를 불러와야 한다. **로드(L)...**를 누르면 선종류 로드 또는 다시 로드 창이 생긴다.

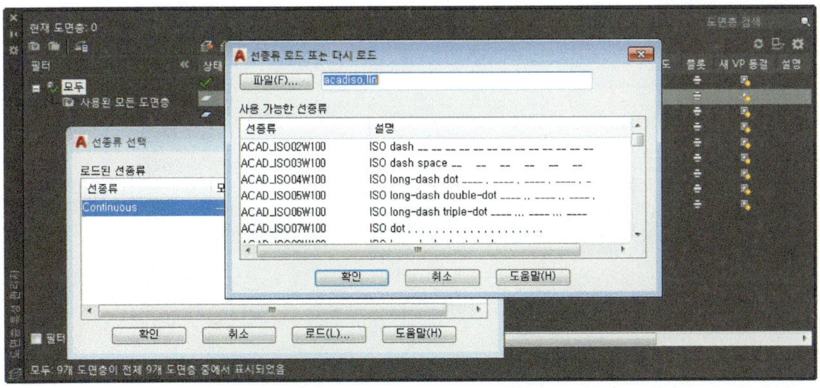

아래 붉은 박스 부분을 마우스로 클릭한다.

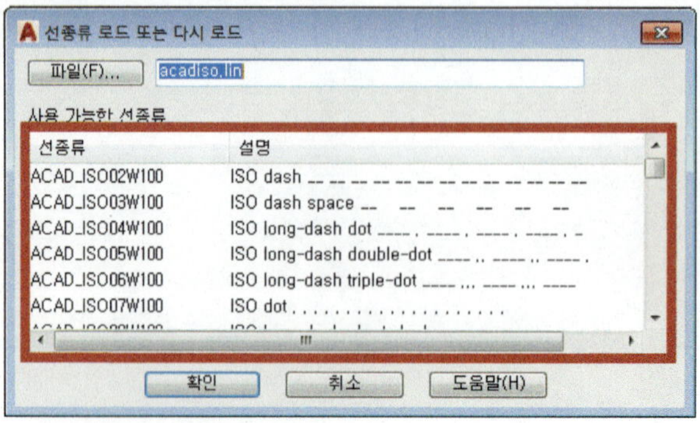

키보드로 c키(Ⓒ)를 누르면 CENTER2가 나타난다. 마우스로 클릭하고 **확인** 버튼을 누른다.

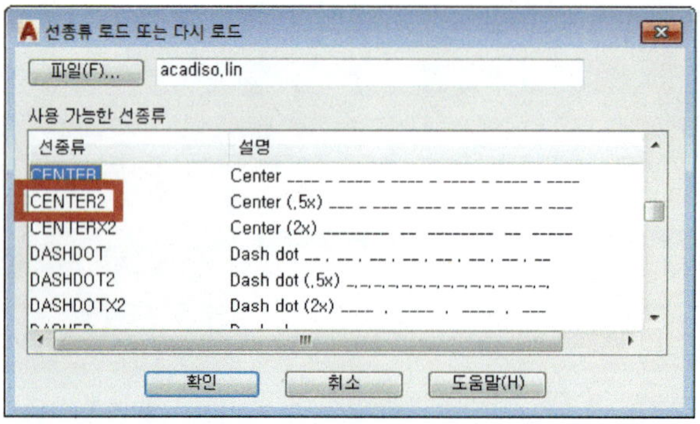

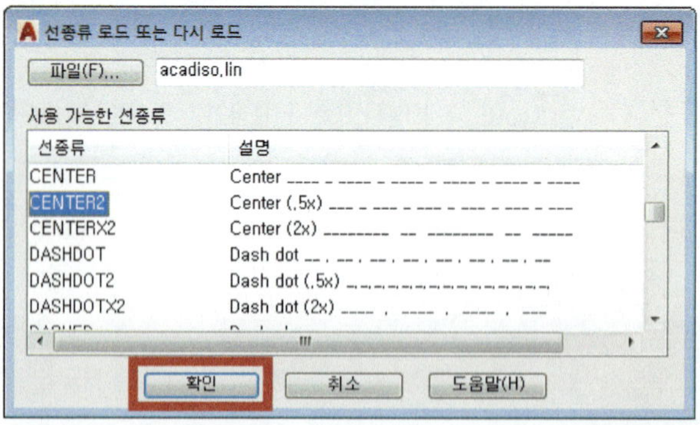

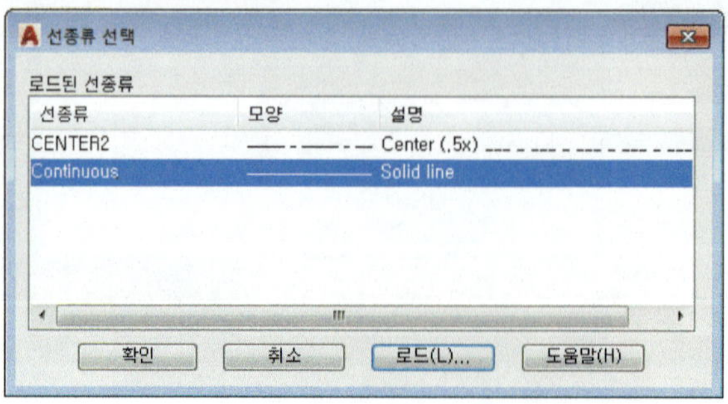

다시 **로드(L)** 버튼을 누르고 선종류 로드 또는 다시 로드 창에서 키보드로 h키(Ⓗ)를 누르면 HIDDEN2가 나타난다. 마우스로 클릭하고 **확인** 버튼을 누른다.

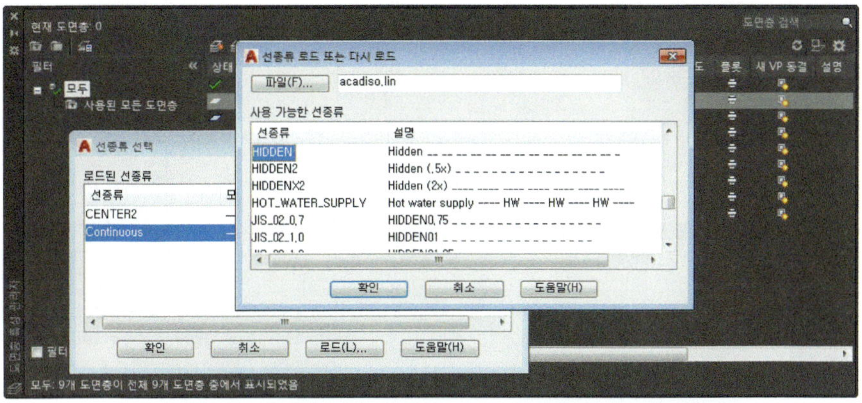

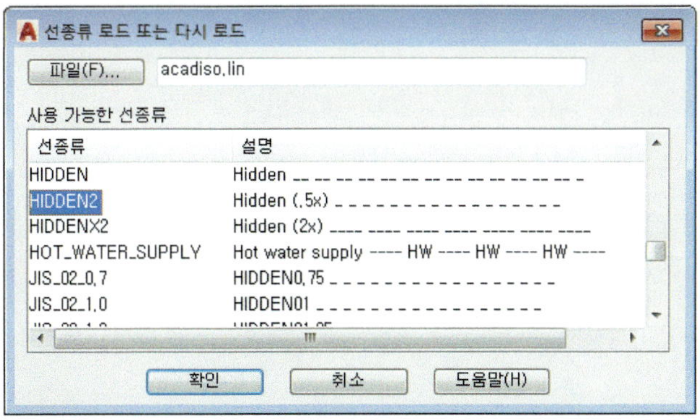

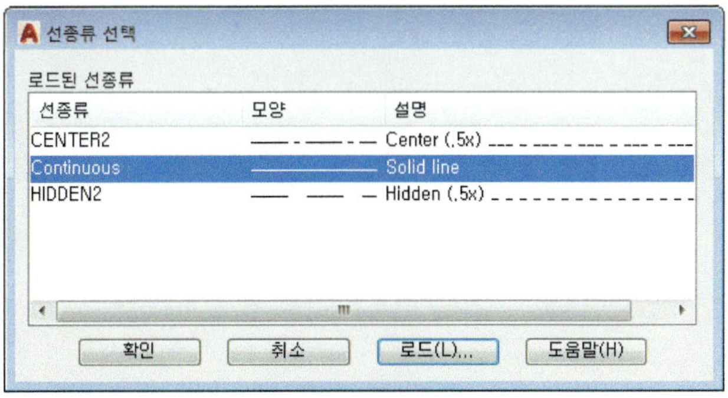

마지막으로 한 번 더 **로드(L)** 버튼을 누르고 선 종류 로드 또는 다시 로드 창에서 키보드로 p키(Ⓟ)를 누르면 PHANTOM2가 나타난다. 마우스로 클릭하고 **확인** 버튼을 누른다.

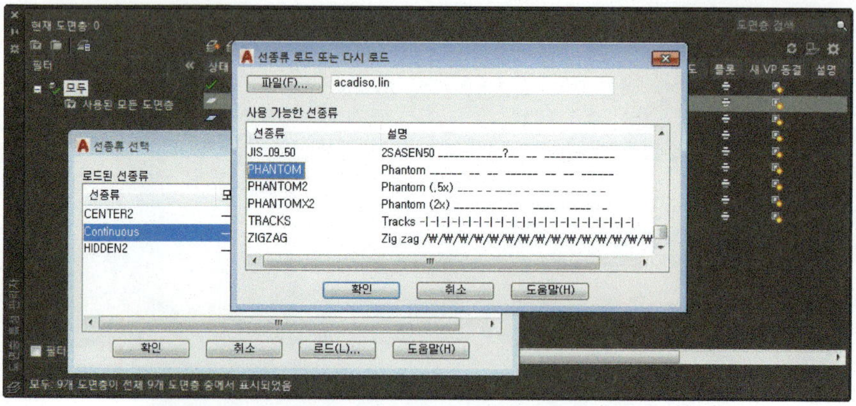

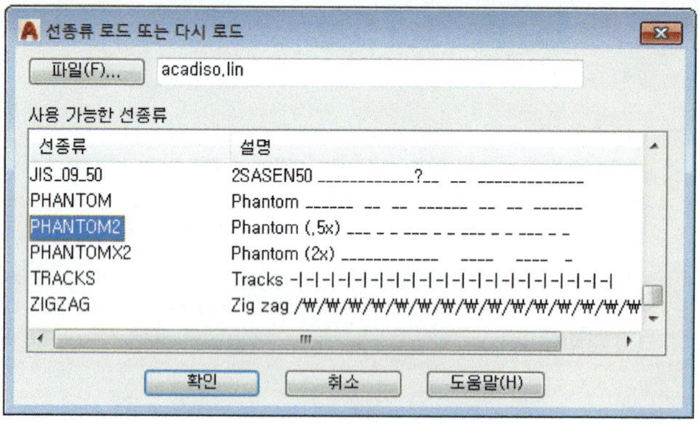

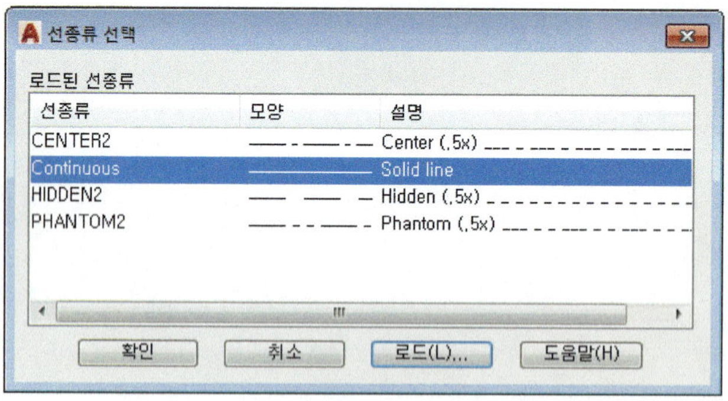

확인 버튼을 누르고 도면층 특성 관리자 창으로 돌아온다.

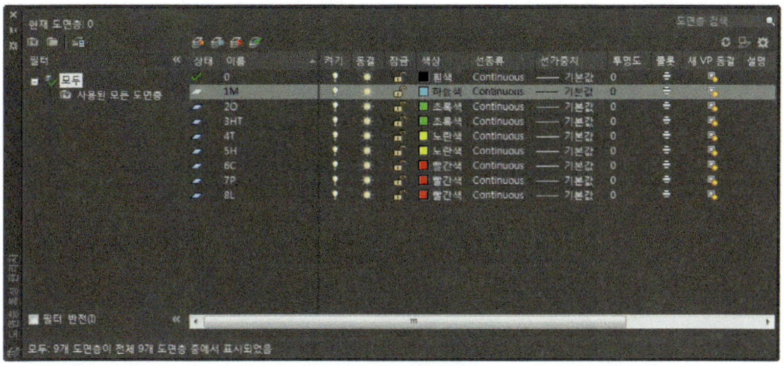

3HT 도면층의 선종류를 클릭한다.

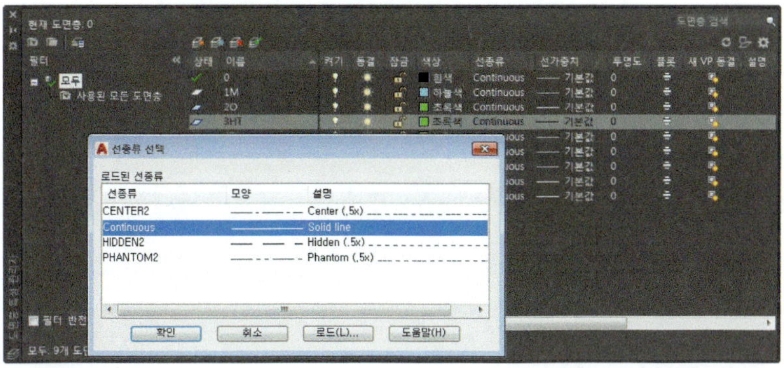

CENTER2로 바꾼 다음 **확인**을 누른다.

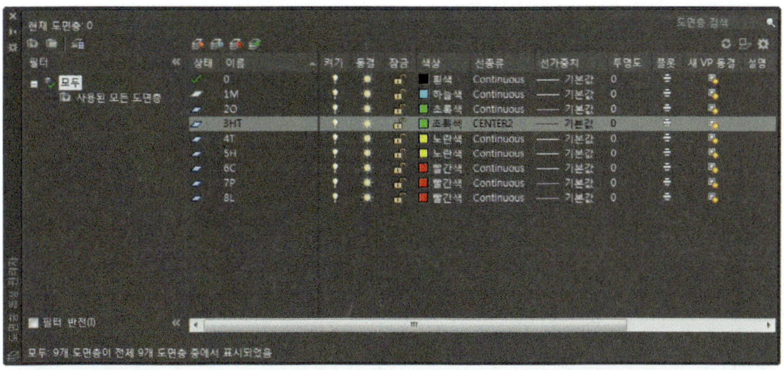

5H 도면층의 선종류를 클릭하여 **HIDDEN2**로 바꾼다.

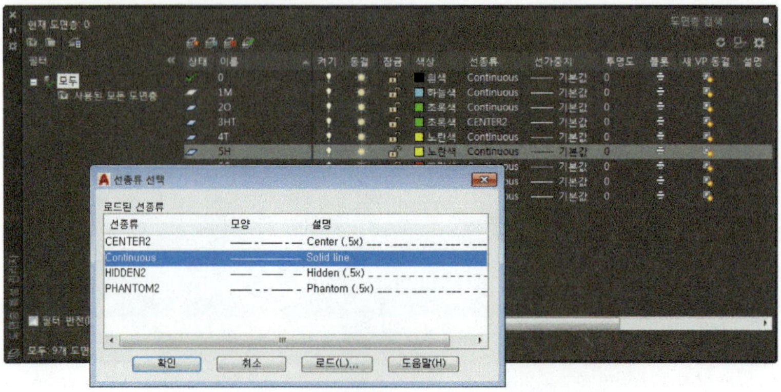

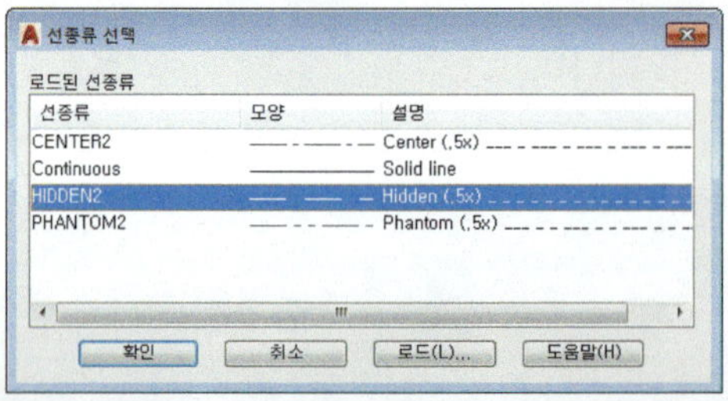

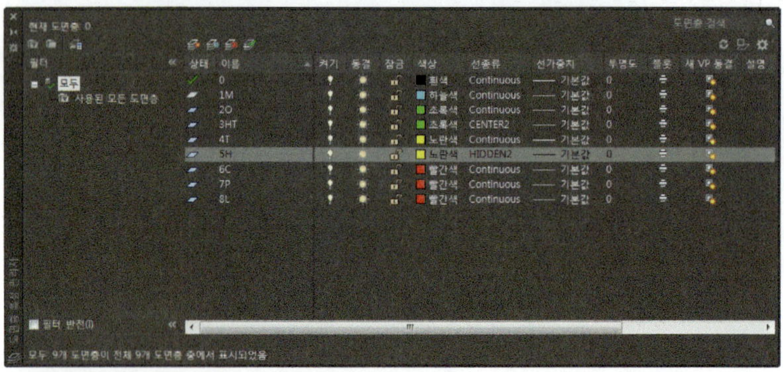

위와 같은 방법으로 나머지 두 도면층도 앞의 표를 참고하여 아래와 같이 변경한다.

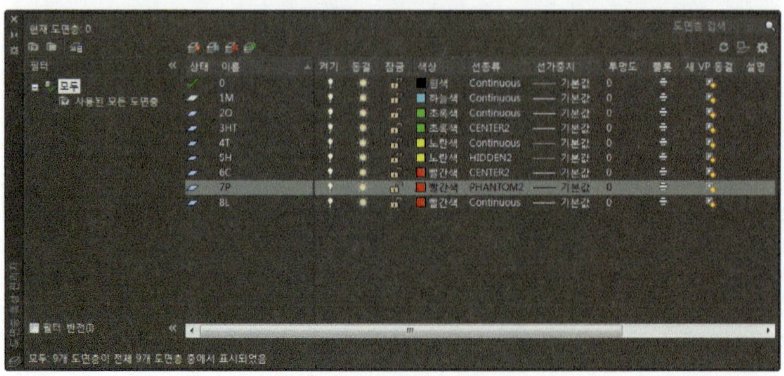

마지막으로 아래와 같이 선가중치를 준다. 우선 1M 도면층의 선가중치를 클릭하고 다음과 같이 설정한다.

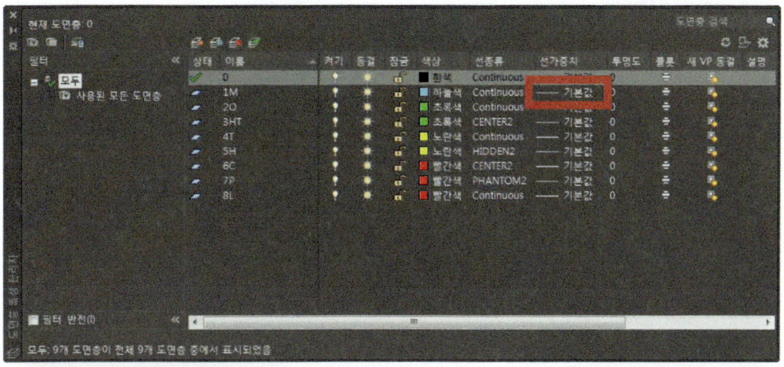

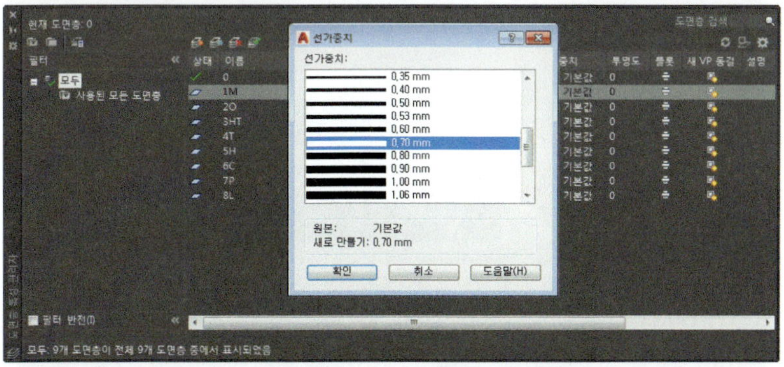

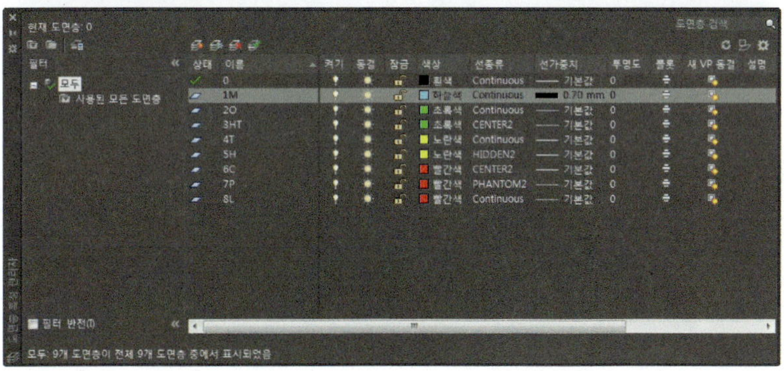

같은 방법으로 나머지 도면층을 아래와 같이 설정한다.

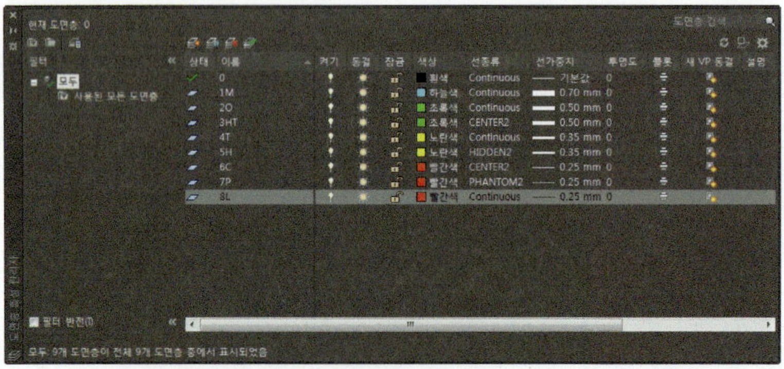

도면층 특성 관리자 창의 왼쪽 위에 있는 X 표시를 눌러 창을 닫는다.

그 다음 문자를 지정된 서체로 바꾸어주어야 한다. 명령창에 st(STyle)를 입력하고 ENTER키(Enter↵)를 누르거나 리본 〉 주석 〉 문자 〉 ↘을 클릭한다. 문자 스타일 창이 나타난다.

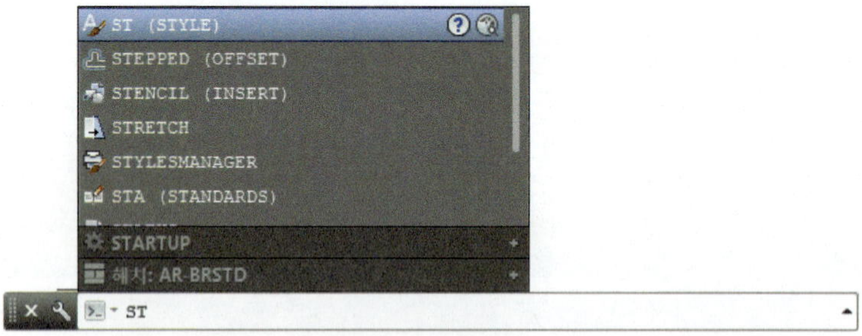

또는

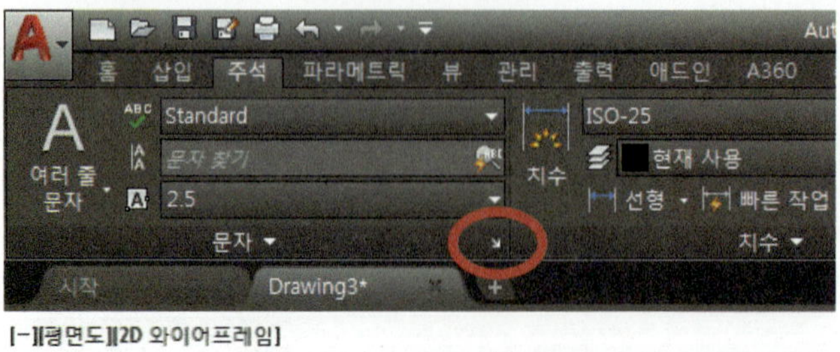

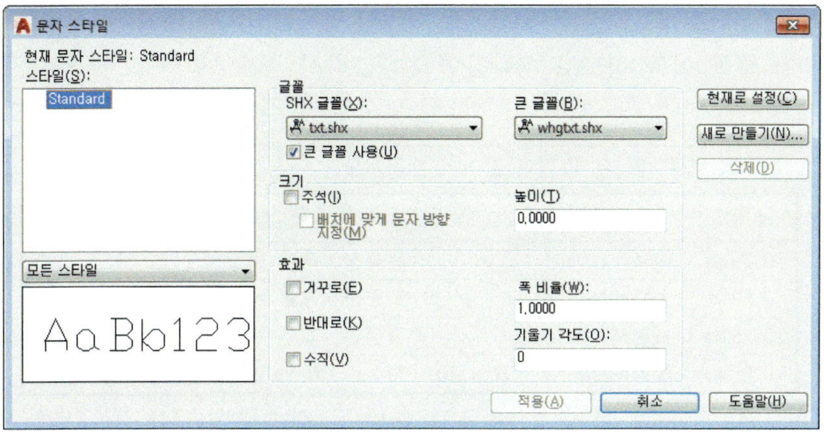

문자 스타일 창에서 **새로 만들기(N)...**를 클릭한다.

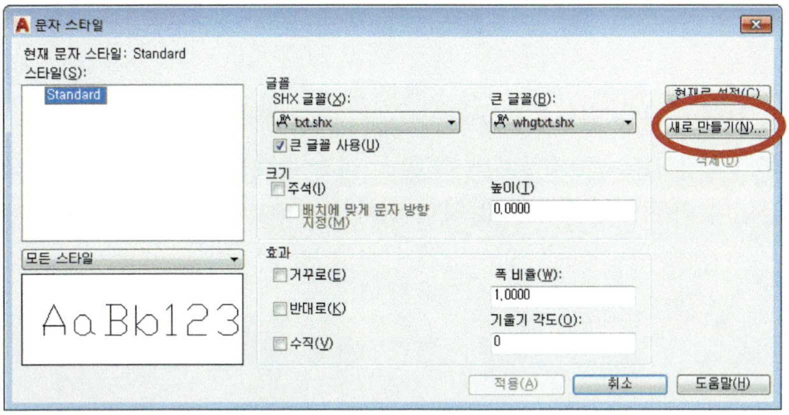

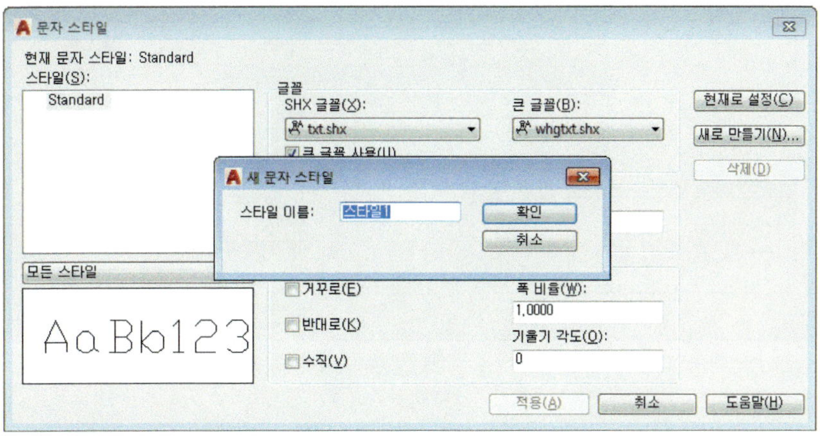

스타일 이름을 무엇으로 할지 물어보는데, 여기서 말하는 스타일은 쉽게 설명하자면 오토캐드에서 사용할 글꼴 이름 정도로 생각하면 된다. 다시 공개도면의 요구조건을 읽어보자.

6) 선 굵기에 따른 색상은 다음과 같이 설정하시오.

선 굵기	색 상	용 도
0.70 mm	하늘색(Cyan)	윤곽선, 중심 마크
0.50 mm	초록색(Green)	외형선, 개별주서 등
0.35 mm	노란색(Yellow)	숨은선, 치수문자, 일반주서 등
0.25 mm	빨강(Red), 흰색(White)	치수선, 치수보조선, 중심선, 해칭선 등

※ 위 표는 Autocad 프로그램 상에서 출력을 용이하게 위한 설정이므로 다른 프로그램을 사용할 경우 위 항목에 맞도록 문자, 숫자, 기호의 크기, 선 굵기를 지정하시기 바랍니다.

7) 문자, 숫자, 기호의 높이는 7.0 mm, 5.0 mm, 3.5 mm, 2.5 mm 중 적절한 것을 사용하시오.

8) 아라비아 숫자, 로마자는 컴퓨터에 탑재된 ISO표준을 사용하고, 한글은 굴림 또는 굴림체를 사용하시오.

여기서 8)을 보면 숫자와 영문은 ISO 글꼴을 사용하고 한글은 굴림 또는 굴림체를 사용하라는 문구가 있다. 여기서는 굴림체를 사용하겠다. 여기에 맞추어 문자 스타일이 2개 필요한데, 짧으면서도 본인이 외우기 편한 것으로 하면 된다. 본 교재에서는 저자가 자주 쓰는 I와 G로 하겠다.

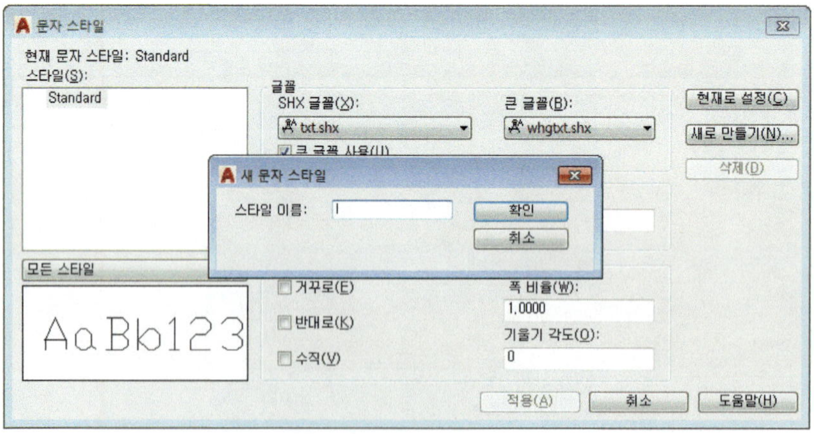

글꼴의 SHX 글꼴(X):에서 iso.shx나 isocp.shx 중에 하나를 선택하면 되는데 본 교재에서는 isocp.shx를 사용하겠다. 큰 글꼴(B):는 whgtxt.shx인데 그대로 두고 다시 **새로 만들기(N)...**를 클릭한다.

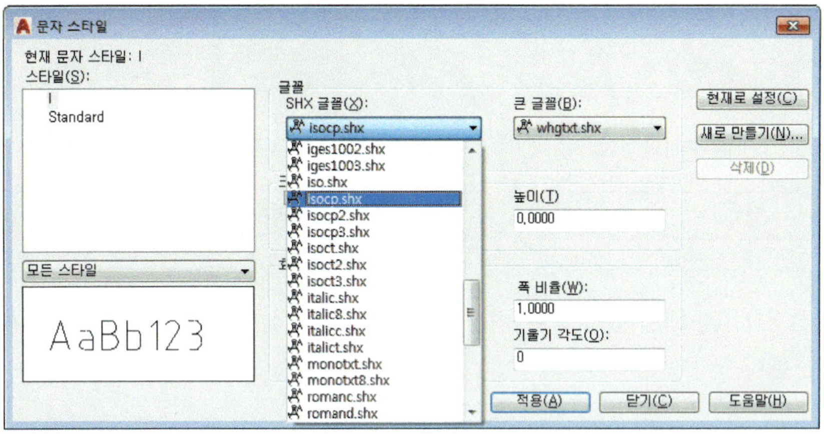

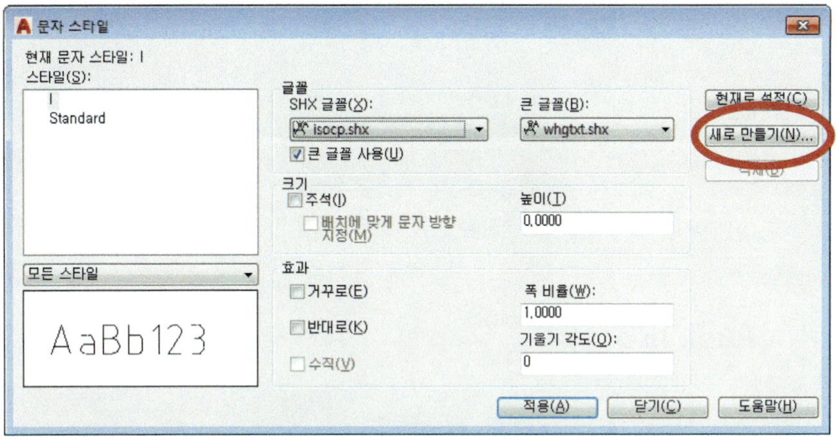

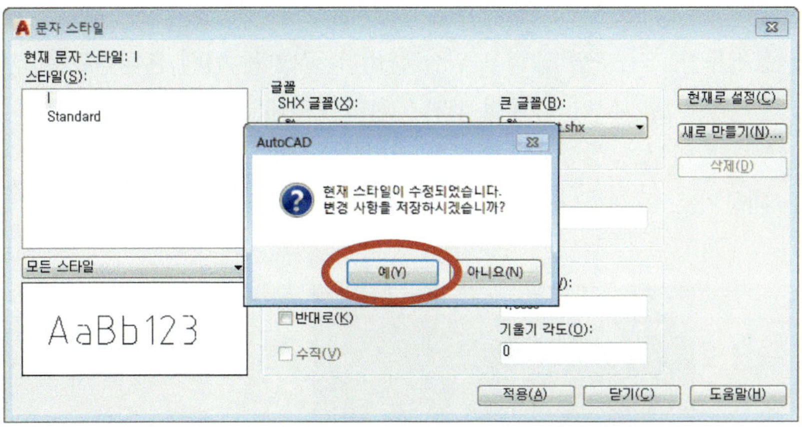

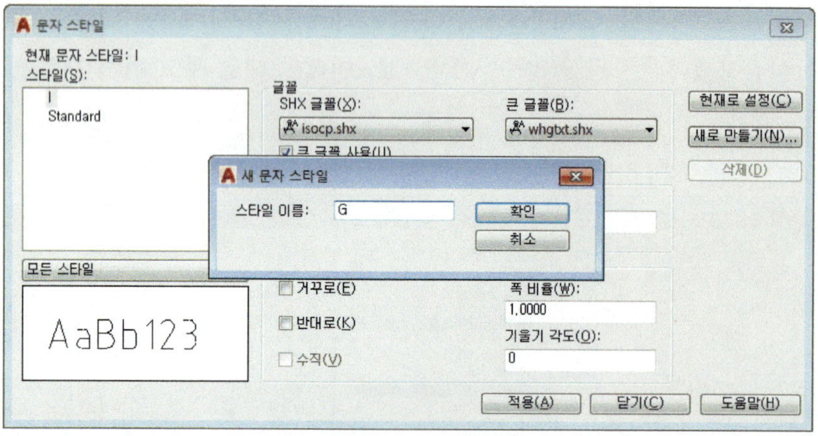

큰 글꼴 사용(U)을 해제하고 글꼴 이름(F)을 **굴림체**로 선택한다. 아래의 **적용(A)**을 누르고 **닫기(C)**를 누른다.

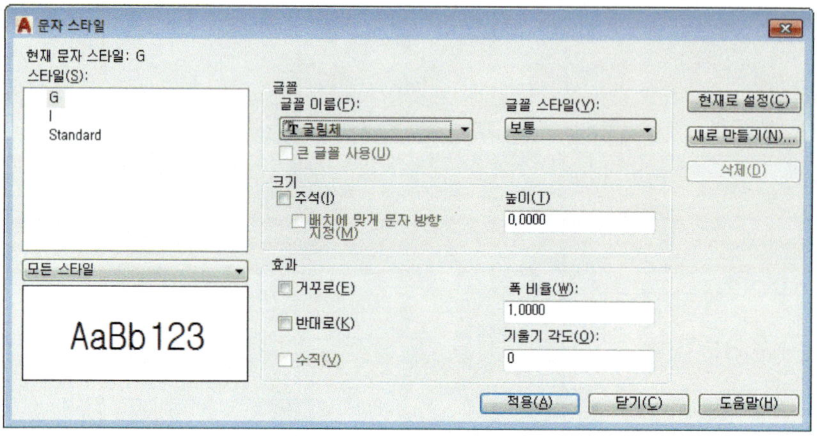

부품도 및 등각투상도의 도면 양식을 위한 준비가 끝났다. 이제 본격적으로 그리기 명령을 사용하여 도면 양식(보통 도면 템플릿이라고 한다)을 만들어 보자.

도면층을 **1M**으로 바꾸고 명령창에 **REC**를 입력한다. 이후 글자의 혼동을 피하기 위해 모든 명령은 영문 대문자로 표시한다.

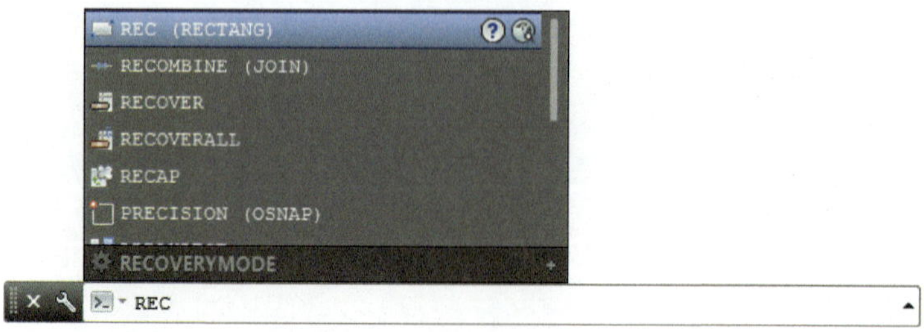

명령창에 0,0을 입력한다.

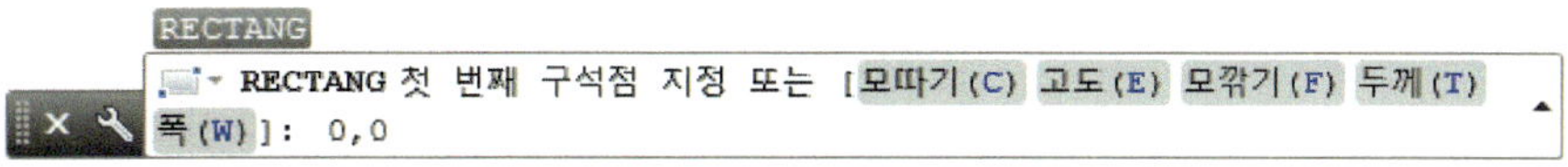

명령창에 594,420을 입력하고 ENTER키(Enter↵)를 누른다.

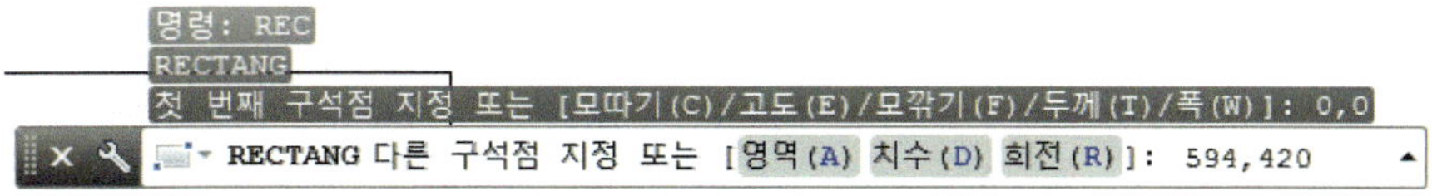

참고로 공개도면에서 부품도 및 등각투상도는 A2(594×420)로 용지 설정하라고 되어있다.

가. 부품도(2D) 제도

1) 주어진 문제의 조립도면에 표시된 부품번호 (○, ○, ○, ○, ○)의 부품도를 CAD 프로그램을 이용하여 A2용지에 척도는 1:1로 하여, 투상법은 제3각법으로 제도하시오.
2) 각 부품들의 형상이 잘 나타나도록 투상도와 단면도 등을 빠짐없이 제도하고, 설계 목적에 맞는 기능 및 작동을 할 수 있도록 치수 및 치수공차, 끼워 맞춤 공차와 기하 공차 기호, 표면거칠기 기호, 표면처리, 열처리, 주서 등 부품 제작에 필요한 모든 사항을 기입하시오.
3) 제도 완료 후 지급된 A3(420x297) 크기의 용지(트레이싱지)에 수험자가 직접 흑백으로 출력하여 확인하고 제출하시오.

나. 렌더링 등각 투상도(3D) 제도

1) 주어진 문제의 조립도면에 표시된 부품번호 (○, ○, ○, ○, ○)의 부품을 파라메트릭 솔리드 모델링을 하고, 모양과 윤곽을 알아보기 쉽도록 뚜렷한 음영, 렌더링 처리를 하여 A2용지에 제도하시오.
2) 음영과 렌더링 처리는 예시 그림과 같이 형상이 잘 나타나도록 등각 축 2개를 정해 척도는 NS로 실물의 크기를 고려하여 제도하시오.(단, 형상은 단면하여 표시하지 않습니다.)
3) 부품란 "비고"에는 모델링한 부품 중 (○, ○, ○) **부품의 질량을 g 단위로 소수점 첫째자리에서 반올림하여 기입**하시오.
   - 질량은 **렌더링 등각 투상도(3D) 부품란의 비고에 기입**하며, 반드시 **재질과 상관없이 비중을 7.85** 로 하여 계산하시기 바랍니다.
4) 제도 완료 후, 지급된 A3(420x297) 크기의 용지(트레이싱지)에 수험자가 직접 흑백으로 출력하여 확인하고 제출하시오.

공개문제에서 A3의 치수는 나와 있고(420×297) A2의 치수는 없지만, ISO 종이 규격을 알면 쉽게 구할 수 있다. 앞에 A는 이 종이가 ISO A 규격이라는 것을 의미하고 3이라는 숫자는 종이의 크기를 의미한다. 숫자가 크면 종이 크기가 작음을 의미한다.

A3의 치수에서 A2를 구하는 법은 A3의 가로 값을 A2의 세로 값으로 보내고 A3의 세로 값에 두 배 곱한 값을 A2의 가로 값으로 보내면 된다(594×420). A2에서 A3으로 바꿀 때는 이것의 반대로 하면 된다. A4의 치수는 297×210이니 이렇게 계산되는지 확인해보자.

사각형을 그렸지만 대부분 잘 안 보일 것이다. 명령창에 Z(Zoom)를 입력하고 ENTER키(Enter↵)를 누른 다음 **E**를 누르고 ENTER키(Enter↵)를 입력한다. 이후 본 교재에서는 명령창에 [[Z 〉 E]]라고 입력한다고 설명하겠다.

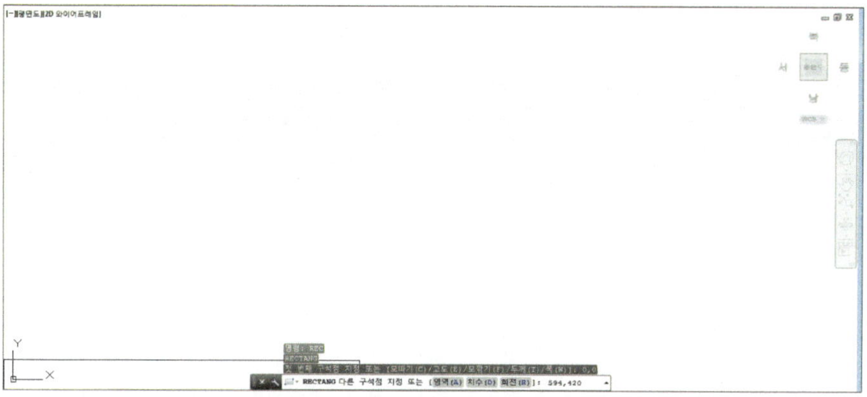

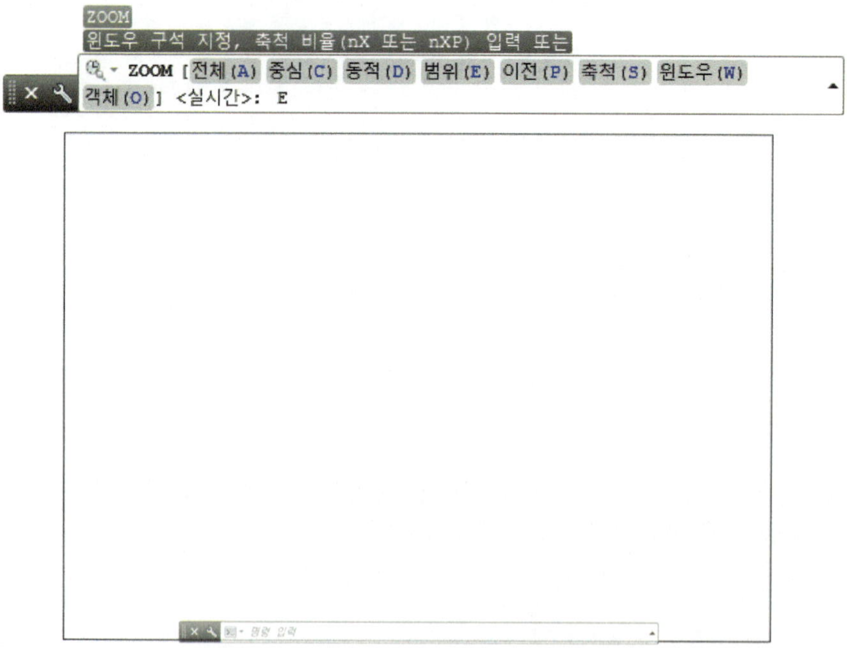

참고로 오토캐드에서는 인벤터와 같이 마우스의 중간 버튼을 누르고 드래그하면 도면을 움직이는 Pan 기능을 하고, 휠을 돌리면 도면의 확대 및 축소를 하는 Zoom 기능을 한다.

Offset 명령을 사용하여 안쪽에 사각형을 하나 더 만든다. 명령창에 [[**O 〉 10**]]을 입력하고 사각형을 클릭한 다음 사각형 안쪽에 마우스의 커서를 옮기고 클릭한다. 이후 명령을 더 안 쓰고 종료할 것이기 때문에 ENTER키(Enter↵)를 누른다. 이것은 다른 명령에서도 동일하다. 만일 잘못 그렸으면 일단 사용하는 명령을 종료하고 난 뒤 잘못 그린 선을 클릭하고 DEL키(Del)를 눌러 지운다. 참고로 DEL키(Del)를 누르면 명령창에 [[-.erase]]를 입력한 것과 동일한 일을 한다. 또는 CTRL+Z(Ctrl+Z)를 눌러 작업하기 이전의 상태로 돌아가는 방법으로도 지울 수 있다.

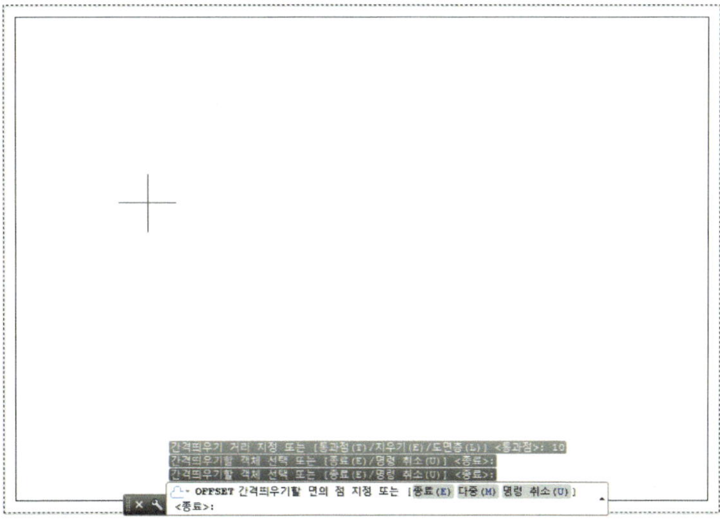

이제 중간점에서 길이 15짜리 선을 그어야 하는데 화면에서 어떻게 클릭해도 가운데 점을 잡는 것이 사실상 불가능하다. 그래서 이러한 중요한 곳들을 쉽게 찾을 수 있도록 오토캐드에 있는 객체 스냅(OSnap)을 사용한다. 우선 명령창에 [[OS]]를 입력한다. 제도 설정 창이 열린다.

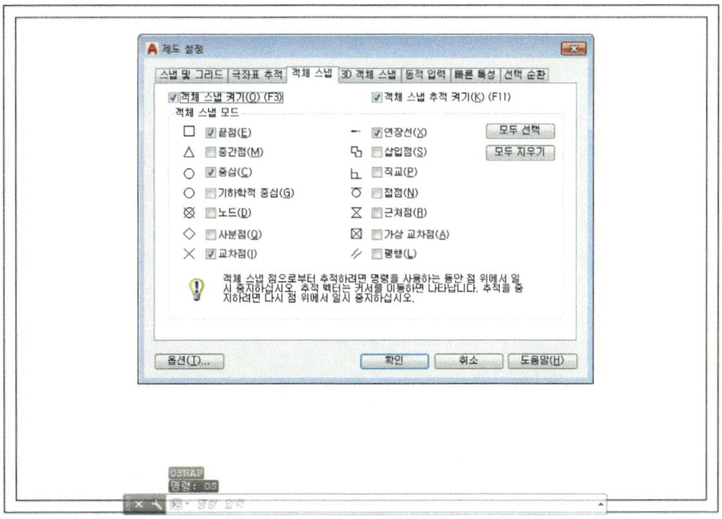

오토캐드를 처음 설치하면 위와 같이 설정되어 있다. 통상적으로 국가자격시험을 준비할 때는 6개를 사용하는데, 끝점(E), 중간점(M), 노드(D), 사분점(Q), 교차점(I), 직교(P)를 사용한다. 이는 사용하는 사람의 경향에 따라 다르기 때문에 저자가 제시하는 하나의 예시라고 생각하면 되겠다. 사용하는 사람마다 다른 이유는 여기에서 설정하지 않았더라도 SHIFT키(Shift)를 누른 상태에서 마우스의 오른쪽 버튼을 누르면 객체 스냅 설정(Osanp setting)이라는 한번 특정한 객체 스냅을 사용할 수 있는 기능이 있어서 사용자가 잘 안 쓰는 객체 스냅이라고 생각되면 굳이 작동되도록 만들 필요가 없기 때문이다.

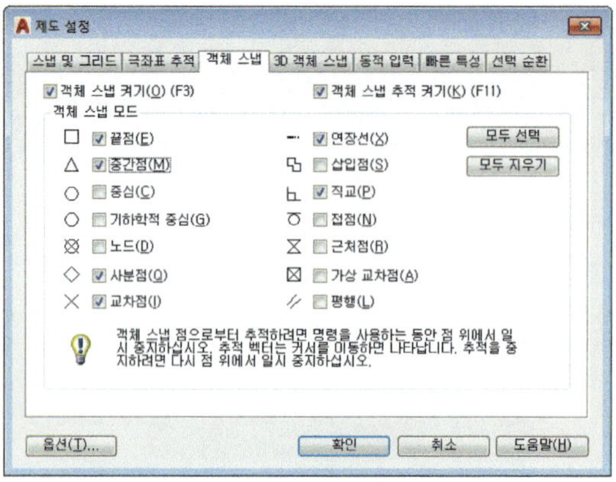

확인 버튼을 누르고 제도 설정 창을 닫는다.

선 명령을 실행한다. 명령창에 [[L]]을 입력하고 아래의 그림에 맞추어 작업한다. 좌측 바깥 사각형의 왼쪽 선의 가운데에 가면 중간점이라는 글자가 생기며 커서의 가운데 녹색 삼각형(△)이 나온다. 이 녹색 도형이 나오면 약간의 오차가 있더라도 객체 스냅이 적용되어 특정한 지점을 오토캐드가 선택해 주겠다는 의미이다.

선을 움직여보면 커서가 움직이는 대로 따라 선이 움직이는데 이렇게 되면 수직, 수평선을 그리기 어렵다.

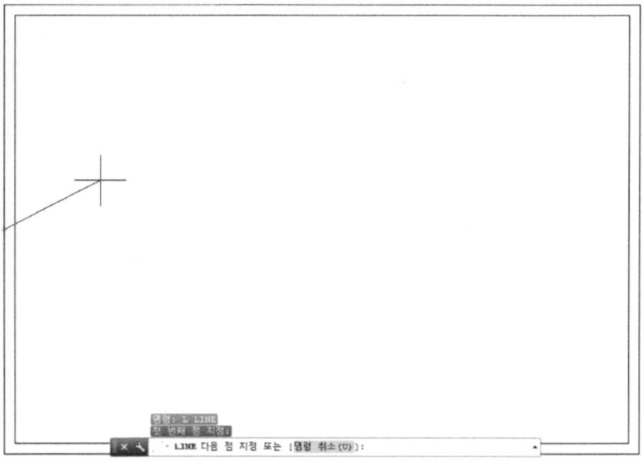

F8(F8)을 눌러 직교 모드를 사용하자.

위의 그림처럼 선을 우측으로 만들어지도록 마우스로 커서의 위치를 움직인 다음 명령창에 **15**를 입력한다.

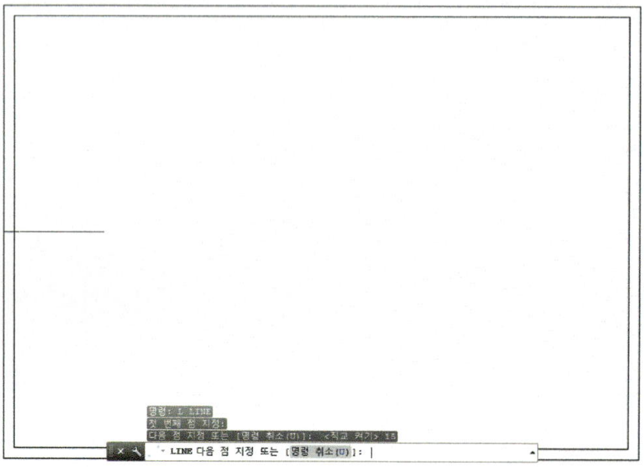

선 명령을 끝내기 위해 ENTER키(Enter↵)를 한 번 더 누른다.

이와 같은 방법으로 외곽 사각형의 가운데 네 곳에 선을 만든다.

맨 처음 만든 사각형을 지운다.

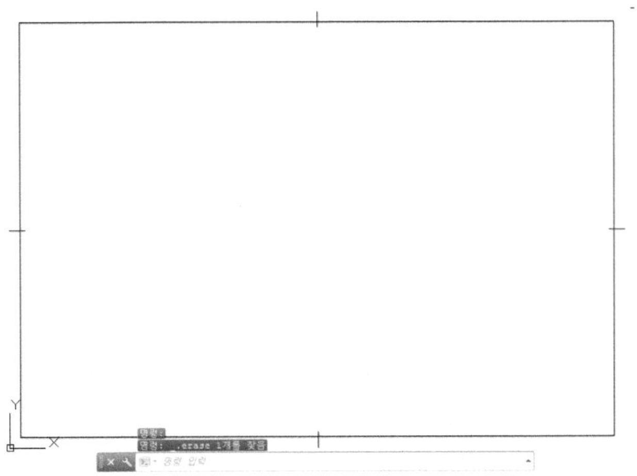

도면상의 객체의 특성을 알기 위해 명령창에 PR을 입력하고 사각형을 찍어본다.

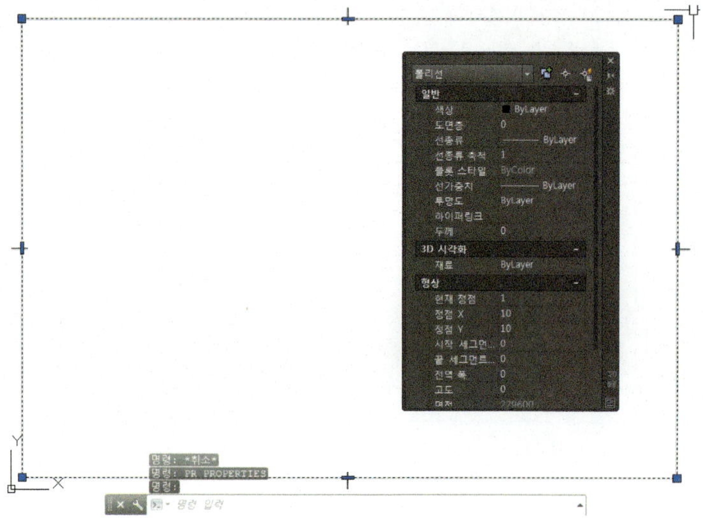

사각형의 요소가 폴리선으로 나오는데 이 사각형이 4개의 선이 아니라 하나의 선으로 취급되고 있다는 뜻이다. 이 폴리선을 4개의 선으로 만들기 위해 명령창에 [X]를 입력하고 사각형을 선택한다. 그리고 ENTER키(Enter↵)를 입력하면 4개의 선이 된다.

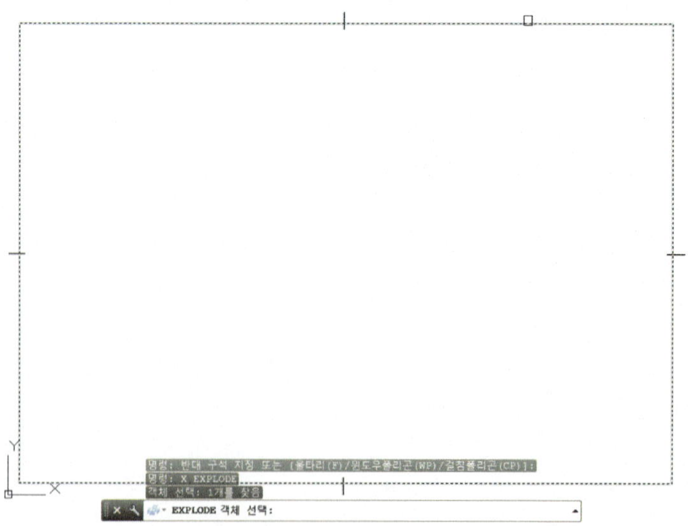

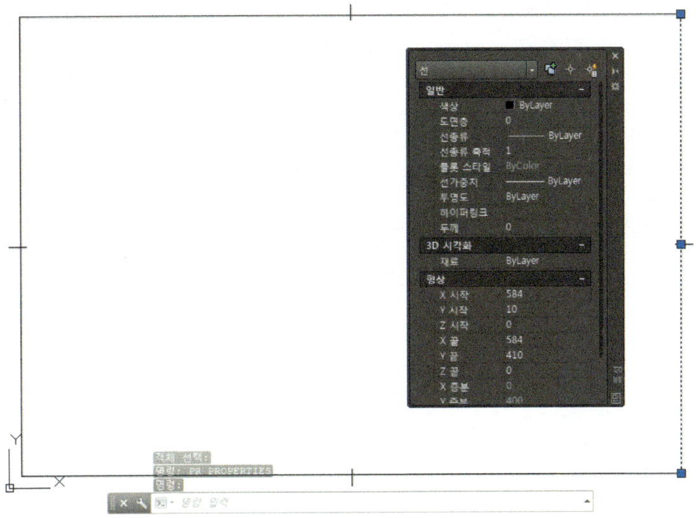

지금까지 그림을 보면 도면층이 1M이지만 검은색으로 그려져 있다. 책으로 인쇄 시 윤곽선의 하늘색과 문자의 노란색이 잘 안 보이기 때문인데, 본 교재에서는 가시성의 문제로 윤곽선, 은선 그리고 문자를 모두 파란색으로 표시하겠다.

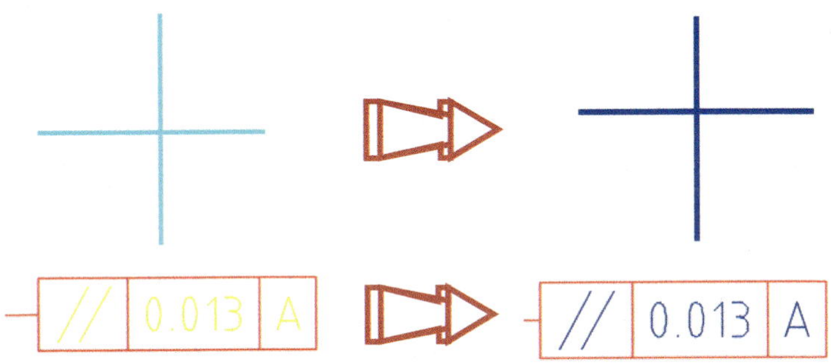

다음으로 치수에 관련된 설정을 하겠다. 명령창에서 **DDIM**을 실행한다.

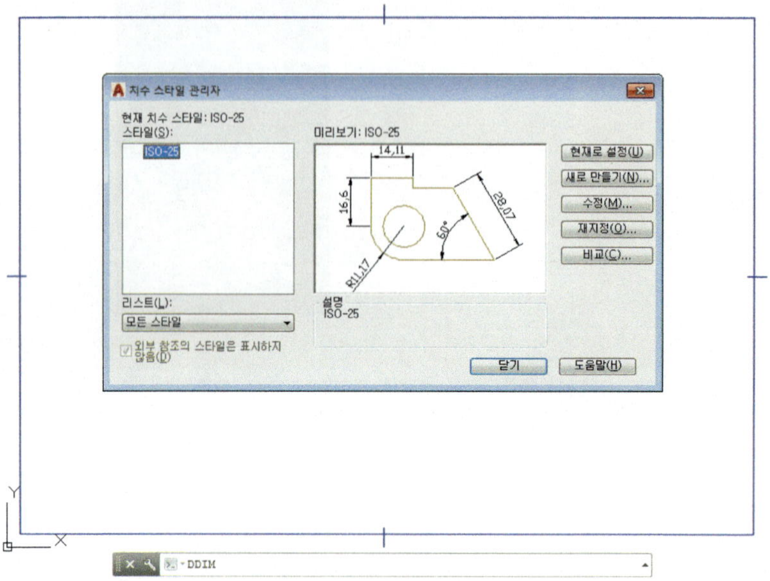

새로 만들기(U)...를 클릭한다.

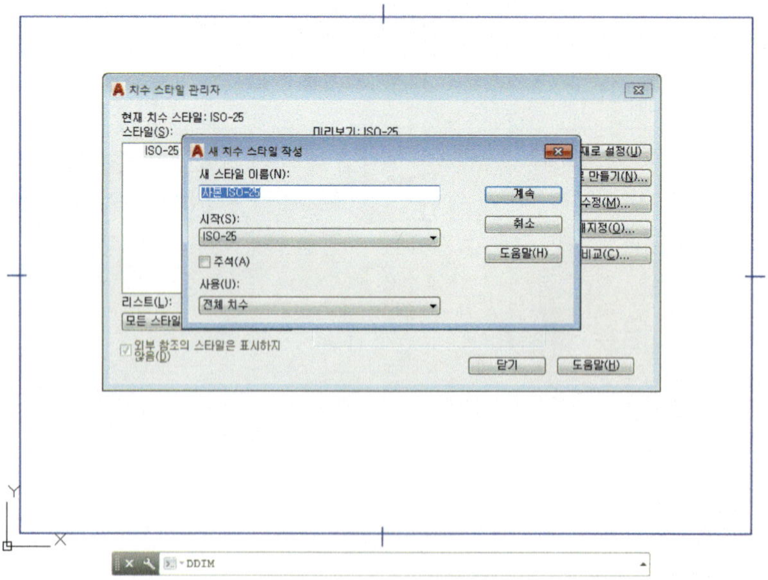

새 스타일 이름(N):에 **1**을 입력한 다음 **계속**을 클릭한다.

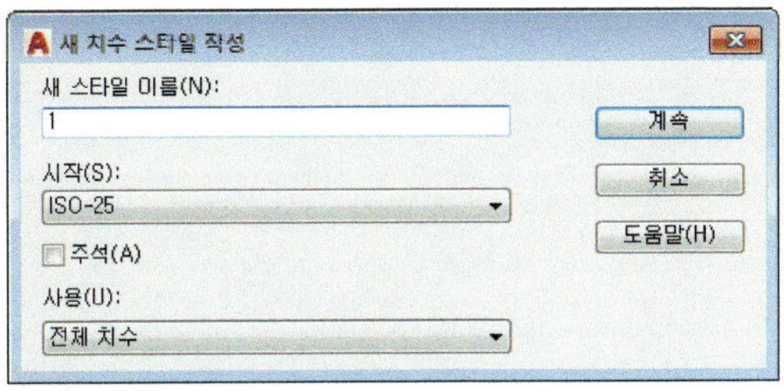

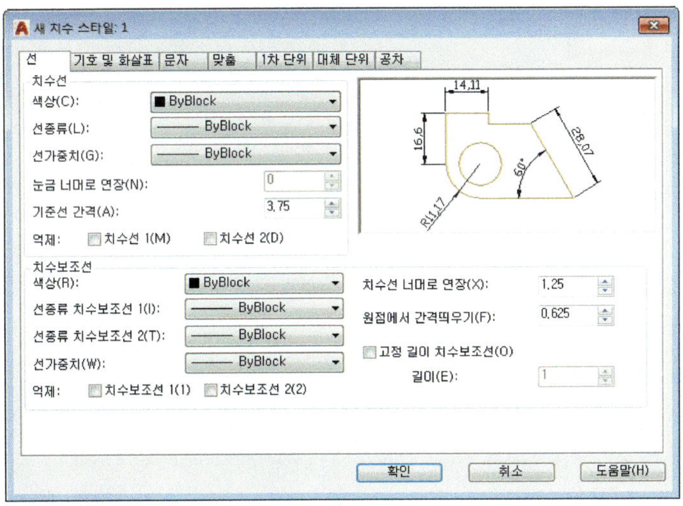

선 탭에서 치수선의 색상(C)과 치수보조선의 색상(R)을 **빨간색**으로 변경하고 치수선에서 기준선 간격(A):의 값을 **8**로, 치수보조선에서 치수선 너머로 연장(X):는 **2**로, 원점에서 간격띄우기(F):는 **1**로 변경한다.

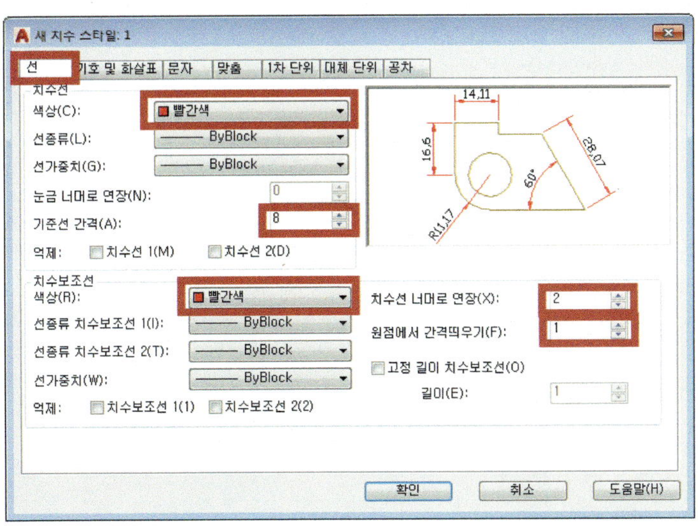

기호 및 화살표 탭에 가서 화살촉의 화살표 크기(I):는 3.5, 중심 표식은 **없음(N)**, 치수 끊기의 끊기 크기(B):는 2.5, 호 길이 기호는 **위의 치수문자(A)**를 선택한다.

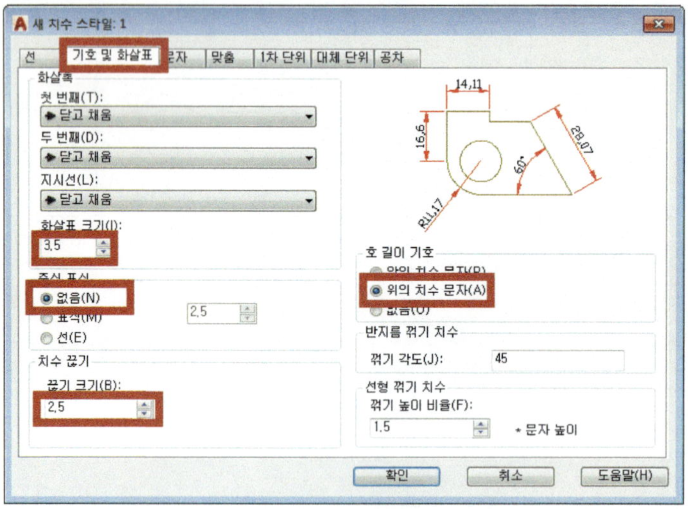

문자 탭에 가서 문자 모양의 문자 스타일(Y):에 I를 선택하고, 문자 색상(C):에 **노란색**을 선택하고 문자 높이(T):에 3.5를 입력한다. 문자 배치에서 치수선에서 간격띄우기(O):에 1을 입력하고 나머지 탭은 기본 설정 값 그대로 둔다.

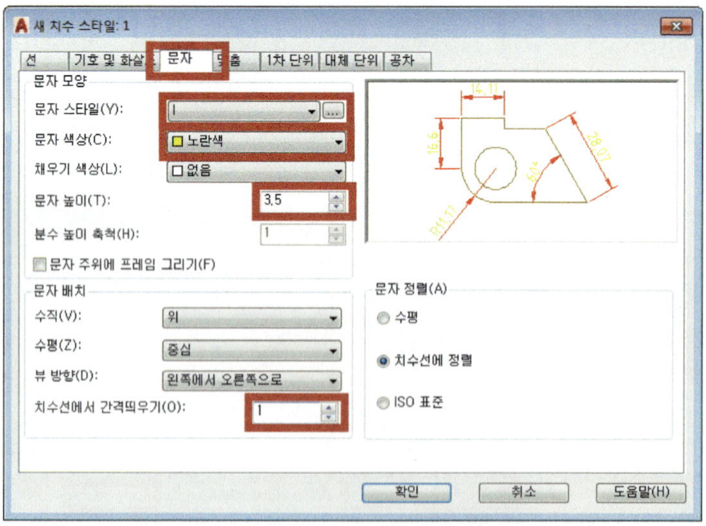

맞춤 탭은 변경사항이 없다.

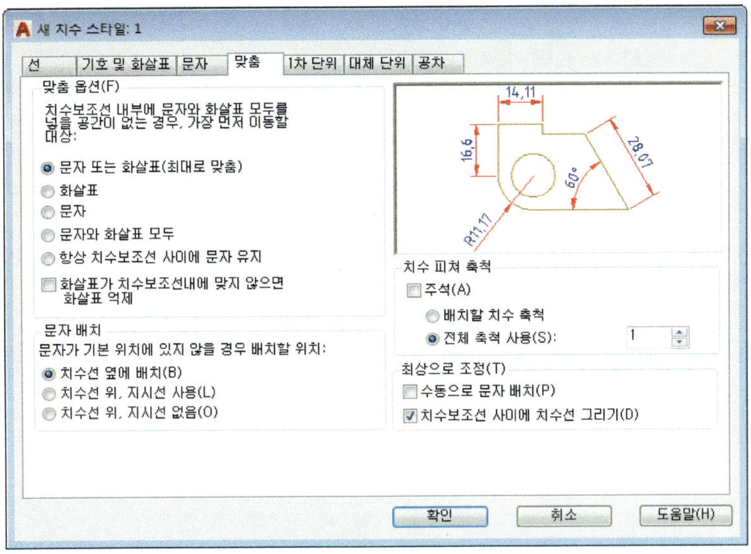

1차 단위 탭에서 선형 치수의 소수 구분 기호(C):는 '.'(마침표)로 한다.

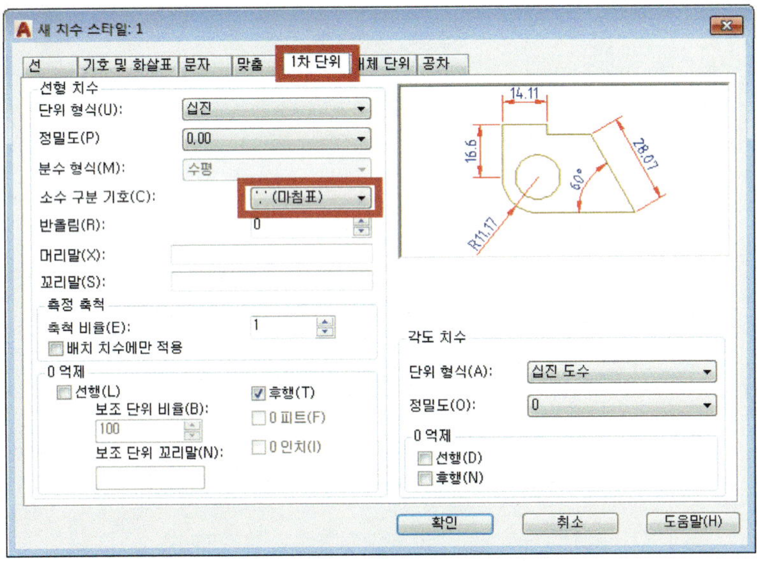

대체 단위와 공차 탭은 변경사항이 없다.

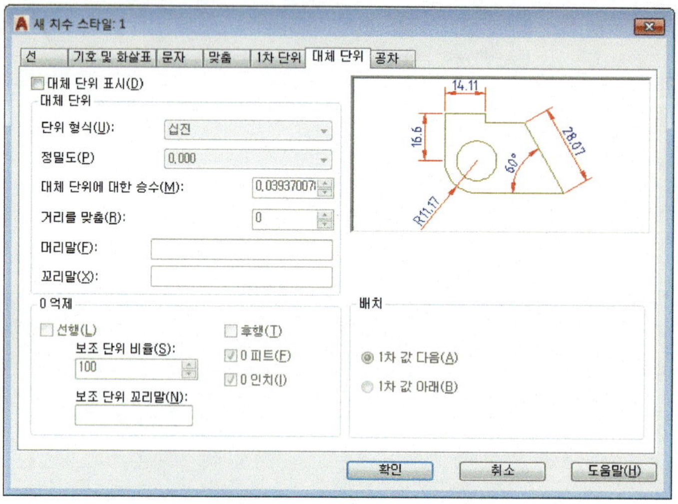

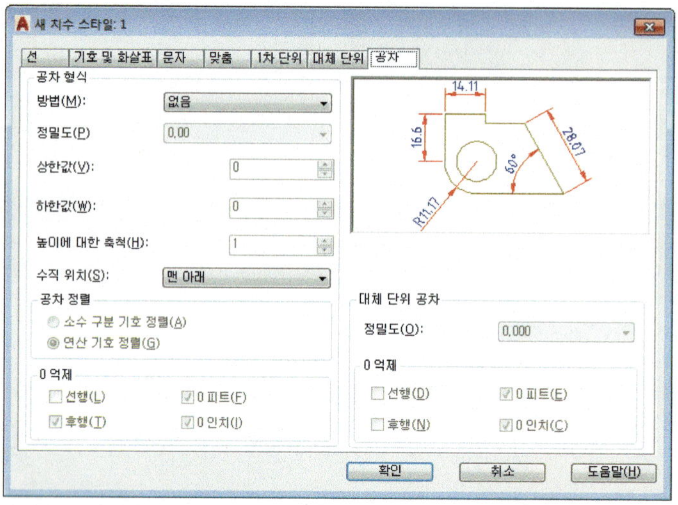

확인 버튼을 누르고 창을 닫는다. **새로 만들기(N)...**를 누른다.

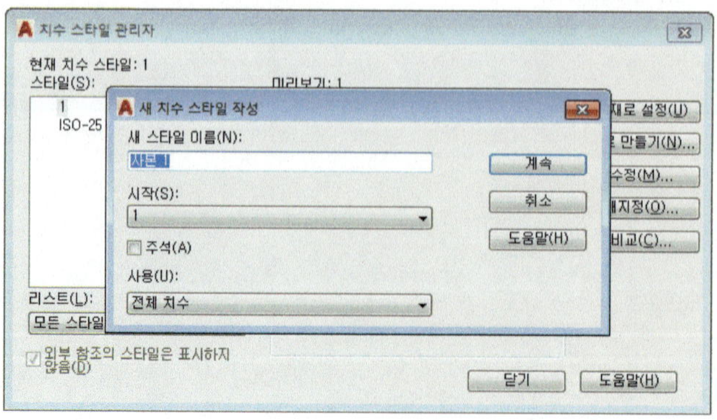

새 스타일 이름(N):에 **2**를 입력한 다음 **계속**을 클릭한다.

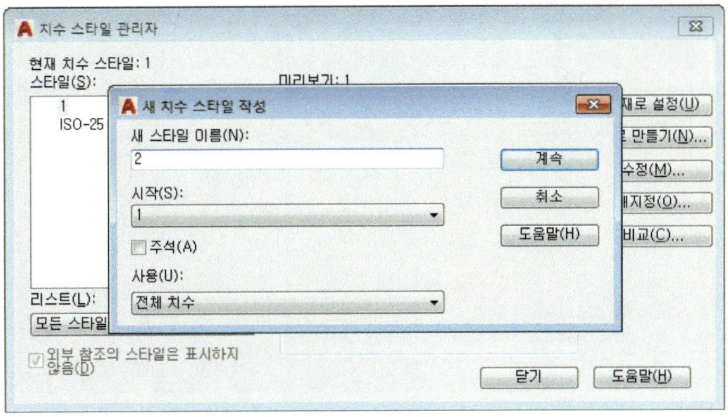

선 탭에서 치수선 1(M)과 치수보조선 1(1)을 억제하고 **확인** 버튼을 눌러 창을 닫는다.

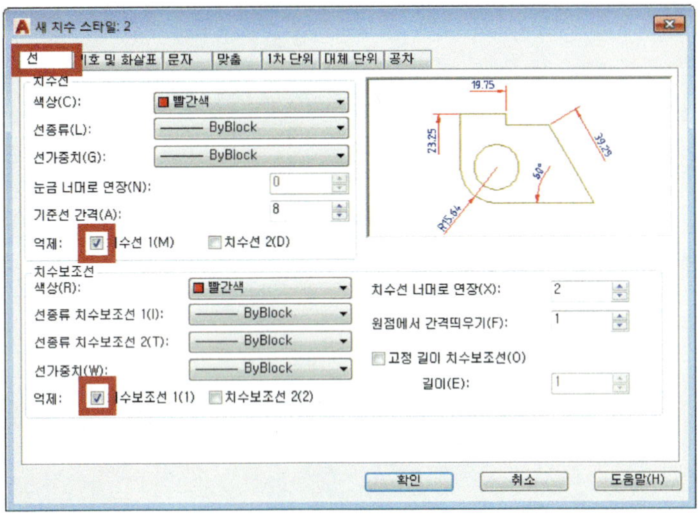

스타일(S):에서 **1**을 더블클릭해서 현재 치수 스타일로 만들고 **닫기** 버튼을 누른다.

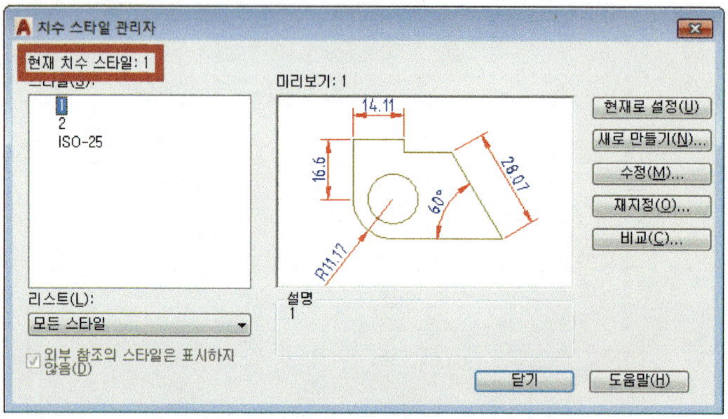

우선 표면 거칠기 기호부터 생성해보자. 도면에는 치수와 함께 치수공차, 기하공차, 표면 거칠기가 표시되어야 한다. 치수공차와 기하공차는 오토캐드에서 어느 정도 기능을 제공하고 있지만 표면 거칠기는 직접 만들어야 한다. KS 기계제도 규격 PDF의 46번을 보자.

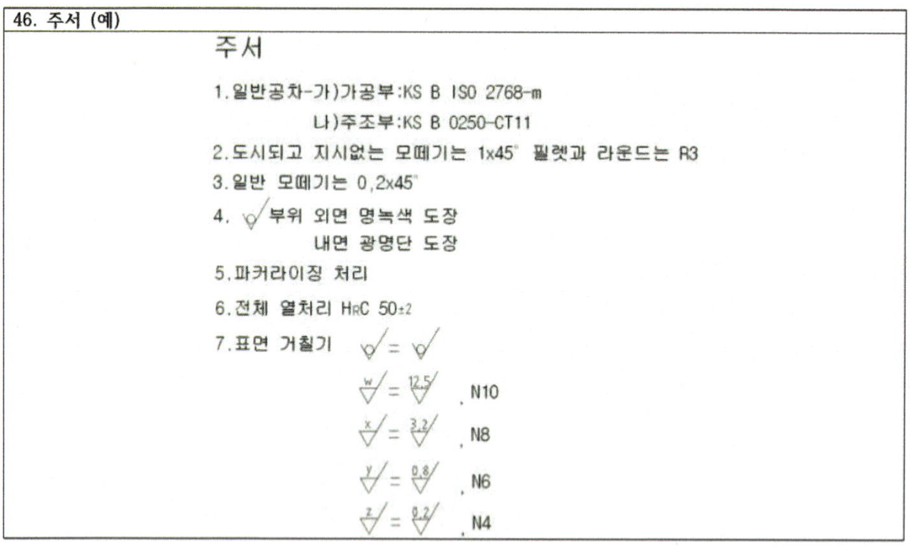

여기에 보면 어떤 표면 거칠기가 필요한지 알 수 있다. 우선 도면층 패널에서 8L을 현재 도면층으로 바꾼다.

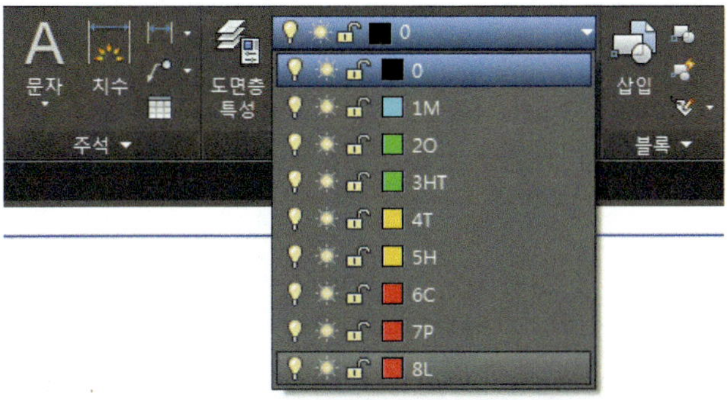

명령창에 원을 그리기 위해 **C**를 입력하고 도면 외곽 윗부분에 반경 R5의 원을 그린다.

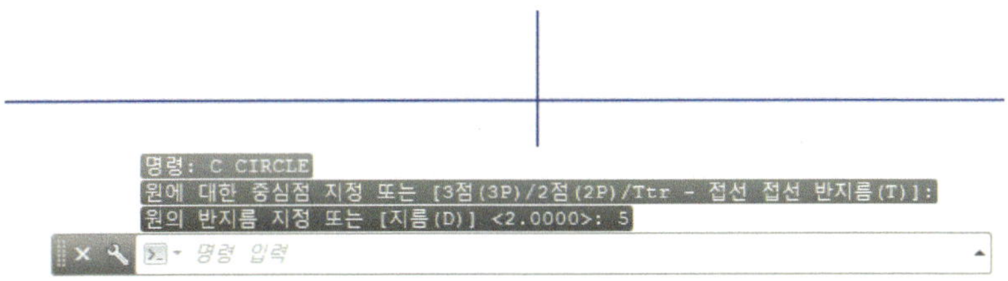

문자를 입력하기 위해 다음과 같이 명령창에 입력한다. [[DT 〉 S 〉 I 〉 J 〉 MC] 여기까지 입력하고 SHIFT키(Shift)를 누른 상태에서 마우스 오른쪽 버튼을 누르면 나타나는 창에서 **중심점(C)**을 선택하고 원의 중심을 클릭한다. 명령창에 입력할 명령을 설명할 때 끝에 괄호가 하나만 있으면(]) ENTER키(Enter↵)를 누르지 말고 다른 작업 후에 다시 입력해야 되는 의미로 사용하겠다. 그리고 계속 명령창에 다음과 같이 입력한다.

[5 〉(이후 명령에 어떤 문자가 없으면 Enter↵만 누르면 된다는 의미임) 〉 5 〉 (Enter↵만 두 번 누르면 됨)]].

만일을 위해 입력할 내용을 다시 써 보면 [[DT 〉 S 〉 I 〉 J 〉MC] 원의 중심을 클릭 [5 〉 〉 5 〉]]이다.

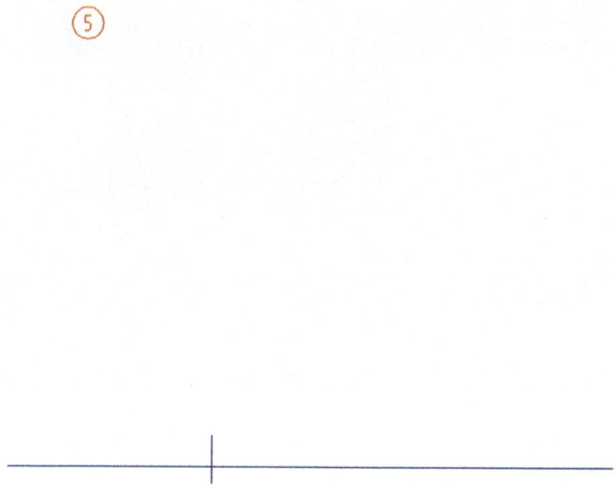

원의 중심에서 우측으로 선을 **15** 정도 긋고 반경 R5의 원을 그린다.

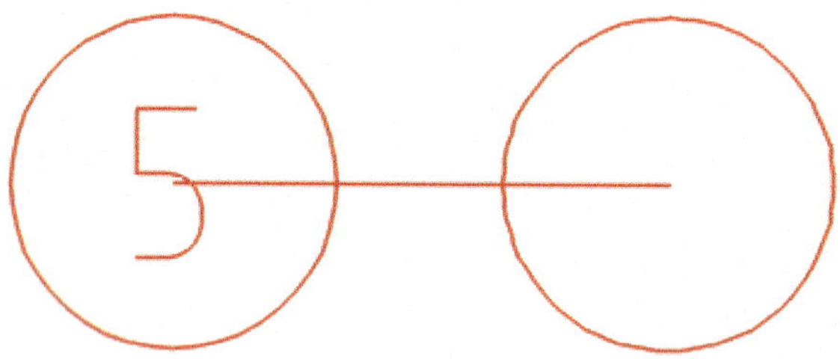

다각형(폴리곤) 명령을 사용하여 외접하는 육각형을 만든다. 명령창에서 [[POL 〉 6] 가로선의 우측 끝점이 객체 스냅된 상태에서 클릭 [C] 우측 원의 사분점 중 위나 아래를 클릭]]이다.

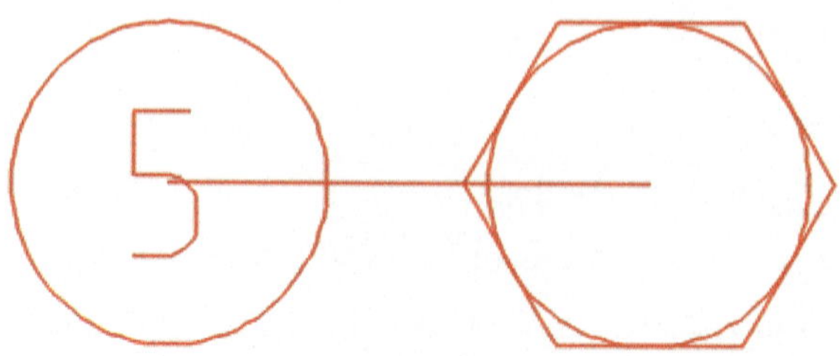

아래선의 우측 끝점에서 위로 수선을 긋는다.

앞서 만든 문자(x)의 중심인 사선의 중간점을 중심으로 오른쪽에 그은 수선과 아래쪽에 옵셋한 가로선이 만나는 곳을 복사되는 쪽의 중심으로 하여 복사한다.

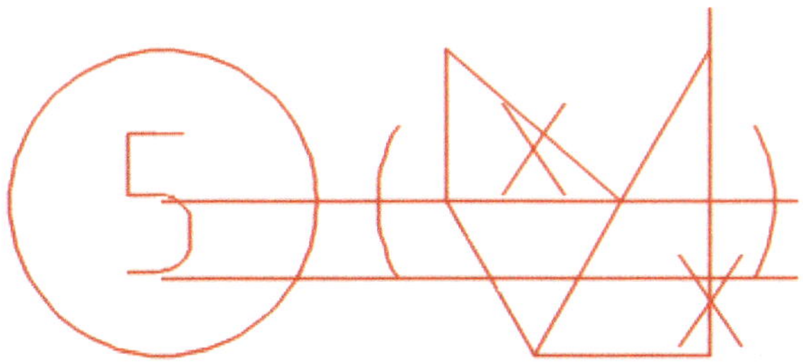

복사된 x를 더블 클릭하여 쉼표(,)로 바꾼다.

x와 쉼표를 클릭하고 Move 명령을 사용하여 위로 1.6만큼 이동시킨다.

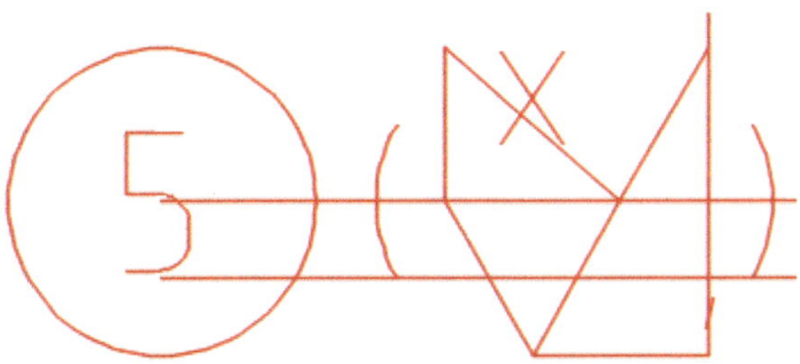

쉼표를 오른쪽으로 1만큼 이동시킨다.

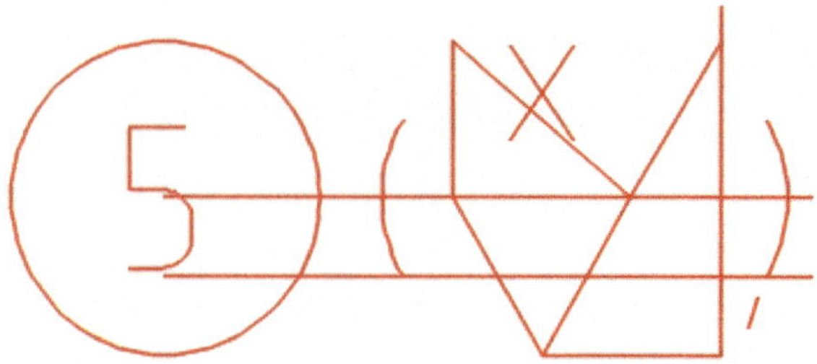

더 이상 필요 없는 선들을 지운다.

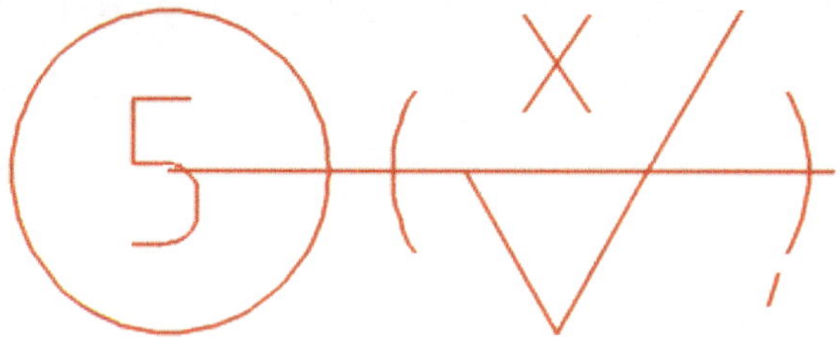

가로선을 트림(TRim) 명령 등을 사용하여 아래와 같이 정리한다.

원 빼고 나머지 모두 도면층을 2O로 바꾼다.

표면 거칠기 x와 쉼표와 오른쪽 괄호를 오른쪽으로 거리 11만큼 3번 복사한다.

가운데 있는 괄호와 오른쪽 맨 마지막에 있는 쉼표를 지운다.

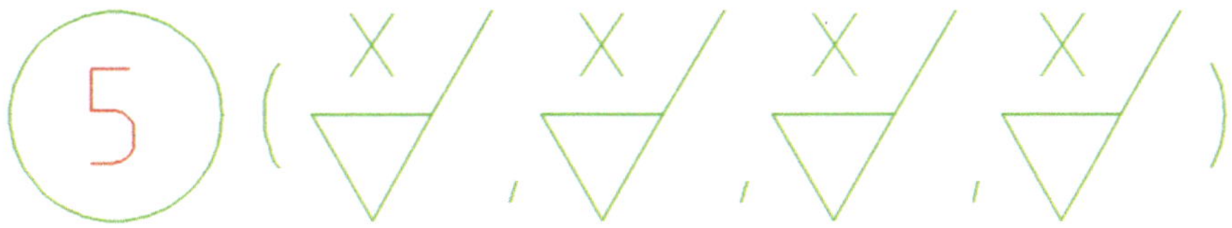

표면 거칠기의 문자를 w, x, y 및 z로 바꾼다. 혹시 글자를 더블 클릭해도 수정되지 않으면 DDEDIT(이전 DDedit, TEXTEDIT) 명령을 사용한다.

지금까지 각 부품도의 부품 번호와 해당 부품에 공통으로 적용되는 표면 거칠기 및 사용되는 표면 거칠기를 표시하는 각 부품도의 맨 윗부분을 그렸다. 이제 치수와 부품도의 선에 넣을 표면 거칠기를 만들어야 한다.

우선 표면 거칠기 w, x, y, z를 아래로 복사한다.

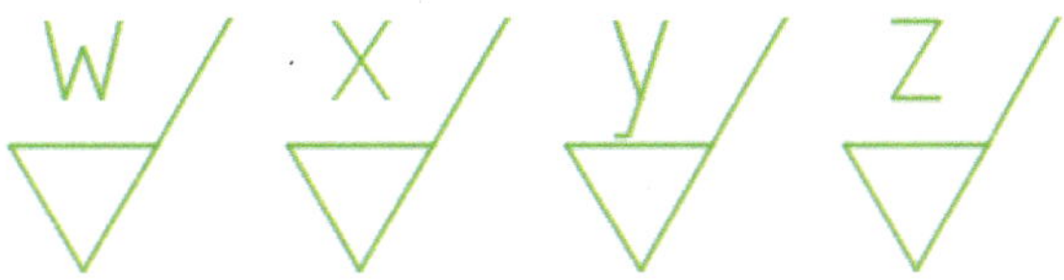

스케일(SCale)명령을 사용하여 반으로 줄인다. 아래의 표면 거칠기들을 선택하고 명령창에서 [[SC] 마우스로 표면 거칠기들 선택(드래그) + Enter↵ → 기준점 클릭 [0.5]]를 입력한다.

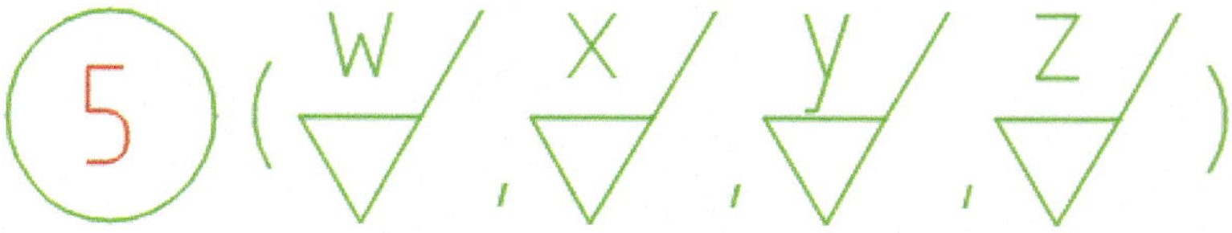

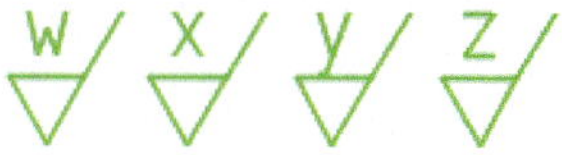

반으로 줄인 표면 거칠기들의 도면층을 **8L**로 바꾼다.

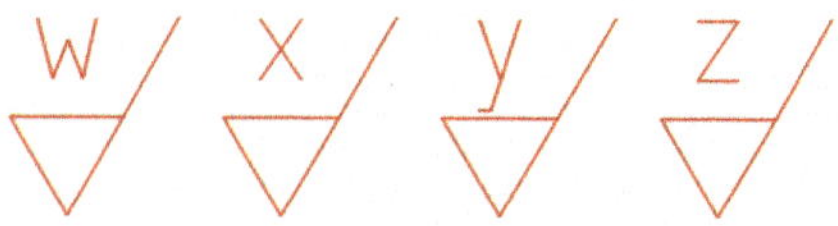

이 표면 거칠기 아래 반경이 R5인 원을 만들고 폴리곤(POLigon) 명령을 사용하여 이 원과 외접하는 8각형을 만든다.

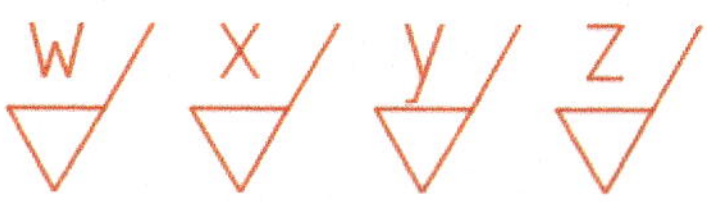

이 원과 팔각형을 우측으로 거리 30씩 하여 3개 복사한다.

이제 팔각형 안의 원을 지우고 다음과 같이 선을 긋는다.

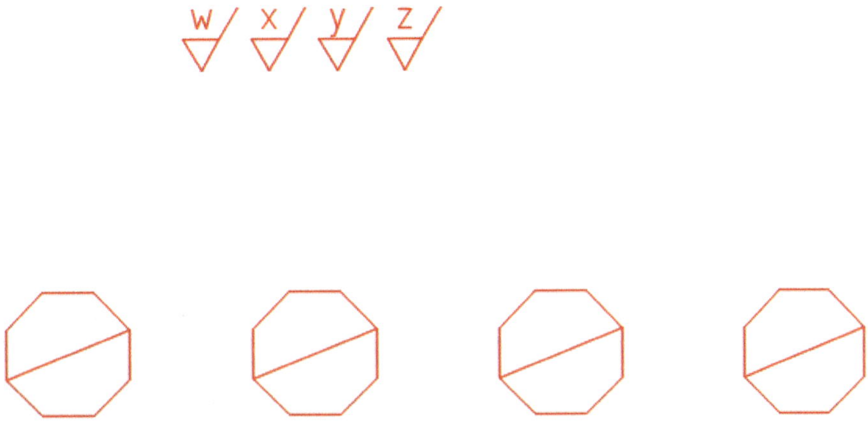

표면 거칠기 w를 가장 왼쪽에 있는 팔각형의 윗면 중간점에 다음과 같이 복사한다.

위의 표면 거칠기를 손으로 일일이 옮기려면 시간이 많이 걸리므로 ARRAYCLASSIC 명령을 사용하자. 명령창에 AR만 입력하고 조금 기다리면 위에 ARRAYCLASSIC 명령이 나타난다. 마우스로 클릭하거나 키보드 화살표 키로 찾아가서 ENTER키(Enter↵)를 누르면 실행된다. 기다리고 있으면 AR(ARRAY)로 연결되고 화살표 키로 하나 아래로 내려가면 ARRAYCLASSIC에 연결된다. 이때 ENTER키(Enter↵)를 누르면 된다.

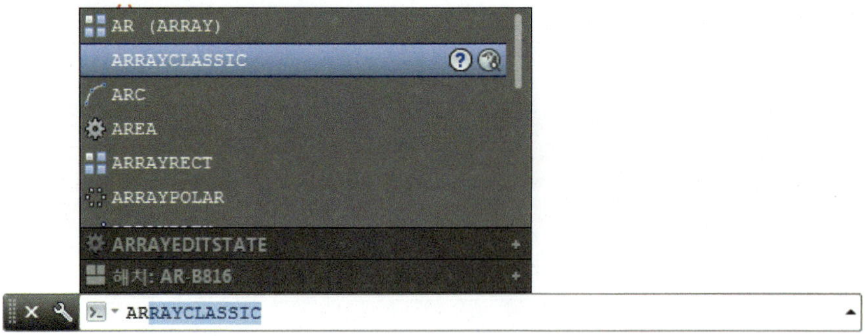

원형 배열(P)을 선택하고 객체 선택(S)는 **표면 거칠기 w**를 선택한다. 중심점은 팔각형 안의 사선의 중간점이다.

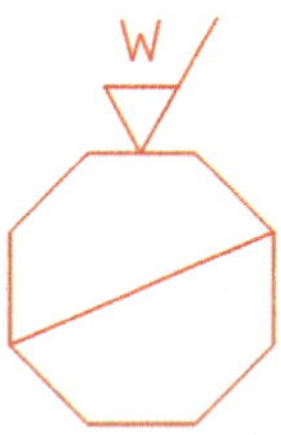

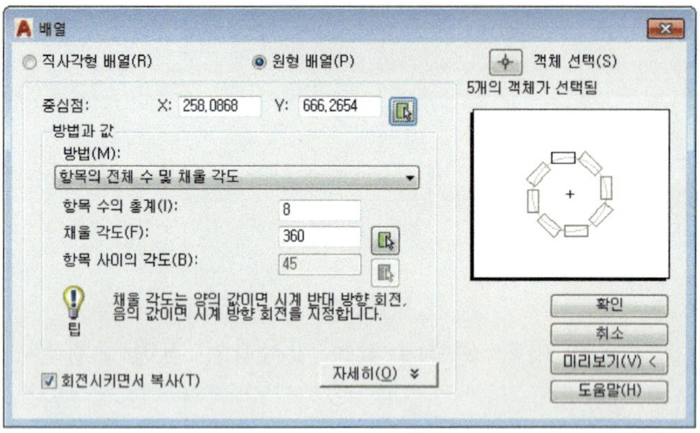

팔각형에 있는 사선의 아래에 있는 w는 삭제한다.

여기서 아래쪽 표면 거칠기들의 문자를 배치하는 여러 가지 방법이 있는데 처음 배우는 사람에게는 쉽지 않다. 따라서 복사해서 적절한 위치에 옮기는 방법 외에 그나마 쉬운 방법으로 설명하고자 한다. 어떻게 해도 잘 되지 않으면 180도 반대방향에 있는 것을 복사해서 적절한 위치에 옮기는 방법도 있다.

우선 문자의 중심을 지나는 직경 17.5의 원을 그리고 옵셋 명령으로 0.8만큼 더 큰 원을 하나 더 그린다. 그리고 수직선도 하나 그려 ARRAYCLASSIC 명령으로 8개를 만든다.

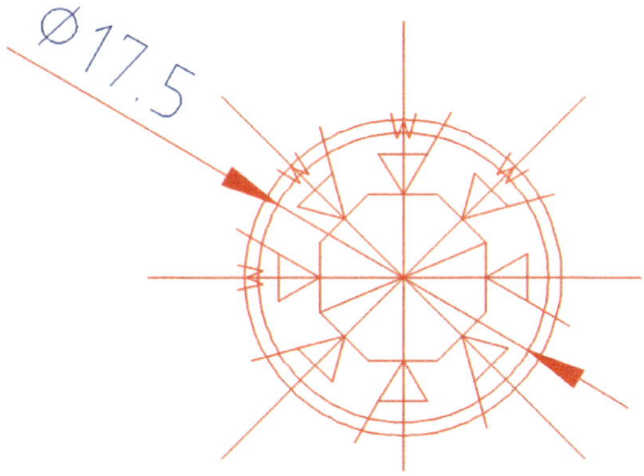

위에 w 글자를 180도 반대편으로 복사할 것인데 복사의 시작점은 처음 그린 원이고 복사해서 놓을 곳은 옵셋을 한 반경이 0.8 더 큰 원이다.

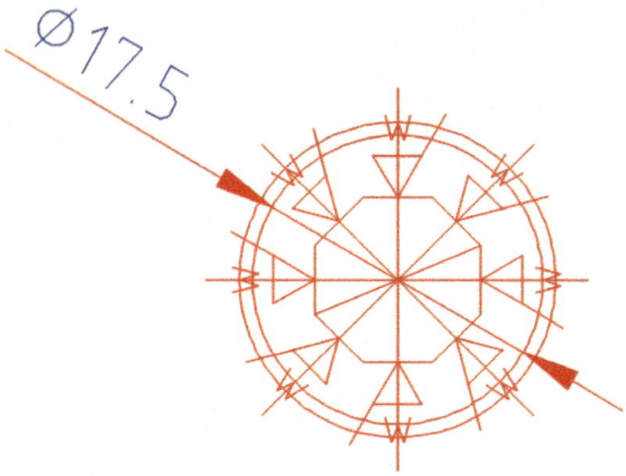

그린 원들과 선을 다른 팔각형에 복사하여 x, y, z에도 동일하게 작업하자.

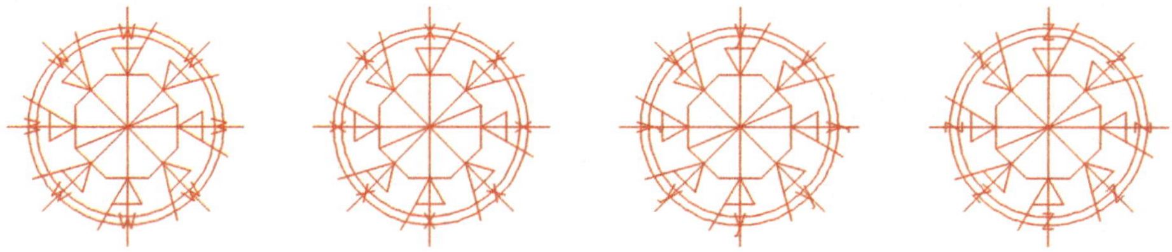

이제 작업할 때 사용한 원과 선들을 지우자.

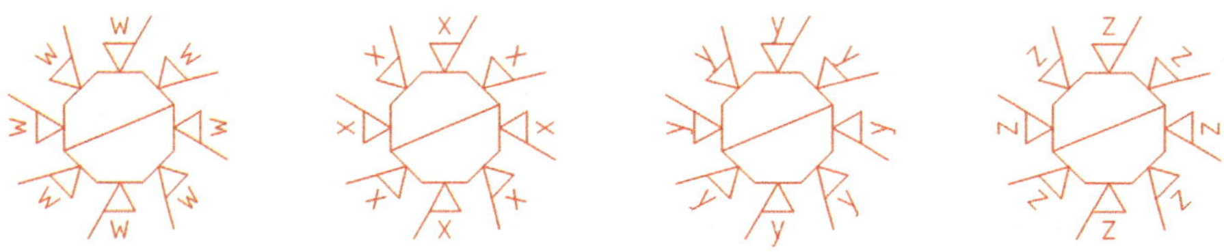

마지막으로 주물 등의 소재에서 별도의 가공을 하지 않는 표면 거칠기 기호를 만든다. 큰 표면 거칠기들을 우측으로 **11**만큼 옮긴다.

표면 거칠기 w를 좌측으로 11만큼 움직여 복사한다.

리본 〉 홈 〉 그리기 〉 원 〉 **접선, 접선, 접선**을 실행하고 삼각형의 세 선에 접하는 원을 그린다.

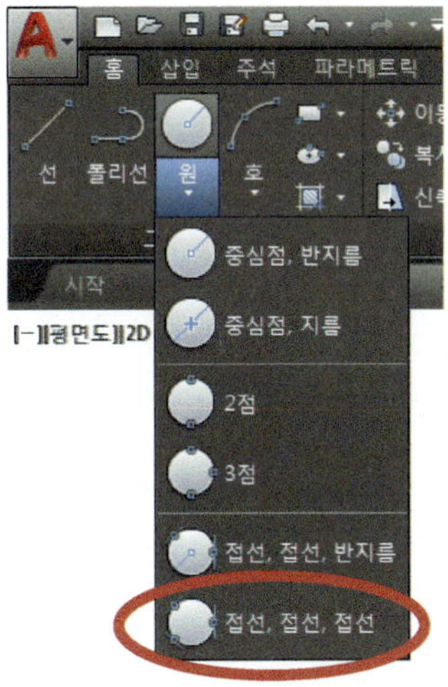

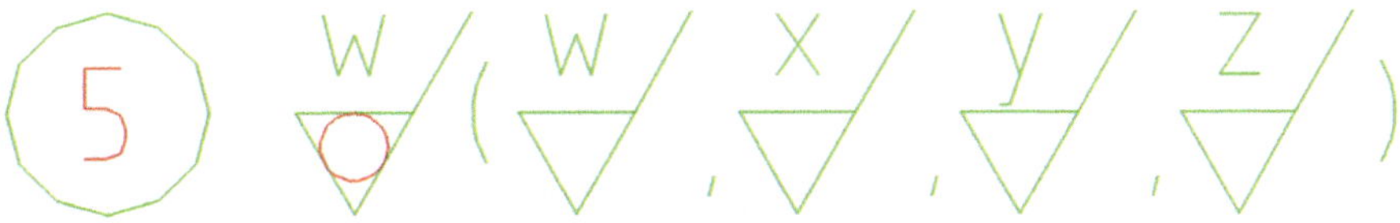

맨 왼쪽 표면 거칠기의 삼각형 윗변과 w를 지운다.

맨 왼쪽의 표면 거칠기는 도면에서는 잘 쓰지 않지만 주서를 쓸 때 한 번 작게 만든 표면 거칠기가 필요하다. 그래서 팔각형에서 여러 개를 만들 필요 없이 하나만 만든다.

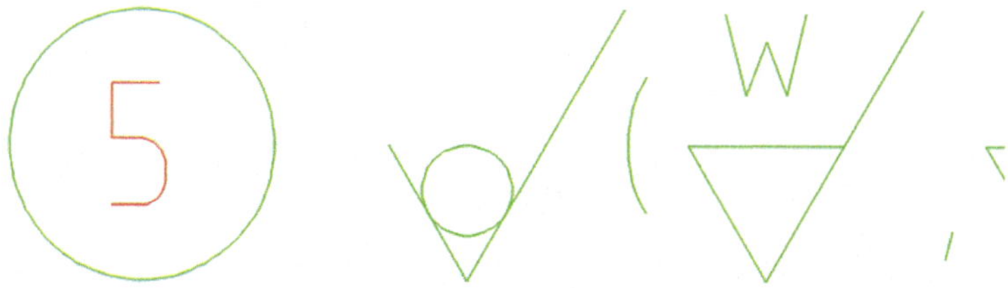

이제 표면 거칠기가 완성되었고 표제란과 수험란을 만들어보자.

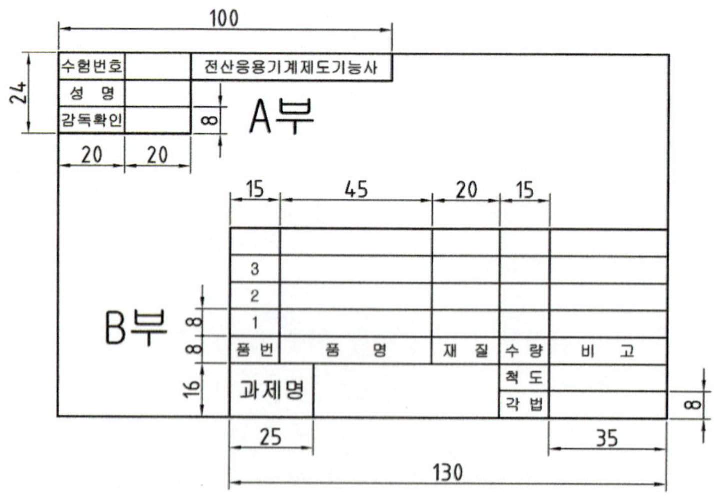

도면 양식 만들 때 표제란과 수험란은 2O(외형선)와 8L(가는 실선)을 써서 작업하는데 통상적인 표제란(B부)과 수험란(A부)의 작성은 다음과 같다.

수험번호	12345678	기능사 / 산업기사 / 기사
성 명	홍길동	
감독확인		

4	본 체	GC200	1	-
3	스퍼기어	SM45C	1	-
2	V 벨트 풀리	GC200	1	-
1	커 버	GC200	1	-
품번	품 명	재질	수량	비 고
과제명	동력전달장치		척도	1 : 1
			각법	3

기능사 공개문제에서 제시한 선의 두께로 구성하면 다음과 같다.

수험번호	12345678	기능사 / 산업기사 / 기사
성 명	홍길동	
감독확인		

4	본 체	GC200	1	-
3	스퍼기어	SM45C	1	-
2	V 벨트 풀리	GC200	1	-
1	커 버	GC200	1	-
품번	품 명	재질	수량	비 고
과제명	동력전달장치		척도	1 : 1
			각법	3

위의 구성을 참고하여 항상 시험장에서 받은 문제지의 요구사항에 나와 있는 작성기준을 자세히 보고 같은 형태로 구성해야 한다.

이제 앞서 작성한 윤곽선을 사용하여 도면 양식을 기입하자. 우선 좌측 상단부터 명령창에 [[Offset 〉 20]]을 입력하고 아래와 같이 만든다.

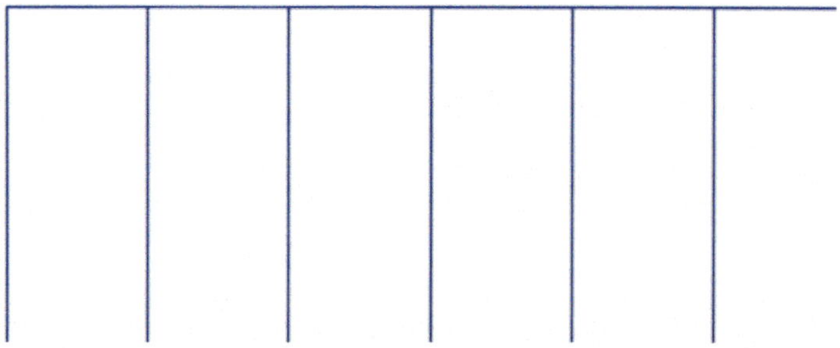

오른쪽에서 두 번째와 세 번째 선을 지운다. 선을 클릭하고 DEL키(Del)를 누르면 된다.

명령창에 [[Offset 〉 8]]을 입력하고 아래와 같이 만든다.

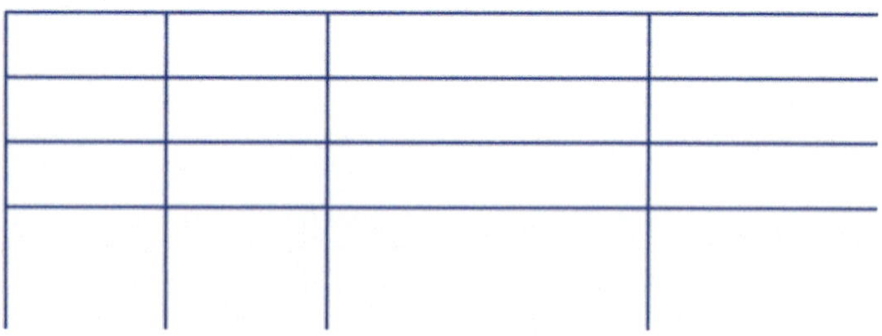

TRim 명령을 사용하여 선을 정리한다.

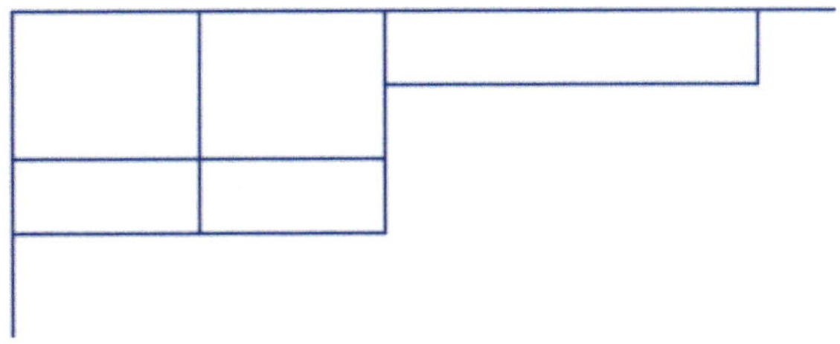

다시 선을 하나 긋는다. 객체 스냅의 끝점과 수직을 사용하자.

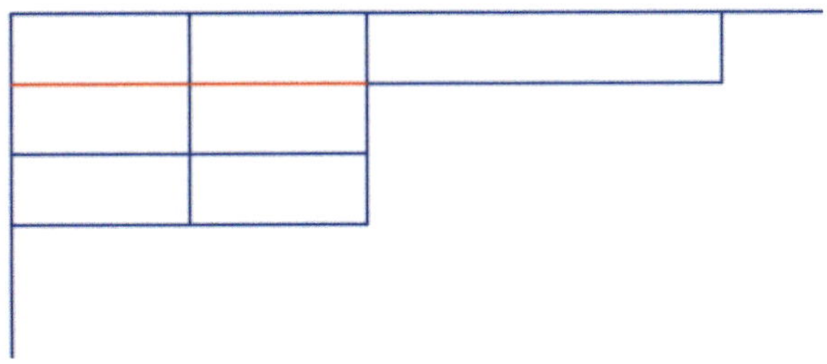

선의 도면층을 아래와 같이 바꾸어준다.

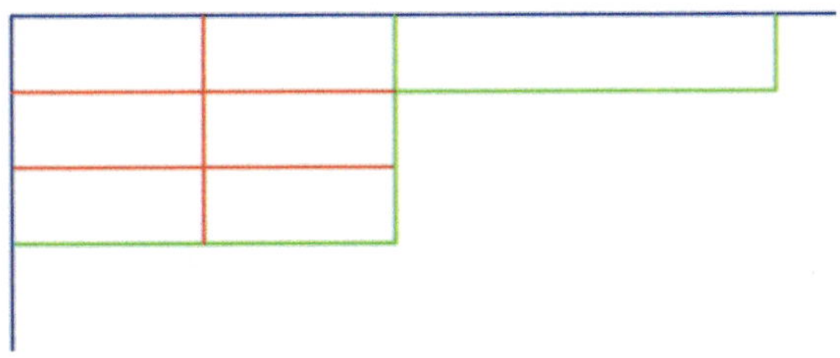

아래와 같이 사선을 그린다.

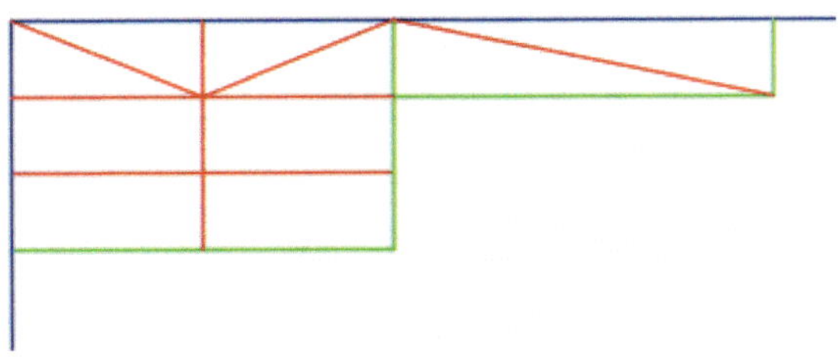

DT(TEXT)나 T(또는 MT(MTEXT))를 사용하여 아래와 같이 사선의 중심에 글자를 넣는다. 내용은 아무거나 써도 된다. 여기서는 DT를 쓰겠다. 명령창에 [[DT 〉 S 〉 G 〉 J 〉 MC 〉] 사선의 중간점 클릭 [3.5 〉] 123]]을 입력한다. 문자의 도면층을 **4T**로 바꾼다.

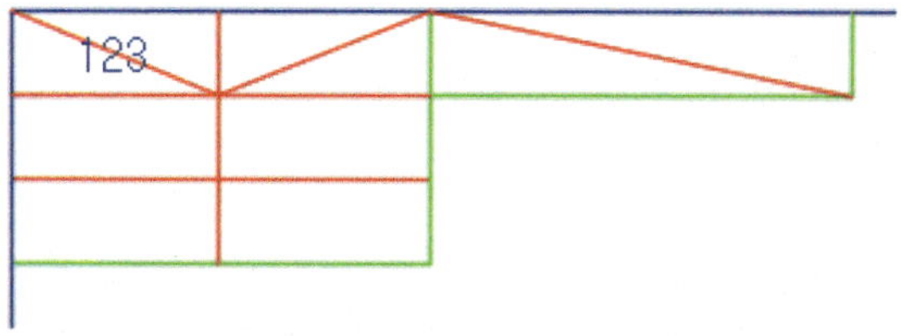

COpy 명령을 사용해서 다른 사선의 중심점에 복사한다.

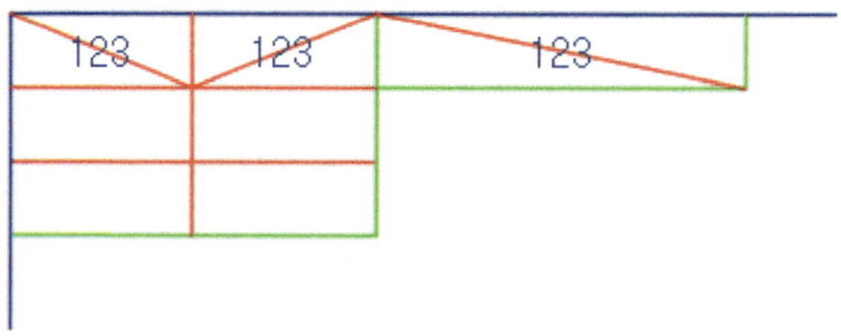

COpy 명령을 사용해서 다음과 같이 복사한다. 각 사각형의 모서리를 기준으로 삼으면 편하다.

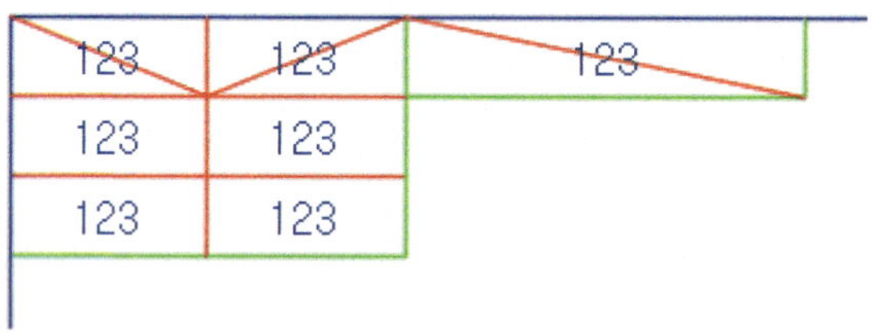

글자를 공개문제의 요구사항에 맞게 기입한다. 필요 없는 글자는 삭제한다.

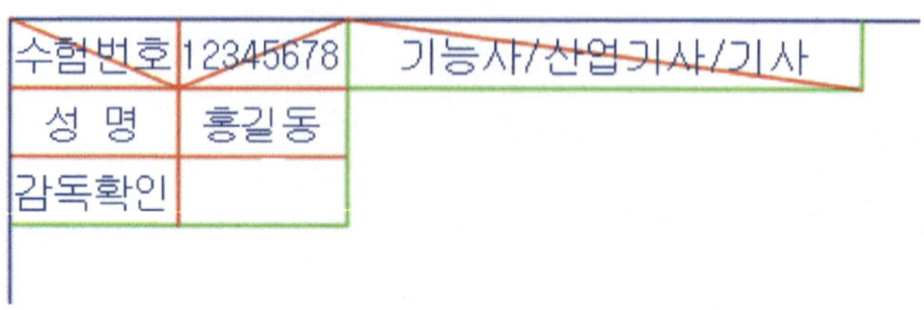

이제 표제란도 동일하게 해보자. 이곳은 Offset의 치수가 자주 바뀌어야 하므로 공개문제의 요구사항을 보면서 해야 한다.

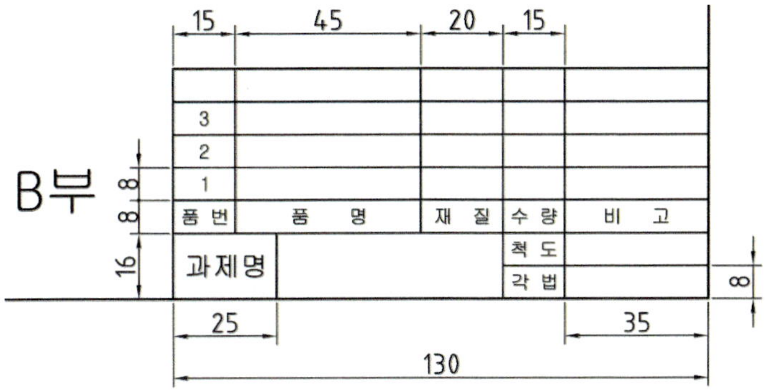

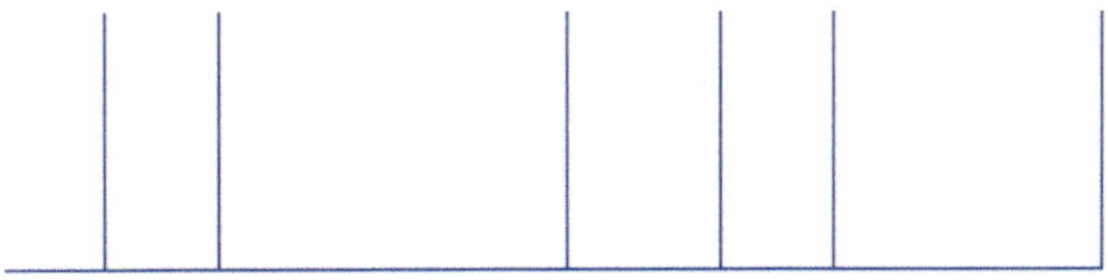

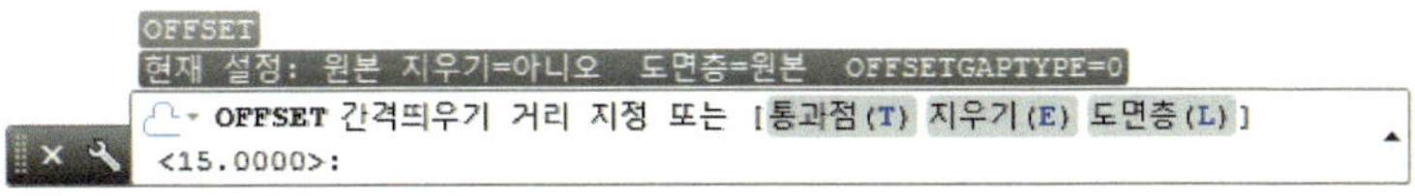

맨 아래 줄 때문에 25짜리 오프셋을 하나 더 해야 한다.

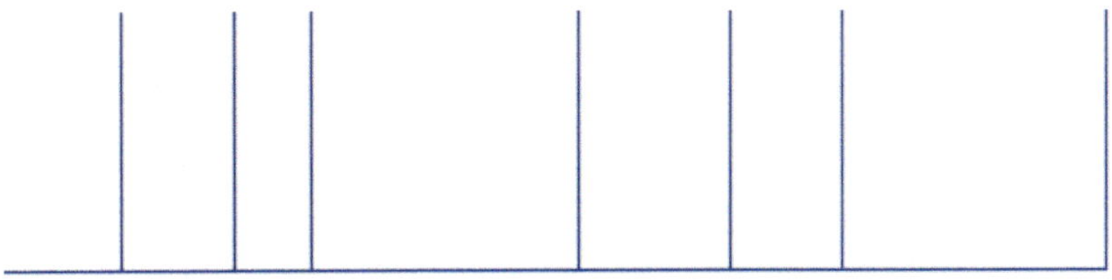

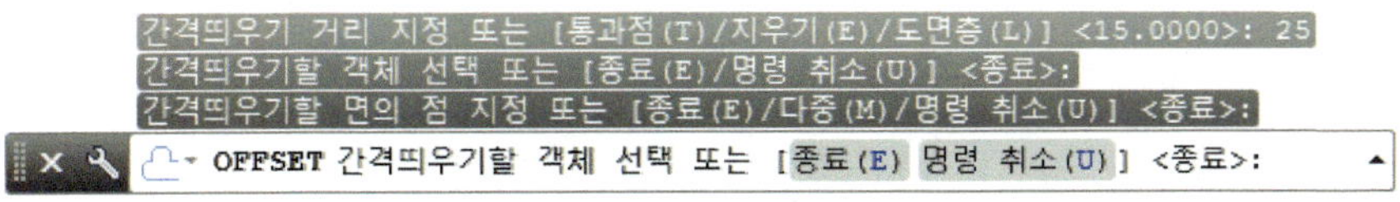

아래에서 위로 8만큼의 오프셋을 연속으로 한다. 이 책에서는 7번 했다.

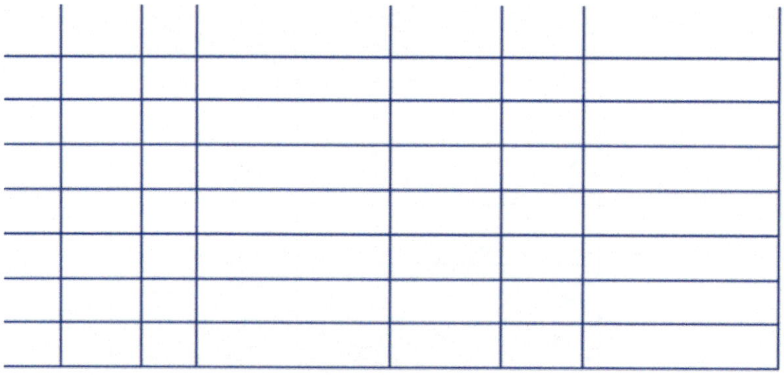

TRim 명령을 사용하여 선을 정리한다.

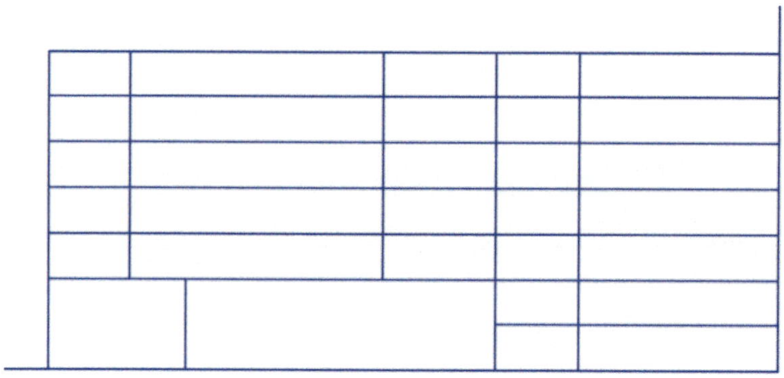

다음과 같이 사선을 그린다.

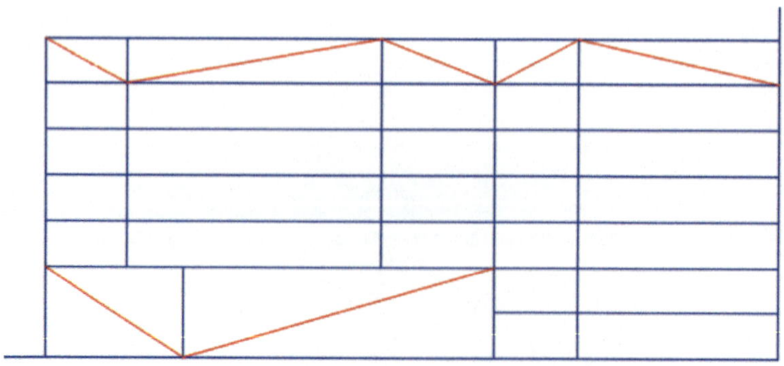

수험란에서 만든 문자를 복사해 사선들에 붙인다.

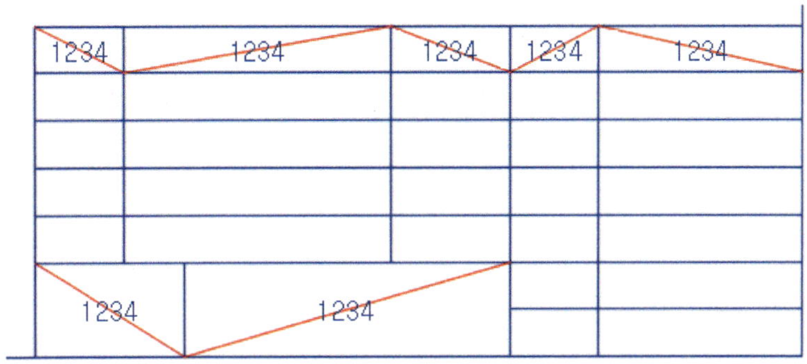

선들의 도면층을 변경한다.

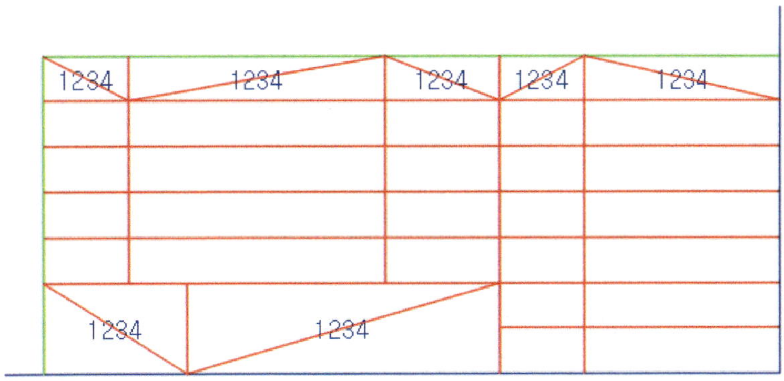

문자들을 복사한다.

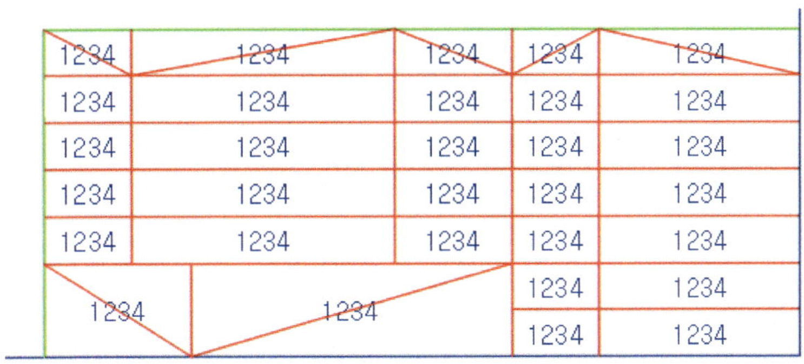

PR 명령을 사용하여 큰 사각형에 있는 글자의 높이를 5로 바꾸고 사선을 지운 다음 문자를 아래와 같이 변경한다. 비고란에는 아무 글자 없이 작성하거나 '-' 표시를 한다. 통상적으로 비고가 없으면 비워두지 않고 비고사항이 없다는 표시를 한다.

4	본 체	GC200	1	-
3	스퍼기어	SM45C	1	-
2	V 벨트 풀리	GC200	1	-
1	커 버	GC200	1	-
품번	품 명	재질	수량	비 고
과제명	동력전달장치		척도	1 : 1
			각법	3

표제란(B부)과 수험란(A부)의 작성이 끝났다. 등각투상도는 여기서 끝인데 부품도는 주서가 필요하다. 주서는 KS 기계제도 규격 pdf파일에 있다.

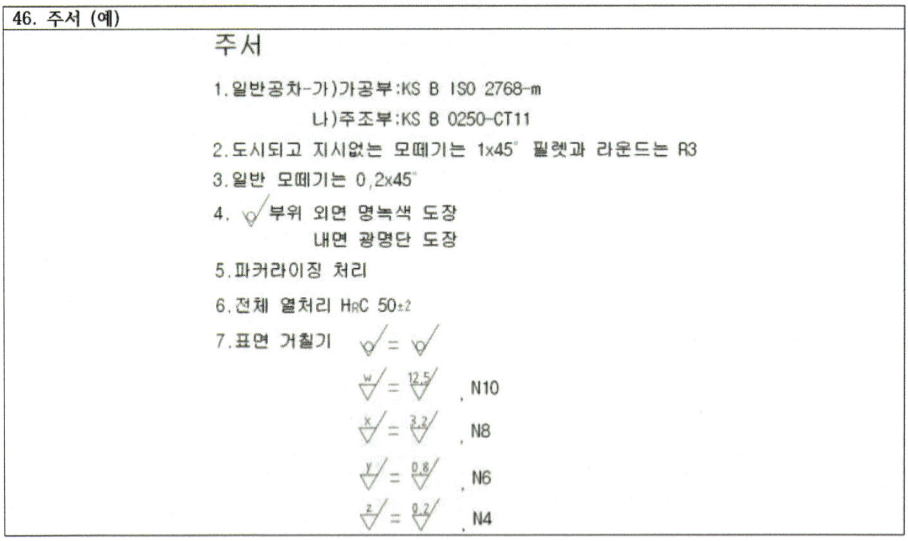

46. 주서 (예)

주서

1. 일반공차-가)가공부:KS B ISO 2768-m
나)주조부:KS B 0250-CT11
2. 도시되고 지시없는 모떼기는 1x45° 필렛과 라운드는 R3
3. 일반 모떼기는 0.2x45°
4. [기호] 부위 외면 명녹색 도장
내면 광명단 도장
5. 파커라이징 처리
6. 전체 열처리 HRC 50±2
7. 표면 거칠기 [기호] = [기호]
[기호] = [기호] , N10
[기호] = [기호] , N8
[기호] = [기호] , N6
[기호] = [기호] , N4

이와 동일하게 제작하면 된다. 예시된 표제란의 재질과 부품이 예시된 주서를 그대로 써도 문제가 없으므로 이대로 하겠다.

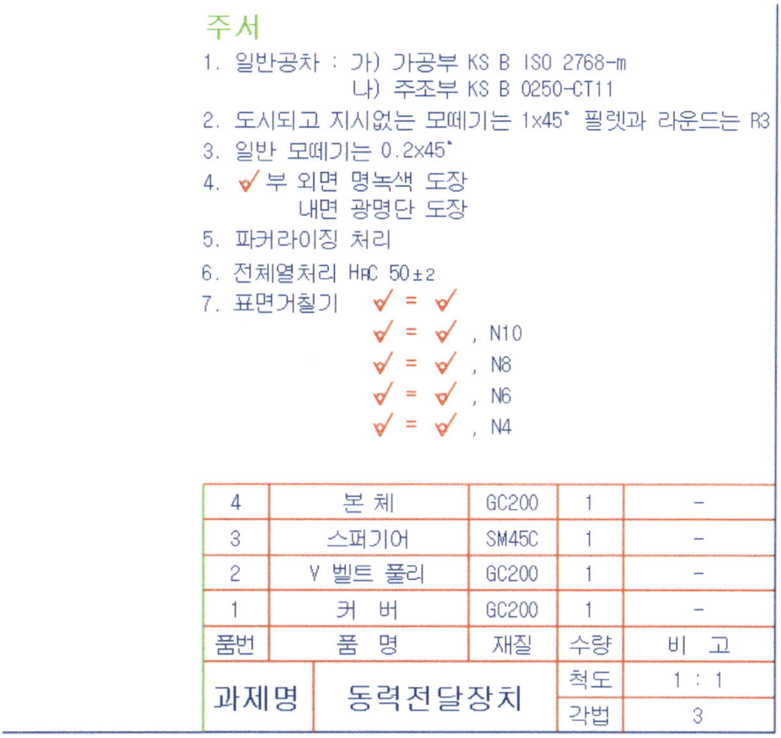

위에 도면작업 예시를 보면 어떻게 하는지 대충 감을 잡았을 것이다. 정확히 어떤 위치에 배치하라는 것은 없고 KS 기계제도 규격의 주서 예시를 참고하여 만들면 된다. 주서를 만들 때는 도면에 부품을 그리는데, 사용할 공간을 늘리기 위해 촘촘히 만드는 것이 일반적이다.

처음 하시는 분들은 어떻게 해야 할지 감이 안 잡힐 것이기 때문에 이 책에서 소개한 도면을 만드는 방법을 설명하겠다.

우선 위의 주서는 큰 글자이므로 높이가 5이고, 아래는 보통의 글자이므로 3.5이다. 보통 주서는 DT를 많이 쓰는데 예시된 주서의 6번 같은 표현을 할 수 없다. 따라서 주서에는 T(MT) 명령을 사용하여 글을 써야 한다.

우선 표제란의 왼쪽 상단에서 수선을 100만큼 긋는다.

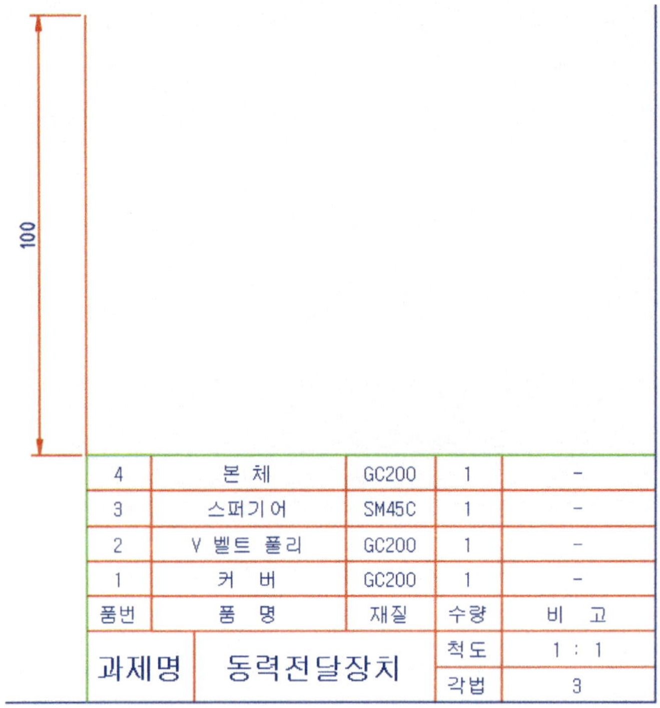

수선의 끝에서 수평선(가로선)을 윤곽선의 끝까지 그린다.

오프셋을 사용하여 아래 그림과 같이 선을 배치한다.

T 명령을 사용하여 문자의 작성 범위는 **사각형 전체**, 문자 크기는 3.5, 자리 맞추기는 **맨 아래 왼쪽(BL)**을 선택한다.

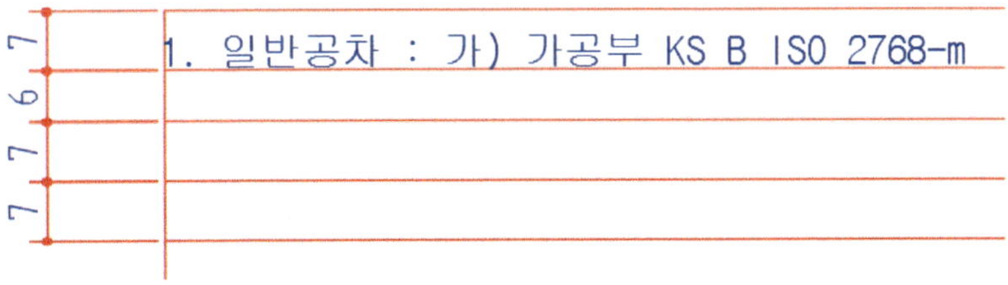

이것을 각 사각형의 왼쪽 모서리를 기준으로 하여 다음과 같이 복사한다.

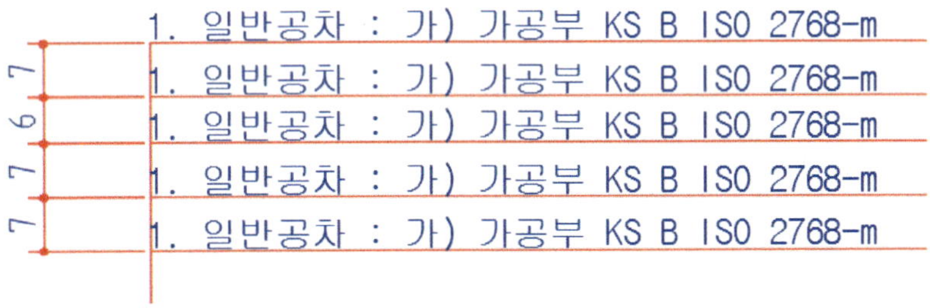

맨 윗줄의 문자를 높이 5에 도면층 20로 하고 내용을 '**주서**'로 입력한다.

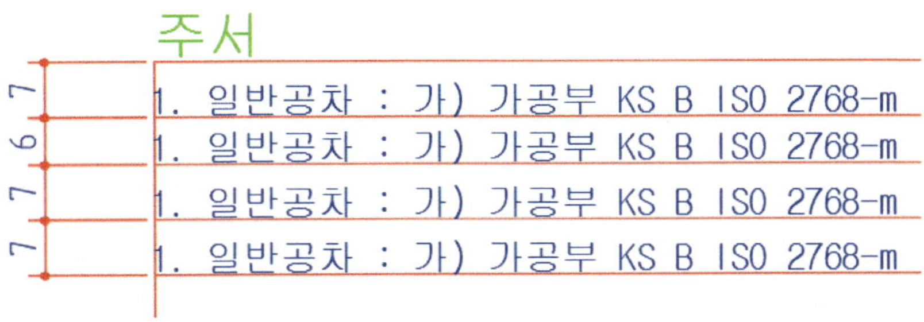

나머지 줄도 알맞은 내용으로 변경한다.

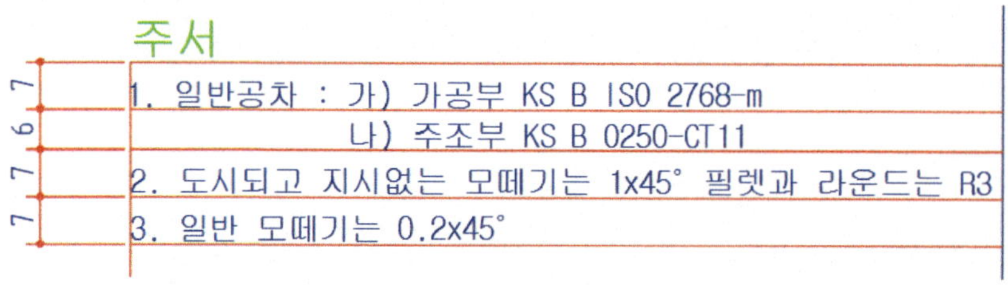

이를 바탕으로 나머지도 완성한다.

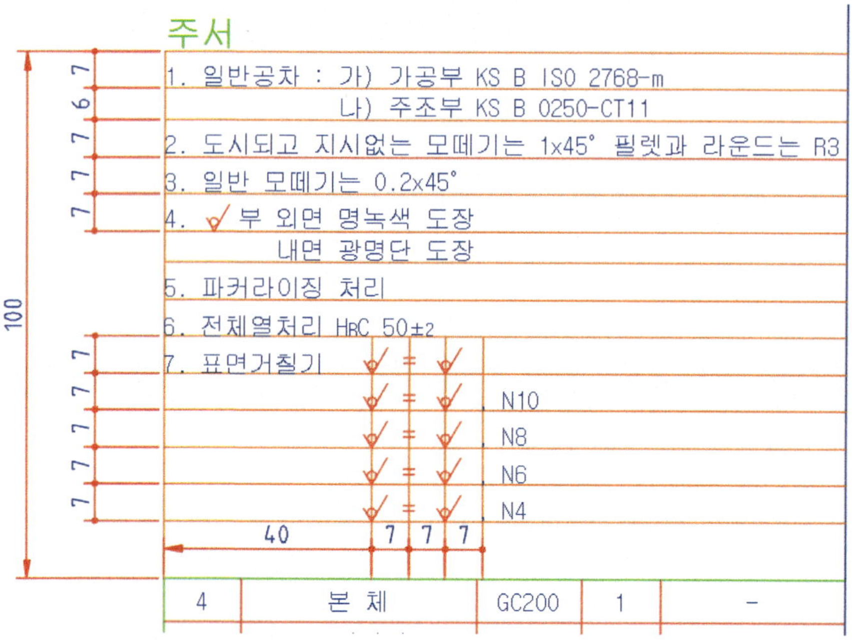

이제 도면 양식(템플릿)이 완성되었다. 일단 저장을 한 번 하고 다음으로 넘어가자.

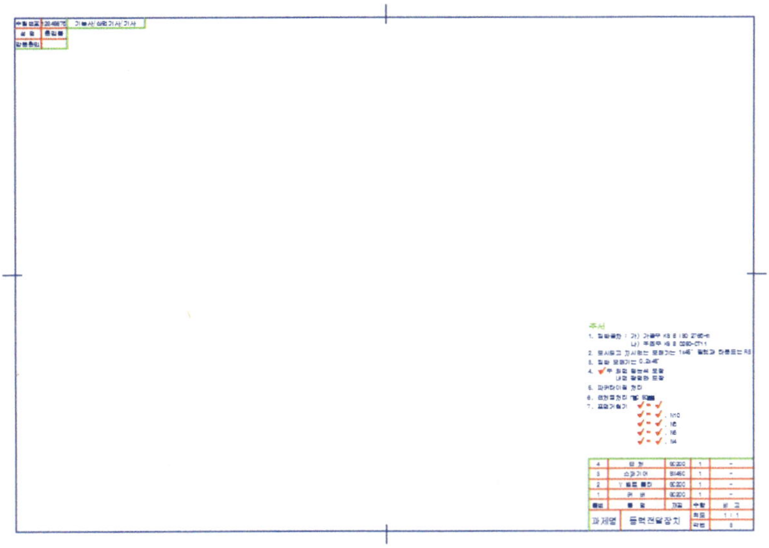

STEP 22 | 부품도 작성하기

지금까지 인벤터 3D 모형과 도면 작성 양식(도면 템플릿)을 만드느라 많이 힘들었을 것이다. 이 이후는 캐드와 인벤터에서의 작업이 앞에서보다 쉽다. 인벤터에서 만든 3D 모형으로 2D 도면을 가져오기 때문인데 적절한 수정을 하고 치수와 공차 그리고 표면 거칠기를 넣어주면 된다.

우선 인벤터의 도면에서부터 시작하자.

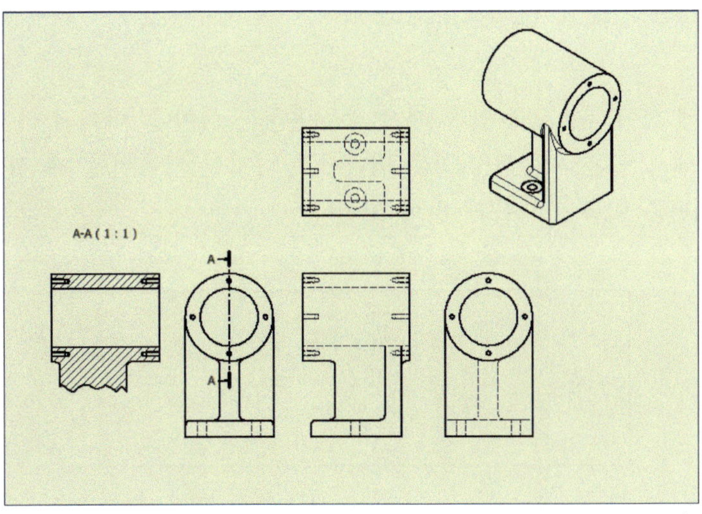

여기서 투상도만 남기고 나머지를 지운다.

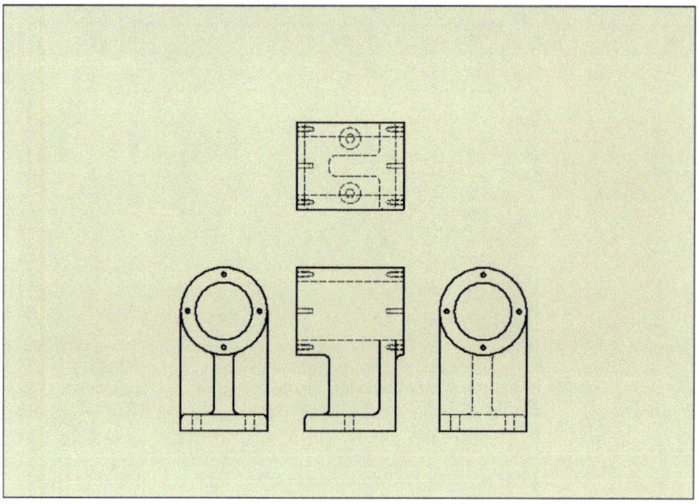

이렇게 저장한 다음 오토캐드에서 불러온다. 그리고 도면층 특성 명령을 실행한다.

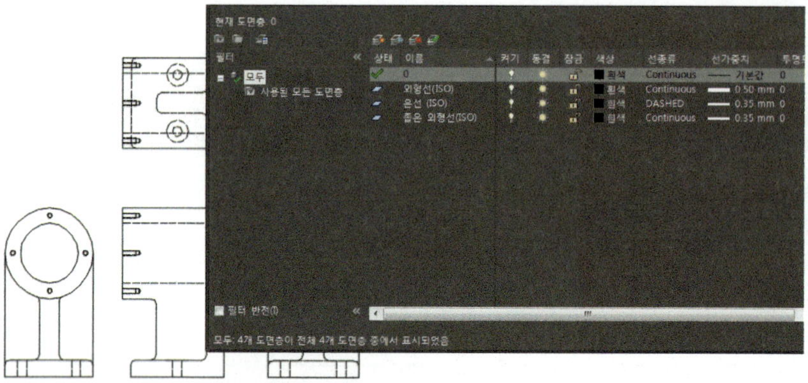

여기 나오는 세 선이 부품도를 만들 때 실제 사용하는 선이다. 나머지 선은 참고사항이다. 참고로 이 도면에서 좁은 외형선(ISO)은 암나사부 나사산을 표현할 때 사용하였다.

이 도면의 도면층 이름을 다음과 같이 고친다.

외형선(ISO) → 2O 은선 (ISO) →5H 좁은 외형선(ISO) → 8L

이렇게 도면층 이름을 고치고 투상도를 선택하고 CTRL+C키(Ctrl+C)를 눌러 복사한 다음 도면 양식 작성을 한 도면으로 CTRL+V키(Ctrl+V)를 사용하여 보낸다.

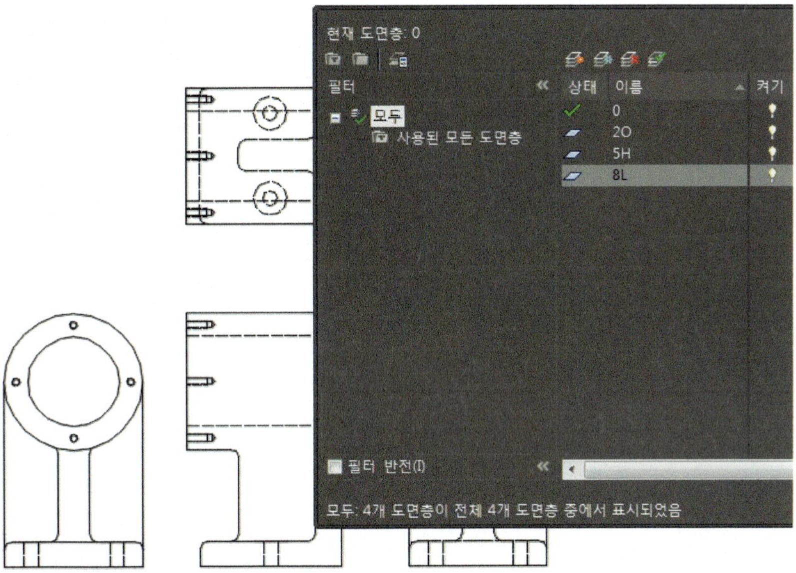

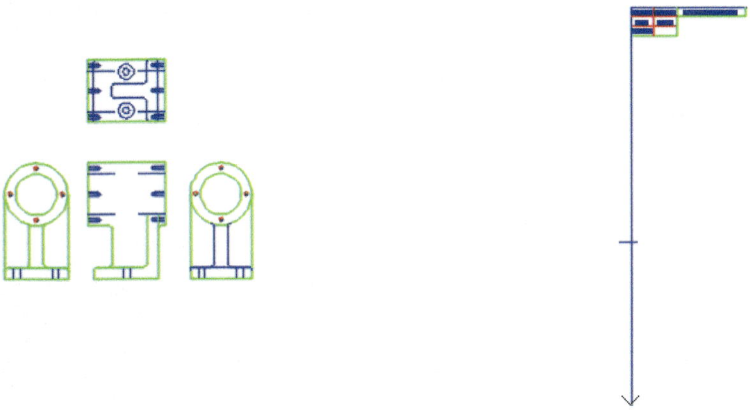

옮긴 투상도를 모두 선택하고 PR 명령으로 특성창을 불러낸 다음 선종류 축척을 **1**로 변경한다. 중복되는 객체를 정리하기 위해 OVERKILL 명령도 사용한다.

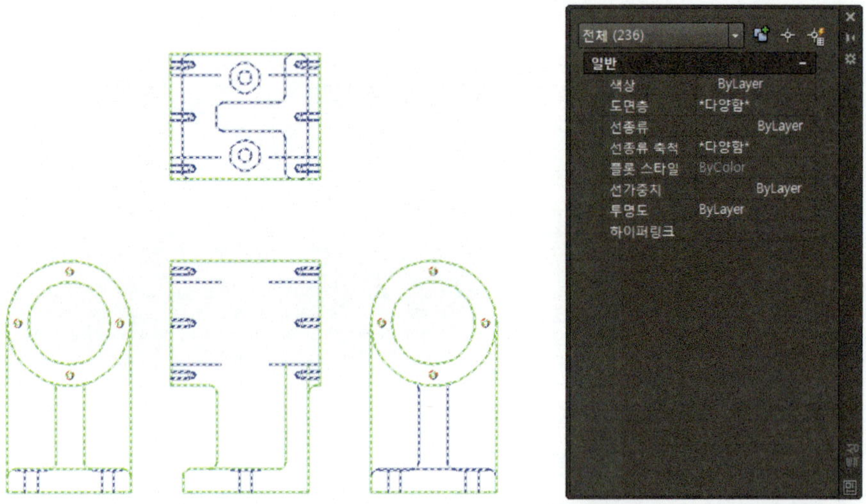

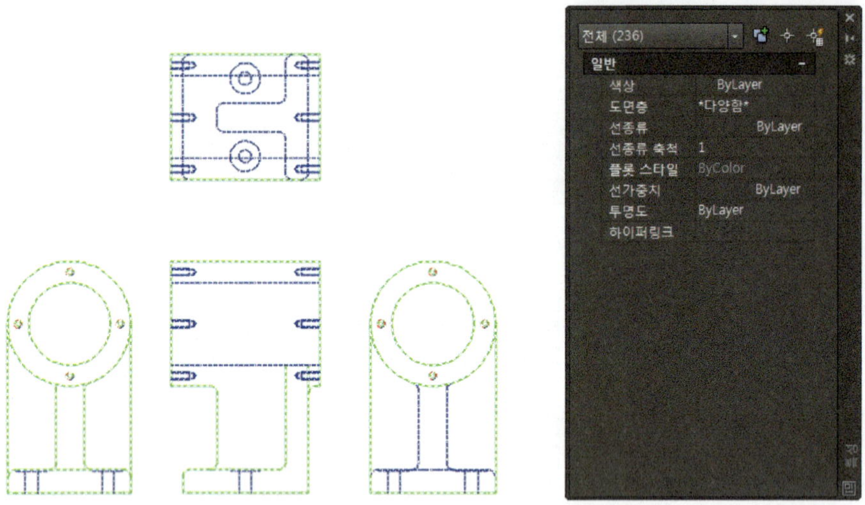

앞서 불러온 단면도와 등각투상도도 같이 참고하면서 그려보자. 이미 3D 모형을 하면서 답을 봤지만 다시 보면서 그려보자.

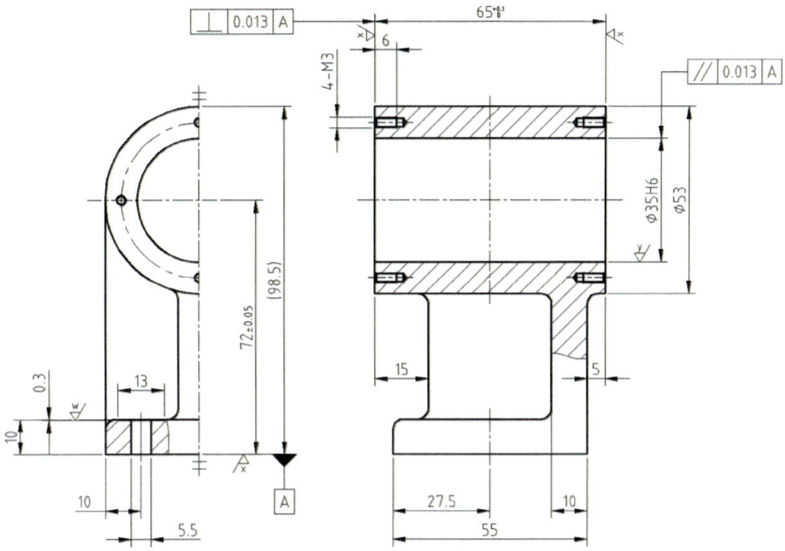

우선 정면도와 좌측면도를 복사해 밑으로 내린다.

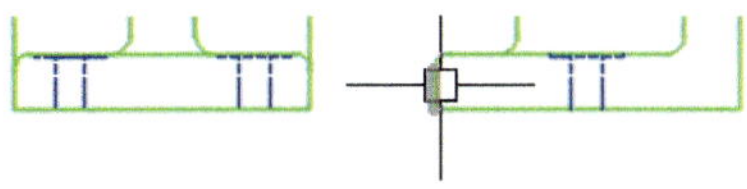

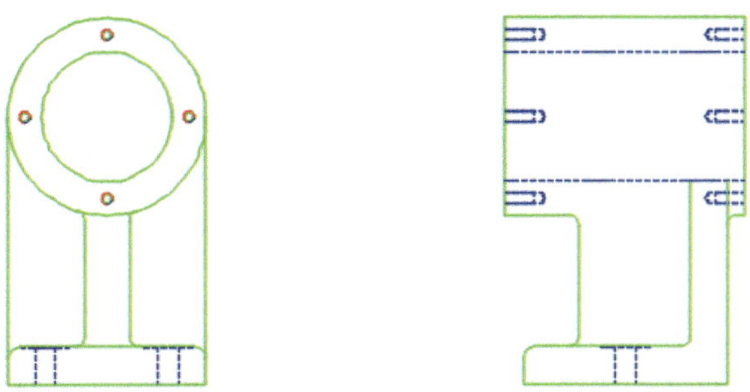

우측에 단면을 사용할 것이기 때문에 은선을 다음과 같이 정리한다.

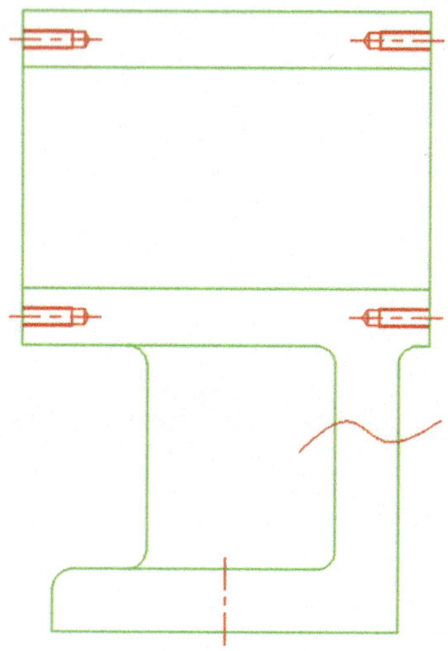

이러한 부품도를 잘 만드는 방법은 여러 번 만들어보고 예제를 충분히 보는 방법밖에 없다. 그러니 처음 할 때는 인벤터의 단면도, 브레이크 아웃 등의 명령을 활용하여 어떻게 그려야 될지 살펴보는 것이 좋은 방법이다.

이제 암나사부를 정리한다. 암나사부에 어떤 선을 부여해야 하는지 가끔 헷갈릴 때가 있고, 아니면 아직 안 배웠을 수도 있다. 이럴 때는 아까 인벤터에서 가져온 dwg 파일을 살펴보면 쉽게 알 수 있는 경우가 많다.

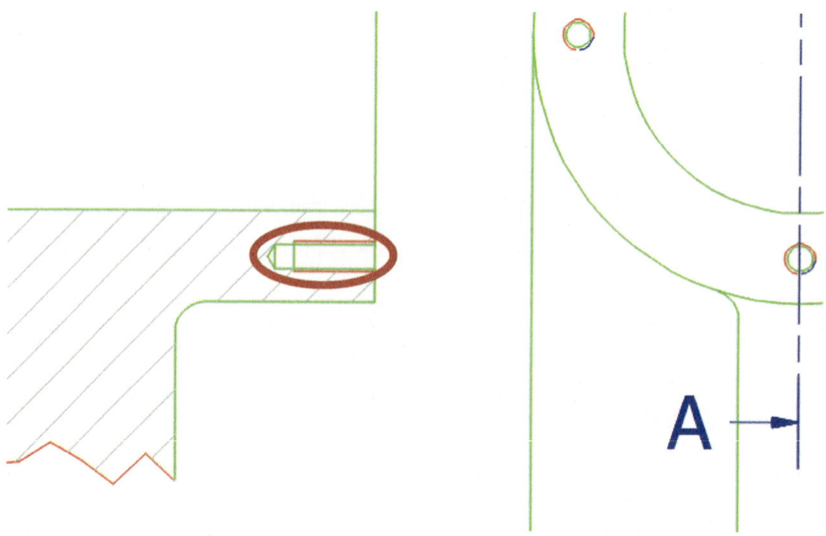

여기에 맞추어 암나사부에 선들의 도면층을 선정한다. 그리고 인벤터에서 나사부를 그릴 때 KS 규격과 다르게 그리는 곳이 하나 있다. 30도 사선의 불완전 나사부인데 이 부분도 추가로 선을 긋는다.

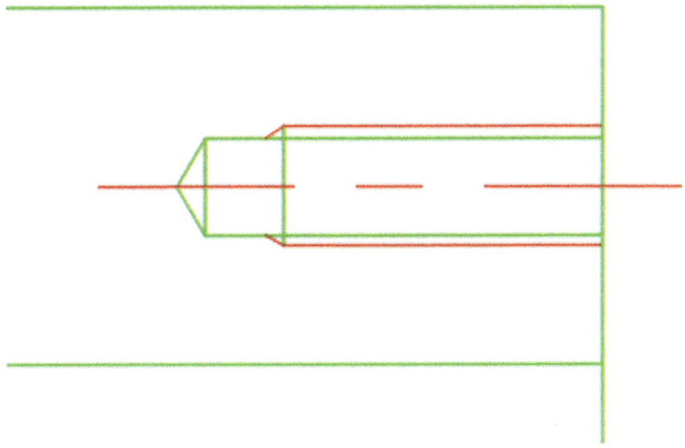

이제 아래의 스플라인도 정리하고 단면을 표시하는 해칭(패턴을 ANSI31 사용)을 한다.

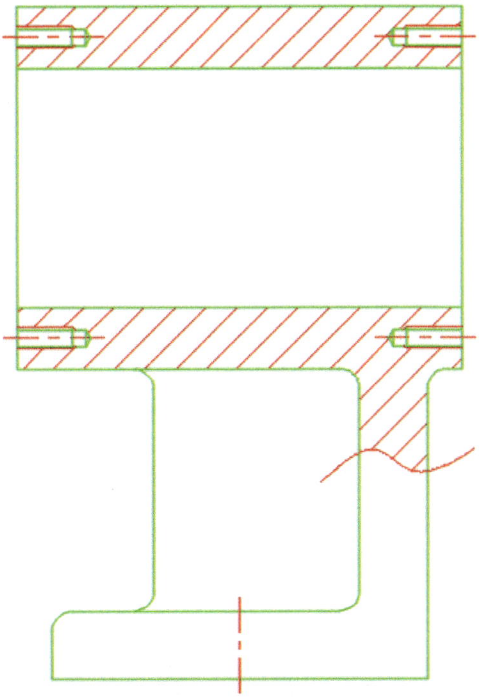

중심선을 추가하고 정면도를 마무리 짓는다.

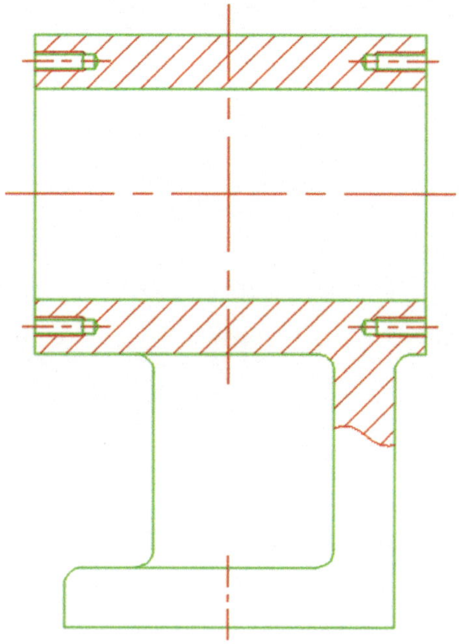

이제 좌측면도를 수정한다.

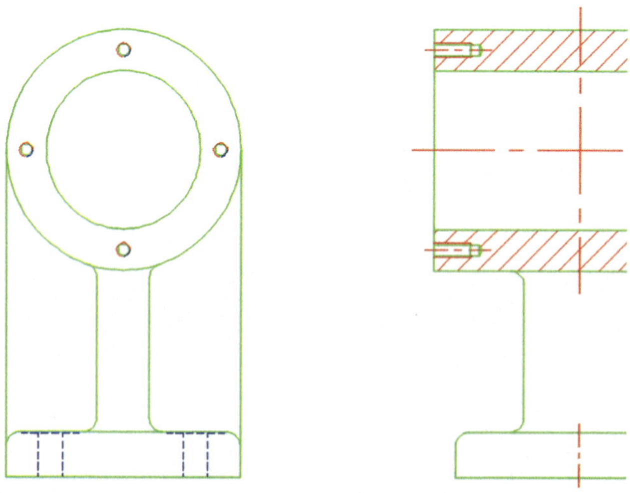

대칭이므로 가운데 수직의 대칭선을 넣고 다음과 같이 정리한다.

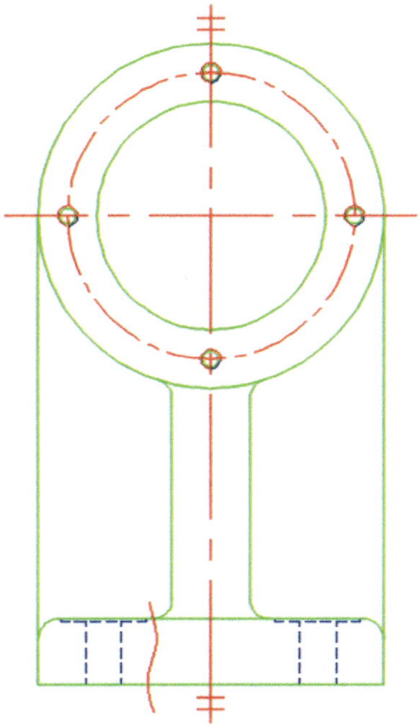

암나사부의 은선을 지운다. KS 규격에 따른 표시방법과 맞지 않다.

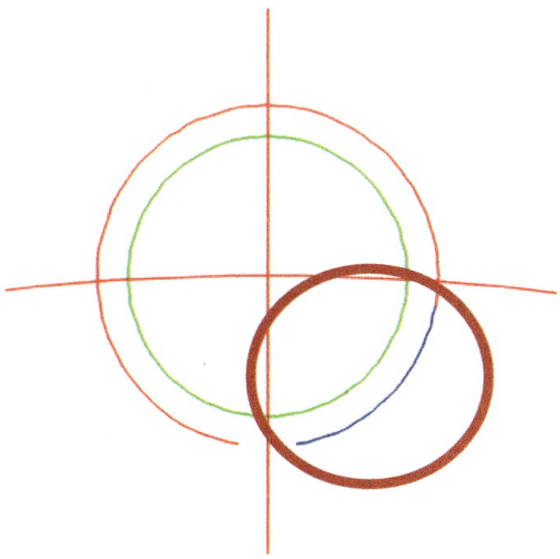

단면부의 은선을 실선으로 바꾸고 해칭한다.

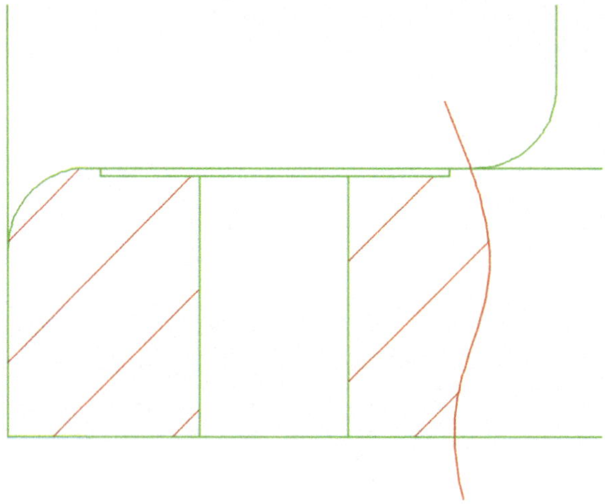

이제 전체적으로 선을 정리하고 대칭이므로 어느 한쪽을 지워야 한다. 여기서는 우측을 지우겠다.

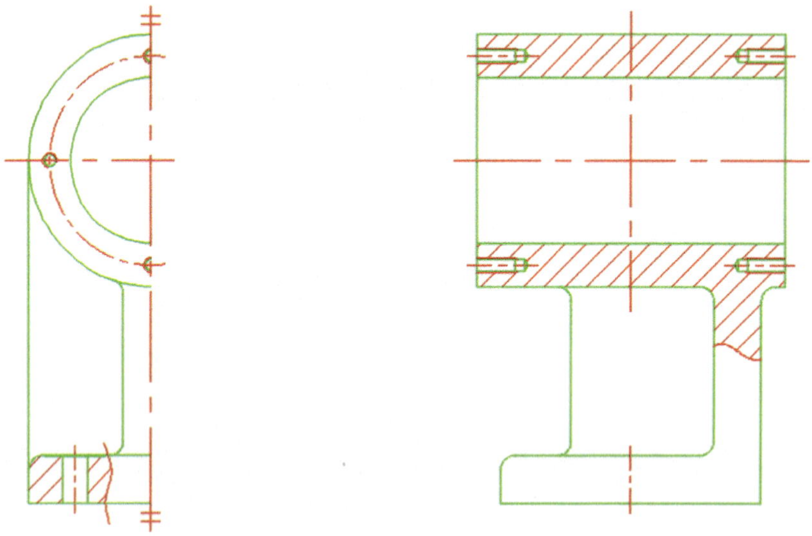

이제 치수를 기입한다. 치수는 8씩 간격을 두고 기입하고 맨 앞에 기입하는 치수는 8의 2~3배 정도 거리를 두고 기입한다.

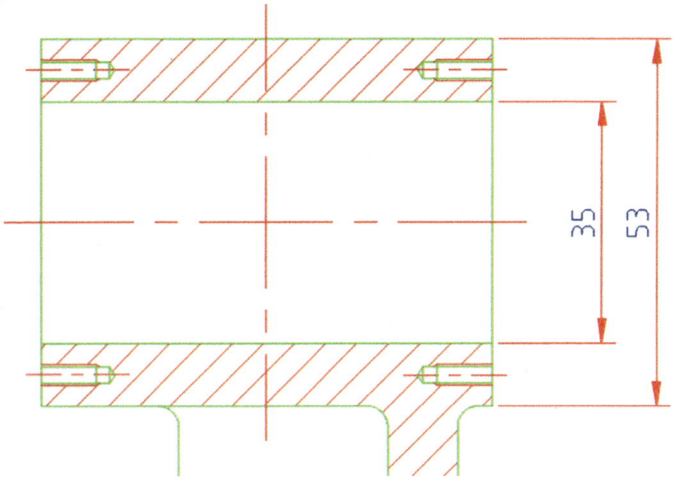

직경 치수이므로 치수문자를 더블 클릭하여 치수 편집에 들어간다. %%c를 입력하면 직경 기호(ø)가 생성된다.

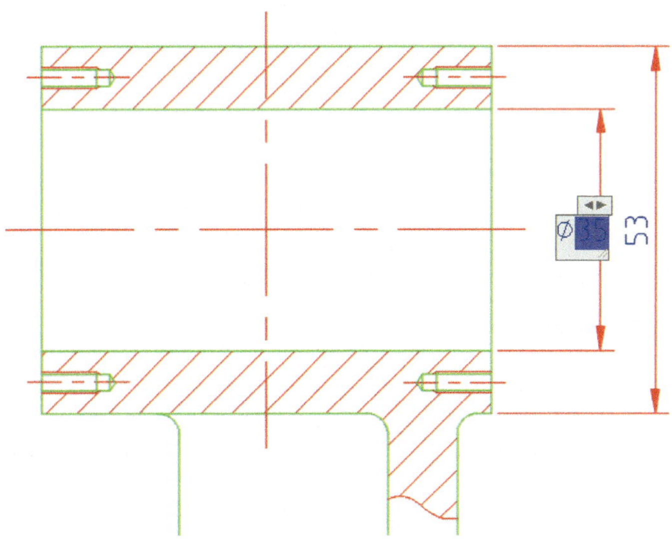

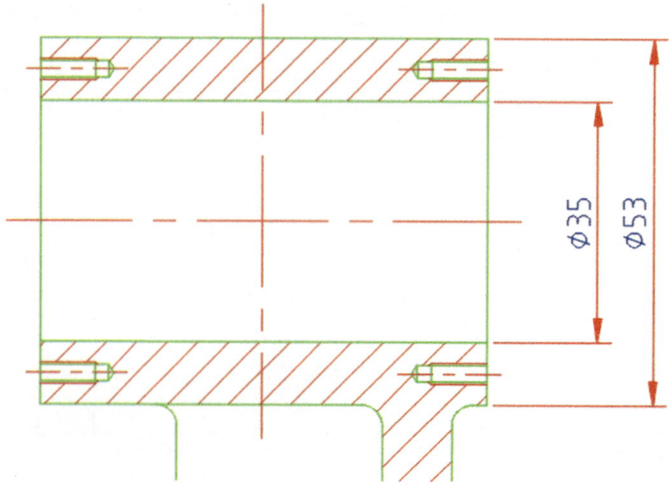

ø35인 본체의 내경부는 베어링과 상대 끼워 맞춤하는 부위이므로 IT 공차 H6을 기입한다.

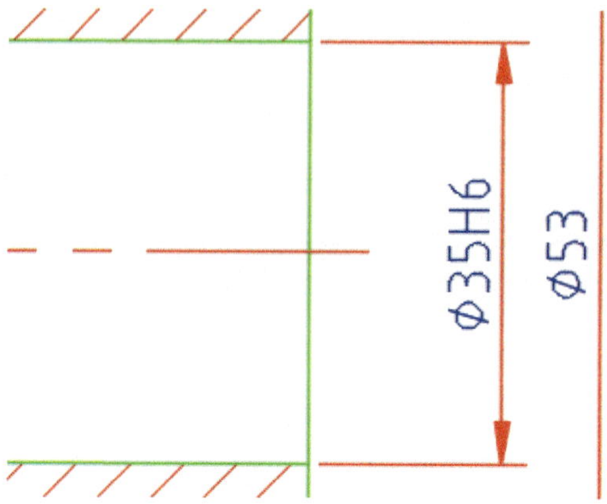

평행도 기하공차의 입력을 다음과 같이 한다. 명령창에 LE(QLEADER) 명령을 다음과 같이 입력한다. [[LE 〉 S]]. 주석 탭에서 주석 유형을 **공차(T)**를 선택하고 **확인** 버튼을 누른다.

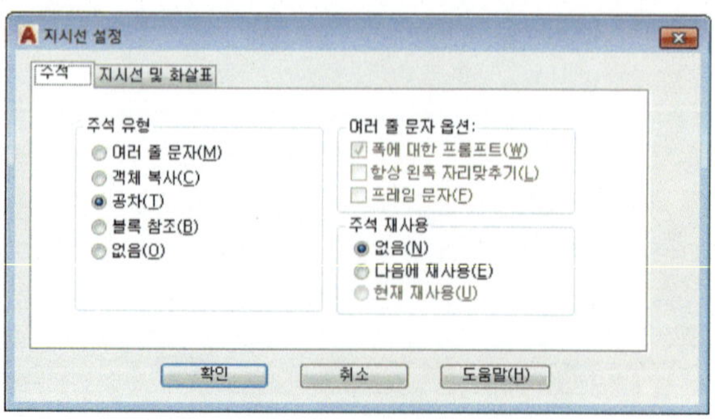

치수 ∅35H6의 윗부분에 시작에 90로 꺾고 적당한 위치에 클릭하면 기하학적 공차창이 생긴다. 여기서 다음과 같이 입력한다. 입력이 끝나면 **확인** 버튼을 누른다.

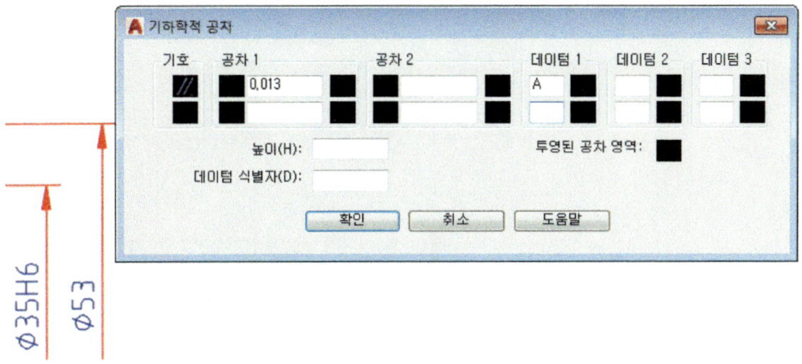

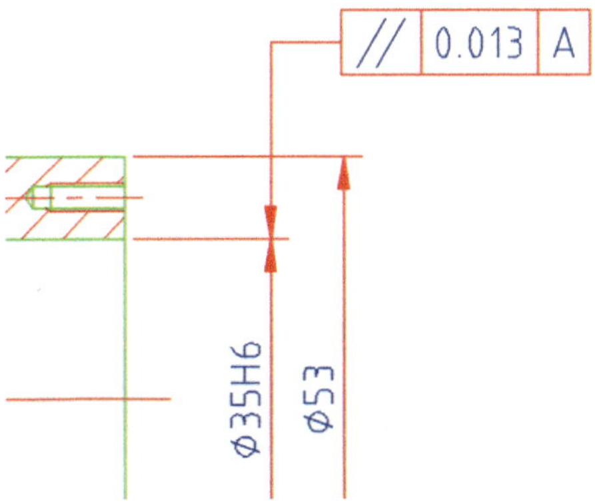

이와 같은 방법으로 치수를 계속 기입해 간다.

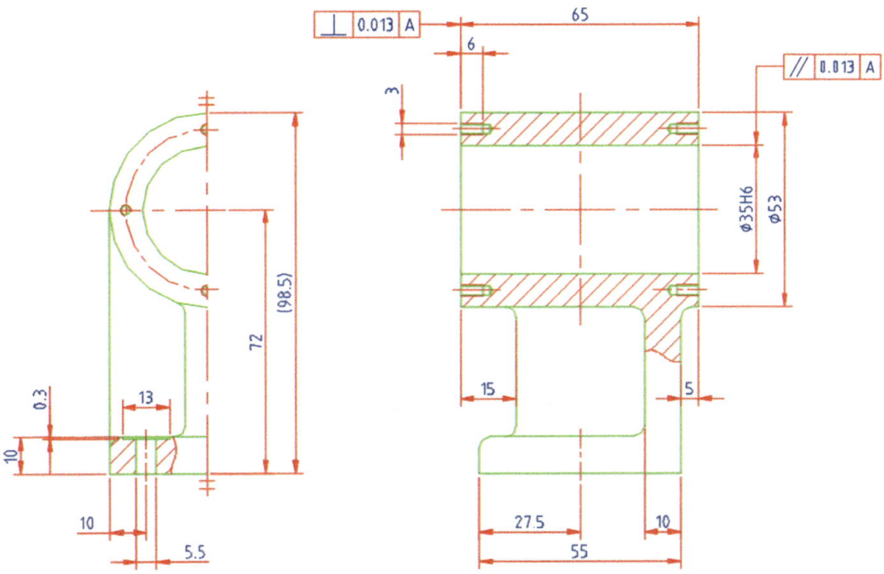

이제 치수를 수정해보자. 우선 나사부를 표현하기 위해 치수를 편집해야 한다. 치수 3을 **4-M3**으로 변경한다.

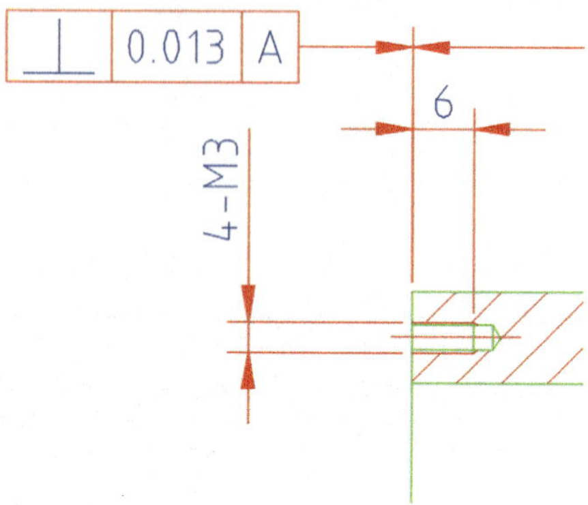

치수 72에 공차 **±0.05**를 붙인다. **%%p**를 입력하면 ±가 표시된다. 공차부의 높이는 원래치수의 70%인 **2.5**를 준다.

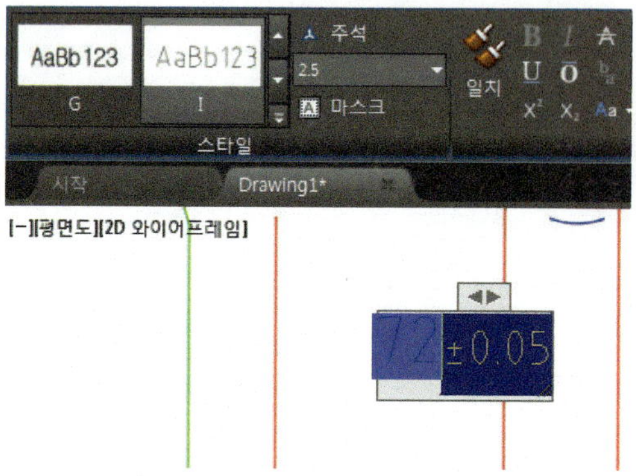

앞에 기하공차들의 데이텀을 기입하자. 명령창에 LE(QLEADER) 명령을 다음과 같이 입력한다. [[LE 〉 S]]. 주석 탭에서 주석 유형을 **공차(T)**로 선택하고 지시선 및 화살표 탭에서 화살촉은 **데이텀 삼각형 채우기**를 선택하고 **확인** 버튼을 누른다.

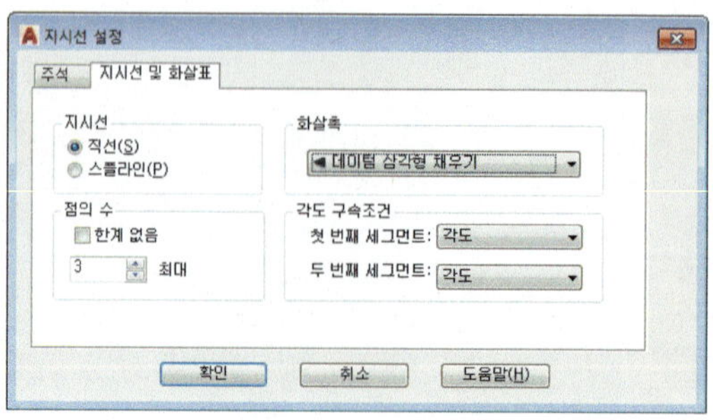

앞의 기하공차를 기입할 때와 같은 방법으로 한다.

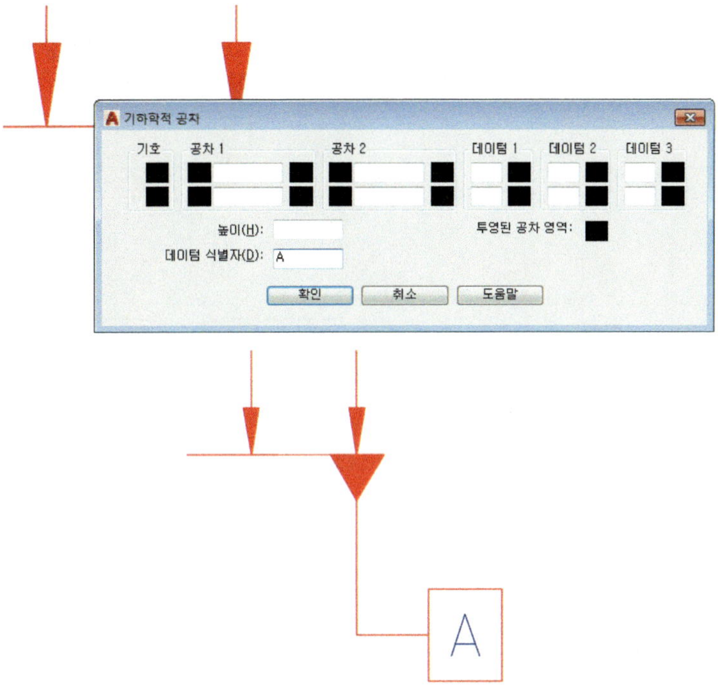

예시처럼 수직으로 바로 붙이려면 X(eXplode) 명령으로 분해해서 직접 붙인다.

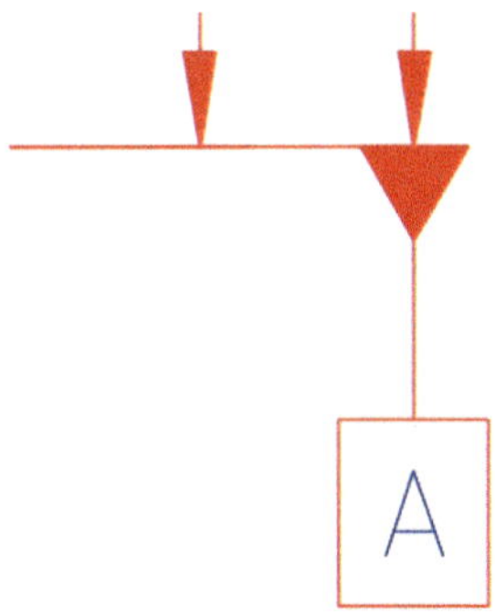

마지막으로 표면 거칠기를 치수선이나 도면의 선에 붙인다. 붙일 때는 SHIFT키(Shift)와 오른쪽 마우스 버튼을 눌러 근처점(R)을 1회 선택할 수 있는 기능을 사용한다.

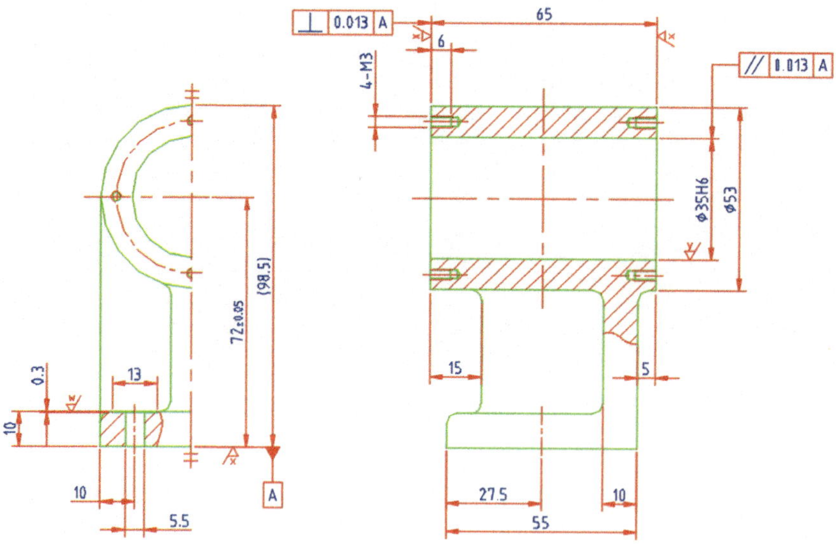

치수선이 표면 거칠기를 지나가면 안 되므로 치수 0.3이 있는 곳에 치수선을 좌측으로 옮기고 새로운 선을 만들어 조정한다.

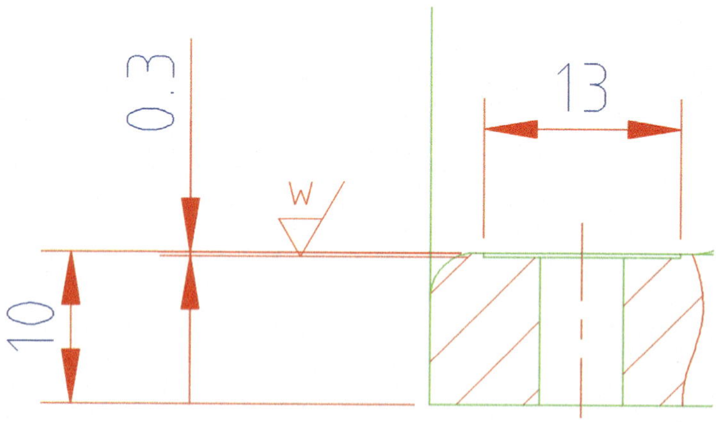

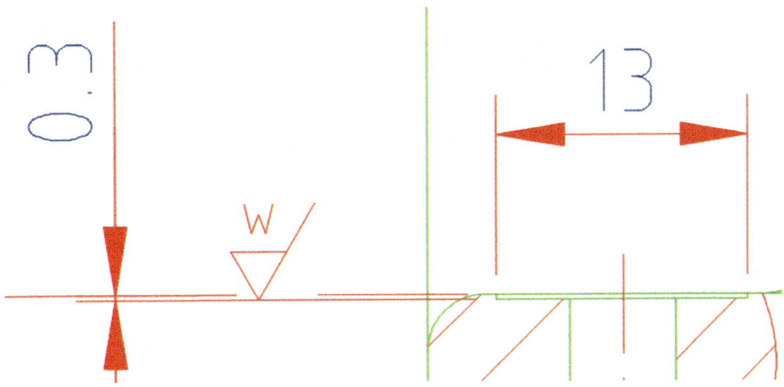

마지막으로 부품 번호와 (해당 부품에) 공통으로 적용되는 표면 거칠기 및 사용되는 표면 거칠기를 표시한다.

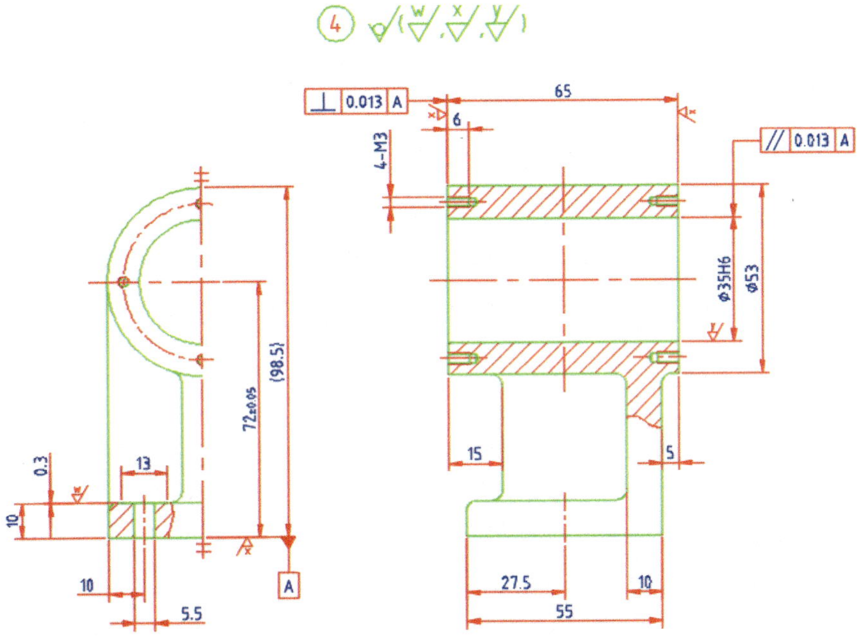

이렇게 완성되면 윤곽선 안(도면 안)으로 이동한다. 이 방식으로 계속하여 부품도면을 완성한다.

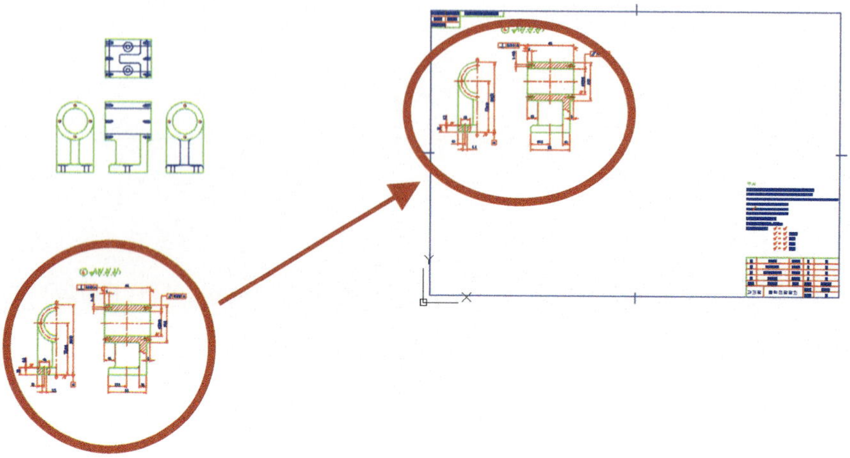

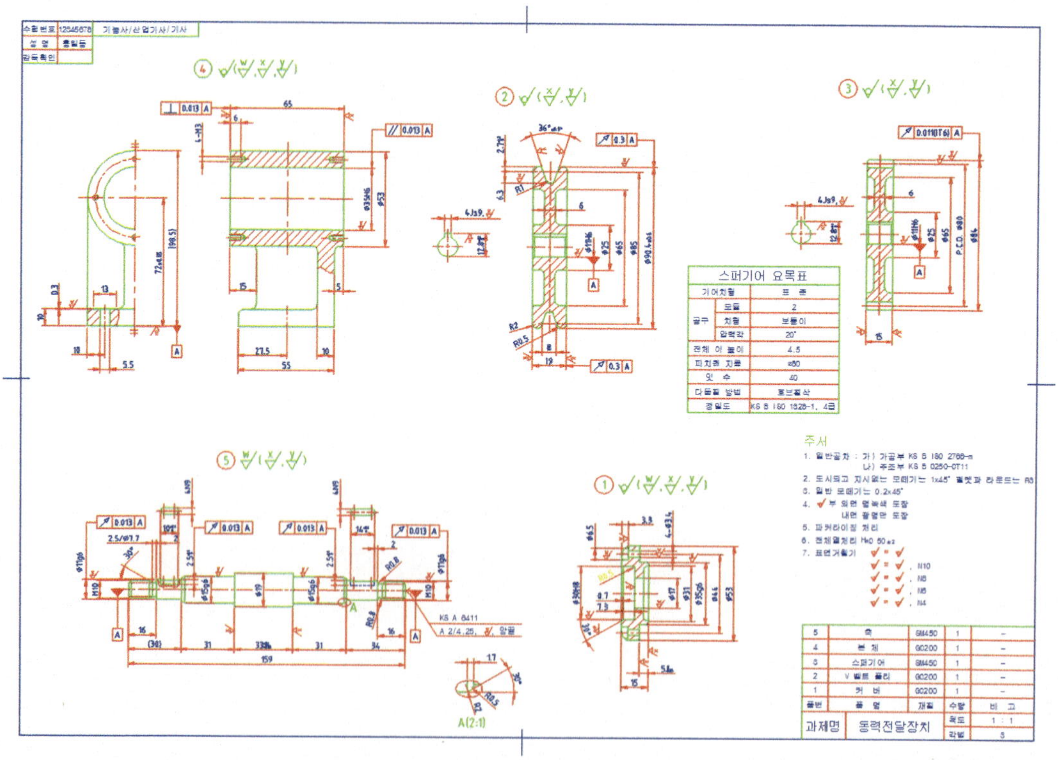

위의 부품도를 보면 눈에 들어오는 것이 요목표가 있을 것이다. 어떤 부품으로 쓰인 기계요소에 요목표를 써야 하는지 KS 기계제도 규격에 있다.

49. 요목표(예)

스퍼기어 요목표		
기어 치형		표준
공 구	모듈	□
	치형	보통이
	압력각	20°
전체 이 높이		□
피치원 지름		□
잇 수		□
다듬질 방법		호브절삭
정밀도		KS B ISO 1328-1, 4급

베벨 기어 요목표	
기어 치형	글리슨 식
모듈	□
치형	보통이
압력각	20°
축 각	90°
전체 이 높이	□
피치원 지름	□
피치원 추각	□
잇 수	□
다듬질 방법	절삭
정밀도	KS B 1412, 4급

헬리컬 기어 요목표		
기어 치형		표준
공 구	모듈	□
	치형	보통이
	압력각	20°
전체 이 높이		□
치형 기준면		치직각
피치원 지름		□
잇 수		□
리 드		□
방 향		□
비틀림 각		15°
다듬질 방법		호브절삭
정밀도		KS B ISO 1328-1, 4급

웜과 웜휠 요목표		
품번 / 구분	① (웜)	② (웜휠)
원주 피치	-	□
리 드	□	-
피치 원경	□	□
잇 수	-	□
치형 기준 단면	축직각	
줄 수, 방향	□	
압력각	20°	
진행각	□	
모 듈	□	
다듬질 방법	호브절삭	연삭

체인, 스프로킷 요목표		
종류	품번 / 구분	□
체인	호칭	□
	원주피치	□
	롤러외경	□
스프로킷	잇수	□
	치형	□
	피치 원경	□

래크와 피니언 요목표			
품번 / 구분		① (래크)	② (피니언)
기어 치형		표준	
공 구	모듈	□	
	치형	보통이	
	압력 각	20°	
전체 이 높이		□	□
피치원 지름		—	□
잇 수		□	□
다듬질 방법		호브절삭	
정밀도		KS B ISO 1328-1, 4급	

래칫 휠	
종류	품번 / 구분
잇 수	□
원주 피치	□
이 높이	□

이 중 스퍼기어와 체인, 스프로킷을 이 책에서 같이 하였다. 어떤 치수로 표를 만들라는 말이 없기 때문에 적절한 치수를 정해서 만들면 되는데, 크게 만들면 도면에 집어넣기 어렵다는 문제점이 있다. 이 책에서 사용한 스퍼기어와 체인, 스프로킷의 예시를 아래에 제시했으니 본인에게 맞는 요목표를 만드는 데 도움이 되길 바란다.

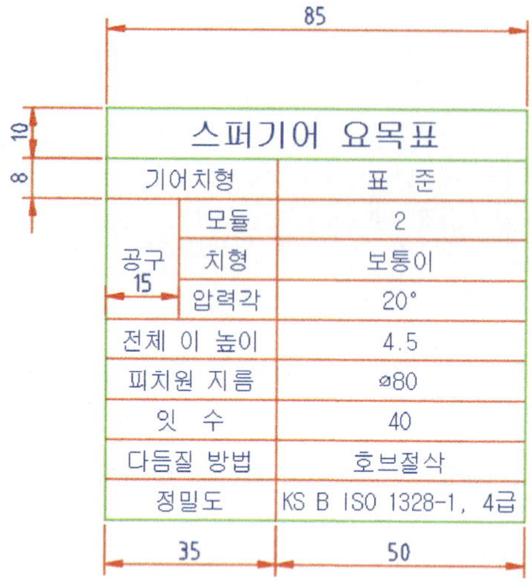

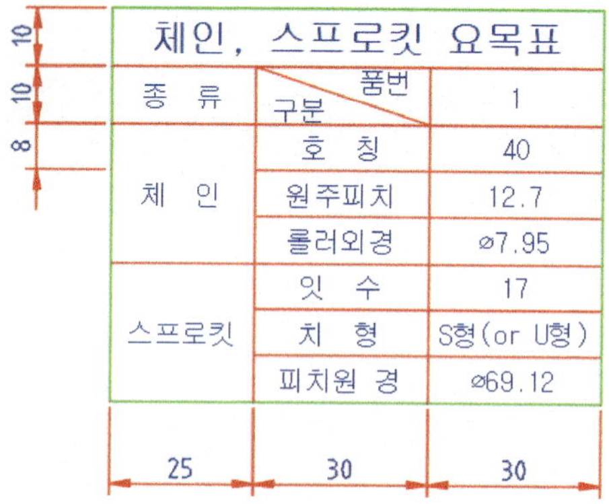

이러한 부품도의 작성 작업이 완료되면 윤곽선(도면) 밖에 남아있는 모든 것은 지워야 한다. 혹시 화면 밖에 있을 수도 있으므로 명령창에 [[Z 〉 E]]를 입력하여 확인해보자.

드디어 부품도의 마지막인 도면의 출력이다. 도면의 출력은 흑색으로 해야 하며 우리가 색을 부여한 것은 선의 두께로 적용될 것이다. 출력은 일반적으로 PDF로 만들어 출력한다. 아래의 공개시험 유의사항을 보자.

> ※ 출력은 수험자 판단에 따라 CAD 프로그램 상에서 출력하거나 PDF 파일 또는 출력 가능한 호환성 있는 파일로 변환하여 출력하여도 무방합니다.
>
> \- 이 경우 폰트 깨짐 등의 현상이 발생될 수 있으니 이점 유의하여 CAD 사용 환경을 적절히 설정하여 주시기 바랍니다.

도면에 LIMITS 명령으로 한계를 정하였고 여기에 맞추어 인쇄할 것이다. 명령창에 [[PLOT]]을 입력하자.

PLOT 창에 아래와 같이 세팅한다.

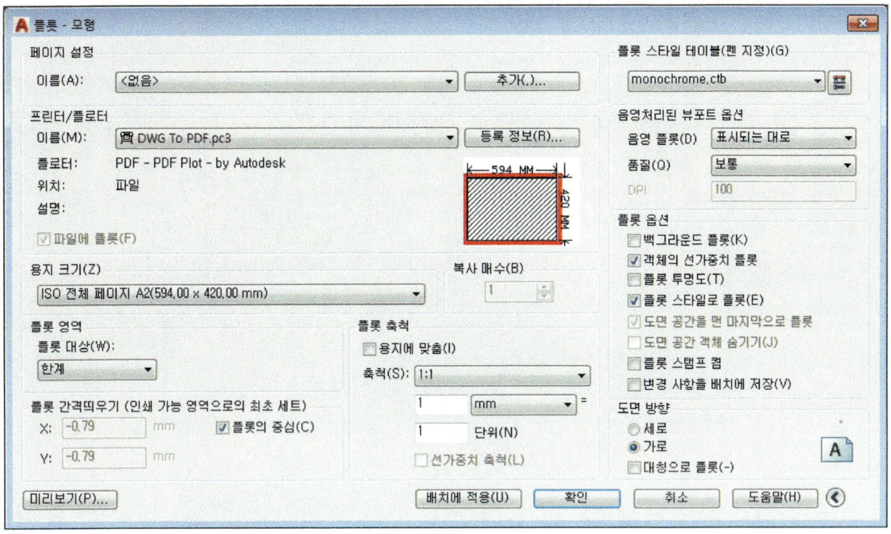

반드시 플로터는 **DWG To PDF.pc3**으로 선택하고 용지 크기를 **ISO 전체 페이지 A2**로, **객체의 선 가중치 플롯**과 **플롯 스타일로 플롯**을 선택해야 한다. 용지의 축척도 반드시 1:1이어야 한다. 위 그림과 컴퓨터의 화면이 다르면 **미리보기(P)...** 버튼으로 눌러서 보면 이상하게 보일 것이다. 그리고 플롯 스타일 테이블에 **monochrome.ctb**를 선택하고 우측의 버튼을 누르자.

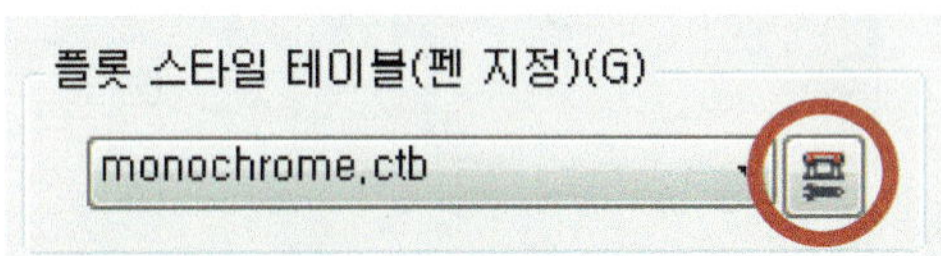

여기서는 플롯 스타일(P):의 색상 1번부터 4번까지, 또는 5번까지의 색상(C):을 반드시 검은색으로 선택하고 선가중치(W):를 앞에서 정한 색깔에 맞는 선 두께를 선택한다. 그 외는 아래의 그림을 참고하여 컴퓨터 모니터의 내용과 같은지 확인한다.

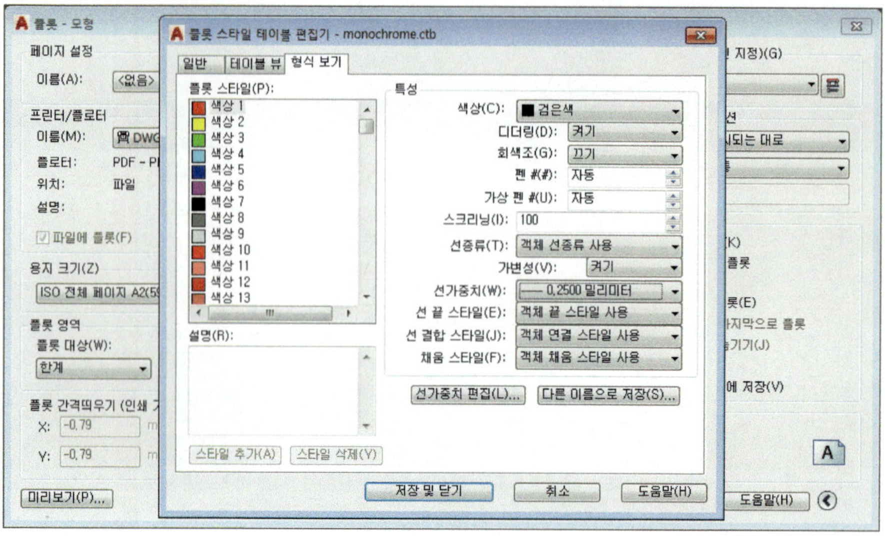

세팅이 마무리되었으면 **저장 및 닫기** 버튼을 누르고 **미리보기(P)...** 버튼을 눌러본다.

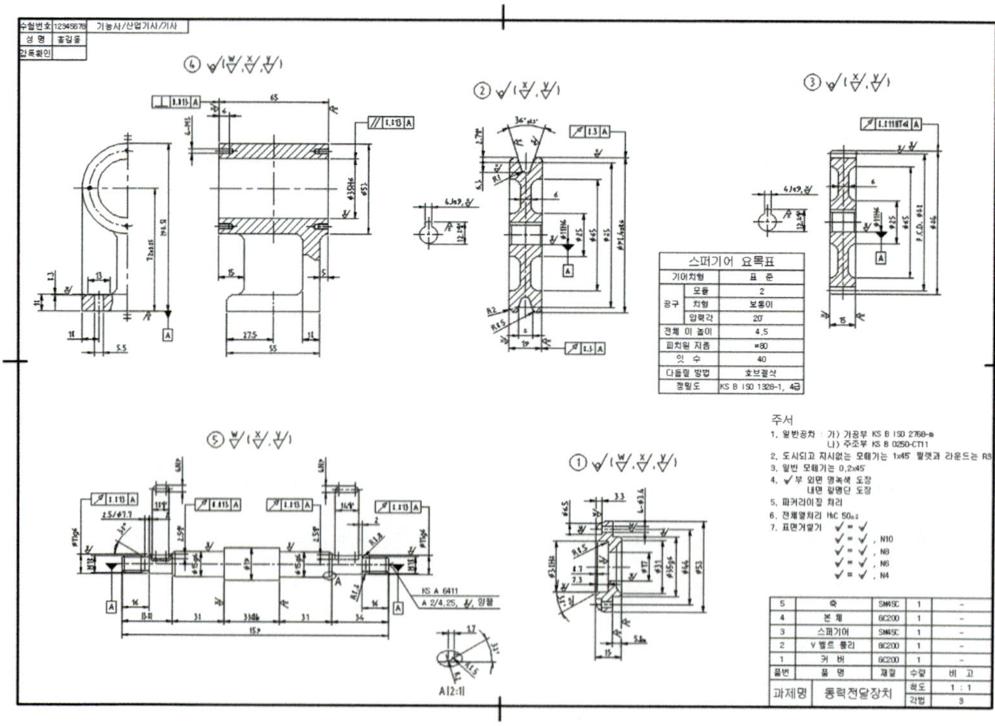

미리보기 화면에서 별다른 문제가 없으면 미리보기 화면을 닫고 **확인** 버튼을 눌러 PDF파일로 출력한다.

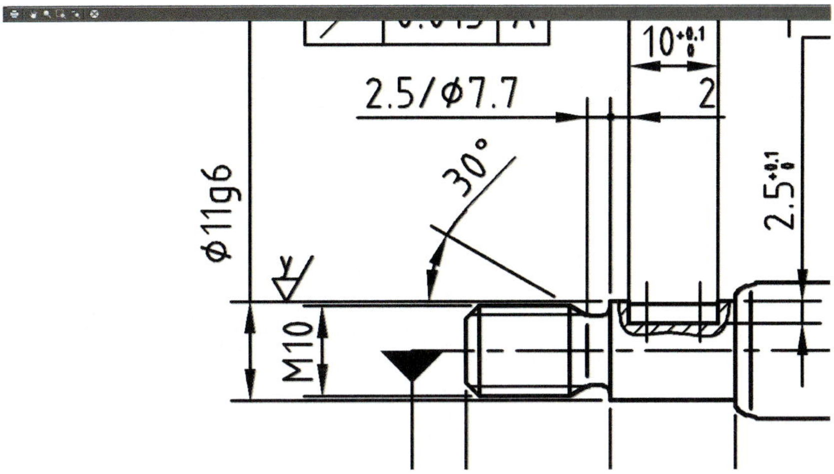

저장(S) 버튼을 누른다.

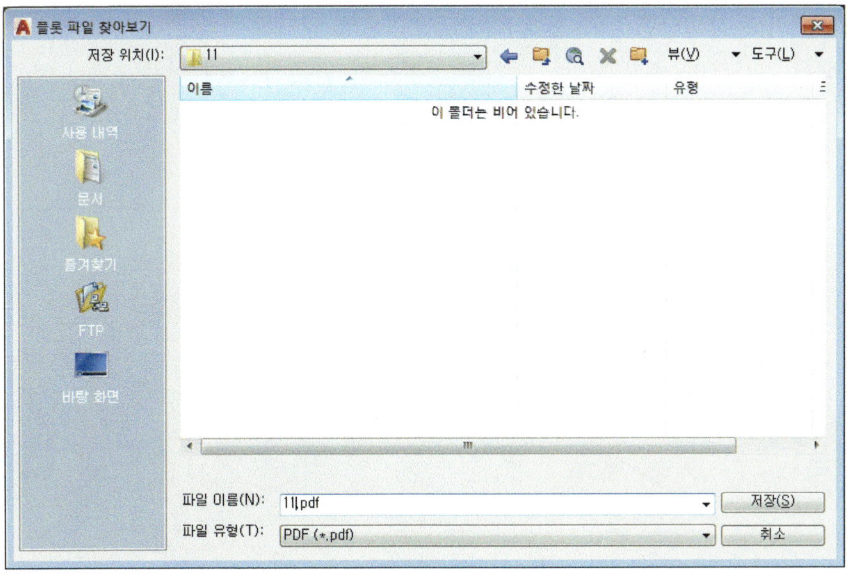

마지막으로 도면 파일을 저장한다.

STEP 23 | 등각투상도 작성하기

다음과 같은 등각투상도를 작성하여야 한다.

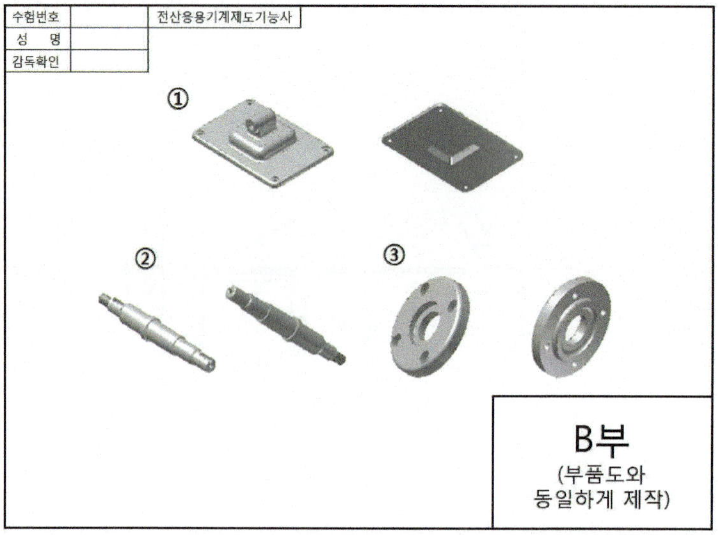

받은 시험지의 등각투상도 예시가 음영이 없으면 오토캐드에서 바로 하면 된다. 앞서 제작한 도면 양식에서 주서부만 빼면 된다. 그 다음 부품도를 만들기 위해 인벤터에서 부품의 모양을 받아올 때 도면층 관리를 어떻게 하는지는 이미 배웠다. 열어보면 선이 2개 있다.

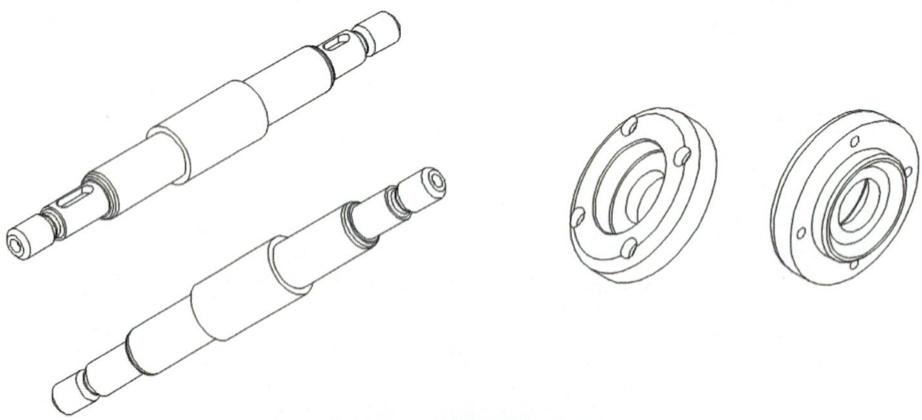

앞에 배운 대로 도면층을 수정한다.

외형선(ISO) → 20 은선 (ISO) → 5H 좁은 외형선(ISO) → 8L

CTRL+C키(Ctrl+C)를 눌러 복사한 다음 도면 양식 작성을 한 도면으로 CTRL+V키(Ctrl+V)를 사용하여 붙인다. 도면을 PDF로 출력하고 파일을 저장한다.

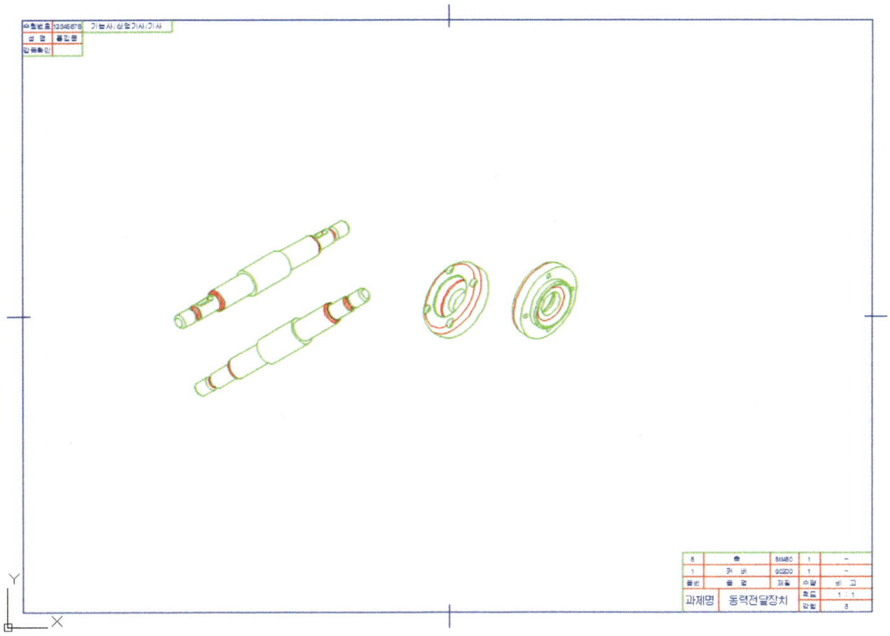

이렇게 하여 음영이 없는 등각투상도의 도면작성이 끝났다.

이제 음영이 있는 등각투상도의 제출을 알아보자. 이 작업은 도면작업을 인벤터에서 하는 것이 더 쉽다. 그런데 인벤터에서 도면 양식을 작성하려면 시간이 많이 걸린다. 그래서 도면 양식은 오토캐드에서 만들어 인벤터로 가는 것이 더 쉽고 덜 힘들다.

우선 앞에서 만든 도면 양식에서 도면층의 색상을 모두 검은색으로 한다. 그리고 저장한 다음 인벤터에서 시트형식과 제목 블록을 지우고 A2 도면으로 작성된 등각투상도 도면을 불러온다.

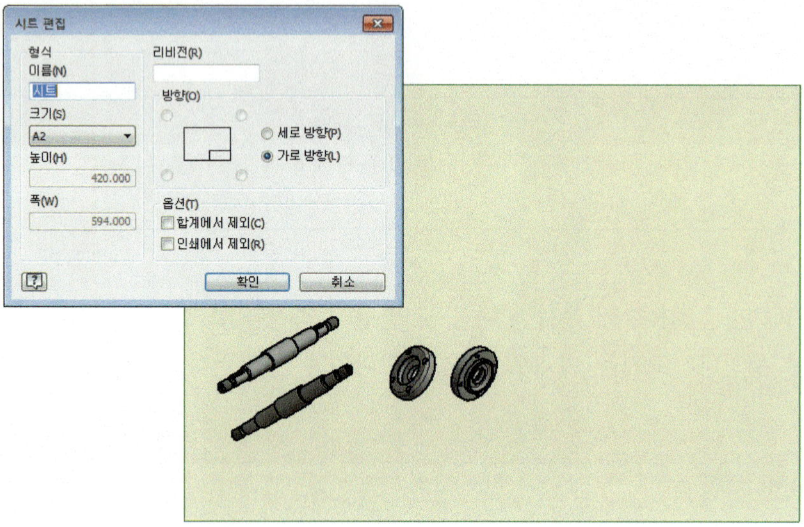

리본 〉 관리 〉 스타일 및 표준 〉 **스타일 편집기** 명령을 실행하여 좌측 트리에서 도면층을 찾아 좁은 외형선(ISO)의 선 두께를 0.35mm에서 **0.25mm**으로 바꾼다.

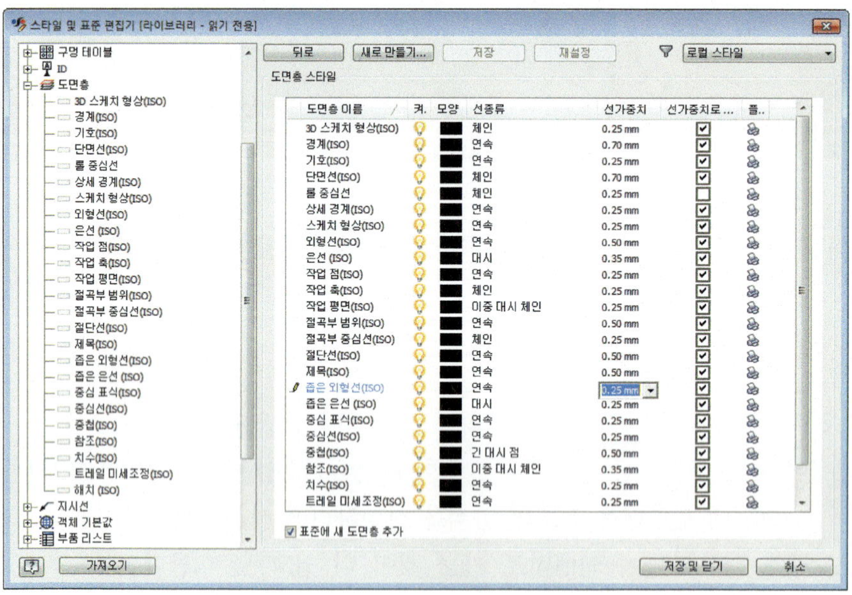

저장 및 닫기 버튼을 눌러 대화상자를 닫고 리본 〉 스케치 〉 스케치 〉 스케치 시작 명령을 실행한다. 그리고 그래픽 창의 도면을 클릭한다.

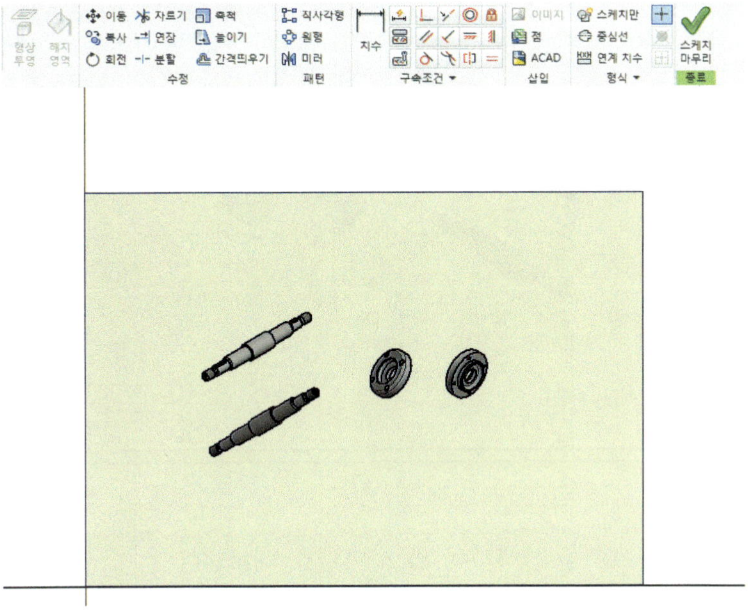

삽입 패널의 ACAD 명령을 실행한다. 도면 양식에서 흑색으로 만든 도면을 선택하고 **열기(O)** 버튼을 누른다.

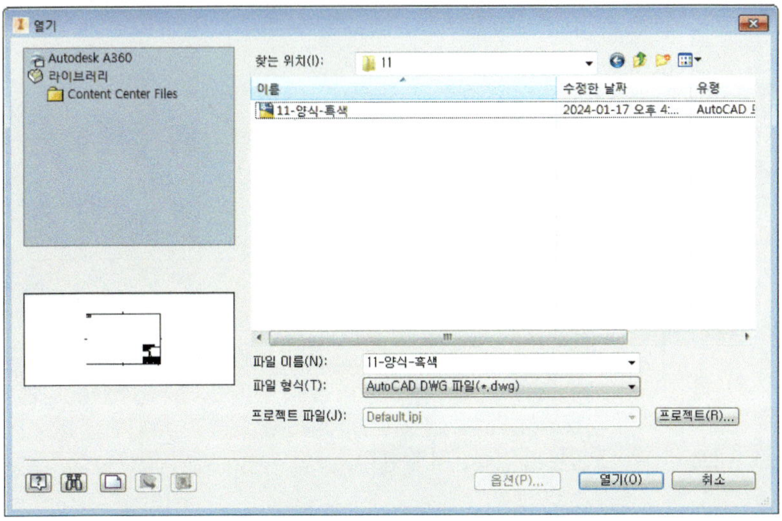

주서부를 지우고 스케치 마무리 명령을 눌러 스케치를 종료한다.

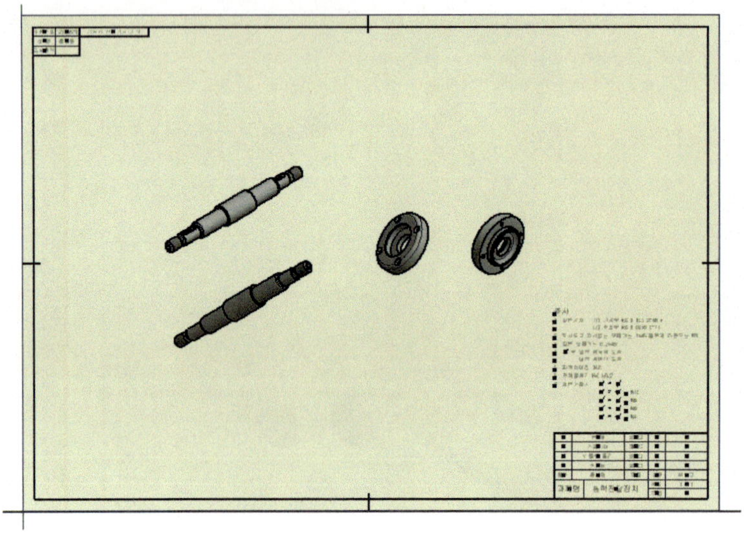

파일 〉 내보내기 〉 **PDF**를 선택하여 PDF 파일로 내보낸다.

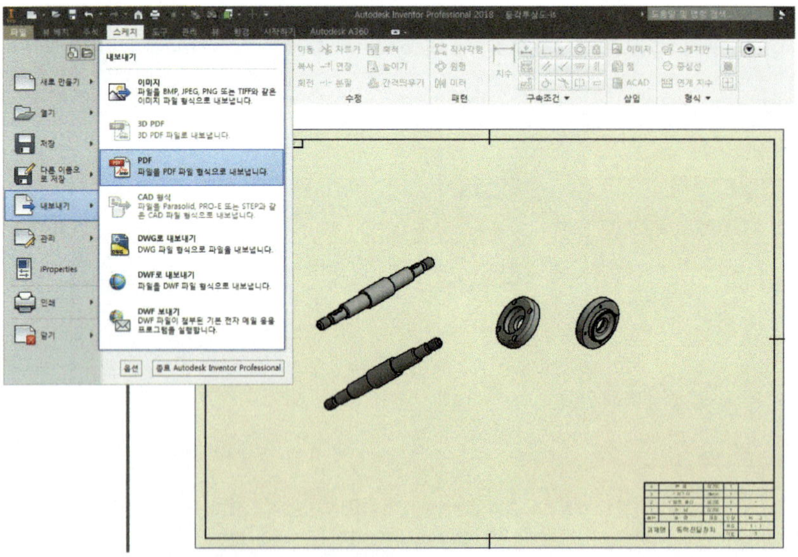

PDF 파일로 내보낸 뒤 도면 파일을 저장한다.

STEP 24 | 인벤터 도면 기본 설정법

앞서 설명한 바와 같이 인벤터로 도면을 만드는 것은 산업기사 이상의 자격증에서는 하지 않는 것이 좋다.

보통 도면 양식(템플릿)을 인벤터에서 시작하는 경우가 많은데 이는 시간이 너무 걸리므로 추천하지 않는다. 또한 인벤터를 도면작업에 사용할 때 도면 양식에 사용하는 1M, 2O, 4T, 8L의 네 도면층을 이용해 오토캐드에서 도면 양식을 그리고 불러온 다음 그 뒤에 작업을 인벤터에서 계속 하는 것이 쉽고 빠르다.

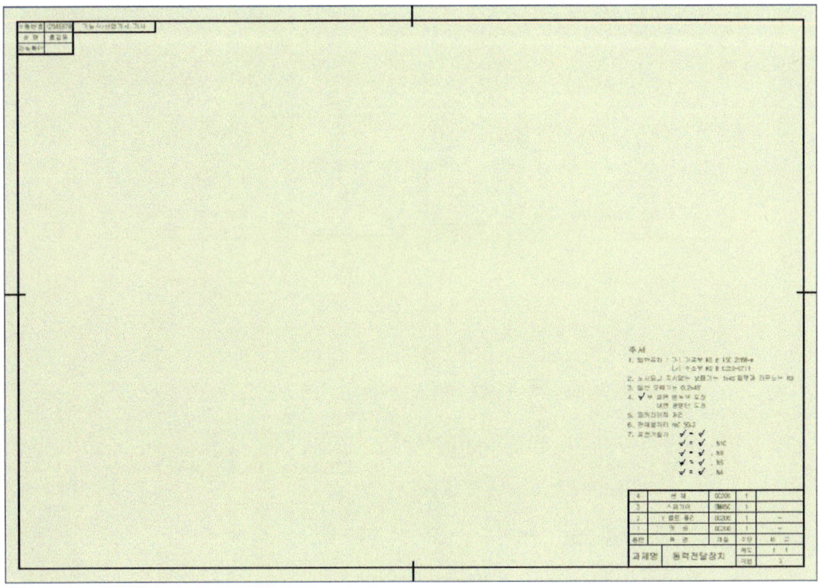

앞서 설정한 내용(마침표와 삼각법)에 이어 스타일 편집기의 치수 항목에 있는 기본값(ISO)를 다음과 같이 설정한다.

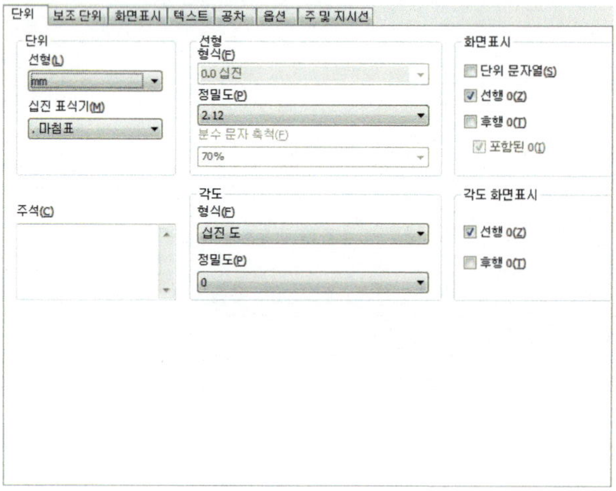

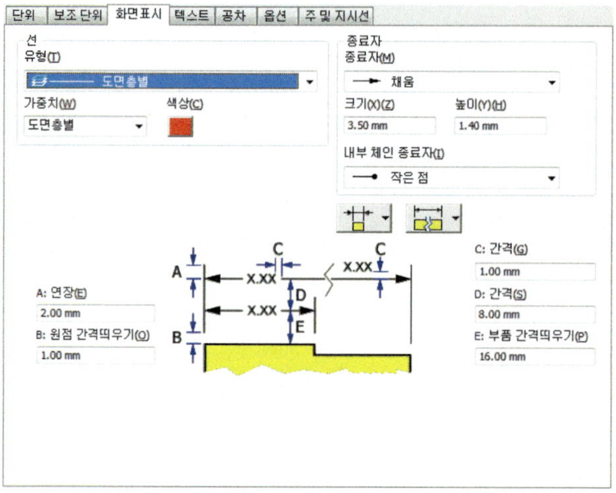

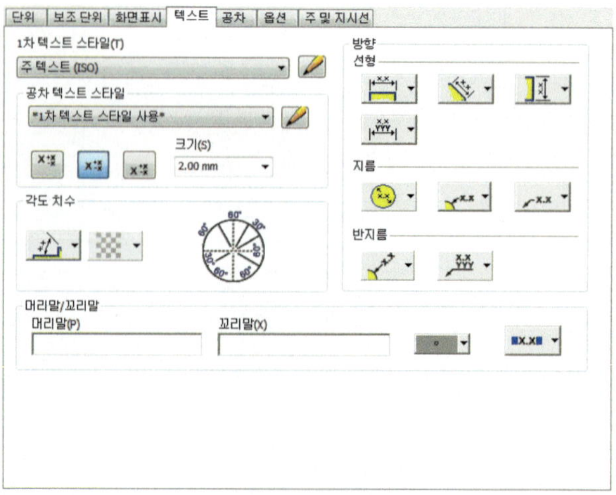

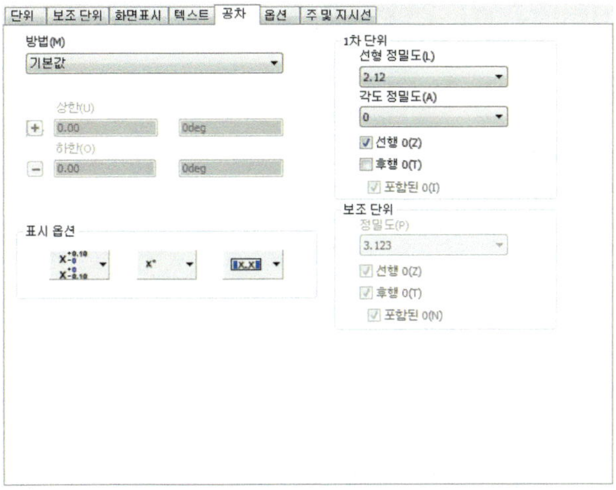

저장하고 좌측 트리의 치수로 넘어가 4곳을 수정한다.

- 참조(ISO)의 선종류를 이중 대시 체인에서 연속으로
- 중심선(ISO)과 중심표식(ISO)의 선종류를 연속에서 체인으로
- 해치(ISO)의 선가중치를 0.25mm로

○ 좌측 트리에서 표면 텍스처 항목의 밑에 있는 **표면 텍스쳐 ISO)**를 클릭하고 **새로 만들기...** 버튼을 클릭한다. 이름을 **큰거칠기**로 입력한다.

○ 텍스트 스타일(T)을 **레이블 텍스트(ISO)**로 바꾼 다음 **저장** 버튼을 누른다. 좌측 트리의 텍스트 항목의 밑에 있는 **주 텍스트(ISO)**를 클릭하고 **새로 만들기...** 버튼을 클릭한다. 이름을 **표면 거칠기**로 입력한다.

○ 자리 맞추기(J)는 중심과 중간이고 글꼴은 굴림 그리고 텍스트 높이는 **2.50 mm**로 바꾼 다음 **저장** 버튼을 누른다.

○ 좌측 트리의 텍스트 항목의 밑에 있는 **주 텍스트(ISO)**를 선택하고 자리 맞추기(J)는 중심과 중간이고 글꼴은 **굴림** 그리고 텍스트 높이는 **3.50 mm**로 바꾼 다음 **저장** 버튼을 누른다.

○ 좌측 트리의 텍스트 항목의 밑에 있는 **레이블 텍스트(ISO)**를 선택하고 자리 맞추기(J)는 중심과 중간이고 글꼴은 **굴림** 그리고 텍스트 높이는 **5.00 mm**로 바꾼 다음 **저장** 버튼을 누른다.

○ 좌측 트리의 표면 텍스처 항목의 밑에 있는 **표면 텍스쳐 (ISO)**를 클릭하고 텍스트 스타일(T)을 **표면 거칠기**로 바꾼다.

여기까지 하면 인벤터 도면작업을 위한 기본 작업이 끝났으므로 아래 **저장 및 닫기** 버튼을 누르고 스타일 편집기에서 빠져나온다.

STEP 25 | 인벤터 및 오토캐드 키보드 바로 가기 참조(일부)

1. 오토캐드 바로 가기 키 참조(일부, 오토캐드 2018 도움말에서 가져옴)

바로 가기 키	설명
ALT+F4	응용프로그램 윈도우를 닫음
CTRL+F2	문자 윈도우를 표시함
CTRL+F4	현재 도면을 닫음
CTRL+F6	다음 파일 탭으로 이동함
CTRL+0	화면 정리를 전환함
CTRL+1	특성 팔레트를 전환함
CTRL+2	DesignCenter를 전환함
CTRL+3	도구 팔레트 윈도우를 전환함
CTRL+4	시트 세트 관리자를 전환함
CTRL+6	데이터베이스 연결 관리자를 전환함(AutoCAD만 해당)
CTRL+7	표식 세트 관리자를 전환함
CTRL+8	빠른 계산기 팔레트를 전환함
CTRL+9	명령행 윈도우를 전환함
CTRL+A	도면에서 잠겨있거나 동결되지 않은 모든 객체를 선택함
CTRL+C	객체를 Windows 클립보드에 복사함
CTRL+M	마지막 명령을 반복함
CTRL+N	새 도면을 작성함
CTRL+O	기존 도면을 엶
CTRL+P	현재 도면을 플롯함
CTRL+Q	응용 프로그램을 종료함
CTRL+S	현재 도면을 저장함
CTRL+V	Windows 클립보드의 데이터를 붙여 넣음
CTRL+X	현재 도면의 객체를 잘라서 Windows 클립보드에 붙여 넣음
CTRL+Z	마지막 동작을 되돌림

F1	도움말을 표시함
F2	명령행 윈도우가 부동 상태일 때 명령행 사용 내역을 확장하거나, 명령행 윈도우가 고정 상태일 때 문자 윈도우를 표시함
F3	OSNAP을 전환함
F4	3DOSNAP를 전환(AutoCAD만 해당)하거나 TABMODE를 전환(AutoCAD LT만 해당)함
F5	ISOPLANE을 전환함
F6	UCSDETECT를 전환함(AutoCAD만 해당)
F7	GRIDMODE를 전환함
F8	ORTHOMODE를 전환함
F9	SNAPMODE를 전환함
F10	극좌표 추적을 전환함
F11	객체 스냅 추적을 전환함
F12	동적 입력을 전환함

2. 인벤터 키보드 바로 가기 참조(일부, 인벤터 2018 도움말에서 가져옴)

키	이름	기능	범주
F1	도움말	활성 명령 또는 대화상자에 대한 도움말	전역
F2	초점이동	그래픽 창을 초점이동	전역
F2	이름바꾸기	모형 검색기의 노드 이름바꾸기 기능을 사용으로 설정	전역
F3	줌	그래픽 창에서 줌 확대 또는 축소	전역
F4	회전	그래픽 창에서 객체 회전	전역
F5	이전 뷰	이전 뷰로 되돌아감	전역
F6	등각투영 뷰	모형의 등각투영 뷰 표시	전역
F7	그래픽 슬라이스	모형을 부분적으로 슬라이스하여 스케치 평면을 표시함	스케치
F8	전체 구속조건 표시	구속조건을 모두 표시	스케치
F9	전체 구속조건 숨기기	전체 구속조건 숨기기	스케치

Esc	종료	명령 종료	전역
Del	삭제	선택한 객체 삭제	전역
Alt+마우스 끌기		조립품에서는 메이트 구속조건을 적용	전역
		스케치에서는 스플라인 쉐이프 점 이동	조립품
Ctrl+A	기타 선택	모형 뷰에서 구성요소 또는 부분조립품을 선택한 경우 기타 선택 드롭다운 메뉴에 액세스	전역
Ctrl+Y	명령복구	명령복구 활성화 (마지막 명령취소를 취소함)	전역
Ctrl+Z	명령취소	활성 선 명령에서 마지막으로 스케치한 세그먼트 제거	전역
Shift+마우스		선택 명령 메뉴 활성화	전역
오른쪽 버튼 클릭			
Shift+회전		그래픽 창에서 자동으로 모형 회전. 클릭하면 종료됨	전역
B	품번기호	품번기호 명령 활성화	도면
BDA	기준선 치수 세트	기준선 치수 세트 명령 활성화	도면
C	중심점 원	원 그리기	스케치
CH	모따기	모따기 작성	부품/조립품
CP	원형 패턴	스케치 형상의 원형 패턴 작성	2D 스케치
D	일반 치수	일반 치수 명령 활성화	스케치/도면
D	면 기울기	면 기울기/테이퍼 작성	부품
E	돌출	돌출 명령 활성화	부품
F	모깎기	모깎기 작성	부품/조립품
FC	형상 공차	형상 공차 명령 활성화	도면
H	구멍	구멍 명령 활성화	부품/조립품

L	선	선 명령 활성화	스케치
LE	지시선 텍스트	지시선 텍스트 작성	도면
LO	로프트	로프트 피쳐 작성	부품
M	구성요소 이동	구성요소 이동 명령 활성화	조립품
MI	미러	미러 피쳐 작성	부품/ 조립품
N	구성요소 작성	구성요소 작성 명령 활성화	조립품
ODS	세로좌표 치수 세트	세로좌표 치수 세트 명령 활성화	스케치
P	구성요소 배치	구성요소 배치 명령 활성화	조립품
Q	iMate 작성	iMate 작성 명령 활성화	부품/ 조립품
R	회전	회전 명령 활성화	부품/ 조립품
RO	구성요소 회전	구성요소 회전 명령 활성화	조립품
RP	직사각형 패턴	피쳐 또는 스케치 형상의 직사각형 패턴 작성	부품/2D 스케치
S	2D 스케치	2D 스케치 명령 활성화	2D 스케치/ 부품/ 조립품
S3	3D 스케치	3D 스케치 명령 활성화	부품
SW	스윕	스윕 피쳐 작성	부품/ 조립품
T	텍스트	텍스트 명령 활성화	스케치/ 도면
TR	자르기	자르기 명령 활성화	스케치
]	작업 평면	작업 평면 작성	전역
/	작업축	작업축 작성	전역
.	작업점	작업점 작성	전역
;	고정 작업점	고정 작업점 작성	전역

[공개]

국가기술자격 실기시험문제

자격종목	전산응용기계제도기능사	과 제 명	도면참조

※ 문제지는 시험종료 후 반드시 반납하시기 바랍니다.

비번호		시험일시		시험장명	

※ 시험시간 : 5시간

1. 요구사항

※ 지급된 재료 및 시설을 사용하여 아래 작업을 완성하시오.

가. 부품도(2D) 제도

1) 주어진 문제의 조립도면에 표시된 부품번호 (○, ○, ○, ○, ○)의 부품도를 CAD 프로그램을 이용하여 A2용지에 척도는 1:1로 하여, 투상법은 제3각법으로 제도하시오.
2) 각 부품들의 형상이 잘 나타나도록 투상도와 단면도 등을 빠짐없이 제도하고, 설계 목적에 맞는 기능 및 작동을 할 수 있도록 치수 및 치수공차, 끼워 맞춤 공차와 기하 공차 기호, 표면거칠기 기호, 표면처리, 열처리, 주서 등 부품 제작에 필요한 모든 사항을 기입하시오.
3) 제도 완료 후 지급된 A3(420x297) 크기의 용지(트레이싱지)에 수험자가 직접 흑백으로 출력하여 확인하고 제출하시오.

나. 렌더링 등각 투상도(3D) 제도

1) 주어진 문제의 조립도면에 표시된 부품번호 (○, ○, ○, ○, ○)의 부품을 파라메트릭 솔리드 모델링을 하고, 모양과 윤곽을 알아보기 쉽도록 뚜렷한 음영, 렌더링 처리를 하여 A2용지에 제도하시오.
2) 음영과 렌더링 처리는 예시 그림과 같이 형상이 잘 나타나도록 등각 축 2개를 정해 척도는 NS로 실물의 크기를 고려하여 제도하시오.(단, 형상은 단면하여 표시하지 않습니다.)
3) 부품란 "비고"에는 모델링한 부품 중 (○, ○, ○) **부품의 질량을 g 단위로 소수점 첫째자리에서 반올림하여 기입**하시오.
   - 질량은 **렌더링 등각 투상도(3D) 부품란의 비고에 기입**하며, 반드시 **재질과 상관없이 비중을 7.85** 로 하여 계산하시기 바랍니다.
4) 제도 완료 후, 지급된 A3(420x297) 크기의 용지(트레이싱지)에 수험자가 직접 흑백으로 출력하여 확인하고 제출하시오.

[공개]

자격종목	전산응용기계제도기능사	과 제 명	도면참조

다. 도면 작성 기준 및 양식

1) 제공한 KS 데이터에 수록되지 않은 제도규격이나 데이터는 과제로 제시된 도면을 기준으로 하여 제도하거나 ISO규격과 관례에 따라 제도하시오.
2) 문제의 조립도면에서 표시되지 않은 제도규격은 지급한 KS규격 데이터에서 선정하여 제도하시오.
3) 문제의 조립도면에서 치수와 규격이 일치하지 않을 때는 해당규격으로 제도하시오. (단, 과제도면에 치수가 명시되어 있을 때는 명시된 치수로 작성하시오.)
4) 도면 작성 양식과 3D 렌더링 등각 투상도는 아래 그림을 참고하여 나타내고, 좌측상단 A부에 수험번호, 성명을 먼저 작성하고, 오른쪽 하단에 B부에는 표제란과 부품란을 작성한 후 제도작업을 하시오. (단, A부와 B부는 부품도(2D)와 렌더링 등각 투상도(3D)에 모두 작성하시오.)

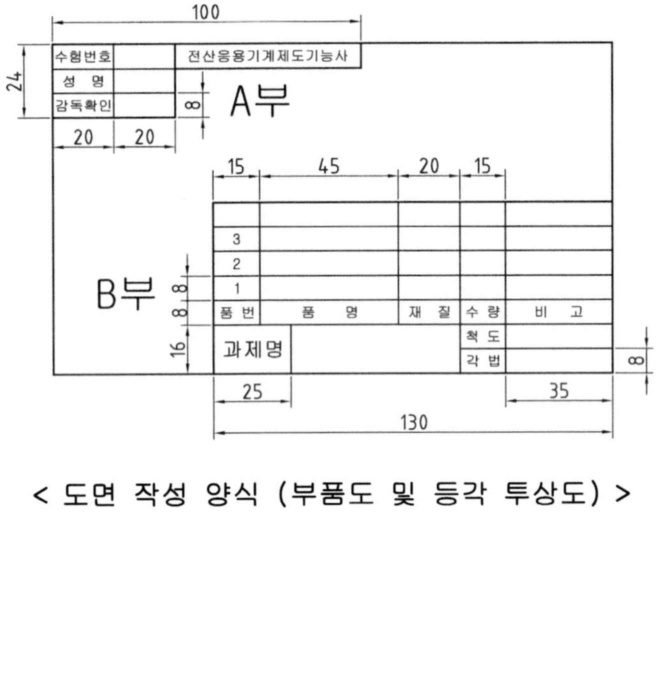

< 도면 작성 양식 (부품도 및 등각 투상도) >

< 3D 렌더링 등각 투상도 예시 >

자격종목	전산응용기계제도기능사	과 제 명	도면참조

5) 도면의 크기 및 한계설정(Limits), 윤곽선 및 중심마크 크기는 다음과 같이 설정하고, a와 b의 도면의 한계선(도면의 가장자리 선)이 출력되지 않도록 하시오.

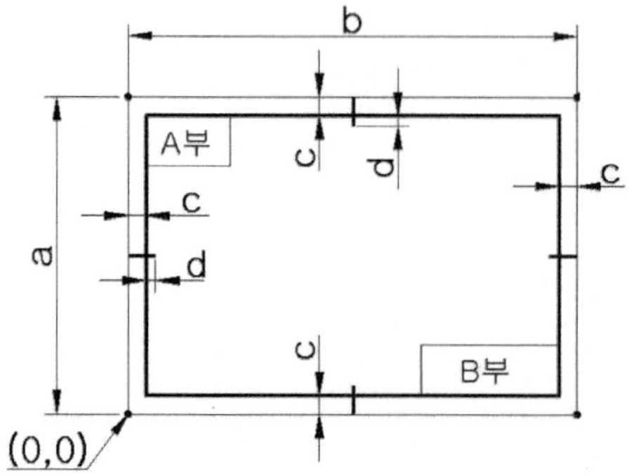

구분	도면의 한계		중심마크	
기호 / 도면크기	a	b	c	d
A2(부품도)	420	594	10	5

< 도면의 크기 및 한계설정, 윤곽선 및 중심마크 >

6) 선 굵기에 따른 색상은 다음과 같이 설정하시오.

선 굵기	색 상	용 도
0.70 mm	하늘색(Cyan)	윤곽선, 중심 마크
0.50 mm	초록색(Green)	외형선, 개별주서 등
0.35 mm	노란색(Yellow)	숨은선, 치수문자, 일반주서 등
0.25 mm	빨강(Red), 흰색(White)	치수선, 치수보조선, 중심선, 해칭선 등

※ 위 표는 Autocad 프로그램 상에서 출력을 용이하게 위한 설정이므로 다른 프로그램을 사용할 경우 위 항목에 맞도록 문자, 숫자, 기호의 크기, 선 굵기를 지정하시기 바랍니다.

7) 문자, 숫자, 기호의 높이는 7.0 mm, 5.0 mm, 3.5 mm, 2.5 mm 중 적절한 것을 사용하시오.

8) 아라비아 숫자, 로마자는 컴퓨터에 탑재된 ISO표준을 사용하고, 한글은 굴림 또는 굴림체를 사용하시오.

[공개]

자격종목	전산응용기계제도기능사	과 제 명	도면참조

2. 수험자 유의사항

※ 다음 유의사항을 고려하여 요구사항을 완성하시오.

1) 시작 전 감독위원이 지정한 곳에 본인 비번호로 폴더를 생성한 후 이 폴더에서 비번호를 파일명으로 작업 내용을 저장하고, 작업이 끝나면 비번호 폴더 전체를 감독위원에게 제출하시오. (파일제출 후에는 도면(파일) 수정 불가) 그리고 시험 종료 후 PC의 작업내용은 삭제합니다.
2) 수험자에게 주어진 문제는 비번호, 시험일시, 시험장명을 기재하여 반드시 제출합니다.
3) 마련한 양식의 A부 내용을 기입하고 감독위원의 확인 서명을 받아야 하며, B부는 수험자가 작성합니다.
4) 정전 또는 기계고장으로 인한 자료손실을 방지하기 위하여 수시로 저장합니다.
   - 이러한 문제 발생 시 "작업정지시간 + 5분"의 추가시간을 부여합니다.
5) 수험자는 제공된 장비의 안전한 사용과 작업 과정에서 안전수칙을 준수합니다.
6) 연속적인 컴퓨터 작업 시에는 신체에 무리가 가지 않도록 적절한 몸 풀기(스트레칭) 동작을 취하여야 합니다.
7) 도면에는 문제와 관련 없는 불필요한 낙서나 특이한 기록사항 등을 기재하여서는 안되며, 인적사항 기재란 외의 부분에 도면과 관련 없는 특수한 표시를 하거나 특정인임을 암시하는 경우 전체를 0점 처리합니다.
8) 다음 사항에 대해서는 채점 대상에서 제외하니 특히 유의하시기 바랍니다.

가) 기권

(1) 수험자 본인이 수험 도중 기권 의사를 표시한 경우

나) 실격

(1) 시험 시작 전 program 설정을 조정하거나 미리 작성된 Part program(도면, 단축키 셋업 등) 또는 LISP 등과 같은 Block(도면양식, 표제란, 부품란, 요목표, 주서 및 표면 거칠기 등)을 사용한 경우

(2) 채점 시 도면 내용이 다른 수험자와 일부 또는 전부가 동일한 경우

(3) 파일로 제공한 KS 데이터에 의하지 않고 지참한 노트나 서적을 열람한 경우

(4) 수험자의 장비조작 미숙으로 파손 및 고장을 일으킨 경우

[공개]

자격종목	전산응용기계제도기능사	과 제 명	도면참조

다) 미완성

(1) 시험시간 내에 부품도(1장), 렌더링 등각투상도(1장)를 하나라도 제출하지 아니한 경우

(2) 수험자의 직접 출력시간이 10분을 초과한 경우
(다만, 출력시간은 시험시간에서 제외하며, 출력된 도면의 크기 또는 색상 등이 채점하기 어렵다고 판단될 경우에는 감독위원의 판단에 의해 1회에 한하여 재출력이 허용됩니다.)
- 단, 재출력 시 출력 설정만 변경해야 하며 도면 내용을 수정하거나 할 수는 없습니다.

(3) 요구한 부품도, 렌더링 등각 투상도 중에서 1개라도 투상도가 제도되지 않은 경우
(지시한 부품번호에 대하여 모두 작성해야 하며 하나라도 누락되면 미완성 처리)

라) 오작

(1) 요구한 도면 크기에 제도되지 않아 제시한 출력용지와 크기가 맞지 않는 작품

(2) 투상법이나 척도가 요구사항과 전혀 맞지 않은 도면

(3) 전반적으로 KS 제도규격에 의해 제도되지 않았다고 판단된 도면

(4) 지급된 용지(트레이싱지)에 출력되지 않은 도면

(5) 끼워 맞춤공차 기호를 부품도에 기입하지 않았거나 아무 위치에 지시하여 제도한 도면

(6) 끼워 맞춤 공차의 구멍 기호(대문자)와 축 기호(소문자)를 구분하지 않고 지시한 도면

(7) 기하공차 기호를 부품도에 기입하지 않았거나 아무 위치에 지시하여 제도한 도면

(8) 표면거칠기 기호를 부품도에 기입하지 않았거나 아무 위치에 지시하여 제도한 도면

(9) 조립상태(조립도 혹은 분해조립도)로 제도하여 기본지식이 없다고 판단되는 도면

※ 출력은 수험자 판단에 따라 CAD 프로그램 상에서 출력하거나 PDF 파일 또는 출력 가능한 호환성 있는 파일로 변환하여 출력하여도 무방합니다.
- 이 경우 폰트 깨짐 등의 현상이 발생될 수 있으니 이점 유의하여 CAD 사용 환경을 적절히 설정하여 주시기 바랍니다.

[공개]

3. 지급재료 목록

자격종목	전산응용기계제도기능사

일련번호	재료명	규격	단위	수량	비고
1	프린터 용지	트레이싱지 A3(297×420)	장	2	1인당

※ 국가기술자격 실기시험 지급재료는 시험종료 후(기권, 결시자 포함) 수험자에게 지급하지 않습니다.

[공개]

자격종목	전산응용기계제도기능사	과 제 명	○○○○○○	척도	1:1

4. 도면

도면 생략

※ 동력전달장치, 치공구장치, 그 외 기계조립도면이 문제로 제시되며, 이 부분은 공개 시 변별력 저하가 우려되기 때문에 공개될 수 없음을 알려드립니다.

[국가기술자격 실기시험용 KS 기계제도 규격]

1. 표면 거칠기
2. 끼워 맞춤 공차
3. IT공차
4. 중심 거리의 허용차
5. 모떼기 및 둥글기의 값
6. 널링
7. T홈
8. T홈 간격
9. T홈 간격 허용차
10. 미터 보통 나사
11. 미터 가는 나사
12. 미터 사다리꼴 나사
13. 관용 평행 나사
14. 관용 테이퍼 나사
15. 볼트 구멍 지름(2급 기준) 및 카운터 보어 지름의 치수
16. 불완전 나사부 길이
17. 나사의 틈새
18. 뾰족끝 홈붙이 멈춤 스크루
19. 멈춤링
    (1) C형 멈춤링
    (2) E형 멈춤 링
    (3) C형 동심 멈춤 링
20. 생크
21. 평행 키 (키 홈)
22. 반달 키 (키 홈)
23. 깊은 홈 볼 베어링
24. 앵귤러 볼 베어링
25. 자동 조심 볼 베어링
26. 원통 롤러 베어링
27. 테이퍼 롤러 베어링
28. 니들 롤러 베어링
29. 평면 자리형 스러스트 볼 베어링
30. 평면 자리형 스러스트 볼 베어링(복식)
31. 베어링 구석 홈 부 둥글기
32. 베어링의 끼워 맞춤
33. 그리스 니플
34. O링(원통면)
35. O링 부착 부의 예리한 모서리를 제거하는 설계 방법
36. O링(평면)
37. 오일 실
38. 오일 실 부착 관계 (축 및 하우징 구멍의 모떼기와 둥글기)
39. 롤러체인, 스프로킷
40. V 벨트 풀리
41. 지그용 부시 및 그 부속 부품 (고정 부시)
42. 삽입 부시
43. 지그용 부시 및 그 부속 부품 (고정 라이너)
44. 부시와 멈춤쇠 또는 멈춤나사의 중심 거리 및 부착 나사의 가공 치수
45. 분할 핀
46. 주서 (예)
47. 센터 구멍
48. 양끝 센터(예)
49. 기어 요목표
50. 기계재료 기호(KS D)
51. 구름베어링용 로크너트 와셔

1. 표면 거칠기

거칠기 구분치		0.025a	0.05a	0.1a	0.2a	0.4a	0.8a	1.6a	3.2a	6.3a	12.5a	25a	50a
산술 평균 거칠기의 표면 거칠기의 범위 (㎛Ra)	최소치	0.02	0.04	0.08	0.17	0.33	0.66	1.3	2.7	5.2	10	21	42
	최대치	0.03	0.06	0.11	0.22	0.45	0.90	1.8	3.6	7.1	14	28	56
거칠기 번호 (표준편 번호)		N1	N2	N3	N4	N5	N6	N7	N8	N9	N10	N11	N12

2. 끼워 맞춤 공차

기준 구멍	축의 공차역 클래스								
	헐거운			중간			억지		
H6		g5	h5	js5	k5	m5			
	f6	g6	h6	js6	k6	m6	n6	p6	
H7	f6	g6	h6	js6	k6	m6	n6	p6	r6
	f7		h7	js7					
H8	f7		h7						
	f8		h8						

기준 축	구멍의 공차역 클래스								
	헐거운			중간			억지		
h5			H6	JS6	K6	M6	N6	P6	
h6	F6	G6	H6	JS6	K6	M6	N6	P6	
	F7	G7	H7	JS7	K7	M7	N7	P7	R7
h7	F7		H7						
	F8		H8						
h8	F8		H8						

3. IT 공차

단위 : ㎛

치수 초과	등급 이하	IT4 4급	IT5 5급	IT6 6급	IT7 7급
-	3	3	4	6	10
3	6	4	5	8	12
6	10	4	6	9	15
10	18	5	8	11	18
18	30	6	9	13	21
30	50	7	11	16	25
50	80	8	13	19	30
80	120	10	15	22	35
120	180	12	18	25	40
180	250	14	20	29	46
250	315	16	23	32	52
315	400	18	25	36	57
400	500	20	27	40	63

4. 중심 거리의 허용차

단위 : ㎛

중심 거리 구분 초과	등급 이하	1급	2급
-	3	±3	±7
3	6	±4	±9
6	10	±5	±11
10	18	±6	±14
18	30	±7	±17
30	50	±8	±20
50	80	±10	±23
80	120	±11	±27
120	180	±13	±32
180	250	±15	±36
250	315	±16	±41

5. 절삭가공부품 모떼기 및 둥글기의 값

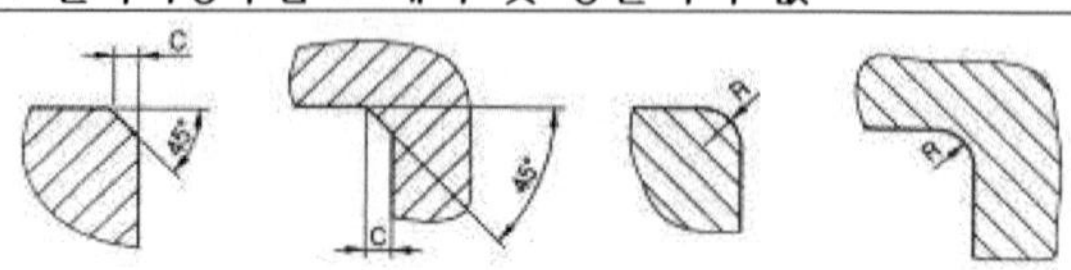

0.1	0.4	0.8	1.6	3 (3.2)	6	12	25	50
0.2	0.5	1.0	2.0	4	8	16	32	-
0.3	0.6	1.2	2.5 (2.4)	5	10	20	40	-

6. 널링

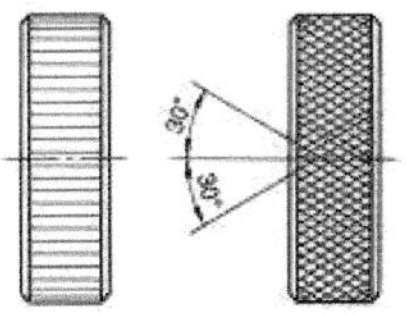

[보 기] : ☞ 바른 줄 m 0.5
☞ 빗 줄 m 0.3

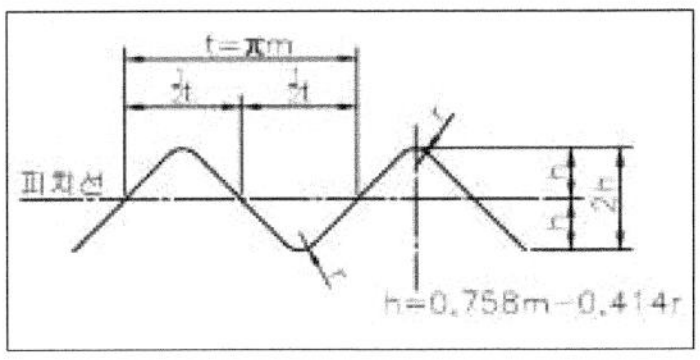

바른 줄 형			
모듈 m	0.2	0.3	0.5
피치 t	0.628	0.942	1.571
r	0.06	0.09	0.16
h	0.15	0.22	0.37

빗 줄 형			
모듈 m	0.5	0.3	0.2
cos 30°	0.577	0.346	0.230

7. T홈

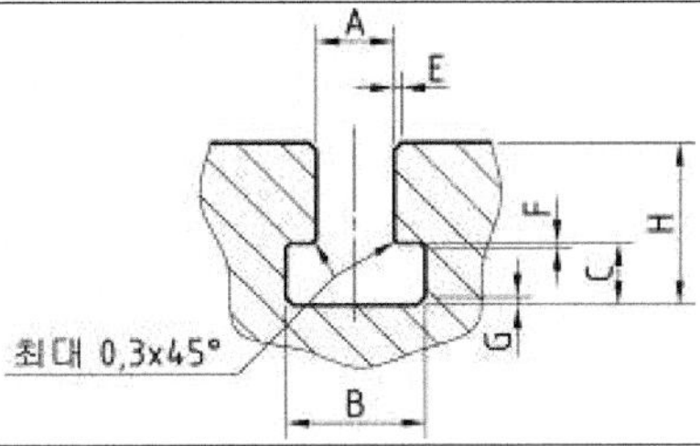

호칭 (볼트) 치수	A			B		C		H		E 최대 모떼기	F 최대 모떼기	G 최대 모떼기
	기준 치수	허용차		기준 치수		기준 치수						
		기준 홈 H8	고정 홈 H12	최소	최대	최소	최대	최소	최대			
M4	5	+0.018 0	+0.12 0	10	11	3.5	4.5	8	10	1	0.6	1
M5	6			11	12.5	5	6	11	13	1	0.6	1
M6	8	+0.022 0	+0.15 0	14.5	16	7	8	15	18	1	0.6	1
M8	10			16	18	7	8	17	21	1	0.6	1
M10	12	+0.027 0	+0.18 0	19	21	8	9	20	25	1	0.6	1
M12	14			23	25	9	11	23	28	1.6	0.6	1.6
M16	18			30	32	12	14	30	36	1.6	1	1.6
M20	22	+0.033 0	+0.21 0	37	40	16	18	38	45	1.6	1	2.5
M24	28			46	50	20	22	48	56	1.6	1	2.5
M30	36	+0.039 0	+0.25 0	56	60	25	28	61	71	2.5	1	2.5
M36	42			68	72	32	35	74	85	2.5	1.6	4
M42	48			80	85	36	40	84	95	2.5	2	6
M48	54	+0.046 0	+0.30 0	90	95	40	44	94	106	2.5	2	6

8. T홈 간격

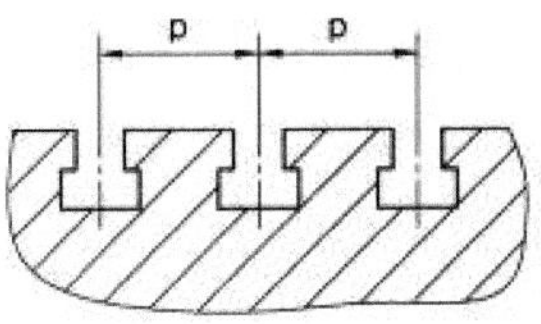

T홈의 폭 A	간격 p
5	20 25 32
6	25 32 40
8	32 40 50
10	40 50 63
12	(40) 50 63 80
14	(50) 63 80 100
18	(63) 80 100 125
22	(80) 100 125 160
28	100 125 160 200
36	125 160 200 250
42	160 200 250 320
48	200 250 320 400
54	250 320 400 500

( )호 치수는 되도록 피한다.

9. T홈 간격 허용차

간격 p	허용차
20~25	±0.2
32~100	±0.3
125~250	±0.5
320~500	±0.8

비 고 모든 T-홈의 간격에 대한 공차는 누적되지 않는다.

10. 미터 보통 나사

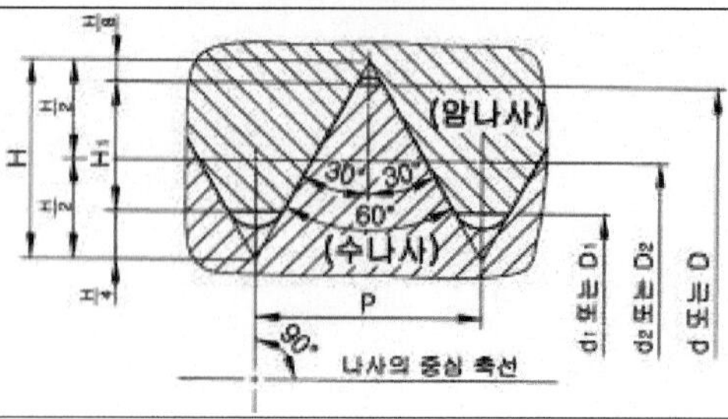

나사의 호칭	피치(P)	접촉 높이(H_1)	암나사		
			골 지름 D	유효 지름 D_2	안 지름 D_1
			수나사		
			바깥 지름 d	유효 지름 d_2	골 지름 d_1
M3	0.5	0.271	3.000	2.675	2.459
M4	0.7	0.379	4.000	3.545	3.242
M5	0.8	0.433	5.000	4.480	4.134
M6	1	0.541	6.000	5.350	4.917
M8	1.25	0.677	8.000	7.188	6.647
M10	1.5	0.812	10.000	9.026	8.376
M12	1.75	0.947	12.000	10.863	10.106
M16	2	1.083	16.000	14.701	13.835

11. 미터 가는 나사

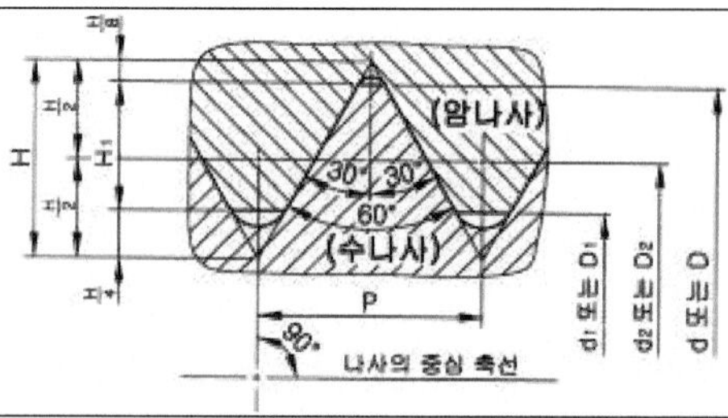

나사의 호칭	접촉 높이(H_1)	암나사		
		골 지름 D	유효 지름 D_2	안 지름 D_1
		수나사		
		바깥 지름 d	유효 지름 d_2	골 지름 d_1
M 1 × 0.2 M 1.1 × 0.2 M 1.2 × 0.2	0.108	1.000 1.100 1.200	0.870 0.970 1.070	0.783 0.883 0.983
M 1.4 × 0.2 M 1.6 × 0.2 M 1.8 × 0.2		1.400 1.600 1.800	1.270 1.470 1.670	1.183 1.383 1.583
M 2 × 0.25 M 2.2 × 0.25	0.135	2.000 2.200	1.838 2.038	1.729 1.929
M 2.5 × 0.35 M 3 × 0.35 M 3.5 × 0.35	0.189	2.500 3.000 3.500	2.273 2.773 3.273	2.121 2.621 3.121
M 4 × 0.5 M 4.5 × 0.5 M 5 × 0.5 M 5.5 × 0.5	0.271	4.000 4.500 5.000 5.500	3.675 4.175 4.675 5.175	3.459 3.959 4.459 4.959
M 6 × 0.75 M 7 × 0.75	0.406	6.000 7.000	5.513 6.513	5.188 6.188
M 8 × 1 M 8 × 0.75	0.541 0.406	8.000	7.350 7.513	6.917 7.188
M 9 × 1 M 9 × 0.75	0.541 0.406	9.000	8.350 8.513	7.917 8.188
M 10 × 1.25 M 10 × 1 M 10 × 0.75	0.677 0.541 0.406	10.000	9.188 9.350 9.513	8.647 8.917 9.188
M 11 × 1 M 11 × 0.75	0.541 0.406	11.000	10.350 10.513	9.917 10.188
M 12 × 1.5 M 12 × 1.25 M 12 × 1	0.812 0.677 0.541	12.000	11.026 11.188 11.350	10.376 10.647 10.917
M 14 × 1.5 M 14 × 1.25 M 14 × 1	0.812 0.677 0.541	14.000	13.026 13.188 13.350	12.376 12.647 12.917
M 15 × 1.5 M 15 × 1	0.812 0.541	15.000	14.026 14.350	13.376 13.917
M 16 × 1.5 M 16 × 1	0.812 0.541	16.000	15.026 15.350	14.376 14.917

12. 미터 사다리꼴 나사

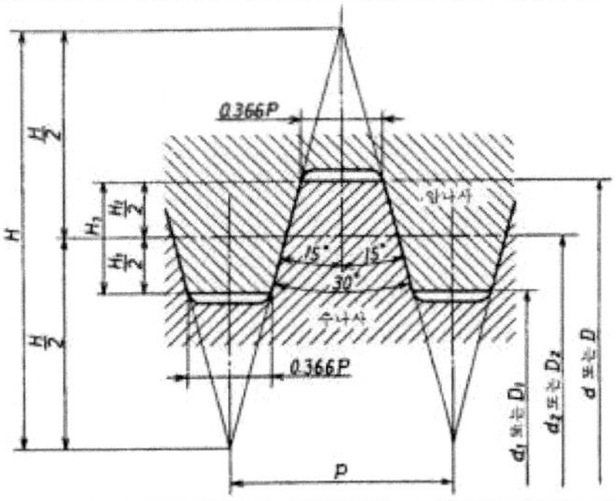

기준 공식

$H=1.866P$ $d_2=d-0.5P$ $D=d$

$H_1=0.5P$ $d_1=d-P$ $D_2=d_2$

$D_1=d_1$

나사의 호칭	피치 P	접촉 높이 H_1	암나사 골 지름 D / 수나사 바깥 지름 d	암나사 유효 지름 D_2 / 수나사 유효 지름 d_2	암나사 안 지름 D_1 / 수나사 골 지름 d_1
Tr 10×2	2	1	10.000	9.000	8.000
Tr 10×1.5	1.5	0.75	10.000	9.250	8.500
Tr 11×3	3	1.5	11.000	9.500	8.000
Tr 11×2	2	1	11.000	10.000	9.000
Tr 12×3	3	1.5	12.000	10.500	9.000
Tr 12×2	2	1	12.000	11.000	10.000
Tr 14×3	3	1.5	14.000	12.500	11.000
Tr 14×2	2	1	14.000	13.000	12.000
Tr 16×4	4	2	16.000	14.000	12.000
Tr 16×2	2	1	16.000	15.000	14.000
Tr 18×4	4	2	18.000	16.000	14.000
Tr 18×2	2	1	18.000	17.000	16.000
Tr 20×4	4	2	20.000	18.000	16.000
Tr 20×2	2	1	20.000	19.000	18.000

13. 관용 평행 나사

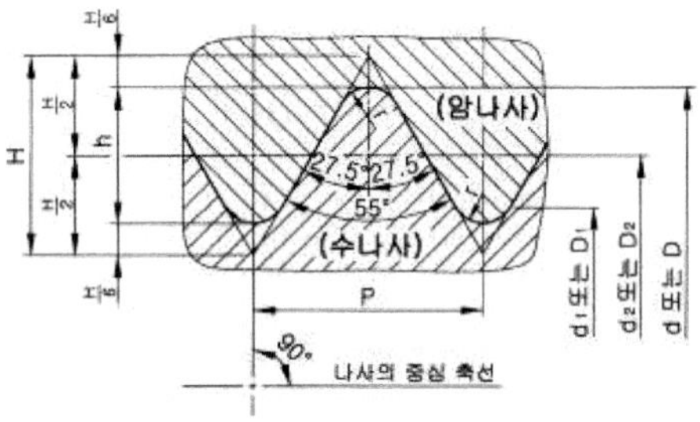

나사의 표시방법 : 수나사의 경우 G 1A, G 1B
암나사의 경우 G1

나사의 호칭	나사 산수 25.4mm에 대하여 n	피 치 P (참 고)	나사 산의 높이 h	산의 봉우리 및 골의 둥글기 r	암나사 골 지름 D / 수나사 바깥 지름 d	암나사 유효 지름 D_2 / 수나사 유효 지름 d_2	암나사 안 지름 D_1 / 수나사 골 지름 d_1
G 1/8	28	0.9071	0.581	0.12	9.728	9.147	8.566
G 1/4	19	1.3368	0.856	0.18	13.157	12.301	11.445
G 3/8	19	1.3368	0.856	0.18	16.662	15.806	14.950
G 1/2	14	1.8143	1.162	0.25	20.955	19.793	18.631
G 5/8	14	1.8143	1.162	0.25	22.911	21.749	20.587
G 3/4	14	1.8143	1.162	0.25	26.441	25.279	24.117
G 7/8	14	1.8143	1.162	0.25	30.201	29.039	27.877
G 1	11	2.3091	1.479	0.32	33.249	31.770	30.291
G 1 1/8	11	2.3091	1.479	0.32	37.897	36.418	34.939
G 1 1/4	11	2.3091	1.479	0.32	41.910	40.431	38.952
G 1 1/2	11	2.3091	1.479	0.32	47.803	46.324	44.845
G 1 3/4	11	2.3091	1.479	0.32	53.746	52.267	50.788
G 2	11	2.3091	1.479	0.32	59.614	58.135	56.656
G 2 1/4	11	2.3091	1.479	0.32	65.710	64.231	62.752
G 2 1/2	11	2.3091	1.479	0.32	75.184	73.705	72.226

14. 관용 테이퍼 나사

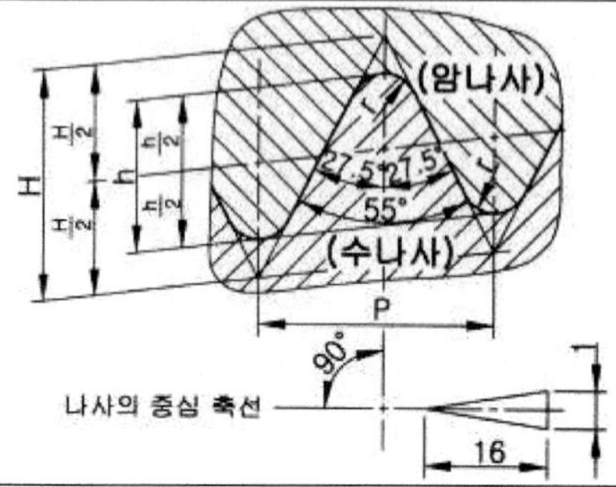

나사의 표시방법 : 수나사의 경우 R 1½

암나사의 경우 Rc 1½

나사의 호칭	나사 산수 25.4mm에 대하여 n	피 치 P (참 고)	나사 산의 높이 h	둥글기 r 또는 r'	암나사 골 지름 D	암나사 유효 지름 D2	암나사 안 지름 D1	수나사 기본지름위치 관 끝으로부터 기본길이 a	수나사 기본지름위치 관 끝으로부터 축선방향의 허용차 ±b	암나사 기본지름 위치 관 끝부분 축선방향의 허용차 ±c
					수나사 바깥 지름 d	수나사 유효 지름 d2	수나사 골 지름 d1			
R 1/16	28	0.9071	0.581	0.12	7.723	7.142	6.561	3.97	0.91	1.13
R 1/8	28	0.9071	0.581	0.12	9.728	9.147	8.566	3.97	0.91	1.13
R 1/4	19	1.3368	0.856	0.18	13.157	12.301	11.445	6.01	1.34	1.67
R 3/8	19	1.3368	0.856	0.18	16.662	15.806	14.950	6.35	1.34	1.67
R 1/2	14	1.8143	1.162	0.25	20.955	19.793	18.631	8.16	1.81	2.27
R 3/4	14	1.8143	1.162	0.25	26.441	25.279	24.117	9.53	1.81	2.27
R1	11	2.3091	1.479	0.32	33.249	31.770	30.291	10.39	2.31	2.89
R1 1/4	11	2.3091	1.479	0.32	41.910	40.431	38.952	12.70	2.31	2.89
R1 1/2	11	2.3091	1.479	0.32	47.803	46.324	44.845	12.70	2.31	2.89
R2	11	2.3091	1.479	0.32	59.614	58.135	56.656	15.88	2.31	2.89
R2 1/2	11	2.3091	1.479	0.32	75.184	73.705	72.226	17.46	3.46	3.46
R3	11	2.3091	1.479	0.32	87.884	86.405	84.926	20.64	3.46	3.46
R4	11	2.3091	1.479	0.32	113.030	111.551	110.072	25.40	3.46	3.46
R5	11	2.3091	1.479	0.32	138.430	136.951	135.472	28.58	3.46	3.46
R6	11	2.3091	1.479	0.32	163.830	162.351	160.872	28.58	3.46	3.46

15. 볼트 구멍 지름(2급 기준) 및 카운터 보어 지름의 치수

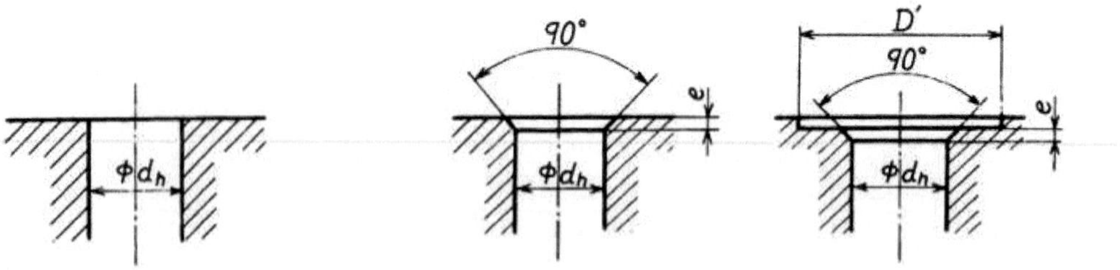

나사 호칭 지름	3	4	5	6	8	10	12	14	16
볼트 구멍 지름 $\varnothing d_h$	3.4	4.5	5.5	6.6	9	11	13.5	15.5	17.5
모떼기 e	0.3	0.4	0.4	0.4	0.6	0.6	1.1	1.1	1.1
카운터보어 지름 D'	9	11	13	15	20	24	28	32	35

16. 불완전 나사부 길이

나사의 절단 끝부에 있어서 불완전 나사부 길이 (x)

절삭 나사의 경우 **전조 나사의 경우**

(원통부 지름 = 수나사 바깥지름) (원통부 지름 ≒ 수나사 유효지름) (원통부 지름 = 수나사 바깥지름)

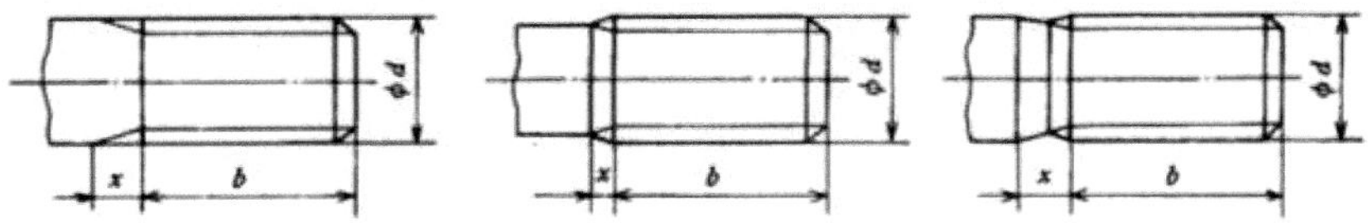

비 고 그림 중의 b는 나사부 길이를 표시한다.

온나사에 있어서 불완전 나사부 길이 (a)

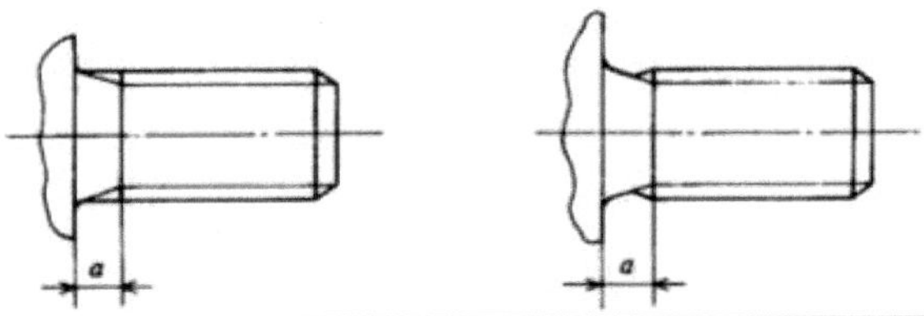

나사의 피치	x (최대)		a (최대)		
	보통 것	짧은 것	보통 것	짧은 것	긴 것
0.5	1.25	0.7	1.5	1	2
0.7	1.75	0.9	2.1	1.4	2.8
0.8	2	1	2.4	1.6	3.2
1	2.5	1.25	3	2	4
1.25	3.2	1.6	4	2.5	5
1.5	3.8	1.9	4.5	3	6
1.75	4.3	2.2	5.3	3.5	7
2	5	2.5	6	4	8

17. 나사의 틈새

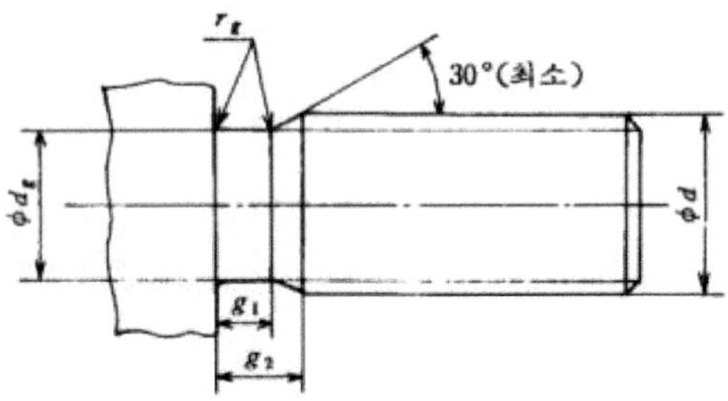

나사의 피치	dg		g_1	g_2	r_g
	기준 치수	허용차	최소	최대	약
0.5	d - 0.8	호칭지름이 3mm 이하는 h12, 호칭지름이 3mm 초과는 h13 적용	0.8	1.5	0.2
0.7	d - 1.1		1.1	2.1	0.4
0.8	d - 1.3		1.3	2.4	0.4
1	d - 1.6		1.6	3	0.6
1.25	d - 2		2	3.75	0.6
1.5	d - 2.3		2.5	4.5	0.8
1.75	d - 2.6		3	5.25	1
2	d - 3		3.4	6	1

18. 뾰족끝 홈붙이 멈춤 스크루

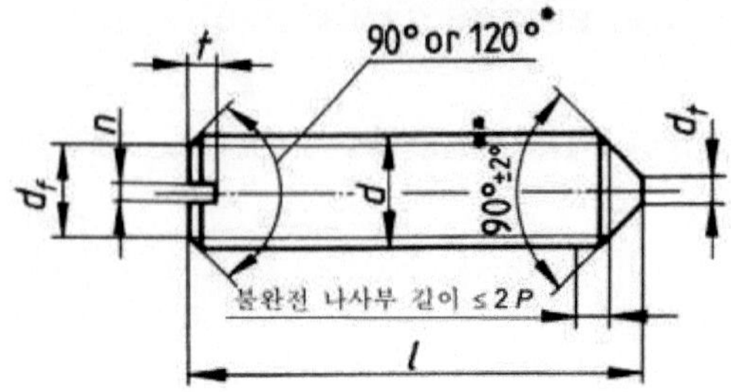

나사의 호칭 d			M 1.2	M 1.6	M 2	M 2.5	M 3	(M 3.5)[a]	M 4	M 5	M 6	M 8	M 10	M 12
P[b]			0.25	0.35	0.4	0.45	0.5	0.6	0.7	0.8	1	1.25	1.5	1.75
d_1		≈	나사산의 골지름											
l[a, d]														
기준치수	최소	최대												
2	1.8	2.2												
2.5	2.3	2.7												
3	2.8	3.2												
4	3.7	4.3												
5	4.7	5.3												
6	5.7	6.3												
8	7.7	8.3												
10	9.7	10.3					상용							
12	11.6	12.4						길이						
(14)	13.6	14.4							의					
16	15.6	16.4									범위			
20	19.6	20.4												
25	24.6	25.4												
30	29.6	30.4												

19. 멈춤링

(1) C형 멈춤링

축용 멈춤링

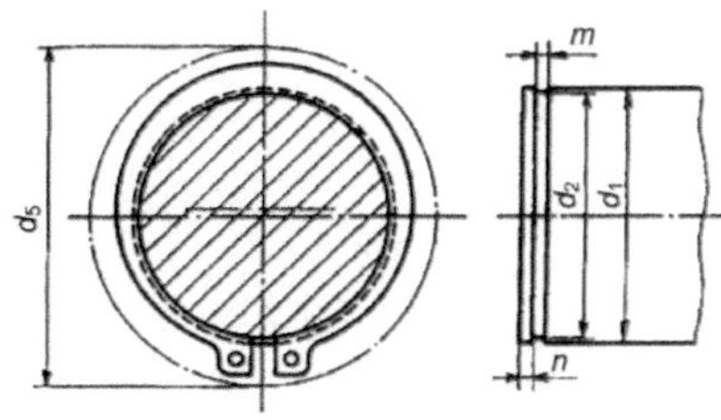

d_5는 축에 끼울 때의 바깥 둘레의 최대 지름

구멍용 멈춤링

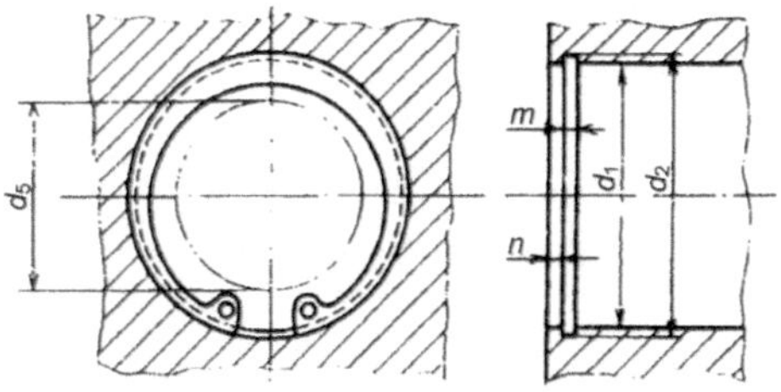

d_5는 구멍에 끼울 때의 안둘레의 최소 지름

축 치수 d1	d2		m		n	멈춤링 두께	
	기준치수	허용차	기준치수	허용차	최소	기준치수	허용차
10	9.6	0 -0.09	1.15	+0.14 0	1.5	1	±0.05
11	10.5	0 -0.11					
12	11.5						
13	12.4						
14	13.4						
15	14.3						
16	15.2						
17	16.2						
18	17		1.35			1.2	±0.06
19	18						
20	19	0 -0.21					
21	20						
22	21						
24	22.9						
25	23.9						
26	24.9						
28	26.6		1.75			1.6	
29	27.6						
30	28.6						
32	30.3	0 -0.25					
34	32.3						
35	33						
36	34		1.95		2	1.8	±0.07
38	36						

구멍 치수 d1	d2		m		n	멈춤링 두께	
	기준치수	허용차	기준치수	허용차	최소	기준치수	허용차
10	10.4	+0.11 0	1.15	+0.14 0	1.5	1	±0.05
11	11.4						
12	12.5						
13	13.6						
14	14.6						
15	15.7						
16	16.8						
17	17.8						
18	19	+0.21 0					
19	20						
20	21						
21	22						
22	23						
24	25.2		1.35			1.2	±0.06
25	26.2						
26	27.2						
28	29.4						
30	31.4	+0.25 0					
32	33.7						
34	35.7		1.75		2	1.6	
35	37						
36	38						
37	39						

(2) E형 멈춤 링

(사용 상태)

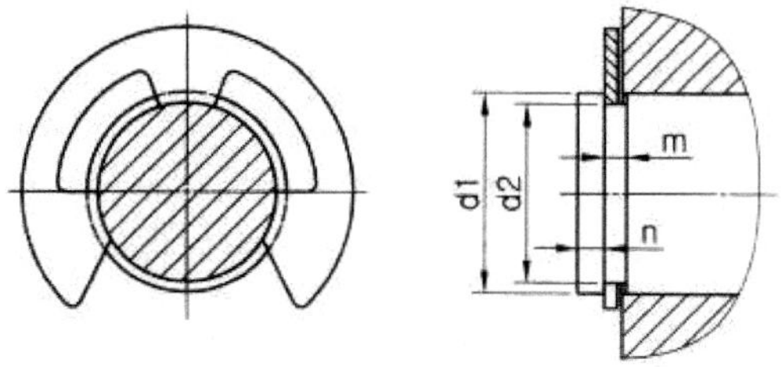

축 치수 d1		d2		m		n	멈춤 링 두께	
초과	이하	기준치수	허용차	기준치수	허용차	최소	기준치수	허용차
1	1.4	0.8	+0.05 0	0.3	+0.05 0	0.4	0.2	±0.02
1.4	2	1.2	+0.06 0	0.4		0.6	0.3	±0.025
2	2.5	1.5		0.5		0.8	0.4	±0.03
2.5	3.2	2				1		
3.2	4	2.5						
4	5	3		0.7	+0.1 0		0.6	±0.04
5	7	4	+0.075 0			1.2		
6	8	5						
7	9	6		0.9			0.8	
8	11	7	+0.09 0			1.5		
9	12	8				1.8		
10	14	9				2		
11	15	10	+0.11 0	1.15	+0.14 0		1.0	±0.05
13	18	12				2.5		
16	24	15		1.75		3	1.6	±0.06
20	31	19	+0.13 0			3.5		
25	38	24		2.2		4	2.0	±0.07

(3) C형 동심 멈춤 링

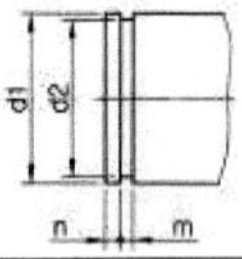

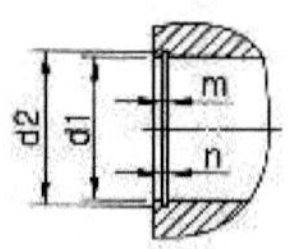

축 치수 d1	d2 기준치수	d2 허용차	m 기준치수	m 허용차	n 최소	멈춤 링 두께 기준치수	멈춤 링 두께 허용차
20	19	0 -0.21	1.35	+0.14 0	1.5	1.2	±0.07
22	21						
25	23.9						
28	26.6		1.75			1.6	
30	28.6						
32	30.3	0 -0.25					
35	33						
40	38		1.9		2	1.75	±0.08
45	42.5						
50	47		2.2			2	

구멍 치수 d1	d2 기준치수	d2 허용차	m 기준치수	m 허용차	n 최소	멈춤 링 두께 기준치수	멈춤 링 두께 허용차
20	21	+0.21 0	1.15	+0.14 0	1.5	1	±0.07
22	23						
25	26.2		1.35			1.2	
28	29.4						
30	31.4						
35	37	+0.25 0	1.75		2	1.6	
40	42.5		1.9			1.75	±0.08
45	47.5						
50	53		2.2			2	

20. 생크

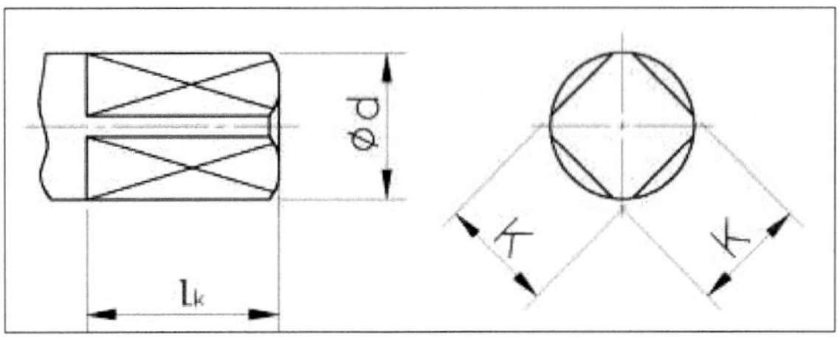

Φd 초과	Φd 이하	K 기준치수	K 허용차(h12)	l_k
7.5	8.5	6.3	0 -0.15	9
8.5	9.5	7.1		10
9.5	10.6	8		11
10.6	11.8	9		12
11.8	13.2	10		13
13.2	15	11.2	0 -0.18	14
15	17	12.5		16
17	19	14		18
19	21.2	16		20
21.2	23.6	18		22
23.6	26.5	20	0 -0.21	24
26.5	30	22.4		26
30	33.5	25		28
33.5	37.5	28		31

21. 평행 키 (키 홈)

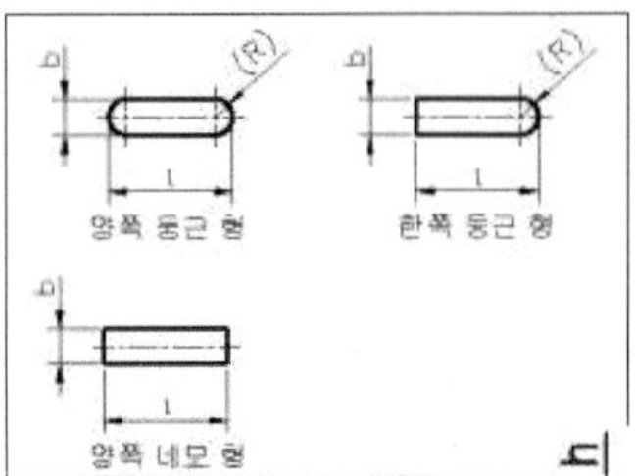

키 홈의 단면

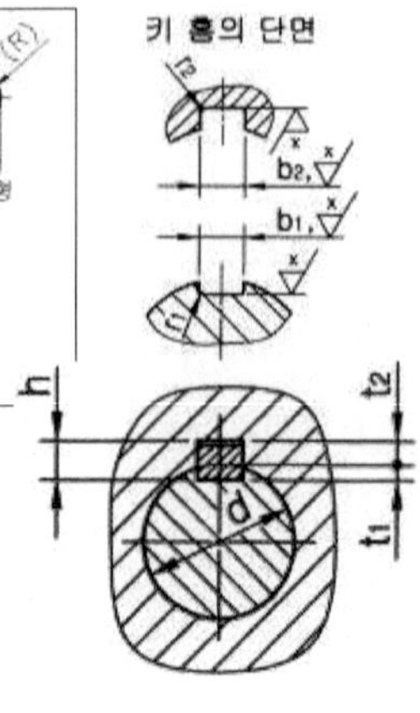

b_1 및 b_2의 기준치수	활동형 b_1 허용차	활동형 b_2 허용차	보통형 b_1 허용차	보통형 b_2 허용차	t_1의 기준치수	t_2의 기준치수	t_1 및 t_2의 허용차	적용하는 축 지름 d (초과~이하)
2	H9	D10	N9	JS9	1.2	1.0	+0.1 0	6~8
3					1.8	1.4		8~10
4					2.5	1.8		10~12
5					3.0	2.3		12~17
6					3.5	2.8		17~22
7					4.0	3.3	+0.2 0	20~25
8					4.0	3.3		22~30
10					5.0	3.3		30~38

22. 반달 키 (키 홈)

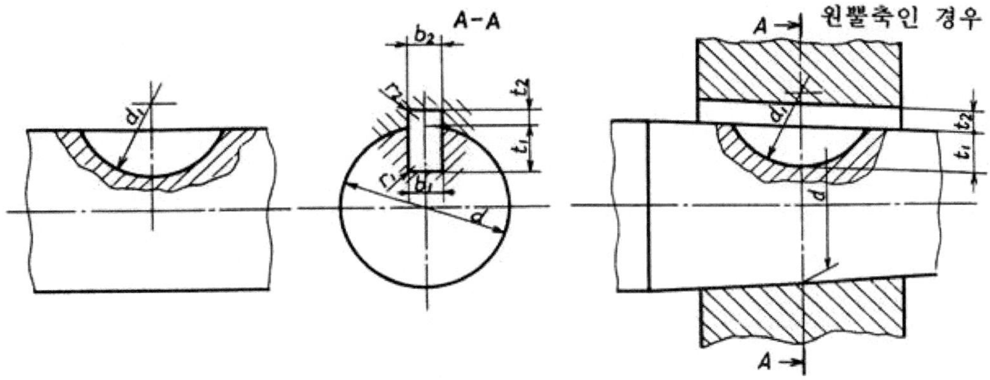

단위 : mm

키의 호칭 치수 $b \times d_0$	b_1 및 b_2의 기준 치수	보통형 b_1 허용차 (N9)	보통형 b_2 허용차 (Js9)	조립형 b_1 및 b_2 허용차 (P9)	t_1 기준 치수	t_1 허용차	t_2 기준 치수	t_2 허용차	r_1 및 r_2	d_1 기준 치수	d_1 허용차
1×4	1	−0.004 −0.029	±0.012	−0.006 −0.031	1.0	+0.1 0	0.6	+0.1 0	0.08~0.16	4	+0.1 0
1.5×7	1.5				2.0		0.8			7	
2×7	2				1.8		1.0			7	
2×10					2.9					10	+0.2 0
2.5×10	2.5				2.7		1.2			10	
(3×10)	3				2.5		1.4			10	
3×13					3.8	+0.2 0				13	
3×16					5.3					16	
(4×13)	4	0 −0.030	±0.015	−0.012 −0.042	3.5	+0.1 0	1.7			13	
4×16					5.0	+0.2 0	1.8		0.16~0.25	16	
4×19					6.0					19	+0.3 0
5×16	5				4.5		2.3			16	+0.2 0
5×19					5.5					19	+0.3 0
5×22					7.0	+0.3 0				22	
6×22	6				6.5		2.8			22	
6×25					7.5			+0.2 0		25	
(6×28)					8.6	+0.1 0	2.6	+0.1 0		28	
(6×32)					10.6					32	
(7×22)	7	0 −0.036	±0.018	−0.015 −0.051	6.4		2.8			22	
(7×25)					7.4					25	
(7×28)					8.4					28	
(7×32)					10.4					32	
(7×38)					12.4					38	
(7×45)					13.4					45	
(8×25)	8				7.2		3.0			25	
8×28					8.0	+0.3 0	3.3	+0.2 0	0.25~0.40	28	
(8×32)					10.2	+0.1 0	3.0	+0.1 0	0.16~0.25	32	
(8×38)					12.2					38	
10×32	10				10.0	+0.3 0	3.3	+0.2 0	0.25~0.40	32	
(10×45)					12.8	+0.1 0	3.4	+0.1 0		45	
(10×55)					13.8					55	
(10×65)					15.8					65	+0.5 0
(12×65)	12	0 −0.043	±0.022	−0.018 −0.061	15.2		4.0			65	
(12×80)					20.2					80	

22. 반달 키 (키 홈) - 반달키에 적용하는 축지름

단위 : mm

키의 호칭 치수	계열 1	계열 2	계열 3	전단 단면적 mm^2
1× 4	3～ 4	3～ 4	—	—
1.5× 7	4～ 5	4～ 6	—	—
2× 7	5～ 6	6～ 8	—	—
2×10	6～ 7	8～10	—	—
2.5×10	7～ 8	10～12	7～12	21
(3×10)	—	—	8～14	26
3×13	8～10	12～15	9～16	35
3×16	10～12	15～18	11～18	45
(4×13)	—	—	11～18	46
4×16	12～14	18～20	12～20	57
4×19	14～16	20～22	14～22	70
5×16	16～18	22～25	14～22	72
5×19	18～20	25～28	15～24	86
5×22	20～22	28～32	17～26	102
6×22	22～25	32～36	19～28	121
6×25	25～28	36～40	20～30	141
(6×28)	—	—	22～32	155
(6×32)	—	—	24～34	180
(7×22)	—	—	20～29	139
(7×25)	—	—	22～32	159
(7×28)	—	—	24～34	179
(7×32)	—	—	26～37	209
(7×38)	—	—	29～41	249
(7×45)	—	—	31～45	288
(8×25)	—	—	24～34	181
8×28	28～32	40～—	26～37	203
(8×32)	—	—	28～40	239
(8×38)	—	—	30～44	283
10×32	32～38	—	31～46	295
(10×45)	—	—	38～54	406
(10×55)	—	—	42～60	477
(10×65)	—	—	46～65	558
(12×65)	—	—	50～73	660
(12×80)	—	—	58～82	834

※ 계열 1 : 키에 의해 토크를 전달하는 결합에 사용

계열 2 : 키에 의해 위치결정을 하는 경우 사용

계열 3 : 표에 나타나는 전단 단면적에서의 키의 전단강도 대응에 사용

23. 깊은 홈 볼 베어링

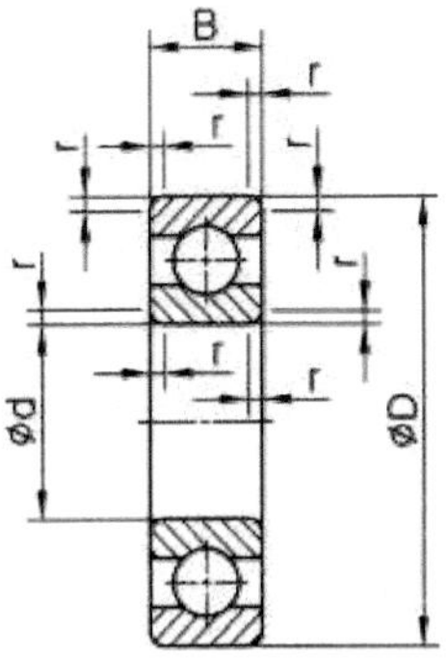

호칭 번호 (68계열)	치수			
	d	D	B	r
6800	10	19	5	0.3
6801	12	21		
6802	15	24		
6803	17	26		
6804	20	32	7	
6805	25	37		
6806	30	42		
6807	35	47		
6808	40	52		
6809	45	58		
6810	50	65		

호칭 번호 (64계열)	치수			
	d	D	B	r
6403	17	62	17	1.1
6404	20	72	19	1.1
6405	25	80	21	1.5
6406	30	90	23	1.5
6407	35	100	25	1.5
6408	40	110	27	2
6409	45	120	29	2
6410	50	130	31	2.1
6411	55	140	33	2.1
6412	60	150	35	2.1
6413	65	160	37	2.1

호칭 번호 (69계열)	치수			
	d	D	B	r
6900	10	22	6	0.3
6901	12	24		
6902	15	28	7	
6903	17	30		
6904	20	37	9	
6905	25	42		
6906	30	47		
6907	35	55	10	0.6
6908	40	62	12	

호칭 번호 (60계열)	치수			
	d	D	B	r
6000	10	26	8	0.3
6001	12	28		
6002	15	32	9	
6003	17	35	10	
6004	20	42	12	0.6
6005	25	47		
6006	30	55	13	1
6007	35	62	14	
6008	40	68	15	

호칭 번호 (62계열)	치수			
	d	D	B	r
6200	10	30	9	0.6
6201	12	32	10	0.6
6202	15	35	11	0.6
6203	17	40	12	0.6
6204	20	47	14	1
6205	25	52	15	1
6206	30	62	16	1
6207	35	72	17	1.1
6208	40	80	18	1.1

호칭 번호 (63계열)	치수			
	d	D	B	r
6300	10	35	11	0.6
6301	12	37	12	1
6302	15	42	13	1
6303	17	47	14	1
6304	20	52	15	1.1
6305	25	62	17	1.1

24. 앵귤러 볼 베어링

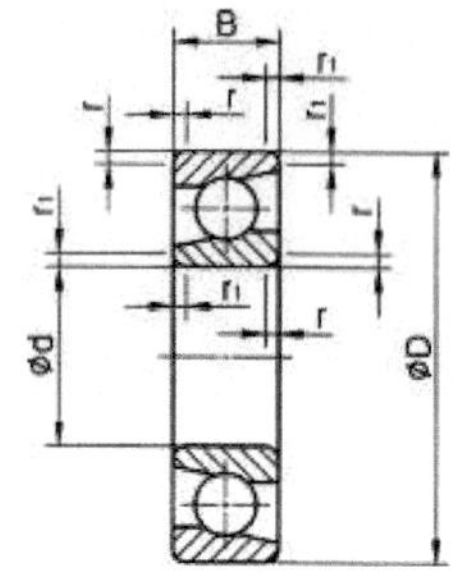

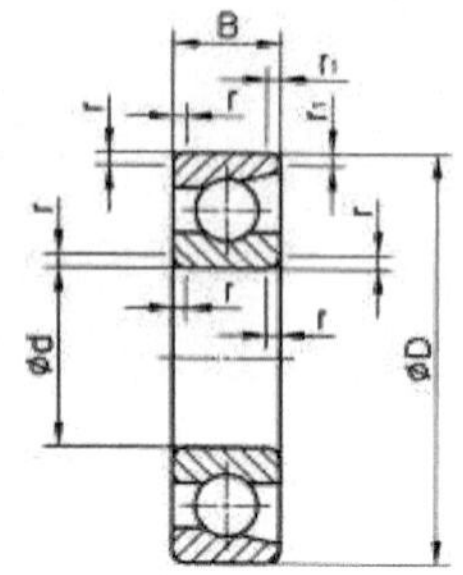

호칭 번호 (70계열)	치수				
	d	D	B	r	r1
7000A	10	26	8	0.3	0.15
7001A	12	28	8	0.3	0.15
7002A	15	32	9	0.3	0.15
7003A	17	35	10	0.3	0.15
7004A	20	42	12	0.6	0.3
7005A	25	47	12	0.6	0.3
7006A	30	55	13	1	0.6
7007A	35	62	14	1	0.6
7008A	40	68	15	1	0.6
7009A	45	75	16	1	0.6

호칭 번호 (72계열)	치수				
	d	D	B	r	r1
7200A	10	30	9	0.6	0.3
7201A	12	32	10	0.6	0.3
7202A	15	35	11	0.6	0.3
7203A	17	40	12	0.6	0.3
7204A	20	47	14	1	0.6
7205A	25	52	15	1	0.6
7206A	30	62	16	1	0.6

호칭 번호 (73계열)	치수				
	d	D	B	r	r1
7300A	10	35	11	0.6	0.3
7301A	12	37	12	1	0.6
7302A	15	42	13	1	0.6
7303A	17	47	14	1	0.6
7304A	20	52	15	1.1	0.6
7305A	25	62	17	1.1	0.6
7306A	30	72	19	1.1	0.6

호칭 번호 (74계열)	치수				
	d	D	B	r	r1
7404A	20	72	19	1.1	0.6
7405A	25	80	21	1.5	1
7406A	30	90	23	1.5	1

25. 자동 조심 볼 베어링

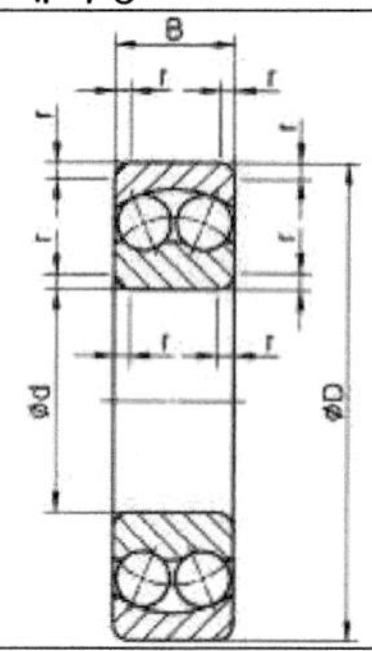

호칭 번호 (22계열)	치수			
	d	D	B	r
2200	10	30	14	0.6
2201	12	32	14	0.6
2202	15	35	14	0.6
2203	17	40	16	0.6
2204	20	47	18	1
2205	25	52	18	1
2206	30	62	20	1

호칭 번호 (12계열)	치수			
	d	D	B	r
1200	10	30	9	0.6
1201	12	32	10	0.6
1202	15	35	11	0.6
1203	17	40	12	0.6
1204	20	47	14	1
1205	25	52	15	1
1206	30	62	16	1

호칭 번호 (13계열)	치수			
	d	D	B	r
1300	10	35	11	0.6
1301	12	37	12	1
1302	15	42	13	1
1303	17	47	14	1
1304	20	52	15	1.1
1305	25	62	17	1.1

호칭 번호 (23계열)	치수			
	d	D	B	r
2300	10	35	17	0.6
2301	12	37	17	1
2302	15	42	17	1
2303	17	47	19	1
2304	20	52	21	1.1
2305	25	62	24	1.1

26. 원통 롤러 베어링

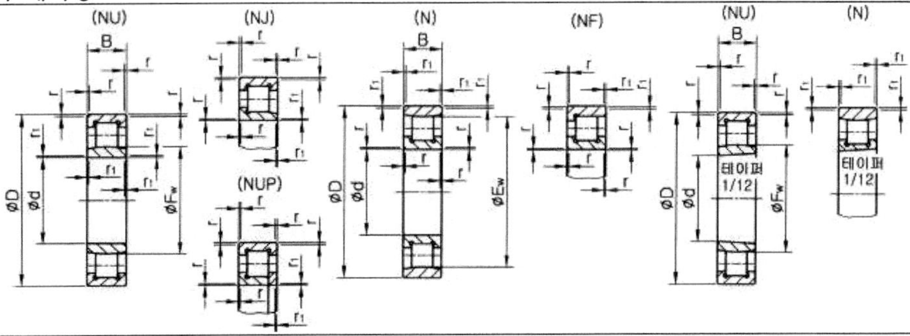

호칭 번호 (NU2, NUP2, N2, NF2계열)							치수				
원통 구멍					테이퍼 구멍		d	D	B	r	r1
-	-	-	N203	-	-	-	17	40	12	0.6	0.3
NU204	NJ204	NUP204	N204	NF204	NU204K	-	20	47	14	1	0.6
NU205	NJ205	NUP205	N205	NF205	NU205K	-	25	52	15	1	0.6
NU206	NJ206	NUP206	N206	NF206	NU206K	N206K	30	62	16	1	0.6
NU207	NJ207	NUP207	N207	NF207	NU207K	N207K	35	72	17	1.1	0.6
NU208	NJ208	NUP208	N208	NF208	NU208K	N208K	40	80	18	1.1	1.1

호칭 번호 (NU22, NUP22, NJ22계열)				치수				
원통 구멍			테이퍼 구멍	d	D	B	r	r1
NU2204	NJ2204	NUP2204	-	20	47	18	1	0.6
NU2205	NJ2205	NUP2205	NU2205K	25	52	18	1	0.6
NU2206	NJ2206	NUP2206	NU2206K	30	62	20	1	0.6
NU2207	NJ2207	NUP2207	NU2207K	35	72	23	1.1	0.6
NU2208	NJ2208	NUP2208	NU2208K	40	80	23	1.1	1.1
NU2209	NJ2209	NUP2209	NU2209K	45	85	23	1.1	1.1

호칭 번호 (NU3, NJ3, NUP3, N3, NF3계열)							치수				
원통 구멍					테이퍼 구멍		d	D	B	r	r1
NU304	NJ304	NUP304	N304	NF304	NU304K	-	20	52	15	1.1	0.6
NU305	NJ305	NUP305	N305	NF305	NU305K	-	25	62	17	1.1	1.1
NU306	NJ306	NUP306	N306	NF306	NU306K	N306K	30	72	19	1.1	1.1
NU307	NJ307	NUP307	N307	NF307	NU307K	N307K	35	80	21	1.5	1.1
NU308	NJ308	NUP308	N308	NF308	NU308K	N308K	40	90	23	1.5	1.5
NU309	NJ309	NUP309	N309	NF309	NU309K	N309K	45	100	25	1.5	1.5
NU310	NJ310	NUP310	N310	NF310	NU310K	N310K	50	110	27	2	2

호칭 번호 (NU23, NJ23, NUP23계열)				치수				
원통 구멍			테이퍼 구멍	d	D	B	r	r1
NU2305	NJ2305	NUP2305	NU2305 K	25	62	24	1.1	1.1
NU2306	NJ2306	NUP2306	NU2306 K	30	72	27	1.1	1.1
NU2307	NJ2307	NUP2307	NU2307 K	35	80	31	1.5	1.1
NU2308	NJ2308	NUP2308	NU2308 K	40	90	33	1.5	1.5
NU2309	NJ2309	NUP2309	NU2309 K	45	100	36	1.5	1.5
NU2310	NJ2310	NUP2310	NU2310 K	50	110	40	2	2

호칭 번호 (NU4, NJ4, NUP4, N4, NF4계열)					치수				
					d	D	B	r	r1
NU406	NJ406	NUP406	N406	NF406	30	90	23	1.5	1.5
NU407	NJ407	NUP407	N407	NF407	35	100	25	1.5	1.5
NU408	NJ408	NUP408	N408	NF408	40	110	27	2	2
NU409	NJ409	NUP409	N409	NF409	45	120	29	2	2
NU410	NJ410	NUP410	N410	NF410	50	130	31	2.1	2.1
NU411	NJ411	NUP411	N411	NF411	55	140	33	2.1	2.1

호칭 번호 (NN30계열)		치수				
원통 구멍	테이퍼 구멍	d	D	B	r	r1
NN 3005	NN 3005 K	25	47	16	0.6	0.6
NN 3006	NN 3006 K	30	55	19	1	1
NN 3007	NN 3007 K	35	62	20	1	1
NN 3008	NN 3008 K	40	68	21	1	1
NN 3009	NN 3009 K	45	75	23	1	1
NN 3010	NN 3010 K	50	80	23	1	1

호칭 번호 (NU10계열)	치수				
	d	D	B	r	r1
NU 1005	25	47	12	0.6	0.3
NU 1006	30	55	13	1	0.6
NU 1007	35	62	14	1	0.6
NU 1008	40	68	15	1	0.6
NU 1009	45	75	16	1	0.6
NU 1010	50	80	16	1	0.6

27. 테이퍼 롤러 베어링

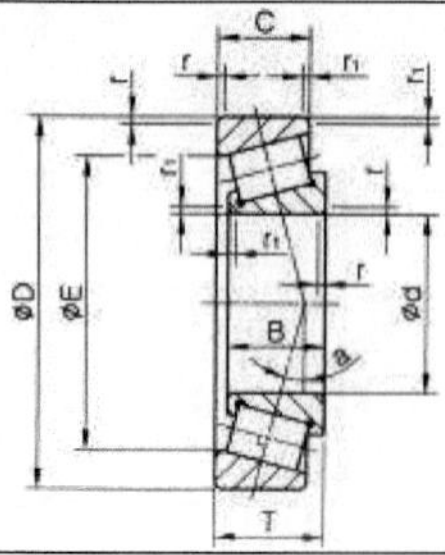

호칭 번호 (302계열)	치수							
	d	D	T	B	C	r 내륜	r 외륜	r_1
30203 K	17	40	13.25	12	11	1	1	0.3
30204 K	20	47	15.25	14	12	1	1	0.3
30205 K	25	52	16.25	15	13	1	1	0.3
30206 K	30	62	17.25	16	14	1	1	0.3
30207 K	35	72	18.25	17	15	1.5	1.5	0.6
30208 K	40	80	19.75	18	16	1.5	1.5	0.6

호칭 번호 (320계열)	치수							
	d	D	T	B	C	r 내륜	r 외륜	r_1
32004K	20	42	15	15	12	0.6	0.6	0.15
32005K	25	47	15	15	11.5	0.6	0.6	0.15
32006K	30	55	17	17	13	1	1	0.3
32007K	35	62	18	18	14	1	1	0.3
32008K	40	68	19	19	14.5	1	1	0.3
32009K	45	75	20	20	15.5	1	1	0.3

호칭 번호 (322계열)	치수							
	d	D	T	B	C	r 내륜	r 외륜	r_1
32203 K	17	40	17.25	16	14	1	1	0.3
32204 K	20	47	19.25	18	15	1	1	0.3
32205 K	25	52	19.25	18	16	1	1	0.3
32206 K	30	62	21.25	20	17	1	1	0.3
32207 K	35	72	24.25	23	19	1.5	1.5	0.6
32208 K	40	80	25.75	23	19	1.5	1.5	0.6

호칭 번호 (303계열)	치수							
	d	D	T	B	C	r 내륜	r 외륜	r_1
30302 K	15	42	14.25	13	11	1	1	0.3
30303 K	17	47	15.25	14	12	1	1	0.3
30304 K	20	52	16.25	15	13	1.5	1.5	0.6
30305 K	25	62	18.25	17	15	1.5	1.5	0.6
30306 K	30	72	20.75	19	16	1.5	1.5	0.6
30307 K	35	80	22.75	21	18	2	1.5	0.6

호칭 번호 (303 D계열)	치수							
	d	D	T	B	C	r 내륜	r 외륜	r_1
30305D K	25	62	18.25	17	13	1.5	1.5	0.6
30306D K	30	72	20.75	19	14	1.5	1.5	0.6
30307D K	35	80	22.75	21	15	2	1.5	0.6

호칭 번호 (323계열)	치수							
	d	D	T	B	C	r 내륜	r 외륜	r_1
32303 K	17	47	20.25	19	16	1	1	0.3
32304 K	20	52	22.25	21	18	1.5	1.5	0.6
32305 K	25	62	25.25	24	20	1.5	1.5	0.6
32306 K	30	72	28.75	27	23	1.5	1.5	0.6
32307 K	35	80	32.75	31	25	2	1.5	0.6
32308 K	40	90	35.25	33	27	2	1.5	0.6

28. 니들 롤러 베어링

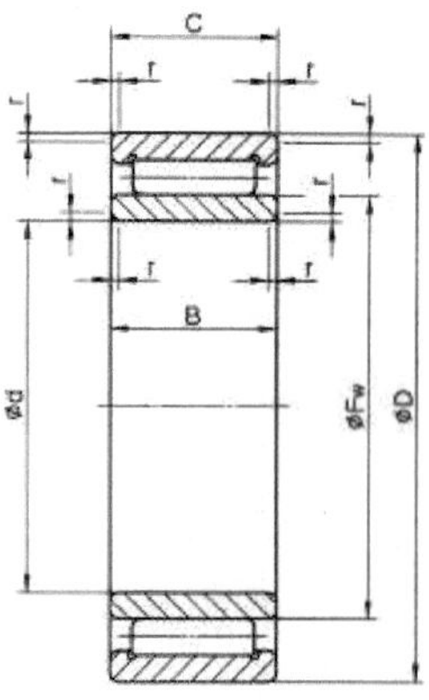

내륜붙이(NA)

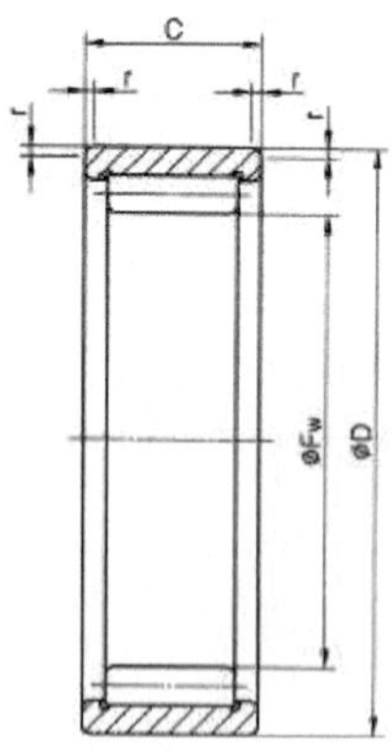

내륜 없는(RNA)

호칭 번호 (NA49계열)	치수			
	d	D	B, C	r
NA498	8	19	11	0.2
NA499	9	20	11	0.3
NA4900	10	22	13	0.3
NA4901	12	24	13	0.3
NA4902	15	28	13	0.3
NA4903	17	30	13	0.3

호칭 번호 (RNA49계열)	치수			
	Fw	D	C	r
RNA493	5	11	10	0.15
RNA494	6	12	10	0.15
RNA495	7	13	10	0.15
RNA496	8	15	10	0.15
RNA497	9	17	10	0.15
RNA498	10	19	11	0.2
RNA499	12	20	11	0.3
RNA4900	14	22	13	0.3
RNA4901	16	24	13	0.3

29. 평면 자리형 스러스트 볼 베어링

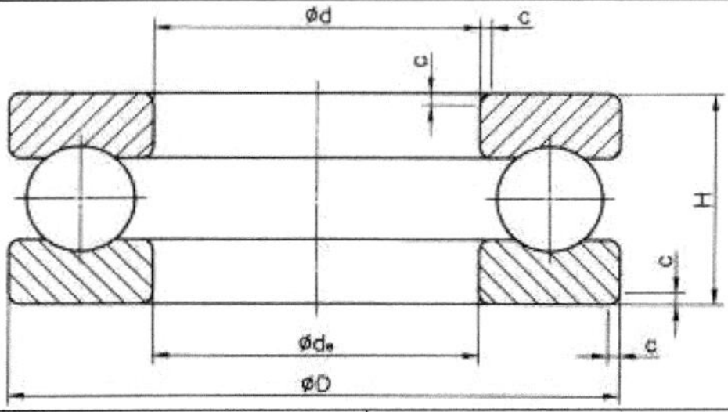

호칭 번호 (511계열)	치수				
	d	de	D	H	c
511 00	10	11	24	9	0.5
511 01	12	13	26	9	0.5
511 02	15	16	28	9	0.5
511 03	17	18	30	9	0.5
511 04	20	21	35	10	0.5
511 05	25	26	42	11	1

호칭 번호 (512계열)	치수				
	d	de	D	H	c
512 00	10	12	26	11	1
512 01	12	14	28	11	1
512 02	15	17	32	12	1
512 03	17	19	35	12	1
512 04	20	22	40	14	1
512 05	25	27	47	15	1

호칭 번호 (513계열)	치수				
	d	de	D	H	c
513 05	25	27	52	18	1.5
513 06	30	32	60	21	1.5
513 07	35	37	68	24	1.5
513 08	40	42	78	26	1.5
513 09	45	47	85	28	1.5
513 10	50	52	95	31	2

호칭 번호 (514계열)	치수				
	d	de	D	H	c
514 05	25	27	60	24	1.5
514 06	30	32	70	28	1.5
514 07	35	37	80	32	2
514 08	40	42	90	36	2
514 09	45	47	100	39	2
514 10	50	52	110	43	2.5

30. 평면 자리형 스러스트 볼 베어링(복식)

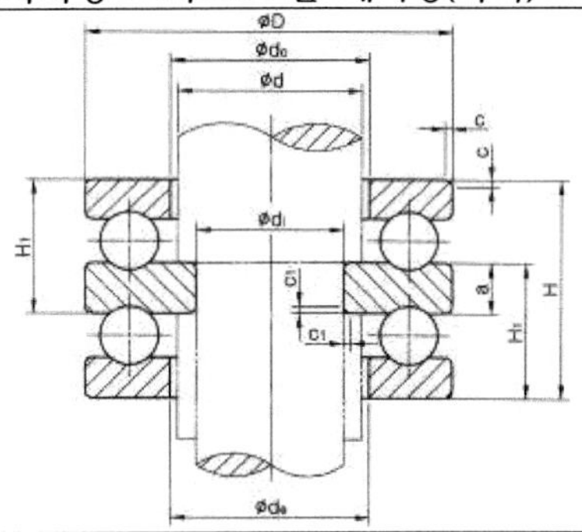

호칭 번호 (522계열)	치수							
	d	di	de	D	H	H_1	a	c	c_1
522 02	15	10	17	32	22	13.5	5	1	0.5
522 04	20	15	22	40	26	16	6	1	0.5
522 05	25	20	27	47	28	17.5	7	1	0.5
522 06	30	25	32	52	29	18	7	1	0.5
522 07	35	30	37	62	34	21	8	1.5	0.5
522 08	40	30	42	68	36	22.5	9	1.5	1

호칭 번호 (523계열)	치수								
	d	di	de	D	H	H_1	a	c	c_1
523 05	25	20	27	52	34	21	8	1.5	0.5
523 06	30	25	32	60	38	23.5	9	1.5	0.5
523 07	35	30	37	68	44	27	10	1.5	0.5
523 08	40	30	42	78	49	30.5	12	1.5	1
523 09	45	35	47	85	52	32	12	1.5	1
523 10	50	40	52	95	58	36	14	2	1

호칭 번호 (524계열)	치수								
	d	di	de	D	H	H_1	a	c	c_1
524 05	25	15	27	60	45	28	11	1.5	1
524 06	30	20	32	70	52	32	12	1.5	1
524 07	35	25	37	80	59	36.5	14	2	1
524 08	40	30	42	90	65	40	15	2	1
524 09	45	35	47	100	72	44.5	17	2	1
524 10	50	40	52	110	78	48	18	2.5	1

31. 베어링 구석 홈 부 둥글기

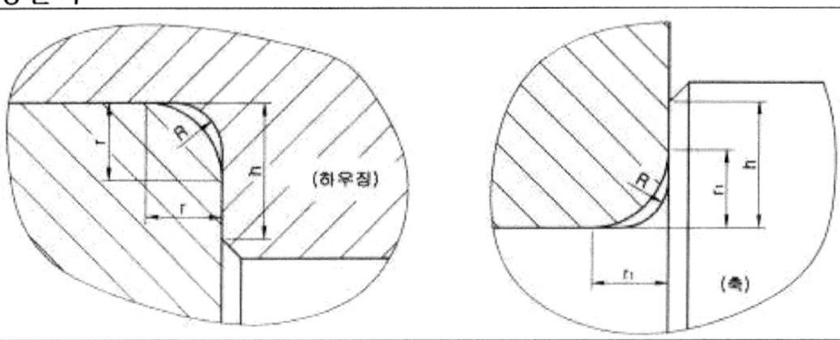

r 또는 r_1 (min)	축 또는 하우징		
	R(max)	레이디얼 베어링의 경우의 어깨 높이h	
		일반	특수
0.1	0.1	0.4	
0.15	0.15	0.6	
0.2	0.2	0.8	
0.3	0.3	1.25	1
0.6	0.6	2.25	2
1.0	1.0	2.75	2.5

32. 베어링의 끼워 맞춤

<table>
<tr><th colspan="4">내륜회전 하중 또는 방향 부정 하중(보통 하중)</th></tr>
<tr><th>볼 베어링</th><th>원통, 테이퍼 롤러 베어링</th><th>자동조심 롤러 베어링</th><th>허용차 등급</th></tr>
<tr><th colspan="4">축 지름</th></tr>
<tr><td>18 이하</td><td>-</td><td>-</td><td>js5</td></tr>
<tr><td>18 초과
100 이하</td><td>40 이하</td><td>40 이하</td><td>k5</td></tr>
<tr><td>100 초과
200 이하</td><td>40 초과
100 이하</td><td>40 초과
65 이하</td><td>m5</td></tr>
</table>

<table>
<tr><th colspan="4">내륜정지 하중</th></tr>
<tr><th>볼 베어링</th><th>원통, 테이퍼 롤러 베어링</th><th>자동조심 롤러 베어링</th><th>허용차 등급</th></tr>
<tr><th colspan="4">축 지름</th></tr>
<tr><td>내륜이 축 위를 쉽게 움직일 필요가 있다.</td><td colspan="2">전체 축 지름</td><td>g6</td></tr>
<tr><td>내륜이 축 위를 쉽게 움직일 필요가 없다.</td><td colspan="2">전체 축 지름</td><td>h6</td></tr>
</table>

<table>
<tr><th colspan="3">하우징 구멍 공차</th></tr>
<tr><td>외륜 정지 하중</td><td>모든 종류의 하중</td><td>H7</td></tr>
<tr><td>외륜 회전 하중</td><td>보통하중 또는 중하중</td><td>N7</td></tr>
</table>

<table>
<tr><th colspan="5">스러스트 베어링</th></tr>
<tr><th colspan="5">축 지름</th></tr>
<tr><td colspan="2">중심 축 하중</td><td></td><td>전체 축 지름</td><td rowspan="2">js6</td></tr>
<tr><td rowspan="2">합성 하중
(스러스트 자동 조심롤러 베어링)</td><td>내륜정지하중</td><td colspan="2">전체 축 지름</td></tr>
<tr><td>내륜회전하중 또는 방향 부정 하중</td><td colspan="2">200 이하</td><td>k6</td></tr>
</table>

<table>
<tr><th colspan="3">스러스트 베어링</th></tr>
<tr><td colspan="2">중심 축 하중</td><td>H8</td></tr>
<tr><td rowspan="2">합성 하중
(스러스트 자동 조심롤러 베어링)</td><td>내륜정지하중</td><td>H7</td></tr>
<tr><td>내륜회전하중 또는 방향 부정 하중</td><td>K7</td></tr>
</table>

33. 그리스 니플

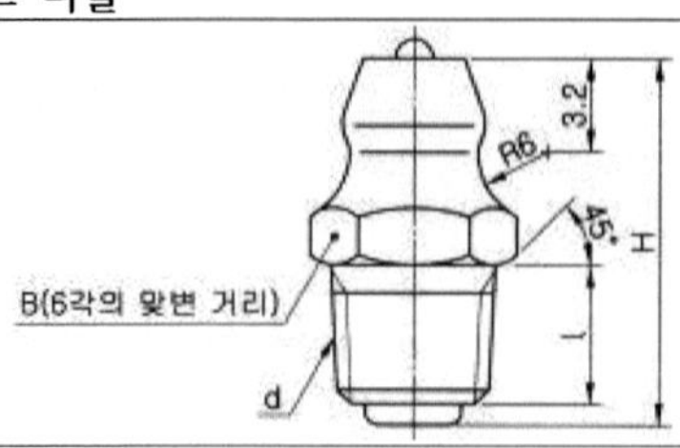

<table>
<tr><th colspan="2">A형</th></tr>
<tr><th>형식</th><th>나사의 호칭 지름</th></tr>
<tr><td>A-M6F</td><td>M6×0.75</td></tr>
<tr><td>A-MT6×0.75</td><td>MT6×0.75</td></tr>
</table>

34. O링(원통면)

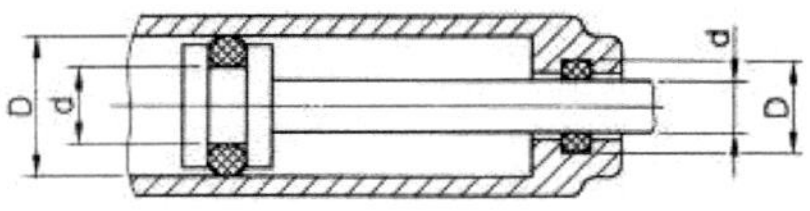

(운동용)

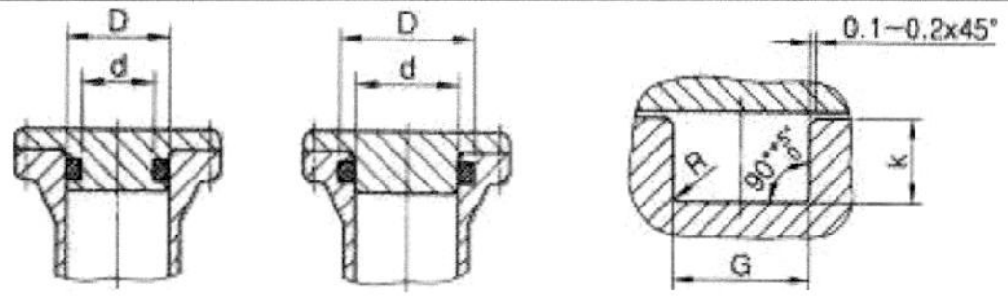

(고정용)

O링의 호칭 번호	d		d의 끼워 맞춤	D		D의 끼워 맞춤	G +0.25 0	R (최대)
P 3	3	0 -0.05	h9	6	+0.05 0	H10	2.5	0.4
P 4	4			7		H9		
P 5	5			8				
P 6	6			9				
P 7	7			10				
P 8	8			11				
P 9	9			12				
P10	10			13				
P10A	10	0 -0.06	h9	14	+0.06 0	H9	3.2	0.4
P11	11			15				
P11.2	11.2			15.2				
P12	12			16				
P12.5	12.5			16.5				
P14	14			18				
P15	15			19				
P16	16			20				
P18	18			22				
P20	20			24				
P21	21			25				
P22	22			26				
P22A	22	0 -0.08	h9	28	+0.08 0	H9	4.7	0.8
P22.4	22.4			28.4				
P24	24			30				
P25	25			31				
P25.5	25.5			31.5				
P26	26			32				
P28	28			34				
P29	29			35				
P29.5	29.5			35.5				
P30	30			36				
P31	31			37				
P31.5	31.5			37.5				
P32	32			38				
P34	34			40				
P35	35			41				
P35.5	35.5			41.5				
P36	36			42				
P38	38			44				
P39	39			45				

O링의 호칭 번호	d		d의 끼워 맞춤	D		D의 끼워 맞춤	G +0.25 0	R (최대)
P40	40	0 -0.08	h9	46	+0.08 0	H9	4.7	0.8
P41	41			47				
P42	42			48				
P44	44			50				
P45	45			51				
P46	46			52				
P48	48			54				
P49	49			55				
P50	50			56				
P48A	48	0 -0.10	h9	58	+0.10 0	H9	7.5	0.8
P50A	50			60				
P52	52			62				
P53	53			63				
P55	55			65				
P56	56			66				
P58	58			68				
P60	60			70				
P62	62			72				
P63	63			73				
P65	65			75				
P67	67			77				
P70	70			80				
P71	71			81				
P75	75			85				
P80	80			90				

O링의 호칭 번호	d		d의 끼워 맞춤	D		D의 끼워 맞춤	G +0.25 0	R (최대)
G 25	25	0 -0.10	h9	30	+0.10 0	H10	4.1	0.7
G 30	30			35				
G 35	35			40				
G 40	40			45				
G 45	45			50				
G 50	50			55		H9		
G 55	55			60				
G 60	60			65				
G 65	65			70				
G 70	70			75				
G 75	75			80				
G 80	80			85				
G 85	85			90				
G 90	90			95				
G 95	95			100				
G100	100			105				

35. O링 부착 부의 예리한 모서리를 제거하는 설계 방법

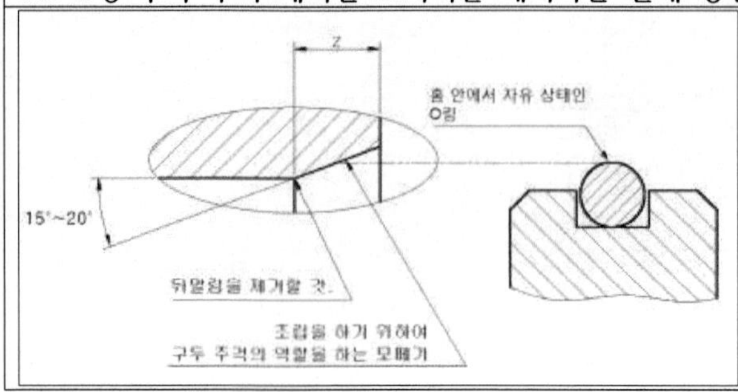

O링의 호칭 번호	O링의 굵기	Z(최소)
P 3 ~ P 10	1.9±0.08	1.2
P 10A ~ P 22	2.4±0.09	1.4
P 22A ~ P 50	3.5±0.10	1.8
P 48A ~ P 150	5.7±0.13	3.0
P 150A ~ P 400	8.4±0.15	4.3
G 25 ~ G 145	3.1±0.10	1.7
G150 ~ G 300	5.7±0.13	3.0

36. O링(평면)

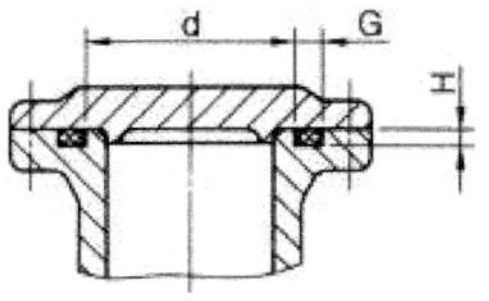

(외압용)

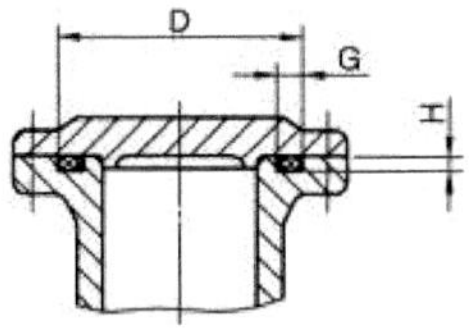

(내압용)

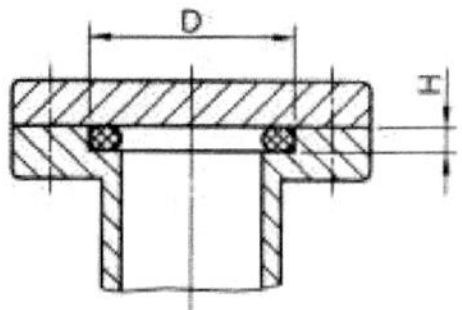

(내압용)

O링의 호칭 번호	d (외압용)	D (내압용)	G +0.25 0	H ±0.05	R (최대)
G25	25	30	4.1	2.4	0.7
G30	30	35			
G35	35	40			
G40	40	45			
G45	45	50			
G50	50	55			
G55	55	60			
G60	60	65			
G65	65	70			
G70	70	75			
G75	75	80			
G80	80	85			
G85	85	90			
G90	90	95			
G95	95	100			
G100	100	105			
G105	105	110			
G110	110	115			
G115	115	120			
G120	120	125			
G125	125	130			
G130	130	135			
G135	135	140			
G140	140	145			
G145	145	150			

O링의 호칭 번호	d (외압용)	D (내압용)	G +0.25 0	H ±0.05	R (최대)
P3	3	6.2	2.5	1.4	0.4
P4	4	7.2			
P5	5	8.2			
P6	6	9.2			
P7	7	10.2			
P8	8	11.2			
P9	9	12.2			
P10	10	13.2			
P10A	10	14	3.2	1.8	0.4
P11	11	15			
P11.2	11.2	15.2			
P12	12	16			
P12.5	12.5	16.5			
P14	14	18			
P15	15	19			
P16	16	20			
P18	18	22			
P20	20	24			
P21	21	25			
P22	22	26			
P22A	22	28	4.7	2.7	0.8
P22.4	22.4	28.4			
P24	24	30			
P25	25	31			
P25.5	25.5	31.5			
P26	26	32			
P28	28	34			
P29	29	35			
P29.5	29.5	35.5			
P30	30	36			
P31	31	37			
P31.5	31.5	37.5			
P32	32	38			
P34	34	40			
P35	35	41			
P35.5	35.5	41.5			
P36	36	42			
P38	38	44			
P39	39	45			
P40	40	46			
P41	41	47			
P42	42	48			

O링의 호칭 번호	d (외압용)	D (내압용)	G +0.25 0	H ±0.05	R (최대)
P44	44	50	4.7	2.7	0.8
P45	45	51			
P46	46	52			
P48	48	54			
P49	49	55			
P50	50	56			
P48A	48	58	7.5	4.6	0.8
P50A	50	60			
P52	52	62			
P53	53	63			
P55	55	65			
P56	56	66			
P58	58	68			
P60	60	70			
P62	62	72			
P63	63	73			
P65	65	75			
P67	67	77			
P70	70	80			
P71	71	81			
P75	75	85			
P80	80	90			
P85	85	95			
P90	90	100			
P95	95	105			
P100	100	110			
P102	102	112			
P105	105	115			
P110	110	120			
P112	112	122			
P115	115	125			
P120	120	130			
P125	125	135			
P130	130	140			
P132	132	142			
P135	135	145			
P140	140	150			
P145	145	155			
P150	150	160			

37. 오일 실

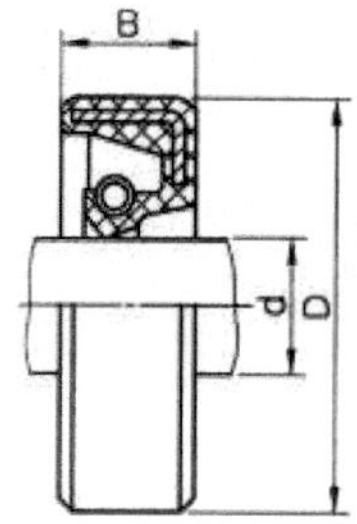

S, SM, SA, D, DM, DA 계열치수

호칭 안지름 d	D	B
7	18	7
	20	
8	18	7
	22	
9	20	7
	22	
10	20	7
	25	
11	22	7
	25	
12	22	7
	25	
*13	25	7
	28	
14	25	7
	28	
15	25	7
	30	
16	28	7
	30	
17	30	8
	32	
18	30	8
	35	
20	32	8
	35	
22	35	8
	38	
24	38	8
	40	
25	38	8
	40	
*26	38	8
	42	
28	40	8
	45	
30	42	8
	45	
32	52	11
35	55	

G, GM, GA 계열치수

호칭 안지름 d	D	B
7	18	4
	20	7
8	18	4
	22	7
9	20	4
	22	7
10	20	4
	25	7
11	22	4
	25	7
12	22	4
	25	7
*13	25	4
	28	7
14	25	4
	28	7
15	25	4
	30	7
16	28	4
	30	7
17	30	5
	32	8
18	30	5
	35	8
20	32	5
	35	8
22	35	5
	38	8
24	38	5
	40	8
25	38	5
	40	8
*26	38	5
	42	8
28	40	5
	45	8
30	42	5
	45	8
32	45	5
	52	11
35	48	5
	55	11

38. 오일 실 부착 관계 (축 및 하우징 구멍의 모떼기와 둥글기)

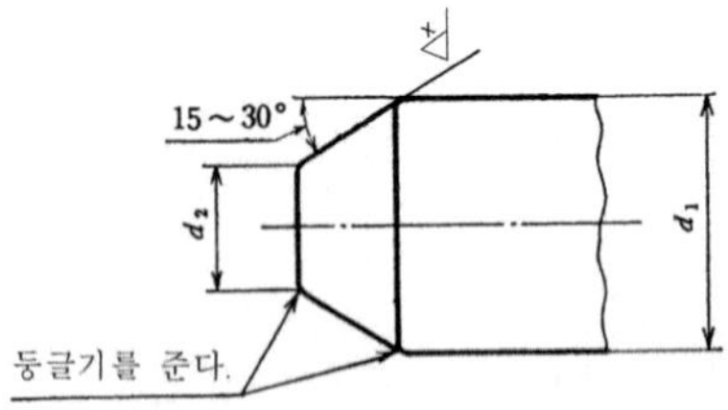

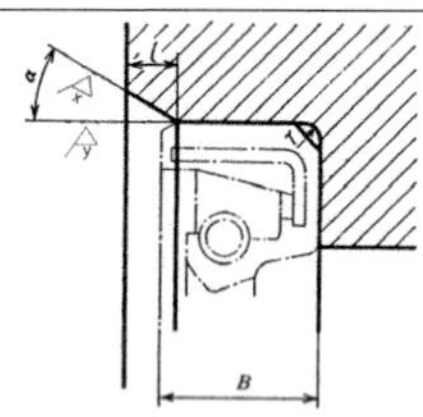

모 떼 기	$\alpha = 15° \sim 30°$ $l = 0.1B \sim 0.15B$
구석의 둥글기	$r \geq 0.5$ mm

d_1	d_2(최대)	d_1	d_2(최대)	d_1	d_2(최대)
7	5.7	17	14.9	35	32
8	6.6	18	15.8	38	34.9
9	7.5	20	17.7	40	36.8
10	8.4	22	19.6	42	38.7
11	9.3	24	21.5	45	41.6
12	10.2	25	22.5	48	44.5
* 13	11.2	* 26	23.4	50	46.4
14	12.1	28	25.3		
15	13.1	30	27.3		
16	14	32	29.2		

비고 *을 붙인 것은 KS B 0406에 없다.

- 바깥지름에 대응하는 하우징의 **구멍** 지름의 허용차는 원칙적으로 KS B 0401의 **H8**로 한다.
- **축**의 호칭 지름은 오일시일에 적합한 지름과 같고 그 허용차는 원칙적으로 KS B 0401 **h8**로 한다.

39. 롤러체인, 스프로킷

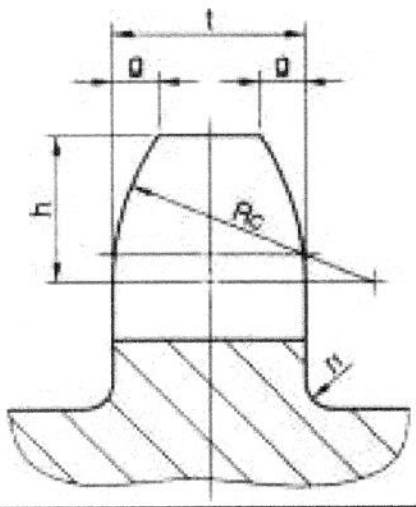

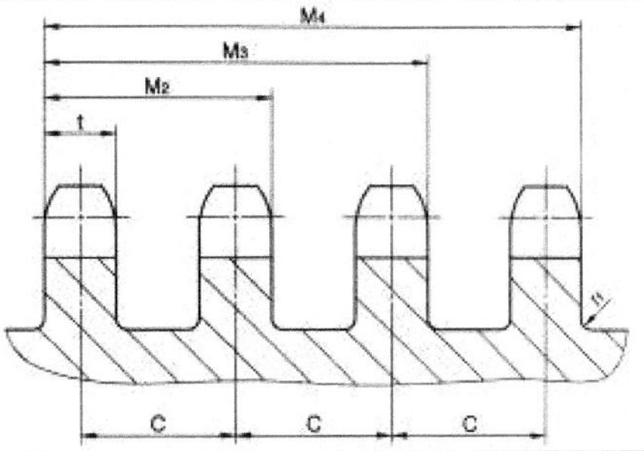

호칭 번호	가로치형							가로 피치 c	적용 롤러 체인(참고)		
	모떼기폭 g (약)	모떼기 깊이 h (약)	모떼기 반지름 Rc (최소)	둥글기 rf (최대)	이나비 t(최대)				피치 p	롤러 바깥 지름 d_1 (최대)	안쪽 링크 안쪽 나비 b_1 (최소)
					단열	2열, 3열	4열 이상				
25	0.8	3.2	6.8	0.3	2.8	2.7	2.4	6.4	6.35	3.30	3.10
35	1.2	4.8	10.1	0.4	4.3	4.1	3.8	10.1	9.525	5.08	4.68
41	1.6	6.4	13.5	0.5	5.8	-	-	-	12.70	7.77	6.25
40	1.6	6.4	13.5	0.5	7.2	7.0	6.5	14.4	12.70	7.95	7.85
50	2.0	7.9	16.9	0.6	8.7	8.4	7.9	18.1	15.875	10.16	9.40
60	2.4	9.5	20.3	0.8	11.7	11.3	10.6	22.8	19.05	11.91	12.57
80	3.2	12.7	27.0	1.0	14.6	14.1	13.3	29.3	25.40	15.88	15.75
100	4.0	15.9	33.8	1.3	17.6	17.0	16.1	35.8	31.75	19.05	18.90
120	4.8	19.0	40.5	1.5	23.5	22.7	21.5	45.4	38.10	22.23	25.22
140	5.6	22.2	47.3	1.8	23.5	22.7	21.5	48.9	44.45	25.40	25.22
160	6.4	25.4	54.0	2.0	29.4	28.4	27.0	58.5	50.80	28.58	31.55
200	7.9	31.8	67.5	2.5	35.3	34.1	32.5	71.6	63.50	39.68	37.85
240	9.5	38.1	81.0	3.0	44.1	42.7	40.7	87.8	76.20	47.63	47.35

< 스프로킷 기준 치수>

단위 : mm

항 목	계 산 식
피치원 지름(D_p)	$D_p = \dfrac{p}{\sin\dfrac{180°}{N}}$
바깥지름(D_O)	$D_O = p\left(0.6 + \cot\dfrac{180°}{N}\right)$
이뿌리원 지름(D_B)	$D_B = D_p - d_1$
이뿌리 거리(D_C)	$D_C = D_B$ (짝수 톱니) $D_C = D_p\cos\dfrac{90°}{N} - d_1$ (홀수 톱니) $= p\cdot\dfrac{1}{2\sin\dfrac{180°}{2N}} - d_1$
최대 보스 지름 및 최대 홈지름(D_H)	$D_H = p\left(\cot\dfrac{180°}{N} - 1\right) - 0.76$

여기에서 P : 롤러 체인의 피치
d_1 : 롤러 체인의 롤러 바깥지름
N : 잇 수

39. 롤러체인, 스프로킷

호칭번호 25

잇수 N	피치원지름 D_p	바깥지름 D_O	이뿌리원지름 D_B	이뿌리거리 D_C	최대보스지름 D_H
25	50.66	54	47.36	47.27	43
26	52.68	56	49.38	49.38	45
27	54.70	58	51.40	51.30	47
28	56.71	60	53.41	53.41	49
29	58.73	62	55.43	55.35	51
30	60.75	64	57.45	57.45	53
31	62.77	66	59.47	59.39	55
32	64.78	68	61.48	61.48	57
33	66.80	70	63.50	63.43	59
34	68.82	72	65.52	65.52	61
35	70.84	74	67.54	67.47	63
36	72.86	76	69.56	69.56	65
37	74.88	78	71.58	71.51	67
38	76.90	80	73.60	73.60	70
39	78.91	82	75.61	75.55	72
40	80.93	84	77.63	77.63	74
41	82.95	87	79.65	79.59	76
42	84.97	89	81.67	81.67	78
43	86.99	91	83.69	83.63	80
44	89.01	93	85.71	85.71	82
45	91.03	95	87.73	87.68	84
46	93.05	97	89.75	89.75	86
47	95.07	99	91.77	91.72	88
48	97.09	101	93.79	93.79	90
49	99.11	103	95.81	95.76	92
50	101.13	105	97.83	97.83	94
51	103.15	107	99.85	99.80	96
52	105.17	109	101.87	101.87	98
53	107.19	111	103.89	103.84	100
54	109.21	113	105.91	105.91	102
55	111.23	115	107.93	107.88	104
56	113.25	117	109.95	109.95	106
57	115.27	119	111.97	111.93	108
58	117.29	121	113.99	113.99	110
59	119.31	123	116.01	115.97	112
60	121.33	125	118.03	118.03	114
61	123.35	127	120.05	120.01	116
62	125.37	129	122.07	122.07	118
63	127.39	131	124.09	124.05	120
64	129.41	133	126.11	126.11	122
65	131.43	135	128.13	128.10	124

호칭번호 35

잇수 N	피치원지름 D_p	바깥지름 D_O	이뿌리원지름 D_B	이뿌리거리 D_C	최대보스지름 D_H
21	63.91	69	58.83	58.65	53
22	66.93	72	61.85	61.85	56
23	69.95	75	64.87	64.71	59
24	72.97	78	67.89	67.89	62
25	76.00	81	70.92	70.77	65
26	79.02	84	73.94	73.94	68
27	82.05	87	76.97	76.83	71
28	85.07	90	79.99	79.99	74
29	88.10	93	83.02	82.89	77
30	91.12	96	86.04	86.04	80
31	94.15	99	89.07	88.95	83
32	97.18	102	92.10	92.10	86
33	100.20	105	95.12	95.01	89
34	103.23	109	98.15	98.15	93
35	106.26	112	101.18	101.07	96
36	109.29	115	104.21	104.21	99
37	112.31	118	107.23	107.13	102
38	115.34	121	110.26	110.26	105
39	118.37	124	113.29	113.20	108
40	121.40	127	116.32	116.32	111
41	124.43	130	119.35	119.26	114
42	127.46	133	122.38	122.38	117
43	130.49	136	125.41	125.32	120
44	133.52	139	128.44	128.44	123
45	136.55	142	131.47	131.38	126
46	139.58	145	134.50	134.50	129
47	142.61	148	137.53	137.45	132
48	145.64	151	140.56	140.56	135
49	148.67	154	143.59	143.51	138
50	151.70	157	146.62	146.62	141

호칭번호 40

잇수 N	피치원지름 D_p	바깥지름 D_O	이뿌리원지름 D_B	이뿌리거리 D_C	최대보스지름 D_H
16	65.10	71	57.15	57.15	50
17	69.12	76	61.17	60.87	54
18	73.14	80	65.19	65.19	59
19	77.16	84	69.21	68.95	63
20	81.18	88	73.23	73.23	67
21	85.21	92	77.26	77.02	71
22	89.24	96	81.29	81.29	75
23	93.27	100	85.32	85.10	79
24	97.30	104	89.35	89.35	83
25	101.33	108	93.38	93.18	87
26	105.36	112	97.41	97.41	91
27	109.40	116	101.45	101.26	95
28	113.43	120	105.48	105.48	99
29	117.46	124	109.51	109.34	103
30	121.50	128	113.55	113.55	107
31	125.53	133	117.58	117.42	111
32	129.57	137	121.62	121.62	115
33	133.61	141	125.66	125.50	120
34	137.64	145	129.69	129.69	124
35	141.68	149	133.73	133.59	128
36	145.72	153	137.77	137.77	132
37	149.75	157	141.80	141.67	136
38	153.79	161	145.84	145.84	140
39	157.83	165	149.88	149.75	144
40	161.87	169	153.92	153.92	148

호칭번호 41

잇수 N	피치원지름 D_p	바깥지름 D_O	이뿌리원지름 D_B	이뿌리거리 D_C	최대보스지름 D_H
16	65.10	71	57.33	57.33	50
17	69.12	76	61.35	61.05	54
18	73.14	80	65.37	65.37	59
19	77.16	84	69.39	69.13	63
20	81.18	88	73.41	73.41	67
21	85.21	92	77.44	77.20	71
22	89.24	96	81.47	81.47	75
23	93.27	100	85.50	85.28	79
24	97.30	104	89.53	89.53	83
25	101.33	108	93.56	93.36	87
26	105.36	112	97.59	97.59	91
27	109.40	116	101.63	101.44	95
28	113.43	120	105.66	105.66	99
29	117.46	124	109.69	109.52	103
30	121.50	128	113.73	113.73	107
31	125.53	133	117.76	117.60	111
32	129.57	137	121.80	121.80	115
33	133.61	141	125.84	125.68	120
34	137.64	145	129.87	129.87	124
35	141.68	149	133.91	133.77	128
36	145.72	153	137.95	137.95	132
37	149.75	157	141.98	141.85	136
38	153.79	161	146.02	146.02	140
39	157.83	165	150.06	149.93	144
40	161.87	169	154.10	154.10	148

40. V 벨트 풀리

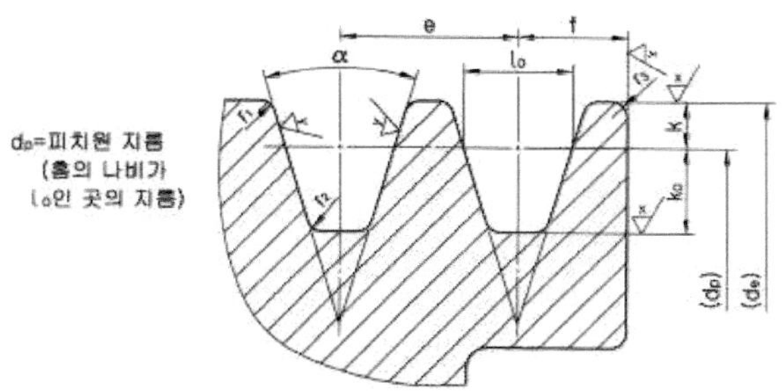

V벨트의 형 별	α의 허용차(°)	k의 허용차	e의 허용차	f의 허용차
M	±0.5	+0.2 0	—	±1.0
A			±0.4	
B				

호칭지름 (mm)	바깥지름 de 허용차	바깥둘레 흔들림 허용값	림 측면 흔들림 허용값
75 이상 118 이하	±0.6	0.3	0.3
125 이상 300 이하	±0.8	0.4	0.4

V 벨트 형별	호칭 지름	α(°)	ℓ_0	k	k_0	e	f	r_1	r_2	r_3	비 고
M	50이상~71이하 71초과~90이하 90초과	34 36 38	8.0	2.7	6.3	—	9.5	0.2 ~ 0.5	0.5 ~ 1.0	1 ~ 2	M형은 원칙적으로 한 줄만 걸친다.(e)
A	71이상~100이하 100초과~125이하 125초과	34 36 38	9.2	4.5	8.0	15.0	10.0	0.2 ~ 0.5	0.5 ~ 1.0	1 ~ 2	
B	125이상~165이하 165초과~200이하 200초과	34 36 38	12.5	5.5	9.5.	19.0	12.5	0.2 ~ 0.5	0.5 ~ 1.0	1 ~ 2	

41. 지그용 부시 및 그 부속 부품 (고정 부시)

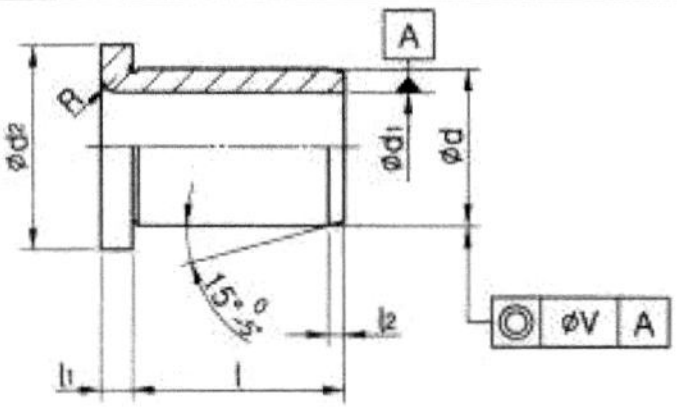

(칼라 있음)

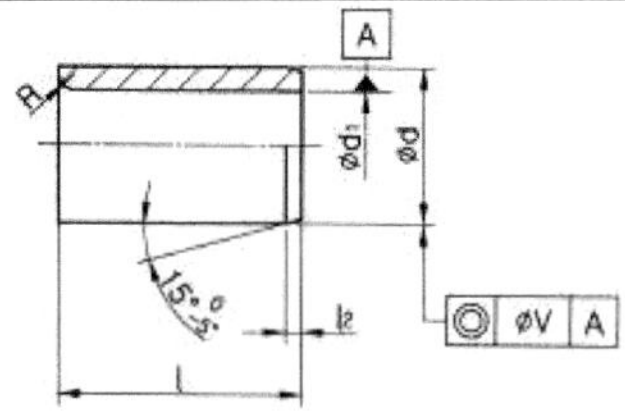

(칼라 없음)

d_1		d		d_2		l	l_1	l_2	R
초과	이하	기준치수	허용차	기준치수	허용차				
2	3	7	p6	11	h13	8 10 12 16	2.5	1.5	0.8
3	4	8		12					1.0
4	6	10		14		10 12 16 20	3		
6	8	12		16					2.0
8	10	15		19		12 16 20 25			
10	12	18		22			4		
12	15	22		26		16 20 28 36			
15	18	26		30		20 25 36 45			

<동심도>

구멍지름 (d_1)	V(동심도) 단위 : mm		
	고정 라이너	고정 부시	삽입 부시
18.0 이하	0.012	0.012	0.012
18.0초과 50.0이하	0.020	0.020	0.020
50.0초과 100.0이하	0.025	0.025	0.025

42. 삽입 부시

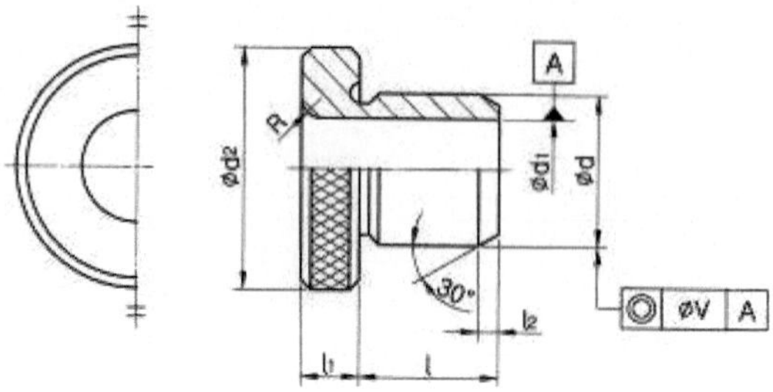

(둥근형)

d1		d		d2		l	l1	l2	R
초과	이하	기준치수	허용차	기준치수	허용차				
-	4	12	m5	16	h13	10 12 16	8	1.5	2
4	6	15		19		12 16 20 25			
6	8	18		22			10		
8	10	22		26		16 20 (25) 28 36			
10	12	26		30					
12	15	30		35		20 25 (30) 36 45	12		3
15	18	35		40					

*드릴용 구멍 지름 d1의 허용차는 KS B 0401에 규정하는 G6으로 하고, 리머용 구멍지름 d1의 허용차는 KS B 0401에 규정하는 F7로 한다.

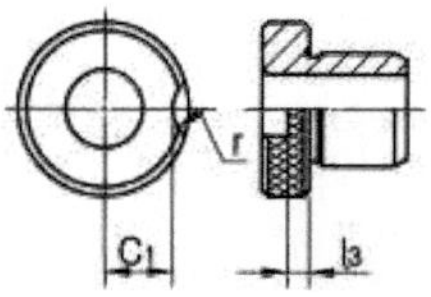

(노치형)

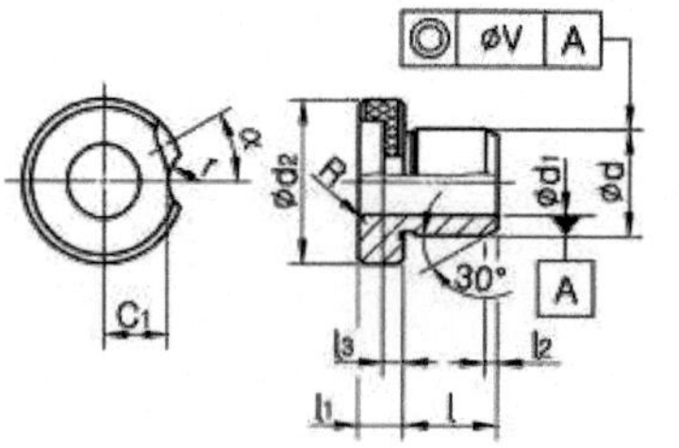

(우회전용 노치형)

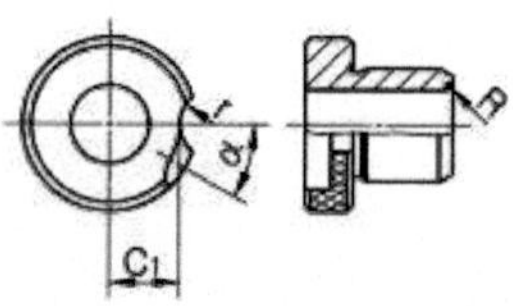

(좌회전용 노치형)

d1		d		d2		l	l1	l2	R	l3		C1	r	a (°)
초과	이하	기준치수	허용차	기준치수	허용차					기준치수	허용차			
	4	8	m6	15	h13	10 12 16	8	1.5	1	3	-0.1 -0.2	4.5	7	65
4	6	10		18		12 16 20 25						6		
6	8	12		22			10		2	4		7.5	8.5	60
8	10	15		26		16 20 28 36						9.5		50
10	12	18		30								11.5		
12	15	22		34		20 25 36 45	12			5.5		13	10.5	35
15	18	26		39								15.5		
18	22	30		46		25 36 45 56			3			19		30
22	26	35		52								22		
26	30	42		59		30 35 45 56						25.5		
30	35	48		66			16		4	7		28.5	12.5	
35	42	55		74								32.5		25
42	48	62		82		35 45 56 67						36.5		
48	55	70		90								40.5		
55	63	78		100		40 56 67 78						45.5		
63	70	85		110								50.5		20
70	78	95		120		45 50 67 89						55.5		
78	85	105		130								60.5		

*드릴용 구멍 지름 d1의 허용차는 KS B 0401에 규정하는 G6으로 하고, 리머용 구멍지름 d1의 허용차는 KS B 0401에 규정하는 F7로 한다.

※ 동심도(V)는 **41. 지그용 부시 및 그 부속 부품** 항목 참조.

43. 지그용 부시 및 그 부속 부품 (고정 라이너)

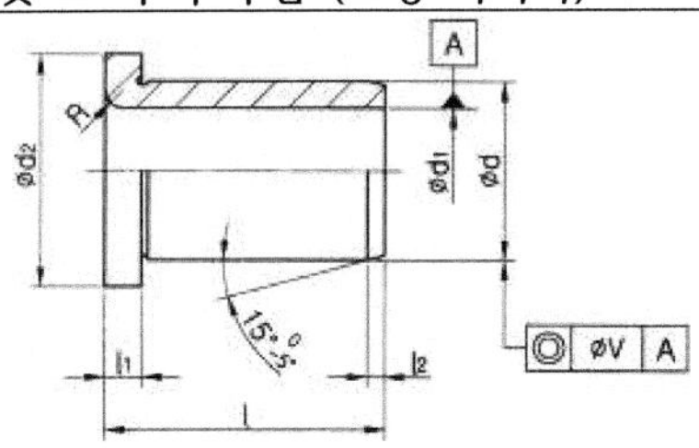

(칼라 있음)

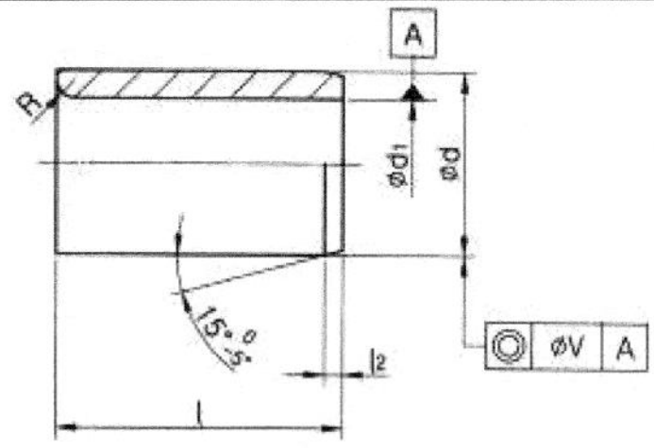

(칼라 없음)

d1		d		d2		l	l1	l2	R
기준치수	허용차	기준치수	허용차	기준치수	허용차				
8	F7	12	p6	16	h13	10 12 16	3	1.5	2
10		15		19		12 16 20 25			
12		18		22			4		
15		22		26		16 20 28 36			
18		26		30					
22		30		35		20 25 36 45	5		3
26		35		40					
30		42		47		25 36 45 56			

※ 동심도(V)는 41. **지그용 부시 및 그 부속 부품(고정 부시)** 참조.

44. 부시와 멈춤쇠 또는 멈춤나사의 중심 거리 및 부착 나사의 가공 치수

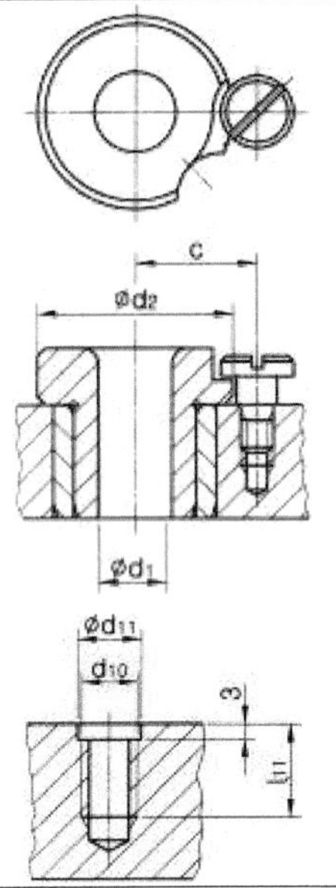

d1		d2	d10	c		d11	l11
초과	이하			기준치수	허용차		
	4	15	M5	11.5	±0.2	5.2	11
4	6	18		13			
6	8	22		16			
8	10	26		18			
10	12	30		20			
12	15	34	M6	23.5		6.2	14
15	18	39		26			
18	22	46		29.5			
22	26	52	M8	32.5		8.2	16
26	30	59		36			
30	35	66		41			
35	42	74		45			
42	48	82	M10	49		10.2	20
48	55	90		53			
55	63	100		58			
63	70	110		63			
70	78	120		68			
78	85	130		73			

45. 분할 핀

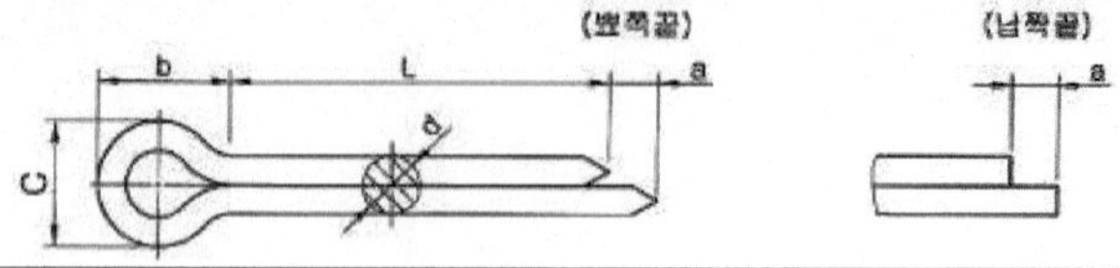

호칭 지름		1	1.2	1.6	2	2.5	3.2	4
d	기준 치수	0.9	1	1.4	1.8	2.3	2.9	3.7
	허용차	0 -0.1				0 -0.2		
적용하는 볼트	초과	3.5	4.5	5.5	7	9	11	14
	이하	4.5	5.5	7	9	11	14	20

46. 주서 (예)

주서

1. 일반공차-가)가공부:KS B ISO 2768-m
   나)주조부:KS B 0250-CT11
2. 도시되고 지시없는 모떼기는 1x45° 필렛과 라운드는 R3
3. 일반 모떼기는 0,2x45°
4. ⌀/ 부위 외면 명녹색 도장
   내면 광명단 도장
5. 파커라이징 처리
6. 전체 열처리 H_RC 50 ± 2
7. 표면 거칠기 ⌀/ = ⌀/
   w/ = 12.5/ , N10
   x/ = 3.2/ , N8
   y/ = 0.8/ , N6
   z/ = 0.2/ , N4

47. 센터 구멍

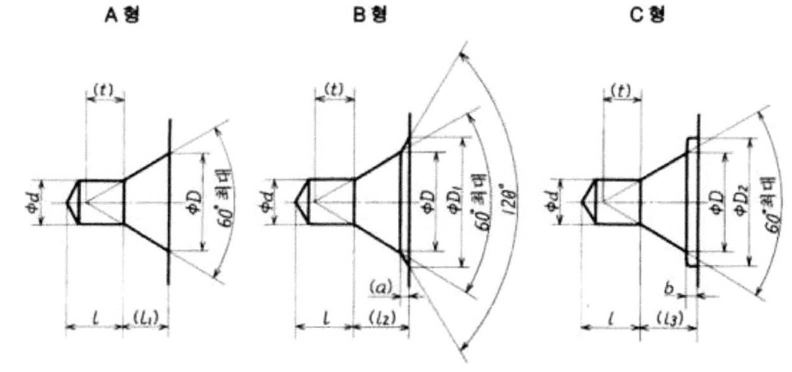

단위 : mm

호칭 지름 d	D	D_1	D_2 (최 소)	l[2] (최 대)	b (약)	참 고 l_1	l_2	l_3	t	a
(0.5)	1.06	1.6	1.6	1	0.2	0.48	0.64	0.68	0.5	0.16
(0.63)	1.32	2	2	1.2	0.3	0.6	0.8	0.9	0.6	0.2
(0.8)	1.7	2.5	2.5	1.5	0.3	0.78	1.01	1.08	0.7	0.23
1	2.12	3.15	3.15	1.9	0.4	0.97	1.27	1.37	0.9	0.3
(1.25)	2.65	4	4	2.2	0.6	1.21	1.6	1.81	1.1	0.39
1.6	3.35	5	5	2.8	0.6	1.52	1.99	2.12	1.4	0.47
2	4.25	6.3	6.3	3.3	0.8	1.95	2.54	2.75	1.8	0.59
2.5	5.3	8	8	4.1	0.9	2.42	3.2	3.32	2.2	0.78
3.15	6.7	10	10	4.9	1	3.07	4.03	4.07	2.8	0.96
4	8.5	12.5	12.5	6.2	1.3	3.9	5.05	5.2	3.5	1.15
(5)	10.6	16	16	7.5	1.6	4.85	6.41	6.45	4.4	1.56
6.3	13.2	18	18	9.2	1.8	5.98	7.36	7.78	5.5	1.38
(8)	17	22.4	22.4	11.5	2	7.79	9.35	9.79	7	1.56
10	21.2	28	28	14.2	2.2	9.7	11.66	11.9	8.7	1.96

R 형

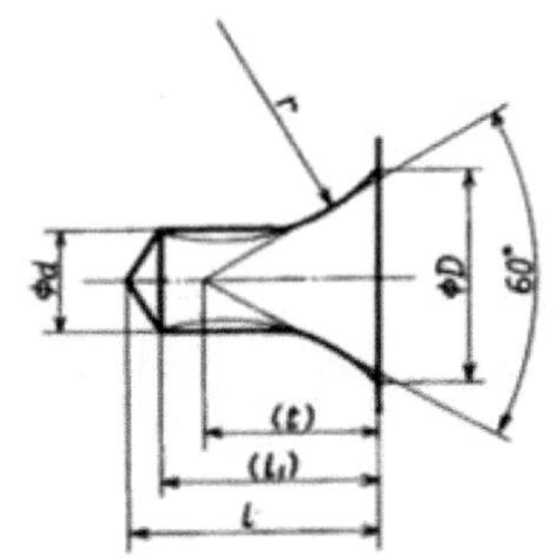

단위 : mm

호칭 지름 d	D	r 최 대	r 최 소	l[2] (최대)	참 고 l_1 r이 최대일 때	l_1 r이 최소일 때	t r이 최대일 때	t r이 최소일 때
1	2.12	3.15	2.5	2.6	2.14	2.27	1.9	1.8
(1.25)	2.65	4	3.15	3.1	2.67	2.73	2.3	2.2
1.6	3.35	5	4	4	3.37	3.45	2.9	2.8
2	4.25	6.3	5	5	4.24	4.34	3.7	3.5
2.5	5.3	8	6.3	6.2	5.33	5.46	4.6	4.4
3.15	6.7	10	8	7.9	6.77	6.92	5.8	5.6
4	8.5	12.5	10	9.9	8.49	8.68	7.3	7
(5)	10.6	16	12.5	12.3	10.52	10.78	9.1	8.8
6.3	13.2	20	16	15.6	13.39	13.73	11.3	11
(8)	17	25	20	19.7	16.98	17.35	14.5	14
10	21.2	31.5	25	24.6	21.18	21.66	18.2	17.5

주(2) l은 t보다 작은 값이 되면 안 된다.

비 고 ( )를 붙인 호칭의 것은 되도록 사용하지 않는다.

48. 센터 구멍의 표시방법

[센터 구멍의 도시 기호와 지시 방법] - 단 규격은 KS A ISO 6411-1 에 따른다.

센터 구멍 필요 여부 (도시된 상태로 다듬질되었을 때)	도시 기호	센터 구멍 규격 번호 및 호칭 방법을 지정하지 않는 경우	센터 구멍의 규격 번호 및 호칭 방법을 지정하는 경우
			도시 방법
반드시 남겨둔다	<	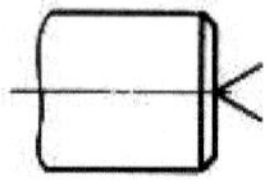	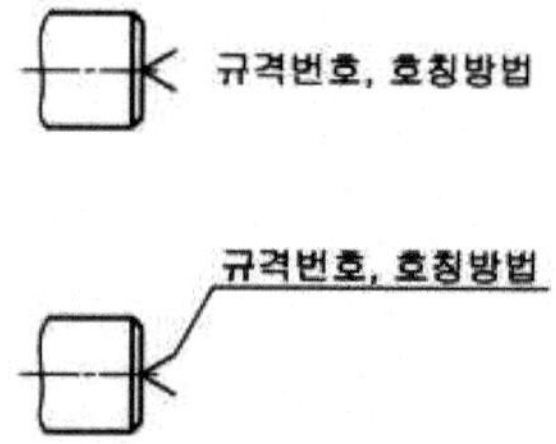
남아 있어도 좋다		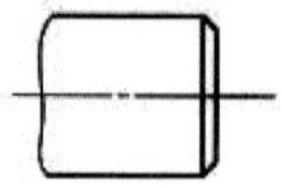	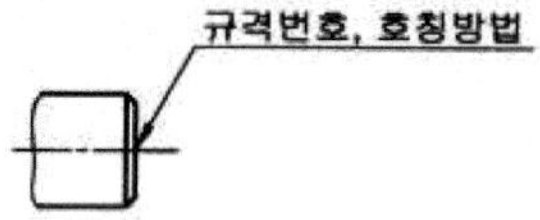
남아있어서는 않된다	K	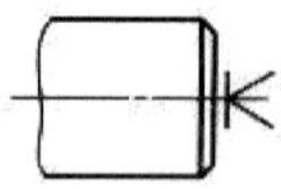	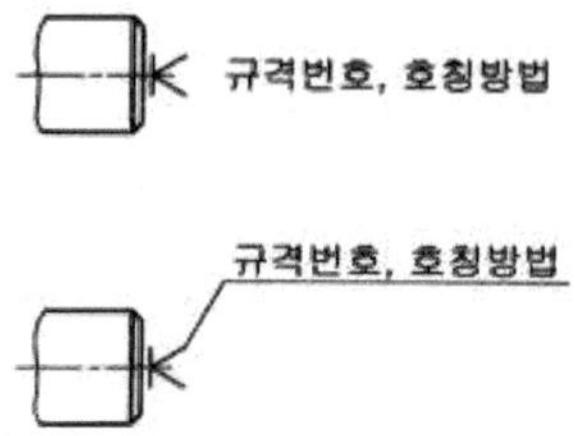

호칭방법 예시) KS A ISO 6411 - B 2.5/8 혹은 KS A ISO 6411-1 - B 2.5/8 로 사용

49. 요목표(예)

스퍼기어 요목표		
기어 치형		표준
공 구	모듈	□
	치형	보통이
	압력각	20°
전체 이 높이		□
피치원 지름		□
잇 수		□
다듬질 방법		호브절삭
정밀도		KS B ISO 1328-1, 4급

베벨 기어 요목표	
기어 치형	글리슨 식
모듈	□
치형	보통이
압력각	20°
축 각	90°
전체 이 높이	□
피치원 지름	□
피치원 추각	□
잇 수	□
다듬질 방법	절삭
정밀도	KS B 1412, 4급

헬리컬 기어 요목표		
기어 치형		표준
공 구	모듈	□
	치형	보통이
	압력각	20°
전체 이 높이		□
치형 기준면		치직각
피치원 지름		□
잇 수		□
리 드		□
방 향		□
비틀림 각		15°
다듬질 방법		호브절삭
정밀도		KS B ISO 1328-1, 4급

웜과 웜휠 요목표		
품번 / 구분	① (웜)	② (웜휠)
원주 피치	-	□
리 드	□	-
피치 원경	□	□
잇 수	-	□
치형 기준 단면	축직각	
줄 수, 방향	□	
압력각	20°	
진행각	□	
모 듈	□	
다듬질 방법	호브절삭	연삭

체인, 스프로킷 요목표		
종류	품번 / 구분	□
체인	호칭	□
	원주피치	□
	롤러외경	□
스프로킷	잇수	□
	치형	□
	피치 원경	□

래크와 피니언 요목표			
품번 / 구분		① (래크)	② (피니언)
기어 치형		표준	
공 구	모듈	□	
	치형	보통이	
	압력각	20°	
전체 이 높이		□	□
피치원 지름		—	□
잇 수		□	□
다듬질 방법		호브절삭	
정밀도		KS B ISO 1328-1, 4급	

래칫 휠	
종류	품번 / 구분
잇 수	□
원주 피치	□
이 높이	□

50. 기계재료 기호 예시 (KS D)

- 본 예시 이외에 해당 부품에 적절한 재료라 판단되면, 다른 재료기호를 사용해도 무방함

명 칭	기 호	명 칭	기호
회 주철품*1	GC100, GC150 GC200, GC250	구상흑연 주철품*1	GCD 350-22, GCD 400-18, GCD 450-10, GCD 500-7
탄소강 주강품*1	SC360, SC410 SC450, SC480	탄소강 단강품	SF390A, SF440A SF490A
인청동 주물*1	CAC502A CAC502B	청동 주물*1	CAC402
침탄용 기계구조용 탄소강재	SM9CK, SM15CK SM20CK	알루미늄 합금주물	AC4C, AC5A
탄소공구강 강재	STC85, STC95 STC105, STC120	기계구조용 탄소강재	SM25C, SM30C, SM35C, SM40C, SM45C
합금공구강 강재	STS3, STD4	화이트메탈	WM3, WM4
크로뮴 몰리브데넘 강	SCM415, SCM430 SCM435	니켈 크로뮴 몰리브데넘 강	SNCM415, SNCM431
니켈 크로뮴 강	SNC415, SNC631	크로뮴 강	SCr415, SCr420, SCr430, SCr435
스프링강재	SPS6, SPS10	스프링용 냉간압연강대	S55C-CSP
피아노선	PW-1	일반 구조용 압연강재	SS235, SS275 SS315
다이캐스팅용 알루미늄 합금	ALDC5, ALDC6	용접 구조용 주강품*1	SCW410, SCW450
인청동 봉	C5102B	인청동 선	C5102W

*1 : 해당 재료 기호는 KS 규격이 아닌 단체 표준으로 이관

51. 구름 베어링용 로크너트 와셔

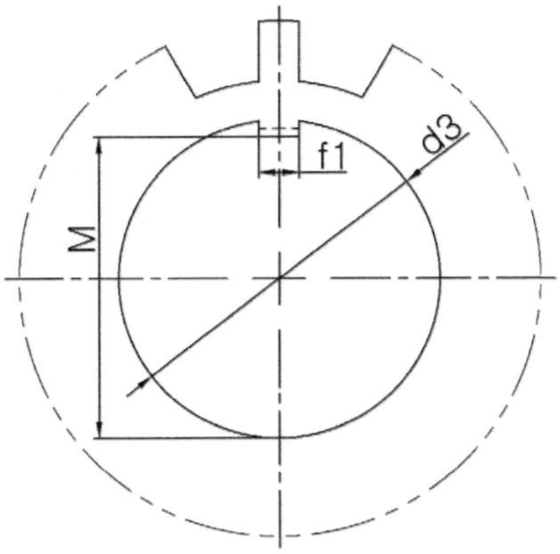

(A형, X형 동일하게 적용)

호칭번호	d3	M	f1	호칭번호	d3	M	f1
AW00X	10	8.5	3	AW07X	35	32.5	6
AW01X	12	10.5	3	AW08X	40	37.5	6
AW02X	15	13.5	4	AW09X	45	42.5	6
AW03X	17	15.5	4	AW10X	50	47.5	6
AW04X	20	18.5	4	AW11X	55	52.5	8
AW/22X	22	20.5	4	AW12X	60	57.5	8
AW05X	25	23	5	AW13X	65	62.5	8
AW/28X	28	26	5	AW14X	70	66.5	8
AW06X	30	27.5	5	AW15X	75	71.5	8
AW/32X	32	29.5	5	AW16X	80	76.5	10

[비고]

(1) 다음 항목은 KS 규격이 폐지되었거나 혹은 변경되었으나 기계설계 실무에서 유용하게 적용하는 데이터이므로 국가기술자격 실기시험에서 이 규격을 적용함

- 1. 표면거칠기
- 20. 생크
- 27. 테이퍼 롤러 베어링
- 31. 베어링 구석 홈 부 둥글기
- 32. 베어링의 끼워 맞춤

저자와의
협의에 의해
인지 생략

인벤터를 사용한 3D모델링과
KS규격에 따른 2D도면출력까지

인벤터로 3D모델링 혼자하기

1판 1쇄 2024년 3월 4일

저 자	추원철 / 권대규 / 황철웅
발행인	송광헌
발행처	복두출판사
주 소	서울특별시 영등포구 경인로82길 3-4 센터플러스 807호 (우) 07371
전 화	02-2164-2580
FAX	02-2164-2584
등 록	1993. 11. 22. 제 10-902 호

정가 : 30,000원

ISBN : 979-11-6675-474-6 93550

한국과학기술출판협회 회원사